오함마

오현웅과 함께 마지막까지

경찰실무종합

오함마 기출문제집

오함마로 실무종합 박살내기

이 책의 머리말

오함마 실무종합 기출문제집은
지난 10년간 실무종합 기출문제를 수록했습니다.

법령이나 훈령이 개정된 부분은 수정해서 반영했고,
올해판 공제회기본서에 없는 지문은 취소선으로 표시하거나
새로운 지문으로 변형했습니다.

모쪼록 수험생분들께 보탬이 되는 교재가 되길 소망하며,
끝까지 파이팅하시길 바라겠습니다.

오현웅

CONTENTS

제1편 총론

제1장 _ 경찰과 경찰학 ········ 10
- 제1절 경찰개념의 형성 및 변천 ········ 10
- 제2절 경찰의 개념 구분 ········ 16
- 제3절 경찰의 기본적 임무 및 수단 ········ 21
- 제4절 경찰의 기본이념 ········ 28

제2장 _ 한국경찰의 근·현대사 ········ 30
- 제1절 갑오개혁부터 일제강점기 이전의 경찰 ········ 30
- 제2절 일제 강점기의 경찰 ········ 32
- 제3절 미군정하의 경찰 ········ 34
- 제4절 정부수립 이후 경찰 ········ 36
- 제5절 한국경찰사에 길이 빛날 경찰의 표상 ········ 37

제3장 _ 경찰법의 법원과 경찰조직법 ········ 40
- 제1절 법치행정과 경찰법의 법원 ········ 40
- 제2절 경찰조직법 ········ 49

제4장 _ 경찰공무원과 법 ········ 64

제5장 _ 경찰작용법 ········ 96

제6장 _ 경찰관 직무집행법 ········ 109

제7장 _ 경찰관리 ····· 125

제1절 경찰조직관리 ····· 125
제2절 경찰인사관리 ····· 133
제3절 경찰예산관리 ····· 142
제4절 장비관리와 보안관리 ····· 151
제5절 문서관리 ····· 164
제6절 경찰홍보 ····· 167

제8장 _ 경찰에 대한 통제 ····· 172

제1절 통제의 유형 및 그 장치 ····· 172
제2절 경찰 감찰활동과 경찰통제 ····· 182
제3절 인권보장과 경찰통제 ····· 192

제9장 _ 경찰과 윤리 ····· 193

제1절 바람직한 경찰의 역할모델과 전문직업화 ····· 193
제2절 경찰의 일탈 ····· 193
제3절 부정청탁 및 금품 등 수수의 금지에 관한 법률 ····· 198
제4절 경찰의 문화 ····· 202
제5절 경찰인의 윤리표준과 경찰윤리강령 ····· 203

CONTENTS

제2편 각론

제1장 _ 생활안전론 ········· 212
    제1절 범죄의 개념 및 범죄원인론 ········· 212
    제2절 범죄의 통제론 ········· 215

제2장 _ 범죄 수사 ········· 250
    제1절 수사의 기본개념 등 ········· 250
    제2절 현장수사활동 ········· 255
    제3절 수사면담(조사) ········· 258
    제4절 수배제도 ········· 259
    제5절 유치장관리 등 ········· 261
    제6절 범죄감식 ········· 265
    제7절 가정폭력 / 아동학대 / 학교폭력 ········· 270
    제8절 성폭력범죄의 처벌 등에 관한 특례법 ········· 280
    제9절 마약류사범 수사 ········· 282

제3장 _ 경비경찰활동 ········· 287
    제1절 경비경찰의 의의 및 특징 ········· 287
    제2절 경비경찰의 근거와 한계 ········· 288
    제3절 경비경찰의 조직 및 수단 ········· 289
    제4절 행사안전경비(혼잡경비) ········· 291
    제5절 선거경비 ········· 293
    제6절 집회시위의 관리 : 다중범죄진압경비(치안경비) ········· 296
    제7절 재난경비 ········· 300
    제8절 경찰작전(통합방위작전/국가중요시설경비/경찰비상업무) ········· 302
    제9절 대테러경비(특수경비) ········· 309

제10절 청원경찰 ·· 312
　　　제11절 경호경비 ·· 314

제4장 _ 교통경찰활동 ·· 316

　　　제1절 교통지도단속 ·· 316
　　　제2절 운전면허 ·· 322
　　　제3절 주취운전 및 난폭운전 ·· 330
　　　제4절 교통사고 ·· 332

제5장 _ 정보경찰활동 ·· 340

　　　제1절 경찰정보활동의 이해 ·· 340
　　　제2절 경찰정보활동의 실제 ·· 348
　　　제3절 집회 및 시위에 관한 법률 ·· 350

제6장 _ 보안경찰활동 ·· 364

　　　제1절 보안경찰의 의의와 특색 ·· 364
　　　제2절 공산주의 이론 ·· 364
　　　제3절 북한의 대남전략전술과 국내 안보위해세력 ·· 365
　　　제4절 방첩활동 ·· 365
　　　제5절 보안수사 ·· 375
　　　제6절 보안관찰 ·· 379
　　　제7절 남북교류협력 ·· 386
　　　제8절 북한이탈주민의 보호 ·· 388

제7장 _ 외사경찰활동 ·· 390

　　　제1절 외사일반 ·· 390
　　　제2절 외사실무 ·· 405
　　　제3절 국제경찰공조 : 인터폴/국제형사사법공조/범죄인인도 ······························ 407

01

POLICE SCIENCE

오함마 경찰실무종합 기출문제집

총론

CHAPTER 01 경찰과 경찰학
CHAPTER 02 한국경찰의 근·현대사
CHAPTER 03 경찰법의 법원과 경찰조직법
CHAPTER 04 경찰공무원과 법
CHAPTER 05 경찰작용법
CHAPTER 06 경찰관직무집행법
CHAPTER 07 경찰관리
CHAPTER 08 경찰에 대한 통제
CHAPTER 09 경찰과 윤리

CHAPTER 01 > 경찰과 경찰학

제1절 경찰개념의 형성 및 변천

001 경찰개념의 발달과정에 관한 설명 중 맞는 것은? (2010경감)

① 14세기 말 독일의 경찰개념이 프랑스에 계수되어 양호한 질서를 포함한 국가행정 전반을 포괄하는 의미로 사용되었다.
② 16세기 독일 제국경찰법에서 경찰은 외교·군사·재정·사법을 제외한 내무행정 전반을 의미하였다.
③ 1931년 프로이센 경찰행정법은 '공공의 평온, 안녕 및 질서를 유지하고 또한 공중 및 그의 개개 구성원들에 대한 절박한 위험을 방지하기 위하여 필요한 조치를 취하는 것은 경찰의 직무이다'라고 규정하였다.
④ 1884년 프랑스 지방자치법전은 자치체경찰은 공공의 질서·안전 및 위생을 확보함을 목적으로 한다고 규정하였다.

해설

공제회기본서(총론1) ①7 ②7 ③8 ④8
① 15C말 <u>프랑스의 개념이 독일에 계수돼</u> 양호한 질서를 포함한 국가행정 전반을 포괄하는 의미로 사용하였다.
② 16세기 독일 제국경찰법에서 경찰은 <u>교회활동을 제외한 국정 전반을 의미</u>하였다.
③ <u>1794년 프로이센 일반란트법은</u> '공공의 평온, 안녕 및 질서를 유지하고 또한 공중 및 그 개개 구성원들에 대한 절박한 위험을 방지하기 위하여 필요한 조치를 취하는 것은 경찰의 직무이다'라고 규정하였다.
 ※ <u>(일절/죄자/지위/경재)</u>(프로이센 일반란트법-<u>절</u>박, 프랑스 <u>죄</u>와형벌법전-<u>자</u>유, 프랑스 <u>지</u>방자치법-<u>위</u>생, 프로이센 <u>경찰</u>행정법-<u>재</u>량)
④ O

정답 ④

002 경찰개념의 형성 및 역사적 변천과정에 대한 설명으로 가장 적절한 것은? (2019경위)

① 16세기 독일 제국경찰법은 교회행정을 포함한 국정 전반을 의미하였다.
② 17세기 대륙법계 국가에서는 국가작용의 분화현상이 나타나 경찰개념이 소극적인 위험방지 분야에 한정되었다.
③ 1794년 프로이센 일반란트법 제10조에서 경찰관청은 공공의 평온, 안녕 및 질서를 유지하고, 또한 공중 및 그의 개개 구성원들에 대한 절박한 위험을 방지하기 위하여 필요한 기관이라고 규정하였다.
④ 대륙법계 국가에서는 '경찰은 무엇인가'라는 문제보다 '경찰은 무엇을 하는가' 또는 '경찰활동이란 무엇인가'라는 문제를 중심으로 경찰개념이 논의되었다.

해설

공제회기본서(총론1) ①7 ②8 ③8 ④8
① 16세기 독일 제국경찰법은 <u>교회행정을 제외한</u> 국정 전반을 의미하였다.
② 17세기 대륙법계 국가(경찰국가 시대)에서는 국가작용의 분화현상이 나타나 경찰개념이 외교·군사·재정·사법을 제외한 내무행정 전반에 국한되었으나, <u>소극적 치안유지 뿐만 아니라 적극적 공공복지의 증진을 위해서도 경찰력을 행사</u>하였다.
③ O
④ <u>영미법계 국가에서는 '경찰활동이란 무엇인가'라는 문제를 중심으로</u> 경찰개념이 논의되었고, <u>대륙법계 국가에서는 '경찰은 무엇인가'라는 문제를 중심으로</u> 경찰개념이 논의되었다.

정답 ③

---

003 대륙법계 경찰개념에 대한 설명으로 가장 적절하지 않은 것은? (2019경감)

① 17세기 경찰국가시대에는 국가작용의 분화현상이 나타나 경찰개념이 군사·재정·사법·외교를 제외한 내무행정 전반을 의미하였다.
② 1795년 프랑스 죄와형벌법전 제16조는 '경찰은 공공질서를 유지하고 개인의 자유와 재산 및 안전을 유지하기 위한 국방부 직할부대 및 기관'이라고 규정하였다.
③ 범죄의 예방과 검거 등 보안경찰 이외의 산업, 건축, 영업, 풍속경찰 등의 경찰사무를 다른 행정관청의 분장사무로 이관하는 현상을 '비경찰화'라고 한다.
④ 대륙법계 경찰의 업무범위는 국정전반 → 내무행정 → 위험방지 → 보안경찰 순으로 변화하였다.

해설

공제회기본서(총론1) ①7 ②8 ③8 ④7
③ 범죄의 예방과 검거 등 보안경찰 이외의 산업, 건축, 영업경찰 등의 경찰사무를 다른 행정관청의 분장사무로 이관하는 현상을 '비경찰화'라고 한다. <u>풍속경찰은 보안경찰(다른 행정작용을 동반하지 아니하고 오로지 경찰작용만으로 행정의 일부분을 구성하는 경찰작용)에 해당하므로 이관의 대상이 아니다.</u>

정답 ③

004 경찰개념의 문제는 시대성·역사성을 띠는 개념일 뿐만 아니라, 국가마다 고유한 전통과 사상이 반영된 것이어서 일률적으로 정의 내리기가 쉽지 않다. 그럼에도 불구하고 이를 탐구하는 이유는 '경찰은 과연 무엇을 하며 무엇을 위한 조직인가'라는 경찰의 존재이유와 임무 또는 목적을 도출해 낼 수 있으며, 오늘날의 우리 경찰을 가장 잘 설명할 수 있는 개념이 무엇인지를 고찰할 필요가 있기 때문이다. 경찰의 개념과 임무에 대한 설명 중 가장 적절하지 않은 것은? (2012경위)

① 대륙법계 국가의 경찰개념은 경찰권이라고 하는 통치권적 개념을 전제로 그 발동범위와 성질을 중심으로 형성된 반면, 영미법계의 경찰개념은 시민으로부터 자치권한을 위임받은 조직체로서의 경찰이 주권자인 시민을 위해서 수행하는 기능 또는 역할을 중심으로 형성되었다.

② 크로이쯔베르크(Kreuzberg) 판결은 경찰의 임무는 위험방지에 한정된다고 하는 사상이 법해석상 확정되는 계기를 만든 판결로 유명하다.

③ 경찰의 임무가 축소되면서 위생경찰, 건축경찰, 경제경찰, 산림경찰처럼 다른 행정작용과 결합하여 특별한 사회적 이익의 보호를 목적으로 하면서 그 부수작용으로서 사회공공의 안녕과 질서를 유지하기 위한 경찰작용인 협의의 행정경찰을 경찰의 임무에서 제외시켜 다른 행정관청의 사무로 이관하는 현상을 비경찰화라고 한다.

④ 경찰국가시대의 경찰개념은 국가활동의 확대와 복잡화로 국가작용의 분화현상이 나타나 교회활동을 제외한 국정전반을 의미했다.

> **해설**
>
> 공제회기본서(총론1) ①14 ②12 ③11 ④7
>
> ④ 교회활동을 제외한 국정전반을 경찰개념으로 보는 것은 **경찰국가시대가 아니라 중세시대 경찰의 개념이다**(독일 제국경찰법).
>
> 정답 ④

005 경찰개념의 발달과정에 관한 설명 중 적절한 것은 모두 몇 개인가? (2013경감)

> ㉠ 14세기 말 독일의 경찰개념이 프랑스에 계수되어 양호한 질서를 포함한 국가행정 전반을 포괄하는 의미로 사용되었다.
> ㉡ 16세기 독일 제국경찰법에서 경찰은 외교·군사·재정·사법을 제외한 내무행정 전반을 의미하였다.
> ㉢ 1795년 프랑스의 죄와형벌법전 제16조에서는 경찰은 공공질서를 유지하고 개인의 자유와 재산 및 안전을 유지하기 위한 기관이라 하였다.
> ㉣ 1931년 프로이센 경찰행정법에서 '경찰관청은 공공의 평온, 안녕 및 질서를 유지하고 또한 공중 및 그의 개개 구성원들에 대한 절박한 위험을 방지하기 위하여 필요한 기관이다'라고 규정하였다.

① 없음   ② 1개   ③ 2개   ④ 3개

해설

공제회기본서(총론1) ㉠7 ㉡7 ㉢8 ㉣8
㉠ <u>15세기 말 프랑스의 경찰개념이 독일에 계수</u>되어 양호한 질서를 포함한 국가행정 전반을 포괄하는 의미로 사용되었다.
㉡ 16세기 독일 제국경찰법에서 경찰은 <u>교회활동을 제외한 국정전반을 의미</u>하였다.
㉢ O
㉣ <u>1794년 프로이센 일반란트법에서</u> '경찰관청은 공공의 평온, 안녕 및 질서를 유지하고 또한 공중 및 그의 개개 구성원들에 대한 절박한 위험을 방지하기 위하여 필요한 기관이다'라고 규정하였다.(일절/죄자/지위/경재)

정답 ②

---

006 대륙법계 국가의 경찰개념 형성과정에 관한 설명 중 가장 적절하지 않은 것은? (2014경감)

① 고대 및 중세 시대 경찰이란 용어는 라틴어의 Politia에서 유래한 것으로 도시국가에 관한 일체의 정치, 특히 헌법을 지칭하였다.
② 17세기에 국가 활동의 확대와 복잡화로 국가작용의 분화현상이 나타나 경찰개념이 외교·군사·재정·사법을 제외한 내무행정 전반을 의미하였다.
③ 18세기 독일은 계몽철학의 등장으로 법치주의시대가 도래하면서 경찰개념에서 적극적인 복지경찰 분야가 제외되고 소극적인 위험방지 분야에 한정되었다.
④ 1931년 프로이센 경찰행정법 제4조 제1항에서 자치체경찰은 공공의 질서·안전 및 위생을 확보함을 목적으로 한다고 규정하였다.

해설

공제회기본서(총론1) ①7 ②7 ③7 ④8
④ <u>1884년 프랑스 지방자치법에서</u> 자치체경찰은 공공의 질서·안전 및 위생을 확보함을 목적으로 한다고 규정하였다.(일절/죄자/지위/경재)

정답 ④

007 크로이쯔베르크(Kreuzberg) 판결에 대한 설명으로 적절한 것을 모두 고른 것은? (2018경감)

㉠ 1882년 프로이센 고등행정법원이 판시하였다.
㉡ 베를린 시민이 Kreuzberg 부근에서 국영 담배공장 운반차에 부상을 당하여 민사법원에 손해배상청구소송을 제기한 사실관계에 기초하여, 손해가 공무원에 의하여 발생한 것이라는 이유에서 관할이 행정재판소로 옮겨지게 된 판결이다.
㉢ 경찰권 발동의 조리상 한계로서 경찰소극목적의 원칙 확립의 계기가 되었다.
㉣ 독일에서 경찰개입청구권을 인정한 판결의 효시로 평가된다.

① ㉠, ㉡　　② ㉠, ㉢　　③ ㉡, ㉣　　④ ㉠, ㉡, ㉢

> **해설**
>
> 공제회기본서(총론1) ㉠12 ㉡12 ㉢12 ㉣157
> ㉡ **Kreuzberg 판결은** 1882년 독일의 프로이센 고등행정법원이 베를린의 Kreuzberg 언덕에 있는 전승기념비 조망을 확보하기 위해 주변 토지에 대한 건축물의 높이를 제한한 베를린 경찰청장의 명령에 대하여 그러한 명령은 심미적 이유로 내려진 것으로 복지증진을 목적으로 하는 것이므로 무효라고 함으로써 <u>경찰의 임무는 위험방지에 한정된다고 하는 사상이 법해석상 확정되는 계기를 만든 판결</u>로 유명하다. 한편 **Blanco 판결은** Blanco란 소년이 국영담배공장 운반차에 부상을 당하여 민사법원에 소를 제기하였는데 손해가 공무원에 의하여 발생한 것이라는 이유에서 행정재판소 관할로 옮겨진 사건으로, <u>공무원에 의한 손해는 국가에 배상책임이 있고 그 관할은 행정재판소라는 원칙이 확립되는 계기</u>가 되었다.
> ㉣ 경찰개입청구권은 행정청의 위법한 부작위 등으로 권익을 침해당한 자가 해당 행정청에 대하여 제3자에 대하여 일정한 법에 규정된 행정권의 발동을 청구하는 권리로, 무하자재량행사청구권의 법리를 기초로 하여 독일에서 학설·판례를 통해 발전된 개념이다. <u>경찰개입청구권을 인정한 판결의 효시는 띠톱 판결</u>이다.

정답 ②

008 행정법·형사법 관련 판결에 대한 ㉠부터 ㉣까지의 설명 중 옳고 그름의 표시(O, X)가 바르게 된 것은?

(2018경위)

㉠ Blanco 판결은 Blanco란 소년이 국영담배공장 운반차에 부상을 당하여 민사법원에 소를 제기하였는데 손해가 공무원에 의하여 발생한 것이라는 이유에서 행정재판소 관할로 옮겨진 사건으로, 공무원에 의한 손해는 국가에 배상책임이 있고 그 관할은 행정재판소라는 원칙이 확립되는 계기가 되었다.

㉡ Kreuzberg 판결을 통해 경찰관청이 일반수권 규정에 근거하여 법규명령을 발할 수 있는 분야는 위험방지 분야에 한정된다고 판시하였다.

㉢ ~~Escobedo 판결은 변호인과의 접견교통권을 침해하여 획득한 자백의 증거능력을 부정한 판결이다.~~

㉣ Miranda 판결은 변호인선임권, 접견교통권 및 진술거부권을 고지하지 않은 상태에서 이루어진 자백의 증거능력을 부정하여, 자백의 임의성과 관계없이 채취과정에 위법이 있는 자백을 배제하게 되는 계기가 되었다.

① ㉠(X) ㉡(O) ㉢(X) ㉣(O)
② ㉠(O) ㉡(X) ㉢(O) ㉣(X)
③ ㉠(O) ㉡(O) ㉢(O) ㉣(O)
④ ㉠(O) ㉡(O) ㉢(X) ㉣(O)

해설

공제회기본서(총론1) ㉠12 ㉡12 ㉢없음 ㉣12
모두 옳은 지문이다.

정답 ③

제2절 경찰의 개념 구분

009 경찰개념에 대한 설명 중 틀린 것은 모두 몇 개인가? (2010경위)

> ㉠ 형식적 의미의 경찰이란 경찰관서에서 하는 일체의 경찰작용을 의미한다.
> ㉡ 실질적 의미의 경찰에는 영업경찰, 위생경찰, 서비스활동이 있다.
> ㉢ 권한과 책임의 소재를 기준으로 보안경찰과 협의의 행정경찰로 나뉜다.
> ㉣ 중세국가 시대에는 경찰과 행정이 분화되었다.
> ㉤ 영미에서는 '경찰활동이란 무엇인가'라는 문제로 경찰개념이 논의되었다.

① 2개 ② 3개 ③ 4개 ④ 5개

해설

공제회기본서(총론1) ㉠15 ㉡17 ㉢15 ㉣7 ㉤8

㉠ O
㉡ 실질적 의미의 경찰은 "공공의 안녕과 **질서유지**를 위해 일반**통치권**에 의거하여 국민에게 명령·강제하는 작용(**질통강제**)"을 말한다. 따라서, 경찰의 **서비스활동은 명령·강제하는 작용이 아니기 때문에 실질적 의미의 경찰에 해당하지 않는다**(형식적 의미의 경찰에는 해당하지만).
㉢ **업무의 독자성을** 기준으로 보안경찰과 협의의 행정경찰로 나뉜다(**독보협/질질봉**). 권한과 책임의 소재 기준으로는 국가경찰과 자치경찰로 분류할 수 있다.
㉣ **중세국가 시대에는 경찰과 행정이 분화되지 않았다.**
㉤ O

정답 ②

---

010 경찰개념의 분류에 대한 설명으로 가장 적절하지 않은 것은? (2013경위)

① 진압경찰은 발생된 범죄의 수사를 위한 권력적 작용을 의미하는 경찰개념이다.
② 3권분립 사상을 기준으로 행정경찰과 사법경찰로 분류할 수 있으며, 사법경찰은 형식적 의미의 경찰에 해당한다.
③ 업무의 독자성을 기준으로 보안경찰과 협의의 행정경찰로 분류할 수 있으며, 위생경찰은 협의의 행정경찰에 해당한다.
④ 경찰권 발동 시점을 기준으로 평시경찰과 비상경찰로 분류할 수 있다.

해설

공제회기본서(총론1) ①15 ②15 ③15 ④15
④ 경찰권 발동 시점을 기준으로 예방경찰과 진압경찰로 분류된다. **평시경찰과 비상경찰은 '위해정도 및 담당기관'을 기준으로 한 분류**이다.

정답 ④

011 경찰의 분류에 대한 설명으로 적절한 것을 모두 고른 것은? (2019경감)

㉠ 삼권분립사상에 기초하여 분류할 때 행정경찰은 실질적 의미의 경찰에 해당하고, 사법경찰은 형식적 의미의 경찰에 해당한다.
㉡ 경찰활동의 질과 내용을 기준으로 분류할 때 예방경찰은 경찰상의 위해 발생을 방지하기 위한 작용으로 '위해를 미칠 우려가 있는 정신착란자의 보호'가 이에 해당한다.
㉢ 자치경찰제도는 각 지방특성에 적합한 경찰행정이 가능하지만, 국가경찰제도에 비해 관료화되어 국민을 위한 봉사가 저해될 수 있다.
㉣ 국가경찰제도는 경찰업무집행의 통일을 기할 수 있으나, 정부의 특정정책 수행에 이용되어 본연의 임무를 벗어날 우려가 있다.

① ㉠,㉡   ② ㉠,㉣   ③ ㉡,㉢   ④ ㉢,㉣

해설

공제회기본서(총론1) ㉠15 ㉡15 ㉢21 ㉣21
㉡ 경찰활동의 질과 내용을 기준으로 분류할 때 경찰은 질서경찰과 봉사경찰로 구분된다. 예방경찰과 진압경찰은 '경찰권 발동시점'에 따른 분류이다.
㉢ 관료화되어 국민을 위한 봉사가 저해될 수 있다는 것은 국가경찰제도의 단점이다.

정답 ②

012 경찰의 개념에 대한 설명 중 가장 적절하지 않은 것은? (2014경위)

① 경찰개념은 시대성·역사성을 반영하며, 일률적 정의가 곤란한 다의적 개념이다.
② 경찰국가시대 대륙법계 국가에서는 국가 활동의 확대와 복잡화로 국가작용의 분화현상이 나타나, 경찰개념이 외교·군사·재정·사법을 제외한 내무행정 전반을 의미하였다.
③ 행정경찰과 사법경찰의 구분은 삼권분립의 사상에 투철했던 영국에서 확립된 구분으로, 행정경찰은 형식적 의미의 경찰에 해당하며, 사법경찰은 실질적 의미의 경찰에 해당한다.
④ 제2차 세계대전 이후 독일에서는 협의의 행정경찰사무(영업경찰, 건축경찰, 보건경찰 등)를 다른 관청의 분장사무로 이관하는 비경찰화 현상이 나타났다.

해설

공제회기본서(총론1) ①7 ②7 ③15 ④8
③ 행정경찰과 사법경찰의 구분은 삼권분립의 사상에 투철했던 프랑스에서 확립된 구분으로, 행정경찰은 실질적 의미의 경찰에 해당하며, 사법경찰은 형식적 의미의 경찰에 해당한다.

정답 ③

013 행정경찰과 사법경찰에 관한 설명으로 가장 적절하지 않은 것은? (2016경감변형)

① 행정경찰은 공공질서의 유지·범죄예방을 목적으로 하고, 사법경찰은 범죄의 수사·체포를 목적으로 한다.
② 한국에서는 보통경찰기관이 행정경찰 및 사법경찰 업무를 모두 담당한다.
③ 행정경찰은 각종 경찰법규에 의하여 작용하지만, 사법경찰은 형사소송법에 의하여 권한을 행사한다.
④ 행정경찰은 주로 과거의 상황에 대하여 발동되는 반면, 사법경찰은 주로 현재 또는 장래의 상황에 대하여 발동하게 된다.

> **해설**
> 공제회기본서(총론1) 19
> ④ <u>사법경찰은</u> 주로 과거의 상황에 대하여 발동되는 반면, <u>행정경찰은</u> 주로 현재 또는 장래의 상황에 대하여 발동하게 된다.
>
> **정답** ④

---

014 다음 설명 중 틀린 것은 모두 몇 개인가? (2010경감)

┌───┐
③ 형식적 의미의 경찰은 실정법상 개념이다.
⑤ 일반행정기관도 형식적 의미의 경찰작용을 하는 경우가 있다.
⑥ 실질적 의미의 경찰은 사회공공의 안녕, 질서유지와 같은 소극적 목적을 위한 작용이다.
② 실질적 의미의 경찰은 학문상으로 정립된 개념이라기보다는 실무상으로 확립된 개념이다.
⑩ 실질적 의미의 경찰은 사회공공의 안녕과 질서를 유지하기 위하여 일반통치권에 의거하여 국민에게 명령·강제하는 권력적 작용이다.
└───┘

① 2개   ② 3개   ③ 4개   ④ 5개

> **해설**
> 공제회기본서(총론1) ③17 ⑤17 ⑥17 ②18 ⑩18
> ⑤ 형식적 의미의 경찰은 실정법상 보통경찰기관의 직무로 규정된 경찰작용을 말한다. 따라서, <u>형식적 의미의 경찰작용은 보통경찰기관에서만 담당</u>한다.
> ② <u>실질적 의미의 경찰은 학문상으로 정립된 개념</u>이다.
>
> **정답** ①

015 형식적 의미의 경찰개념과 실질적 의미의 경찰개념에 관한 설명 중 가장 적절하지 않은 것은? (2014경감)

① 실질적 의미의 경찰개념은 일반통치권에 근거하여 국민에게 명령·강제하는 권력적 작용이다.
② 일반행정기관에서도 '경찰기능'을 담당한다고 할 때의 '경찰기능'은 '일반행정기관'이라는 조직적 측면에서 바라본 형식적 경찰개념을 의미한다.
③ 「경찰관직무집행법」 제3조에 의한 불심검문은 범인을 검거하고 범죄를 예방하는데 가장 중요한 경찰상 즉시강제의 권력작용이라는 면에서 실질적 의미의 경찰에 해당하고, 실정법에서 경찰행정기관에 그 권한을 맡긴 것이란 면에서 형식적 의미의 경찰이기도 하다.
④ 형식적 의미의 경찰은 실정법상 보통경찰기관에 분배된 임무를 달성하기 위하여 행해지는 경찰활동으로 그 범위는 각국의 전통이나 현실적 환경에 따라 다르다고 볼 수 있다.

> **해설**
> 공제회기본서(총론1) ①18 ②17 ③18 ④18
> ② 일반행정기관에서도 '경찰기능'을 담당한다고 할 때의 '경찰기능'은 <u>'경찰작용'이라는 측면에서 바라본 실질적 경찰개념을 의미</u>한다.
>
> **정답** ②

016 형식적 의미의 경찰과 실질적 의미의 경찰에 대한 설명으로 가장 적절하지 않은 것은? (2020경감)

① 실질적 의미의 경찰은 독일의 행정법학에서 정립된 학문상 개념이다.
② 형식적 의미의 경찰은 실정법상 보통경찰기관에 분배되어 있는 임무를 달성하기 위해 행해지는 경찰활동이다.
③ 실질적 의미의 경찰은 사회공공의 안녕, 질서유지와 같은 소극적 목적을 위한 작용이다.
④ 형식적 의미의 경찰은 모두 실질적 의미의 경찰에 포함된다.

> **해설**
> 공제회기본서(총론1) ①18 ②18 ③17 ④17
> ④ 형식적 의미의 경찰은 실정법상 보통경찰기관의 '직무'로 규정된 경찰작용인 반면, 실질적 의미의 경찰은 '성질'을 기준으로 한 개념이다. <u>형식적 의미의 경찰이 모두 실질적 의미의 경찰에 포함되는 것은 아니다.</u>
>
> **정답** ④

017 실질적 의미의 경찰개념에 대한 설명으로 가장 적절하지 않은 것은? (2015경위)

① 실질적 의미의 경찰은 학문상 정립된 개념으로 독일행정법학에서 유래한다.
② 실질적 의미의 경찰은 일반통치권에 의거 국민에게 명령·강제하는 권력적 작용이다.
③ 경찰의 수사활동, 정보·보안 경찰활동, 서비스적 활동은 실질적 의미의 경찰개념이다.
④ 일반 행정기관도 실질적 의미의 경찰작용을 하는 경우가 있다.

> **해설**
> 공제회기본서(총론1) ①18 ②18 ③17 ④17
> ③ 경찰의 수사활동, 정보·보안 경찰활동, 서비스적 활동은 **형식적 의미의 경찰개념**이다.
>
> 정답 ③

018 경찰개념에 대한 설명으로 가장 적절하지 않은 것은? (2019경위)

① 형식적 의미의 경찰은 실정법상 보통경찰기관에 분배된 임무를 달성하기 위하여 행해지는 경찰활동으로 그 범위는 나라마다 차이가 있을 수 있다.
② 실질적 의미의 경찰은 사회공공의 안녕, 질서유지와 같은 적극적 목적을 위한 작용이다.
③ 실질적 의미의 경찰은 국가의 일반통치권에 근거하여 국민에게 명령·강제하는 권력적 작용이다.
④ 일반행정기관이 실질적 의미의 경찰작용을 하는 경우는 있으나, 형식적 의미의 경찰작용을 하지는 않는다.

> **해설**
> 공제회기본서(총론1) ①18 ②17 ③18 ④17
> ② 실질적 의미의 경찰은 **소극적 목적**을 위한 작용이다.
>
> | 형식적 의미의 경찰 | 실질적 의미의 경찰 |
> |---|---|
> | ① 실정법상 보통경찰기관에 부여된 경찰활동 ⇨ 제도적·실무상 개념 | ① 사회공공의 안녕과 질서유지를 위하여 일반통치권에 근거하여 국민에게 명령·강제하는 작용 ⇨ 학문적·이론상 개념 |
> | ② 조직 중심의 개념
③ 국가에 따라 차이 | ② 작용(성질) 중심의 개념
③ 장래에 향한 질서유지, 사회목적적, 소극목적 작용 |
>
> 〈양자간 관계 ⇨ 아무런 관계가 없음〉
> ① 어느 하나가 포괄하거나, 더 크거나, 상위 개념이 아님 ⇨ **완전히 별개의 개념**
> ② 양자간 중복되는 영역도 있지만 반드시 일치하는 것이 아님
>
> 정답 ②

제3절 경찰의 기본적 임무 및 수단

019 경찰의 기본적 임무에 대한 설명 중 가장 적절하지 않은 것은? (2020경위)

① 경찰의 임무는 행정조직법상의 경찰기관을 전제로 한 개념으로 '공공의 안녕과 질서에 대한 위험의 방지'가 경찰의 궁극적 임무라 할 수 있다.
② 공공질서는 원만한 공동체생활을 영위하기 위한 불가결적 전제조건이 되는 각 개인의 행동에 대한 불문규범의 총체로, 오늘날 공공질서 개념의 사용 가능 분야는 확대되고 있다.
③ 공공의 안녕은 법질서의 불가침성, 개인의 권리와 법익의 불가침성, 국가 등 공권력 주체의 기관과 집행의 불가침성을 의미한다.
④ 법질서의 불가침성은 공공의 안녕의 제1요소이다.

[해설]

공제회기본서(총론1) ①22,28 ②23 ③22 ④22
② 공공질서는 원만한 공동체생활을 영위하기 위한 불가결적 전제조건이 되는 각 개인의 행동에 대한 불문규범의 총체로, 오늘날 거의 모든 생활영역에 대한 **법적 전면규범화 증가추세에 따라 공공질서 개념의 사용가능 분야도 점점 축소**되고 있다.

정답 ②

020 경찰의 기본적 임무에 대한 설명 중 옳지 않은 것은 모두 몇 개인가? (2011경감)

㉠ 경찰의 임무는 행정조직법상의 경찰기관을 전제로 한 개념으로 '공공의 안녕과 질서에 대한 위험의 방지'가 경찰의 궁극적 임무라 할 수 있다.
㉡ '공공의 안녕'이란 개념은 다시 '법질서의 불가침성'과 '국가의 존립 및 국가기관의 기능성의 불가침성'으로 나눌 수 있는 바, 이 중 '국가의 존립 및 국가기관의 기능성의 불가침성'이 '공공의 안녕'의 제1요소가 된다.
㉢ '위험의 방지'와 관련하여 위험에 대한 인식 중 '오상위험(추정적 위험)'은 경찰이 의무에 합당한 사려 깊은 상황판단을 했음에도 불구하고 위험을 잘못 긍정하는 경우를 말한다.

① 없음   ② 1개   ③ 2개   ④ 3개

> **해설**
>
> 공제회기본서(총론1) ㉠22,28 ㉡22 ㉢24
>
> ㉠ O
> ㉡ '공공의 안녕'이란 개념은 다시 '법질서의 불가침성'과 '국가의 존립 및 국가기관의 기능성의 불가침성', '개인의 권리와 법익의 불가침성' 등으로 나눌 수 있는 바, 이 중 **'법질서의 불가침성'이 '공공의 안녕' 의 제1요소**가 된다.
> ㉢ '위험의 방지'와 관련하여 위험에 대한 인식 중 **'외관적 위험'**은 경찰이 의무에 합당한 사려 깊은 상황판단을 했음에도 불구하고 위험을 잘못 긍정하는 경우를 말한다. 오상위험(추정적 위험)이란 객관적으로 판단할 때 위험의 외관 또는 혐의가 정당화되지 않음에도 경찰이 위험의 존재를 잘못 추정한 경우를 말하며, 위법한 경찰개입이므로 경찰관 개인에게는 민·형사상 책임, 국가에게는 손해배상책임이 발생할 수 있다.
>
> 정답 ③

021 경찰의 임무는 행정조직법상의 경찰기관을 전제로 한 개념으로 「경찰법」 제3조에 의하면 경찰은 국민의 생명·신체 및 재산을 보호하고, 공공의 안녕과 질서유지를 그 임무로 한다고 정하고 있는데 경찰의 임무와 수단에 대한 설명으로 가장 적절하지 않은 것은? (2012경위)

① 오늘날 복지국가적 행정을 요구하고 있는 시대적 요청에 따라 경찰행정 분야에서도 각 개인이 경찰권의 발동을 요청할 수 있는 권리인 경찰개입청구권을 인정하기에 이르렀는데 이는 '재량권의 0으로의 수축이론'과 관련이 있다.
② 「경찰관직무집행법」 제6조에서 경찰관은 범죄행위가 목전에 행하여지려 하고 있다고 인정될 때에는 이를 예방하기 위하여 관계인에게 경고를 발하는 등의 경찰의 개입을 규정하고 있다.
③ 경찰의 조치는 그에 의하여 달성되는 공익이 그로 인한 상대방의 자유·권리에 대한 침해보다 클 때에만 허용되는데 이를 필요성의 원칙이라 한다.
④ 최근 복지행정이 강하게 요구되면서 경찰행정분야도 소극적인 위험방지를 위한 법집행적인 임무뿐만 아니라 적극적으로 국민에게 봉사하는 활동이 요청되고 있다.

> **해설**
>
> 공제회기본서(총론1) ①157 ②181 ③151 ④없음
> ③ 경찰의 조치는 그에 의하여 달성되는 공익이 그로 인한 상대방의 자유·권리에 대한 침해보다 클 때에만 허용되는데 이를 **상당성의 원칙**이라 한다.
> ※ 비례의 원칙은 적합성의 원칙, 필요성의 원칙, 상당성의 원칙 등 세부 3원칙으로 구성되고, 세부 3원칙 중 어느 하나만 위배해도 비례원칙 위반이 된다.
> – 적합성 원칙 : 경찰권 발동수단은 목적달성에 적합하여야 한다는 원칙
> – 필요성 원칙 : 목적달성을 위해 필요한 한도 이상으로 행해져선 안 된다는 원칙으로 여러 수단 중 최소침해의 수단을 선택하라는 원칙
> – 상당성 원칙 : 경찰권 발동에 따른 이익보다 사인의 피해가 더 큰 경우 경찰권을 발동해선 안 된다는 원칙(협의의 비례원칙)
>
> 정답 ③

022 경찰의 기본적 임무를 공공의 안녕과 질서에 대한 위험의 방지에 있다고 정의할 때 위험에 대한 설명 중 가장 적절하지 않은 것은?　　　　　　　　　　　　　　　　　　　　　　　　　　　　　(2012경위)

① 손해의 가능성으로서의 위험은 가까운 장래에 공공의 안녕에 손해가 나타날 수 있는 가능성이 개개의 경우에 충분히 존재하는 상태를 말한다.
② 손해란 보호받는 개인 및 공동의 법익에 관한 정상적 상태의 객관적 감소를 뜻하며, 보호법익에 대한 현저한 침해가 있어야만 한다.
③ 의무에 합당한 사려 깊은 판단을 하였으나 집안에서 아이들이 서로 괴성을 지르며 장난치는 것을 밖에서 듣고 강도사건이 발생한 것으로 오인한 경찰관이 문을 부수고 들어갔다면 외관적 위험을 인식한 사례에 해당한다.
④ 경찰의 개입은 구체적 위험이 있을 경우에만 가능하다.

> **해설**
>
> 공제회기본서(총론1)　①23　②23　③24　④23
> ④ 경찰의 개입은 구체적 위험뿐만 아니라 추상적 위험이 있을 경우에도 가능하다.
>
> 정답　④

023 경찰의 기본적 임무 중 '공공의 안녕과 질서에 관한 위험의 방지'에 관한 설명으로 가장 적절하지 않은 것은?　　　　　　　　　　　　　　　　　　　　　　　　　　　　　(2015경감)

① 위험이란 가까운 장래에 공공의 안녕에 손해가 나타날 수 있는 가능성이 개개의 경우에 충분히 존재하는 상태를 말한다.
② 위험 혐의란 경찰이 의무에 합당한 사려 깊은 판단을 할 때 실제로 위험의 가능성은 예측되나 불확실한 경우를 말한다.
③ 경찰이 상황을 합리적으로 사려 깊게 판단하여 위험이 존재한다고 보고 개입하였으나 실제로는 위험이 없었던 경우, 경찰 개입은 적법한 개입으로 인정된다.
④ 오상위험, 즉 객관적으로 판단할 때 위험의 외관 또는 혐의가 인정되지 않음에도 위험의 존재를 잘못 추정하여 경찰개입이 이루어진 경우라도 손해배상의 문제는 발생하지 않는다.

> **해설**
>
> 공제회기본서(총론1)　①23　②24　③24　④24
> ④ 오상위험 상황에 경찰개입이 이루어지면 손해배상 등의 문제가 발생한다.
>
> 정답　④

024 경찰의 임무를 공공의 안녕과 질서에 대한 위험의 방지라고 정의할 때, 위험에 대한 설명으로 가장 적절한 것은?　　　　　　　　　　　　　　　　　　　　　　　　　　　　　　(2018경감)

① '위험'은 보호받는 개인 및 공동의 법익에 관한 정상적 상태의 객관적 감소를 뜻한다.
② '오상위험'은 객관적으로 판단할 때 위험의 외관 또는 혐의가 정당화되지 않음에도 경찰이 위험의 존재를 잘못 추정한 경우를 말한다.
③ '외관적 위험'에 대한 경찰개입은 적법하며, 경찰관 개인에게 민·형사상 책임을 물을 수 없고 국가의 손실보상책임도 인정될 여지가 없다.
④ '위험혐의'의 경우 위험의 존재여부가 명백해질 때까지 예비적인 위험조사 차원의 경찰개입은 정당화될 수 없다.

해설

공제회기본서(총론1) ①23 ②24 ③24 ④24
① **손해란** 보호받는 개인 및 공동의 법익에 관한 정상적 상태의 객관적 감소를 뜻하며, 보호법익에 대한 현저한 침해행위가 있어야만 한다.
② ○
③ '외관적 위험'이란 경찰이 의무에 합당한 사려깊은 상황판단을 했음에도 불구하고 위험을 잘못 긍정하는 경우를 말하며, **손실보상 책임은 발생 가능**하다.
④ '위험혐의'의 경우 위험의 존재여부가 명백해질 때까지 **예비적인 위험조사 차원의 경찰개입은 정당화될 수 있다.**

정답 ②

---

025 경찰의 관할에 관한 설명으로 가장 적절하지 않은 것은?　　　　　　　(2016경감)

① 경찰의 사물관할은 경찰권의 발동범위를 설정한 것이다.
② 경찰의 지역관할은 경찰권이 발동될 수 있는 지역적 범위를 말하며, 대한민국 영역 내에 모두 적용됨이 원칙이다.
③ 외교관의 개인주택은 국제법상 치외법권 지역이나, 외교사절의 승용차는 그렇지 않다.
④ 영미법계 경찰개념의 영향을 받아 범죄의 수사에 관한 임무가 경찰의 사물관할로 인정되었다.

해설

공제회기본서(총론1) ①26 ②26 ③27 ④25
③ 외교공관과 외교관의 개인주택은 물론 <u>외교사절의 승용차, 보트, 비행기 등 교통수단도 국제법상 치외법권 지역에 해당</u>한다.

정답 ③

026 경찰의 임무를 공공의 안녕과 질서에 대한 위험의 방지라고 정의할 때, 위험에 대한 설명으로 가장 적절하지 않은 것은?
(2017경감)

① 위험은 가까운 장래에 공공의 안녕에 손해가 나타날 가능성이 개개의 경우에 충분히 존재하는 상태를 말한다.
② 경찰의 개입은 구체적 위험 내지 적어도 오상위험(추정적 위험)이 있을 때 가능하다.
③ 위험은 보호를 받게 되는 법익에 대해 필수적으로 내재해야 하는 것은 아니다.
④ 손해란 보호받는 개인 및 공동의 법익에 관한 정상적 상태의 객관적 감소를 뜻하고, 보호법익에 대한 현저한 침해행위가 있어야 한다.

해설

공제회기본서(총론1) ①23 ②23 ③31 ④23
경찰의 개입은 <u>구체적 위험 내지 적어도 추상적 위험이 있을 때 가능하다. 오상위험(추정적 위험)이 있을 때에는 경찰의 개입이 허용되지 아니한다.</u>

정답 ②

---

027 경찰의 임무를 공공의 안녕과 질서에 대한 위험의 방지라고 정의할 때, 위험에 대한 설명으로 가장 적절한 것은?
(2020경감)

① '위험'은 보호받는 개인 및 공동의 법익에 관한 정상적 상태의 객관적 감소를 뜻한다.
② 위험에 대한 인식은 외관적 위험, 위험혐의, 추상적 위험으로 구분할 수 있다.
③ '위험혐의'란 경찰이 의무에 합당한 사려 깊은 판단을 할 때 실제로 위험의 가능성은 예측되나 불확실한 경우를 말한다.
④ 외관적 위험에 대한 경찰권 발동은 경찰상 위험에 해당하는 적법한 개입이므로 경찰관에게 민·형사상 책임을 물을 수 없고, 국가의 손실보상 책임도 발생하지 않는다.

해설

공제회기본서(총론1) ①23 ②24 ③24 ④24
① <u>손해</u>는 보호받는 개인 및 공동의 법익에 관한 정상적 상태의 객관적 감소를 뜻한다.
② 위험에 대한 인식은 외관적 위험, 위험혐의, <u>오상위험(추정적 위험)</u>으로 구분할 수 있다.
③ O
④ 외관적 위험에 대한 경찰권 발동은 경찰상 위험에 해당하는 적법한 개입이므로 경찰관에게 민·형사상 책임을 물을 수 없지만, <u>국가의 손실보상 책임은 발생할 수 있다.</u>

〈경찰상 위험〉

의의	㉠ 위험 – 가까운 장래에 공공의 안녕이나 질서에 손해가 나타날 수 있는 가능성이 개개의 경우에 충분히 존재하는 상태를 의미하며, 경찰개입의 전제조건 ㉡ 손해 – 보호받는 법익에 관한 정상적 상태의 객관적 감소를 의미
분류	㉠ 위험의 현실성 ⇨ ① 구체적 위험 ② 추상적 위험 ㉡ 위험에 대한 인식 ⇨ ① 외관적 위험 ② 오상위험 ③ 위험혐의
판단기준	보호법익에 대한 현저한 침해행위가 있어야 함

〈위험의 분류 : 구체적 위험 vs 추상적 위험〉

구체적 위험	구체적인 사안에 있어서 가까운 장래에 손해발생의 충분한 가능성이 존재
추상적 위험	㉠ 의의 – 구체적 위험의 예상 가능성(가설적·상상적 위험) ㉡ 경찰의 개입은 구체적 위험 내지 적어도 추상적 위험이 있을 때 가능. 이 점이 사전배려원칙에 따라 추상적 위험 이전의 단계에서도 개입이 허용되는 환경법 영역과 다르다. ㉢ 위험은 경찰개입의 전제요건이나, 위험이 보호를 받게 되는 법익에 필수적으로 존재해야 하는 것은 아니다.(예 : 차가 없는 도로에서의 무단횡단) ㉣ 경찰이 개입하기 위해서는 사실적·물리적 위험이 반드시 존재해야 하는 것은 아니다. ㉤ 추상적 위험에 대해서는 경찰처분은 불가하고, 경찰상 법규명령이 발령될 수 있다.

〈위험에 대한 인식 : 외관적 위험 vs 오상위험 vs 위험혐의〉

외관적 위험	㉠ 합리적으로 사려깊은 상황판단하여 개입했으나, 실제로는 위험이 없는 경우(집안에서 아이들이 괴성을 지르며 장난친 것을 강도사건으로 오인하여 문을 따고 들어간 경우) ㉡ 경찰권 발동이 정당화되고 경찰상 위험에 포함됨 ㉢ 손해배상 문제는 발생하지 않고 **손실보상 책임은 발생 가능**
오상위험 (추정적위험)	㉠ 객관적으로 판단할 때 위험의 외관이나 혐의가 정당화되지 않음에도 경찰이 위험의 존재를 잘못 추정한 경우 ㉡ 경찰권 발동이 정당화 될 수 없고, 위법행위를 구성(경찰상 위험이 아님) ㉢ 형사책임과 손해배상책임 발생 가능
위험혐의	㉠ 경찰이 의무에 합당한 사려깊은 판단을 할 때 실제로 위험의 가능성은 예측이 되나 실현이 불확실한 경우 ㉡ 경찰의 개입은 위험의 존재여부가 명백해질 때까지는 예비적 조치에 국한 ⇨ 위험혐의는 위험조사 차원의 개입을 정당화시킴

정답 ③

028 경찰의 임무를 공공의 안녕과 질서에 대한 위험의 방지라고 정의할 때, 위험에 대한 설명으로 가장 적절하지 않은 것은?

(2018경위)

① '위험'이란 가까운 장래에 공공의 안녕에 손해가 나타날 가능성이 개개의 경우 충분히 존재하는 상태를 말한다.
② 위험에 대한 인식으로 외관적 위험, 추정적 위험, 위험혐의로 구분할 수 있다.
③ 외관적 위험에 대한 경찰권 발동은 경찰상 위험에 해당하는 적법한 경찰개입이므로 경찰관에게 민·형사상의 책임을 물을 수 없고, 국가의 손실보상 책임도 발생하지 않는다.
④ 추상적 위험은 경찰상 법규명령으로 위험을 방지해야 할 필요성이 있는 전형적인 사례로 경찰의 개입은 구체적 위험 내지 적어도 추상적 위험이 있을 때 가능하다.

> **해설**
>
> 공제회기본서(총론1) ①23 ②24 ③24 ④23
> ③ 외관적 위험은 경찰이 의무에 합당한 사려 깊은 상황판단을 했음에도 불구하고 위험을 잘못 인정한 경우로 경찰상 위험에 해당하는 적법한 경찰개입이므로 경찰관에게 민·형사상 책임을 물을 수 없지만, <u>국가의 손실보상책임이 발생가능하다</u>.
>
> 정답 ③

제4절 경찰의 기본이념

029 경찰의 기본이념에 대한 설명으로 가장 옳지 않은 것은? (2011경위)

① 경찰의 중앙과 지방간의 권한 분배, 경찰행정정보의 공개, 성과급제도 확대는 경찰의 민주성 확보방안이다.
② 경찰의 활동은 사전에 상대방에게 의무를 과함이 없이 행사되는 즉시강제와 같은 경우가 많기 때문에 법치주의 원리가 강하게 요구된다.
③ 국민의 권리·의무에 제한을 가하는 것은 국가안전보장, 질서유지, 공공복리를 위해 필요한 경우에 한하여 법률로써만 가능하고, 그 경우에도 자유와 권리의 본질적인 내용을 침해할 수 없다.
④ 경찰은 특정 정당 기타 정치단체의 이익이나 이념을 위해 활동해서는 안 되며, 오로지 주권자인 전체 국민과 국가의 이익을 위해 활동해야 한다는 것은 정치적 중립주의이다.

해설

공제회기본서(총론1) ①37,40 ②40 ③37 ④38
① 경찰의 중앙과 지방간의 권한 분배, 경찰행정정보의 공개, 행정절차법과 국민의 행정참여 등은 경찰(행정)의 민주성 확보방안이다. 성과급제도는 민주성보다는 경영주의(또는 효율성) 이념을 추구하는 제도라 할 수 있다.

정답 ①

030 다음은 경찰의 기본이념 및 그와 관련된 사항에 관한 甲~丁의 주장을 나열한 것이다. 이 중 잘못된 주장을 하고 있는 사람은 누구인가?

(2011경감)

> 甲 : 경찰권은 국민으로부터의 위임에 근거한 것이라는 태도는 민주주의 이념과 관련이 깊다.
> 乙 : 경찰작용은 그 침익적 성격으로 인해 법치주의의 엄격한 적용을 받지만, 순전한 임의(비권력적) 활동의 경우라면 개별적 수권규정이 없이도 가능하다. 단 이 경우에도 조직법적 근거는 있어야 하므로 직무범위 내에서 행해져야 한다.
> 丙 : 경찰의 이념 중 민주주의 이념은 대국민과의 관계에서만이 아니라 조직 내부의 관계에서도 중요하다.
> 丁 : 경찰의 이념 중 인권존중주의는 비록 경찰법에서는 언급이 없으나, 헌법상 기본권 조항 등을 통하여 당연히 유추된다.

① 甲　　　② 乙　　　③ 丙　　　④ 丁

해설

공제회기본서(총론1) 41

④ 丁 - 인권존중주의는 헌법 제10조와 제37조는 물론이고, 경찰법에서도 제4조에서 명시적으로 규정하고 있다.

경찰법 제4조(권한남용의 금지) 국가경찰은 그 직무를 수행할 때 헌법과 법률에 따라 국민의 자유와 권리를 존중하고, 국민 전체에 대한 봉사자로서 공정·중립을 지켜야 하며, 부여된 권한을 남용하여서는 아니 된다.

정답 ④

031 수사경찰이 피의자 등을 대면하는 과정에서 가장 요구된다고 볼 수 있는 경찰의 이념으로 적절한 것은?

(2016경위)

① 민주주의　　　② 인권존중주의
③ 경영주의　　　④ 정치적 중립주의

해설

공제회기본서(총론1) 41
수사경찰이 피의자 등을 대면하는 과정에서 가장 요구된다고 볼 수 있는 경찰의 이념은 인권존중주의이다.

정답 ②

CHAPTER 02 > 한국경찰의 근·현대사

제1절 갑오개혁부터 일제강점기 이전의 경찰

001 보기의 설명은 갑오개혁(1894) 이후 한일합방 이전의 경찰변천사에 대한 내용이다. 시대 순으로 가장 적절하게 나열한 것은? (2012경위)

> ㉠ 경무청관제직장에 의해 당시의 좌우포도청을 합하여 경무청을 신설하고, 내무아문에 예속되어 한성부내 일체의 경찰사무를 관장하였다.
> ㉡ 경부가 한성 및 개항시장의 경찰업무와 감옥사무를 통할하게 되었는데 궁내경찰서와 한성부 내 5개 경찰서, 3개 분서를 두고, 이를 지휘하는 경무감독소를 두며, 한성부 이외의 각 관찰부에 총순 등을 둘 것을 정하였다.
> ㉢ 통감부에 의한 통감정치가 시작되면서, 경무청을 한성부 내의 경찰로 축소시키는 한편 통감부 산하에 별도의 경찰조직을 설립, 직접 지휘하였다.
> ㉣ '내부관제'의 제정을 통해 내부대신의 경찰에 대한 지휘감독권이 정비되었으며, '지방경찰규칙'이 제정되어 지방경찰의 작용법적 근거가 마련되었다.

① ㉠-㉣-㉡-㉢
② ㉣-㉠-㉡-㉢
③ ㉠-㉡-㉣-㉢
④ ㉠-㉡-㉢-㉣

해설
공제회기본서(총론1) ㉠42 ㉡43 ㉢43 ㉣43
㉠(1894년 경무청시대)-㉣(1895년 내부관제시대)-㉡(1900년 경부시대)-㉢(1905년 소경무청시대)

정답 ①

002 갑오개혁 및 광무개혁 당시 경찰제도에 관한 설명 중 가장 적절하지 않은 것은? (2014경감)

① 1894년에 제정된 '경무청관제직장'은 한국경찰 최초의 경찰조직법이라 할 수 있다.
② 일본의 행정경찰규칙(1875년)과 위경죄즉결례(1885년)를 혼합하여 만든 '행정경찰장정'에서 영업·시장·회사 및 소방·위생, 결사·집회, 신문잡지·도서 등 광범위한 영역의 사무가 포함되었다.
③ 광무개혁에 따라 1900년 중앙관청으로서 경부(警部)가 한성 및 개항시장의 경찰업무와 감옥사무를 통할하였다.
④ 1894년 갑오개혁 이후 한성부에 종전의 좌우포도청을 합하여 경무청을 창설하였는데 초기에는 외무아문 소속이었다.

> **해설**
>
> 공제회기본서(총론1) ①42 ②43 ③43 ④42
> ④ 1894년 갑오개혁 이후 한성부에 종전의 좌우포도청을 합하여 경무청을 창설하였는데 <u>초기에는 내무아문 소속</u>이었다.
>
> 정답 ④

003 갑오개혁 이후 한일합방 이전의 경찰변천사에 대한 아래 ㉠부터 ㉣까지의 설명이 시대 순으로 바르게 나열된 것은? (2017경위)

> ㉠ '내부관제'의 제정을 통해 내부대신의 경찰에 대한 지휘감독권 정비
> ㉡ '지방경찰규칙'이 제정되어 지방경찰의 작용법적 근거 마련
> ㉢ 통감부에 의한 통감정치가 시작
> ㉣ 광무개혁 당시 독립된 중앙관청으로서 경부 설치

① ㉠-㉡-㉢-㉣
② ㉠-㉡-㉣-㉢
③ ㉣-㉠-㉡-㉢
④ ㉣-㉡-㉠-㉢

> **해설**
>
> 공제회기본서(총론1) ㉠43 ㉡43 ㉢43 ㉣43
> ㉠(1895)-㉡(1896)-㉣(1900)-㉢(1906)
>
> 정답 ②

004 갑오개혁부터 일제강점기 이전 한국 경찰의 역사에 대한 설명으로 가장 적절하지 않은 것은? (2014경위)

① '경무청관제직장'에 의해 당시의 좌우포도청을 합하여 경무청을 신설하였다.
② 한성과 부산 간의 군용전신선의 보호를 명목으로 일본의 헌병대가 주둔하게 되었다.
③ 경찰조직법·경찰작용법적 근거 마련으로 외형상 근대국가적 경찰체제가 갖추어졌다고 볼 수 있으나, 일본 경찰체제 이식을 통한 지배전략의 일환이라는 한계를 가졌다.
④ 경찰의 임무영역에서 위생경찰, 영업경찰 등이 제외되었다.

> **해설**
>
> 공제회기본서(총론1) ①42 ②43 ③47 ④44
> ④ 갑오개혁부터 일제강점기 이전 경찰의 임무영역은 <u>감옥경찰, 위생경찰, 소방경찰, 영업경찰</u> 등 광범위했다. 위생경찰 등의 비경찰화는 미군정시대의 일이다.
>
> 정답 ④

005 갑오개혁부터 일제강점기 이전의 경찰에 대한 설명으로 가장 적절하지 않은 것은? (2019경위)

① 일본각의의 결정에 따라, '각아문관제'에서 처음으로 경찰이라는 용어를 사용하였다.
② '경무청관제직장'에 의해 당시의 좌우포도청을 합하여 경무청을 신설하고(장으로 경무사를 둠) 내무아문에 예속되어 한성부 내 일체의 경찰사무를 관장하였다.
③ 광무개혁에 따라 중앙관청으로서 경부가 한성 및 개항시장의 경찰업무와 감옥사무를 통할하였다.
④ 을사조약에 의거 통감부에 의한 통감정치가 시작되면서 경무청을 전국을 관할하는 기관으로 확대하여 사실상 한국경찰을 장악하였다.

해설

공제회기본서(총론1) ①42 ②42 ③43 ④43
④ 통감정치가 시작되면서 통감부 산하에 별도의 경찰조직을 설립하고(경부), <u>경무청을 한성부내의 경찰로 축소시켰다.</u>

정답 ④

제2절 일제 강점기의 경찰

006 한국 경찰사에 대한 설명 중 적절한 것은 모두 몇 개인가? (2013경감변형)

㉠ 1894년 일본각의의 결정에 따라, 김홍집내각은 '각아문관제'에서 처음으로 경찰이라는 용어를 사용하고, 동년 7월 14일(음력) '경무청관제직장'과 '행정경찰규칙'을 제정하였다.
㉡ 1896년 한성과 부산 간의 군용전신선의 보호를 명목으로 일본의 헌병대가 주둔하게 되었는데, 헌병은 사법경찰을 제외한 군사경찰·행정경찰을 겸하였다.
㉢ 1919년 3.1운동을 계기로 헌병경찰제도에서 보통경찰제도로의 전환은 이루어 졌으나, 오히려 3.1운동을 기화로 일본에서 제정된 정치범처벌법을 우리나라에 적용하는 등 탄압의 지배체제가 강화되었다.
㉣ 법률 제1호인 정부조직법에서 기존의 경무부를 내무부의 일국인 치안국에서 인수하도록 함으로써 경찰조직은 부에서 국으로 격하되었는데, '국'체제는 치안본부 개편(1974) 후 1991년 경찰청(내부무 외청)이 독립할 때까지 유지되었다.

① 1개   ② 2개   ③ 3개   ④ 4개

해설

공제회기본서(총론1) ㉠42 ㉡43 ㉢48 ㉣57
㉠ 1894년 일본각의의 결정에 따라, 김홍집내각은 '각아문관제'에서 처음으로 경찰이라는 용어를 사용하고, 동년 7월 14일(음력) '경무청관제직장'과 '**행정경찰장정**'을 제정하였다.
㉡ 1896년 한성과 부산 간의 군용전신선의 보호를 명목으로 일본의 헌병대가 주둔하게 되었는데, **헌병은 군사경찰 이외에도 사법경찰·행정경찰을 겸하였다.**
㉢ 1919년 3.1운동을 계기로 헌병경찰제도에서 보통경찰제도로의 전환은 이루어 졌으나, 오히려 3.1운동을 기화로 **일본에서 제정된 치안유지법을 우리나라에 적용**하는 등 탄압의 지배체제가 강화되었다.
㉣ ○

정답 ①

---

007 갑오개혁 이후 경찰제도에 대한 설명으로 가장 적절한 것은? (2013경위)

① 한국 경찰 최초의 조직법인 '경무청관제직장'에 의해 당시의 좌우포도청을 합하여 경부를 신설하였다.
② '행정경찰장정'은 일본의 '행정경찰규칙(1875)'과 '위경죄즉결례(1885)'를 혼합하여 만든 한국 경찰 최초의 작용법이다.
③ 1910년 '조선주차헌병조령'에 의해 헌병이 일반치안을 담당할 법적 근거를 마련하였으며, 헌병경찰은 주로 도시나 개항장 등에 배치되었다.
④ 일제 강점기에는 총독에게 주어진 명령권과 경무총장·경무부장 등에게 주어진 제령권 등을 통해 각종 전제주의적·제국주의적 경찰권 행사가 가능하였다는 특징이 있다.

해설

공제회기본서(총론1) ①42 ②43 ③48 ④48
① 한국 경찰 최초의 조직법인 '경무청관제직장'에 의해 당시의 **좌우포도청을 합하여 경무청을 신설**하였다.
③ 1910년 '조선주차헌병조령'에 의해 헌병이 일반치안을 담당할 법적 근거를 마련하였으며, **일반**경찰은 **도**시나 **개**항장 등에(**일반개도**), **헌병경찰은 주로 군사작전 지역이나 의병활동지역에 배치**되었다.
④ 일제 강점기에는 **총독에게 주어진 제령권**과 **경무총장·경무부장 등에게 주어진 명령권** 등을 통해 각종 전제주의적·제국주의적 경찰권 행사가 가능하였다는 특징이 있다.

정답 ②

제3절 미군정하의 경찰

008 미군정하의 우리나라 경찰의 특징으로 가장 적절하지 않은 것은? (2012경위변형)

① 미군정 초창기에는 '군정의 실시'와 '구관리의 현직유지'가 이루어져 인력의 개혁이 제대로 시행될 수 없었다.
② 광복 이후 미군정은 일제가 운용하던 비민주적 형사제도를 상당 부분 개선하고, 영미식 형사제도를 도입하기도 하였지만, 경찰의 독자적 수사권은 인정되지 않았다.
③ 비경찰화 작업이 행해져 경찰의 활동도 축소되었다.
④ 1945년 광복 이후 신규 경찰을 대거 채용하는 과정에서 전체의 20% 가량은 일제 경찰 출신들이 재임용되기도 하였지만, 상당히 많은 독립운동가 출신들이 경찰에 채용되었는데, 이는 당시의 한국경찰이 일제 강점기 경찰과는 분명히 단절된 새로운 경찰이었다는 점을 보여주는 것이다.

[해설]
공제회기본서(총론1) ①56 ②54 ③55 ④55
② 광복 이후 미군정은 일제가 운용하던 비민주적 형사제도를 상당 부분 개선하고, 영미식 형사제도를 도입하기도 하였는데 특히, 1945년 12월 29일 미군정 '법무국 검사에 대한 훈령 제3호'가 발령되어 '수사는 경찰-기소는 검사' 체제가 도입되며 경찰의 독자적 수사권이 인정되었다.

정답 ②

---

009 경찰의 역사와 제도에 대한 설명으로 가장 적절하지 않은 것은? (2020경감)

① 대한민국 임시정부 초대 경무국장은 백범 김구이며, 대한민국 경찰 역시 임시정부의 경찰활동 또는 경찰 정신을 계승하고 있다고 보아야 할 것이다.
② 미군정 시기에는 경찰작용에 관한 기본법인「경찰관 직무집행법」이 제정되는 등 조직·작용법적 정비가 이루어졌다.
③ 1946년 이후 중앙행정기관이었던 경무부(警務部)가 1948년「정부조직법」상에서 내무부 산하의 국(局)으로 격하되었다.
④ 1969년「국가공무원법」의 특별법인「경찰공무원법」이 제정되었다.

[해설]
공제회기본서(총론1) ①50 ②57 ③57 ④59
② 경찰작용에 관한 기본법으로서「경찰관 직무집행법」은 미군정기가 아니라 정부수립 이후인 1953년 제정되었다.

정답 ②

010 갑오개혁 이후 한국 경찰의 역사와 제도에 대한 설명으로 가장 적절한 것은? (2019경감)

① 1894년에 제정된 행정경찰장정은 일본의 행정경찰규칙(1875년)과 위경죄즉결례(1885년)를 혼합하여 만든 한국경찰 최초의 경찰 작용법으로 영업 시장 회사 및 소방 위생, 결사 집회, 신문잡지 도서 등 광범위한 영역의 사무가 포함되었다.
② 1919년 3 1운동을 계기로 보통경찰제도로 전환되면서 경찰의 업무영역에 많은 변화가 발생하였으며, 이를 기화로 정치범처벌법을 제정하여 단속체계를 갖추었다.
③ 미군정시대에는 경찰의 이념에 민주적인 요소가 도입되면서 최초로 6인으로 구성된 '중앙경찰위원회'가 설치되었으며 경제경찰, 정보경찰 등의 사무가 폐지되는 등 비경찰화가 이루어졌다.
④ 최규식 경무관은 1968년 무장공비침투사건 당시 공비들의 근거지가 될 수 있는 사찰들을 불태우라는 상부의 명령에도 불구하고 화엄사, 천은사, 선운사 등 우리 문화재를 수호한 문화경찰의 표상이다.

해설

공제회기본서(총론1) ①43 ②48 ③54 ④66,67
① O
② 1919년 3·1운동을 계기로 보통경찰제도로 전환되었지만, 기본적으로 **경찰의 직무와 권한에는 아무런 변화가 없었다.**
③ 경찰이 담당하였던 위생사무가 위생국으로이관되고, 경제경찰과 고등경찰이 폐지되는 등 비경찰화 작업이 진행되었으며, 대신 **정보업무를 담당할 정보과를 신설**하였다.
④ 1968년 무장공비침투사건(1.21사태) 당시 청와대를 사수한 호국경찰의 표상은 최규식경무관과 정종수경사이다. **화엄사 등 문화재를 수호한 문화경찰의 표상은 차일혁경무관이다.**

정답 ①

제4절 정부수립 이후 경찰

011 정부수립 이후 1991년 이전의 경찰의 특징으로 옳지 않은 것은 모두 몇 개인가? (2012경감)

> ㉠ 종래 식민지배에 이용되거나 또는 군정통치로 주권이 없는 상태하에서 활동하던 경찰이 비로소 주권국가 대한민국의 존립과 안녕, 대한민국 국민의 생명과 신체 및 재산의 보호라는 경찰 본연의 임무를 수행하였다.
> ㉡ 경찰작용에 관한 기본법으로서「경찰관직무집행법」이 제정되었다.
> ㉢ 독립국가로서 한국 역사상 최초로 자주적인 입장에서 경찰을 운용하였다.
> ㉣ 경찰의 부정선거 개입 등으로 정치적 중립이 경찰에 대한 국민의 요청이었던 바, 그 연장선상에서 경찰의 기구독립이 조직의 숙원이었다.
> ㉤ 1969년 1월 7일「경찰법」이 처음으로 제정되어 그동안「국가공무원법」에 의거하던 경찰공무원을 특별법으로 규율하게 되었다.
> ㉥ 해양경찰업무, 전투경찰업무, 소방업무가 정식으로 경찰의 업무범위에 추가되었다.

① 1개 ② 2개 ③ 3개 ④ 4개

해설

공제회기본서(총론1) ㉠60 ㉡57 ㉢60 ㉣60 ㉤59 ㉥60
㉤ 1969년 1월 7일 **경찰공무원법**이 처음으로 제정되어 그동안「국가공무원법」에 의거하던 경찰공무원을 특별법으로 규율하게 되었다.
㉥ 해양경찰업무, 전투경찰업무가 정식으로 경찰의 업무범위에 추가되고, <u>소방업무가 경찰의 업무에서 배제</u>되는 등 경찰활동 영역의 변화가 있었다.

정답 ②

---

012 한국경찰의 역사와 제도에 대한 설명이다. 시대 순으로 바르게 나열한 것은? (2018경위)

> ㉠「경찰법」제정으로 내무부로부터의 독립을 통한 정치적 중립성을 확보했다.
> ㉡ 경찰작용에 관한 기본법으로서「경찰관직무집행법」이 제정되었다.
> ㉢ 중앙경찰위원회가 설치되어 경찰민주화를 위한 조치를 시행하였다.
> ㉣ 경찰공무원법이 처음으로 제정되어 그동안 국가공무원법에 의거하던 경찰공무원을 특별법으로 규율하게 되었다.

① ㉡-㉣-㉠-㉢ ② ㉢-㉣-㉡-㉠ ③ ㉣-㉡-㉠-㉢ ④ ㉢-㉡-㉣-㉠

해설

공제회기본서(총론1) ㉠61 ㉡57 ㉢54 ㉣59
㉢ 중앙경찰위원회 설치(1947년) ⇨ ㉡ 경찰관 직무집행법 제정(1953년) ⇨ ㉣ 경찰공무원법 제정(1969년) ⇨ ㉠ 경찰법 제정(1991년) 순서이다.

정답 ④

제5절 한국경찰사에 길이 빛날 경찰의 표상

013 한국 경찰사에 길이 빛날 경찰의 표상에 대한 설명 중 가장 적절하지 않은 것은? (2013경감)

① 대한민국 임시정부의 초대 경무국장은 민족의 사표 김구 선생으로, 「대한민국 헌법」은 그 전문에서 대한민국이 임시정부의 법통을 계승하고 있다는 점을 분명히 밝히고 있다.
② 1968년 무장공비 침투사건(1.21 사태) 당시 종로경찰서 자하문검문소에서 무장공비를 온몸으로 막아내고 순국함으로써, 청와대를 사수하고 대한민국을 위기에서 건져올린 호국경찰의 표상은 최규식 경무관과 정종수 경사이다.
③ 최규식 경무관과 정종수 경사는 화엄사 공적비 건립, '20세기를 빛낸 위대한 인물' 선정, 드라마 '여명의 눈동자' 주인공 장하림(박상원역) 실제모델 등의 업적이 인정된다.
④ 남부군 사령관 이현상을 사살하는 등 빨치산을 토벌하여 자유 대한민국의 발전에 큰 공헌을 하였으며, 다수의 사찰을 소실로부터 구해내 문화경찰의 발자취를 남긴 호국경찰, 인본경찰, 문화경찰의 표상은 차일혁 경무관이다.

해설

공제회기본서(총론1) 66, 67
③ **차일혁 경무관**은 화엄사 공적비 건립, '20세기를 빛낸 위대한 인물' 선정, 드라마 '여명의 눈동자' 주인공 장하림(박상원역) 실제모델 등의 업적이 인정된다.

정답 ③

014 한국 경찰사의 자랑스러운 경찰의 표상에 대한 설명 중 연결이 바르지 않은 것은? (2020경위)

① 빨치산 토벌의 주역이며, 화엄사 등 문화재를 수호한 인물 - 차일혁
② 5.18 광주민주화운동 당시 비례의 원칙에 입각한 경찰권 행사 강조 - 최규식
③ 1968년 무장공비 침투사건 당시 무장공비를 온몸으로 막아내고 순국 - 정종수
④ 1919년 상하이에서 수립한 대한민국 임시정부의 초대 경무국장 - 김구

해설

공제회기본서(총론1) 66,67
② 5.18 광주민주화운동 당시 비례의 원칙에 입각한 경찰권 행사 강조 - <u>안병하</u>

백범 김구	1919년 상해 임시정부의 초대 경무국장
차일혁 경무관	독립운동가 출신이고, 남부군 사령관 이현상을 사살하는 등 빨치산 토벌의 주역이며, 빨치산을 인도주의로 대하였으며, 구례 화엄사 등 문화재를 수호한 호국경찰·인본경찰·문화경찰의 표상(드라마 '여명의 눈동자' 실제 모델)
최규식 경무관 정종수 경사	1968년 무장공비 청와대습격 사건(1.21사태) 당시 종로경찰서 자하문검문소에서 온몸으로 무장공비를 막아내고 청와대를 사수하는 과정에서 순국한 호국경찰의 표상
안병하 치안감	1980년 광주민주화운동 당시 전남도경국장으로 '시민에게 총을 겨누지 말라'며 광주시민을 보호하다 신군부의 직위해제와 고문을 당한 후 고문후유증으로 사망한 민주경찰의 표상(비례의 원칙에 입각한 경찰권 행사 강조) ※ 이준규 목포서장 - 안병하 전남도경국장 지침에 따라 유혈충돌 피함

정답

015 자랑스러운 경찰의 표상에 대한 서술이다. ㉠부터 ㉣까지의 내용에 해당하는 인물을 바르게 나열한 것은?   (2018경감)

> ㉠ 1919년 상하이에서 수립한 대한민국 임시정부의 초대 경무국장
> ㉡ 1968년 무장공비 침투사건(1·21사태) 당시 종로경찰서 자하문검문소에서 무장공비를 온몸으로 막아내고 순국함으로써 청와대를 사수하고 대한민국을 위기에서 건져 올린 호국경찰의 표상
> ㉢ 구례 화엄사 등 다수의 사찰을 소실로부터 구해내는 등 문화경찰의 발자취를 남긴 문화경찰의 표상
> ㉣ 5·18 광주 민주화운동 당시 전남도경국장으로서 비례의 원칙에 입각한 경찰권 행사와 시위대에 대한 인권보호를 강조

① ㉠ 김원봉 ㉡ 최규식 ㉢ 차일혁 ㉣ 안병하
② ㉠ 김 구   ㉡ 최규식 ㉢ 안병하 ㉣ 차일혁
③ ㉠ 김원봉 ㉡ 정종수 ㉢ 안병하 ㉣ 차일혁
④ ㉠ 김 구   ㉡ 정종수 ㉢ 차일혁 ㉣ 안병하

해설

공제회기본서(총론1) 66,67
㉠ 1919년 상하이에서 수립한 대한민국 임시정부의 초대 경무국장 – 김구
㉡ 1968년 무장공비 침투사건(1·21사태) – 최규식 경무관과 정종수 경사
㉢ 문화경찰의 표상 – 차일혁 경무관
㉣ 5.18 광주 민주화운동 – 안병하 치안감

정답 ④

016 한국경찰사에 길이 빛날 경찰의 표상들에 대한 서술이다. 옳은 것을 모두 고른 것은? (2018경위)

㉠ 1968년 무장공비 침투사건(1·21사태) 당시 최규식 총경(경무관특진)과 형사 7명이 무장공비를 차단하고 격투 끝에 청와대를 사수하였다.
㉡ 정종수는 남부군 사령관 이현상을 사살하는 등 빨치산 토벌의 주역이었다.
㉢ 차일혁은 공비들의 근거지가 될 수 있는 사찰을 불태우라는 상부의 명령에 대해 현명하게 대처하여 구례 화엄사 등 여러 사찰과 문화재를 보호하였다.
㉣ 안병하는 1987년 6월 항쟁 당시 과격한 진압을 지시한 군과 달리 '분산되는 자는 너무 추격하지 말 것, 부상자 발생치 않도록 할 것, 연행과정에서 학생의 피해가 없도록 유의하라'고 지시하여 인권경찰의 면모를 보였다.

① ㉠,㉡   ② ㉠,㉢   ③ ㉡,㉣   ④ ㉢,㉣

해설

공제회기본서(총론1) ① ② ③ ④ ㉠ ㉡ ㉢ ㉣ ㉤ ㉥
㉠ 1968년 무장공비 침투사건 – 최규식 경무관과 정종수 경사
㉡ 남부군 사령관 현상사살, 구례 화엄사 등 문화재 보호 – **차일혁 경무관**
㉢ 남부군 사령관 현상사살, 구례 화엄사 등 문화재 보호 – 차일혁 경무관
㉣ **1980년 광주 민주화운동** – 안병하 경무관

정답 ②

CHAPTER 03 > 경찰법의 법원과 경찰조직법

제 1 절 법치행정과 경찰법의 법원

001 경찰법의 법원 중 성문법원에 대한 설명으로 보기 어려운 것은 모두 몇 개인가? (2011경위)

> ㉠ 헌법전 가운데 행정의 조직이나 작용의 기본원칙을 정한 부분은 그 한도 내에서 경찰행정법의 법원이 된다.
> ㉡ 경찰권 발동의 근거는 모두 법률에 근거해야 하므로 법률은 경찰행정상의 법률관계에 있어서 가장 중심적인 법원이다.
> ㉢ 「헌법」에 의하여 체결·공포된 조약과 일반적으로 승인된 국제법규는 국내법과 같은 효력을 가진다.
> ㉣ 조례는 법률의 위임이 있을 때 주민의 권리제한 또는 의무부과에 관한 사항이나 벌칙을 정할 수 있다.
> ㉤ 일반적으로 정의에 합치되는 보편적 원리로서 인정되고 있는 제 원칙을 조리라 하고 법으로 취급된다.

① 없음   ② 1개   ③ 2개   ④ 3개

해설

공제회기본서(총론1) ㉠76 ㉡71 ㉢71 ㉣72 ㉤72
㉤ 불문법원으로서 조리에 대한 설명은 맞으나, 설문에서는 **성문법원**을 묻고 있기 때문에 틀린 지문이다.
⇨ 안 풀릴 때는 설문을 다시 읽어보아야 함!

정답 ②

002 경찰관련 법령의 법원(法源)에 대한 설명 중 가장 적절하지 않은 것은? (2012경위)

① 헌법은 국가의 기본적인 통치구조를 정한 기본법으로서 행정의 조직이나 작용의 기본원칙을 정한 부분은 그 한도 내에서 경찰행정법의 법원이 된다.
② 불문법원으로서 일반적으로 정의에 합치되는 보편적 원리로서 인정되고 있는 모든 원칙을 '조리'라하고 경찰관청의 행위가 형식상 적법하더라도 조리에 위반할 경우에는 위법이 될 수 있다.
③ 국회의 의결을 거치지 않고 행정기관에 의하여 제정된 성문법규를 '명령'이라 하고 명령의 종류에는 위임명령과 집행명령이 있다.
④ 조례는 지방자치단체의 의회가 법령의 범위 안에서 지방자치권에 의거하여 제정하는 법규를 말하는 것으로 조례로 특히 주민의 '권리제한'을 제외한 '의무부과' 및 '형벌'을 정할 경우에는 반드시 법률의 위임이 있어야 한다.

> **해설**
> 공제회기본서(총론1) ①76 ②76 ③76 ④72
> ④ 조례는 지방자치단체의 의회가 법령의 범위 안에서 지방자치권에 의거하여 제정하는 법규를 말하는 것으로 조례로 특히 주민의 '권리제한'을 **포함한** '의무부과' 및 '형벌'을 정할 경우에는 반드시 법률의 위임이 있어야 한다.
>
> **정답** ④

003 경찰법의 법원에 대한 설명 중 옳지 않은 것을 모두 고른 것은? (2020경위)

㉠ 경찰법의 법원은 일반적으로 성문법과 불문법원으로 나눌 수 있으며, 헌법, 법률, 조약과 국제법규, 조리와 규칙은 성문법원이다.
㉡ 국회의 의결을 거치지 않고 행정기관에 의하여 제정된 성문법규를 법규명령이라고 한다.
㉢ 국무총리는 직권으로 총리령을 발할 수 있으나, 행정각부의 장은 직권으로 부령을 발할 수 없다.
㉣ 지방의회가 법령의 범위 안에서 제정하는 자치법규를 규칙이라고 한다.

① ㉠, ㉡
② ㉠, ㉢
③ ㉠, ㉡, ㉣
④ ㉠, ㉢, ㉣

> **해설**
> 공제회기본서(총론1) ㉠71,72 ㉡71 ㉢76 ㉣72
> ㉠ <u>조리(행정법의 일반원칙)는 불문법원</u>이다.
> ㉡ O
> ㉢ 국무총리는 직권으로 총리령을 발할 수 있고, <u>행정각부의 장도 직권으로 부령을 발할 수 있다</u>.
> ㉣ 지방의회가 법령의 범위 안에서 제정하는 자치법규를 <u>조례</u>라고 한다.
>
> **정답** ④

004 법규명령과 행정규칙에 대한 설명 중 적절하지 않은 것을 모두 고르시오.(다툼이 있는 경우 판례에 의함)

(2013경감)

㉠ 법규명령은 행정권이 정립하는 일반·추상적인 규정으로서 법규성을 지닌 것을 말하고, 국민과 행정청을 동시에 구속하는 양면적 구속력을 가짐으로써 재판규범이 된다.
㉡ 법규명령을 공포를 요하나, 행정규칙은 공포를 요하지 않는다.
㉢ 법규명령의 형식(부령)을 취하고 있지만 그 내용이 행정규칙의 실질을 가지는 경우 판례는 당해 규범을 행정규칙으로 보고 있다.
㉣ 위임명령은 법규명령이고 집행명령은 행정규칙이다.

① ㉠,㉣   ② ㉢,㉣   ③ ㉡   ④ ㉣

해설

공제회기본서(총론1) ㉠78 ㉡78 ㉢78 ㉣71
틀린 지문은 ㉣이다. <u>집행명령도 법규명령</u>이다.

정답 ④

---

005 경찰법의 법원(法源)에 대한 설명으로 가장 적절하지 않은 것은?

(2014경위)

① 경찰법의 존재형식 또는 인식근거에 관한 문제이다.
② 경찰법의 법원은 일반적으로 성문법원과 불문법원으로 나눌 수 있으며, 조례와 규칙은 성문법원의 일종이다.
③ 경찰관청의 행위가 형식상 법령에 적합하다면, 비례의 원칙 등 행정법의 일반원칙에 어긋나더라도 항상 적법한 행위이다.
④ 헌법에 의하여 체결·공포된 조약과 일반적으로 승인된 국제법규도 경찰법의 법원으로 볼 수 있다.

해설

공제회기본서(총론1) ①없음 ②75 ③76 ④71
③ 경찰관청의 행위가 <u>형식상 법령에 적합하다 하더라도, 비례의 원칙 등 행정법의 일반원칙에 어긋나면 위법한 행위가 된다.</u>

정답 ③

006 성문법원에 관한 설명으로 가장 적절하지 않은 것은? (2016경위)

① 헌법은 기본적인 통치구조와 국가작용의 기본원칙을 정한 기본법이다.
② 헌법에 의하여 체결·공포된 조약과 일반적으로 승인된 국제법규는 국내법과 같은 효력을 지닌다.
③ 국회의 의결을 거치지 않고 행정기관에 의하여 제정된 성문법규를 명령이라고 한다.
④ 조리는 지방의회가 법령의 범위 안에서 제정하는 자치법규를 말한다.

> **해설**
>
> 공제회기본서(총론1) ①71 ②71 ③71,76 ④72
> ④ <u>조례</u>는 지방의회가 법령의 범위 안에서 제정하는 자치법규를 말한다.
>
> **정답** ④

007 행정규칙과 법규명령에 관한 설명으로 가장 적절하지 않은 것은? (2014경감)

① 법규명령이란 행정권이 정립하는 일반·추상적인 규정으로서 법규성을 지닌 것을 말한다.
② 법규명령의 한계로 행정권에 대한 입법권의 일반적·포괄적 위임은 인정될 수 없고, 국회 전속적 법률사항의 위임은 원칙적으로 금지되며, 법률에 의하여 위임된 사항을 전부 하위명령에 재위임하는 것은 금지된다.
③ 위임명령은 법규명령이고, 집행명령은 행정규칙이다.
④ 일반적으로 대내적 구속력 유무에 있어서 행정규칙과 법규명령은 동일하다.

> **해설**
>
> 공제회기본서(총론1) ①없음 ②71,77 ③71 ④78
> ③ 집행명령도 법규명령이다.
>
> | | 법규명령 | 행정규칙 |
> |---|---|---|
> | 성 질 | 법규
양면적·대외적 구속력
재판규범성 인정 | 비법규
편면적·대내적 구속력
재판규범성 부정 |
> | 근 거 | 상위법령의 근거 필요 | 상위법령의 근거 불필요 |
> | 형 식 | 요식행위(문서○, 구두×) | 불요식행위(문서○, 구두○) |
> | 공포와
효력발생 | 공포 필요
공포 후 20일 경과후 효력발생 원칙 | 공포 불필요
도달함으로써 효력발생(도달주의) |
> | 종 류 | 대통령령(시행령), 총리령·부령(시행규칙) | 훈령, 지시, 예규, 일일명령, 고시 |
> | 내 용 | 국민의 권리·의무에 관한 사항 규율가능 | 행정조직 내부 사항 규율
(국민 권리의무 규율불가) |
> | 위반시
효력 | 위법 | 위법은 아님(단, 내부징계사유) |
>
> **정답** ③

008 훈령에 대한 설명으로 가장 적절하지 않은 것은? (2020경감)

① 훈령의 형식적 요건으로는 훈령권이 있는 상급관청이 발한 것일 것, 하급관청의 권한 내의 사항에 관한 것일 것, 하급관청의 직무상 독립성이 보장된 사항일 것을 들 수 있다.
② 훈령의 실질적 요건으로는 내용이 실현 가능하고 명확할 것, 내용이 적법하고 타당할 것, 내용이 공익에 반하지 않을 것을 들 수 있다.
③ 훈령은 원칙적으로 일반적·추상적 사항에 대해서 발해야 하지만, 개별적·구체적 사항에 대해서도 발해질 수 있다.
④ 하급관청 구성원에 변동이 있더라도 훈령의 효력에는 영향이 없다.

해설

공제회기본서(총론1) ①80 ②80 ③80 ④81
① 훈령의 형식적 요건으로는 훈령권이 있는 상급관청이 발한 것일 것, 하급관청의 권한 내의 사항에 관한 것일 것, <u>하급관청의 직무상 독립성이 보장된 사항이 아닐 것</u>을 들 수 있다.

〈훈령의 요건〉

형식적 요건	① 훈령권있는 상급관청이 발한 것일 것 ② 하급기관의 권한 내 사항일 것 ③ **하급기관의 직무상 독립된 사항이 아닐 것** ④ 법정의 형식·절차가 있을 경우 이를 따를 것
실질적 요건 (<u>공적실</u>)	① 내용이 <u>실</u>현 가능하고 명확할 것 ② 내용이 <u>적</u>법하고 타당할 것 ③ 내용이 <u>공</u>익에 반하지 않을 것

정답 ①

009 경찰관청 상호간의 관계에서 감독수단이 되는 훈령에 대한 설명이다. 가장 옳지 않은 것은? (2011경감)

① 훈령(외부적 구속력이 없는 경우)은 내부규범으로 구체적인 법령의 근거 없이도 발할 수 있다.
② 훈령의 형식적 요건으로는 훈령권이 있는 상급관청이 발한 것일 것, 하급관청의 권한 내의 사항에 관한 것일 것, 직무상 독립한 범위에 속하는 사항이 아닐 것을 들 수 있다.
③ 훈령은 원칙적으로 일반적·추상적 사항에 대하여 발해야 하지만, 개별적·구체적 사항에 대해서도 발할 수 있다.
④ 서울종로경찰서에 근무하는 경찰관이 직무를 수행함에 있어 서울지방경찰청 훈령과 경찰청 훈령이 경합할 때에는 경찰청 훈령에 따라 업무를 처리함이 옳다.

해설

공제회기본서(총론1) ①75 ②80 ③80 ④80
④ 서울종로경찰서에 근무하는 경찰관이 직무를 수행함에 있어 서울지방경찰청 훈령과 경찰청 훈령이 경합할 때에는 **서울지방경찰청(직근상급관청) 훈령**에 따라 업무를 처리함이 옳다.

정답 ④

010 훈령의 형식적 요건에 해당하지 않는 것은? (2020경위)

① 훈령권이 있는 상급관청이 발한 것일 것
② 내용이 적법하고 타당할 것
③ 하급관청의 권한 내의 사항에 관한 것일 것
④ 직무상 독립한 범위에 속하는 사항이 아닐 것

해설

공제회기본서(총론1) 80
② 내용이 적법하고 타당할 것은 <u>실질적 요건</u>이다.

정답 ②

---

011 보기의 내용 중 훈령의 실질적 요건을 모두 나열한 것은? (2012경위)

┌───┐
│ ㉠ 훈령권이 있는 상급관청이 발한 것일 것
│ ㉡ 내용이 실현 가능하고 명확할 것
│ ㉢ 내용이 적법하고 타당할 것
│ ㉣ 직무상 독립한 범위에 속하는 사항이 아닌 것
│ ㉤ 공익에 반하지 않을 것
│ ㉥ 하급관청의 권한 내의 사항에 관한 것일 것
└───┘

① ㉠,㉡,㉢   ② ㉡,㉢,㉣
③ ㉡,㉣,㉥   ④ ㉡,㉢,㉤

해설

공제회기본서(총론1) 80
㉡,㉢,㉤은 훈령의 실질적 요건이고, 나머지는 형식적 요건이다.(<u>실질적 요건 - 공적실</u>)

정답 ④

012 훈령에 대한 설명으로 가장 적절하지 않은 것은? (2012경감)

① 훈령은 원칙적으로 일반적·추상적 사항에 대해서 발해야 하지만, 개별적·구체적 사항에 대해서도 발해질 수 있다.
② 훈령은 상급 공무원이 하급 공무원에게 발하는 명령이다.
③ 훈령은 국민의 권리와 의무에 영향을 미치지 않는다.
④ '하급관청의 직무상 독립성이 보장되어 있지 않는 사항일 것'은 훈령의 형식적 요건에 해당한다.

해설

공제회기본서(총론1) ①80 ②81 ③73 ④80
② 상급 공무원이 하급 공무원에게 발하는 명령은 **직무명령**이다.

정답 ②

013 상관이 그 부하공무원에 대하여 그 직무를 지휘하기 위하여 발하는 명령으로 가장 적절한 것은? (2016경위)

① 훈령   ② 지시   ③ 직무명령   ④ 예규

해설

공제회기본서(총론1) 81
상관이 그 부하공무원에 대하여 그 직무를 지휘하기 위하여 발하는 명령은 직무명령이다.

정답 ③

014 「경찰법」의 법원에 대한 설명으로 가장 적절하지 않은 것은? (2017경감)

① 법규명령의 특징은 국민과 행정청을 동시에 구속하는 양면적 구속력을 가짐으로써 재판규범이 된다.
② 대통령령, 총리령 및 부령은 특별한 규정이 없으면 공포한 날부터 14일이 경과함으로써 효력을 발생한다.
③ 국민의 권리 제한 또는 의무 부과와 직접 관련되는 법률, 대통령령, 총리령 및 부령은 긴급히 시행하여야 할 특별한 사유가 있는 경우를 제외하고는 공포일로부터 적어도 30일이 경과한 날부터 시행되도록 하여야 한다.
④ 법규명령의 한계로 행정권에 대한 입법권의 일반적·포괄적 위임은 인정될 수 없고, 국회 전속적 법률사항의 위임은 원칙적으로 금지되며, 법률에 의하여 위임된 사항을 전부 하위명령에 재위임하는것은 금지된다.

> **해설**
>
> 공제회기본서(총론1) ① 78 ② 71,76 ③ 77 ④ 77
> 대통령령, 총리령 및 부령은 특별한 규정이 없으면 공포한 날부터 **20일**이 경과함으로써 효력을 발생한다.
>
> ②

015 행정규칙과 법규명령에 대한 설명으로 가장 적절하지 않은 것은? (2019경위)

① 법규명령은 대외적 구속력을 갖기 때문에 그에 반하는 행정권 행사는 위법하다.
② 법규명령은 특별한 규정이 없는 한 공포한 날로부터 20일을 경과함으로써 효력을 발생한다.
③ 위임명령은 법규명령이고, 집행명령은 행정규칙이다.
④ 법규명령의 형식(부령)을 취하고 있지만 그 내용이 행정규칙의 실질을 가지는 경우 판례는 당해 규범을 행정규칙으로 보고 있다.

> **해설**
>
> 공제회기본서(총론1) ① 77 ② 76 ③ 71 ④ 78
> ③ <u>위임명령, 집행명령 모두 법규명령</u>이다.
>
> 정답 ③

016 법규명령과 행정규칙에 대한 설명으로 가장 적절하지 않은 것은? (2019경감)

① 법규명령은 국민과 행정청을 동시에 구속하는 양면적 구속력을 가짐으로써 재판규범이 된다.
② 법규명령의 한계로 행정권에 대한 입법권의 일반적 포괄적 위임은 인정될 수 없으며, 국회 전속적 법률사항의 위임은 원칙적으로 금지된다.
③ 행정규칙의 종류로는 고시 훈령 예규 일일명령 등이 있다.
④ 행정규칙은 행정기관이 법률의 수권 없이 권한 범위 내에서 만든 일반적 추상적 명령을 말하며 대내적 구속력을 갖고 있으므로 경찰관이 이를 위반하면 반드시 위법이 된다.

> **해설**
>
> 공제회기본서(총론1) ① 78 ② 77 ③ 78 ④ 78
> ④ 행정규칙은 <u>대내적 구속력만 있고 대외적(국민에 대한) 구속력은 없으므로</u> 위반하여도 위<u>법사유에 해당하지는 않는 것이 원칙</u>이다. 다만, 징계사유는 될 수 있다.
>
> ④

017 훈령에 대한 설명으로 가장 적절하지 않은 것은?(단, 다툼이 있는 경우 통설·판례에 의함) (2018경위)

① 훈령은 원칙적으로 일반적·추상적 사항에 대해서 발해야 하지만, 개별적·구체적 사항에 대해서도 발해질 수 있다.
② '하급관청의 직무상 독립한 범위에 속하는 사항이 아닐 것'은 훈령의 형식적 요건에 해당한다.
③ 하급관청 구성원의 변동이 있더라도 훈령은 그 효력에 영향을 받지 않는다.
④ 훈령은 내부적 구속력을 갖고 있어, 훈령을 위반한 공무원의 행위는 징계의 사유가 되고, 무효 또는 취소사유에 해당한다.

> **해설**
>
> 공제회기본서(총론1) ①80 ②80 ③81 ④80
> ④ 훈령은 원칙적으로 대내적 구속력을 갖고 있어, 국민에 대한 구속력(대외적 구속력)은 없어 법규성이 없다. 그러므로 훈령을 위반한 공무원의 행위는 징계의 사유가 되지만, <u>위법(무효 또는 취소) 사유에 해당하지 않는다</u>.
>
> **정답** ④

018 훈령과 직무명령에 대한 설명으로 가장 적절하지 않은 것은? (2019경위)

① 훈령이란 상급관청이 하급관청의 권한행사를 지휘하기 위하여 발하는 명령으로 구성원의 변동이 있는 경우에는 당연히 효력을 상실하게 된다.
② 직무명령이란 상관이 부하공무원에게 발하는 명령으로, 특별한 작용법적 근거 없이 발할 수 있다.
③ 훈령의 형식적 요건으로 훈령권이 있는 상급관청이 발한 것일 것, 하급관청의 권한 내의 사항에 관한 것일 것, 직무상 독립한 범위에 속하는 사항이 아닐 것을 들 수 있다.
④ 훈령은 원칙적으로 일반적·추상적 사항에 대해서 발해야 하지만, 개별적·구체적 사항에 대해서도 발해질 수 있다.

> **해설**
>
> 공제회기본서(총론1) ①81 ②81 ③80 ④80
> ① <u>구성원의 변동이 있어도 훈령의 효력은 유효</u>하다.
>
> **정답** ①

제2절 경찰조직법

019 「경찰법」상 경찰청장에 관한 설명으로 가장 적절하지 않은 것은? (2016경위)

① 경찰청장은 치안총감으로 보한다.
② 경찰청장은 국가경찰에 관한 사무를 총괄하고 경찰청 업무를 관장하며 소속 공무원 및 각급 국가경찰기관의 장을 지휘·감독한다.
③ 경찰청장은 행정안전부 장관의 동의를 받아 국무총리의 제청으로 대통령이 임명한다. 이 경우 국회의 인사청문을 거쳐야 한다.
④ 경찰청장의 임기는 2년으로 하고, 중임 할 수 없다. 다만 경찰청장이 직무를 집행하면서 헌법이나 법률을 위배하였을 때에는 국회는 탄핵 소추를 의결할 수 있다.

해설

공제회기본서(총론1) ①88 ②88 ③88 ④88
③ 경찰청장은 **경찰위원회의 동의를 받아 행장자치부장관의 제청으로** 대통령이 임명한다. 이 경우 국회의 인사청문을 거쳐야 한다.

〈경찰청장〉

지 위	① 행안부장관 소속하의(외청) 독임제 경찰행정관청 ② 치안총감으로 보하며, 임기 2년, 중임할 수 없음 ③ 탄핵 대상 : 경찰청장이 그 직무집행에 있어서 헌법이나 법률을 위배한 때에는 국회는 탄핵의 소추를 의결할 수 있음(헌법상 탄핵소추 대상이 아닌 경찰법상 대상) ④ 퇴직 후 2년 이내라도 정당의 발기인이나 당원이 될 수 있음
임 명	경찰위원회 동의를 얻어 행안부장관 제청으로 국무총리를 거쳐 대통령이 임명(국회 인사청문회 대상)
차 장	① 경찰청에 차장을 두며, 차장은 치안정감으로 보함 ② 경찰청장을 보좌하며, 경찰청장이 부득이한 사유로 직무를 수행할 수 없을 때에 그 직무를 대행(협의의 법정대리)

정답 ③

020 경찰청장에 대한 설명으로 옳지 않은 것은 모두 몇 개인가? (2012경위)

> ㉠ 경찰청장은 치안총감으로 보한다.
> ㉡ 경찰청장은 경찰위원회의 동의를 얻어 국무총리의 제청으로 대통령이 임명한다.
> ㉢ 경찰청장은 국가경찰에 관한 사무를 통할하고 청내 사무를 관장한다.
> ㉣ 경찰청장의 임기는 2년으로 하고 중임할 수 없으며, 직무집행에 있어서 헌법이나 법률을 위배한 때에는 국회는 탄핵 소추를 의결할 수 있다.

① 1개 ② 2개 ③ 3개 ④ 4개

해설

공제회기본서(총론1) ㉠88 ㉡88 ㉢88 ㉣88
㉡ 경찰청장은 경찰위원회의 동의를 얻어 **행정안전부장관의 제청**으로 대통령이 임명한다.

정답 ①

---

021 「경찰법」상 경찰청장에 관한 설명으로 가장 적절하지 않은 것은? (2015경감)

① 경찰청장은 경찰위원회의 동의를 받아 행정안전부장관의 제청으로 국무총리를 거쳐 대통령이 임명한다. 이 경우 국회의 인사청문을 거쳐야 한다.
② 경찰청장이 직무를 집행하면서 헌법이나 법률을 위배하였을 때에는 국회는 탄핵 소추를 의결할 수 있다.
③ 경찰청장의 임기는 2년이며 중임할 수 있다.
④ 경찰청장이 부득이한 사유로 직무를 수행할 수 없을 때에는 차장이 그 직무를 대행한다.

해설

공제회기본서(총론1) ①88 ②88 ③88 ④88
③ 경찰청장의 임기는 2년이며 **중임할 수 없다**.

정답 ③

022 「경찰법」상 경찰조직에 대한 설명이다. ㉠부터 ㉣까지의 설명 중 옳고 그름의 표시(O, ×)가 바르게 된 것은? (2018경위)

> ㉠ 경찰청장은 국회의 동의를 받아 행정안전부장관의 제청으로 국무총리를 거쳐 대통령이 임명한다.
> ㉡ 경찰청장은 국가경찰에 관한 사무를 총괄하고 경찰청 업무를 관장하며 소속 공무원 및 각급 국가경찰기관의 장을 지휘·감독한다.
> ㉢ 경찰청장의 임기는 2년으로 하고, 중임할 수 없다.
> ㉣ 경찰청장이 헌법이나 법률을 위반했을 때 국회에서 탄핵 소추를 의결할 수 있다고 인정되나, 현행 「경찰법」에는 국회의 탄핵소추 의결권이 명기되어 있지 아니하다.

① ㉠(×) ㉡(O) ㉢(O) ㉣(×)   ② ㉠(×) ㉡(O) ㉢(×) ㉣(O)
③ ㉠(O) ㉡(×) ㉢(O) ㉣(O)   ④ ㉠(O) ㉡(O) ㉢(O) ㉣(×)

해설

공제회기본서(총론1) ㉠88 ㉡88 ㉢88 ㉣88
㉠ 경찰청장은 **경찰위원회의 동의**를 받아 행정안전부장관의 제청으로 국무총리를 거쳐 대통령이 임명한다. 이 경우 국회의 인사청문을 거쳐야 한다.
㉣ 경찰청장이 직무를 집행하면서 헌법이나 법률을 위배하였을 때에는 국회는 탄핵 소추를 의결할 수 있다.(**경찰법** 제11조 제6항)

정답 ①

---

023 「경찰법」상 경찰위원회에 대한 설명으로 가장 적절한 것은? (2020경감)

① 위원장은 정무직으로 한다.
② 위원회는 위원장 1명을 포함한 7명의 위원으로 구성하되, 위원장 및 5명의 위원은 상임으로 하고, 1명의 위원은 비상임으로 한다.
③ 위원은 경찰청장의 제청으로 행정안전부장관을 거쳐 대통령이 임명한다.
④ 위원의 임기는 3년으로 하며, 연임할 수 없다. 이 경우 보궐위원의 임기는 전임자 임기의 남은 기간으로 한다.

해설

공제회기본서(총론1) ①90 ②90 ③91 ④
① **상임위원은 정무직**으로 한다.
② 위원회는 위원장 1명을 포함한 7명의 위원으로 구성하되, **위원장 및 5명의 위원은 비상임**으로 하고, **1명의 위원은 상임**으로 한다.
③ 위원은 **행정안전부장관의 제청으로 국무총리를 거쳐 대통령이 임명**한다.
④ O

〈경찰위원회(의결기관)〉

목적근거	① 설치목적 - 경찰에 대한 민주적 통제와 정치적 중립성 보장 ② 근거/성격 - 경찰법에 근거하여 행정안전부에 설치된 합의제 심의·의결기관
위원구성	〈위원〉 위원장포함 7명 위원으로 구성 - 위원장 및 5명은 비상임, 1명은 상임(정무직 차관급) 〈위원장〉 비상임위원 중 호선, 위원장이 사고가 있을 때에는 상임위원, 연장자 순으로 직무대리 〈위원임명〉 행안부장관 제청 ⇨ 국무총리 거쳐 ⇨ 대통령 임명 〈자격〉 위원 중 2명은 법관의 자격이 있는 사람이어야 한다. ※ 결격사유 – ① 당적/선거공직/경찰·검찰·국정원·군인 직에서 퇴직(이탈)한 날로부터 3년 미경과자 ② 국가공무원법 제33조 '국가공무원 결격사유'에 해당하는 자
임기	3년, 연임할 수 없음. 보궐위원의 임기는 전임자 임기의 남은 기간
신분보장	① 정당 가입, 선거공직 취임, 경·검·국·군 임용, 국가공무원 결격사유 해당하게 된 때에는 당연퇴직 ② 위원은 중대한 신체상·정신상 장애로 직무를 수행할 수 없게 된 경우를 제외하고는 그 의사에 반하여 면직되지 아니함 ⇨ 면직하는 경우 위원장 또는 장관(경찰청장 ×)의 의결요구에 의해 위원회 의결이 있어야 함
회의	〈정기회〉 특별한 사유가 없는 한 위원장이 매월 1회 소집 〈임시회〉 위원장은 필요한 경우 임시회의를 소집할 수 있으며, 위원 3인이상과 행안부장관 또는 경찰청장은 위원장에게 임시회의 소집을 요구할 수 있다. 임시회의소집 요구가 있는 경우에는 위원장은 특별한 사유가 없는 한 회의를 소집하여야 한다.
운영	① 위원회 회의는 재적위원 과반수 출석과 출석위원 관반수 찬성으로 의결 ② 경찰법 규정 외 운영에 필요한 사항을 경찰위원회규정(대통령령)에서 규정
재의요구	행안부장관은 위원회 심의·의결된 내용이 적정하지 아니하다고 판단할 때에는 의결한 날부터 10일 이내에 재의를 요구할 수 있음 ⇨ 위원회는 7일 이내에 재의결 하여야 함
권한	심의·의결권	1. 국가경찰의 인사, 예산, 장비, 통신 등에 관한 주요정책 및 국가경찰 업무 발전에 관한 사항 2. 인권보호와 관련되는 국가경찰의 운영·개선에 관한 사항 3. 국가경찰의 부패 방지와 청렴도 향상에 관한 주요 정책사항 4. 국가경찰 임무 외에 다른 국가기관으로부터의 업무협조 요청에 관한 사항 5. 제주 자치경찰에 대한 국가경찰의 지원·협조 및 협약체결의 조정 등에 관한 주요 정책사항 6. 그 밖에 행안부장관 및 경찰청장이 중요하다고 인정하여 위원회의 회의에 부친 사항
	동의권	경찰청장 임명 시 동의권

정답 ④

024 경찰위원회에 대한 설명 중 가장 적절한 것은?   (2013경위)

① 위원은 행정안전부장관의 제청으로 국무총리를 거쳐 대통령이 임명한다.
② 법관, 검사 또는 변호사의 직에서 퇴직한지 3년이 경과하지 않으면 위원으로 선임될 수 없다.
③ 위원회의 회의는 재적위원 3분의2 이상의 출석과 출석위원 과반수의 찬성으로 의결한다.
④ 행정안전부장관은 경찰위원회의 의결사항이 부적당하다고 판단될 때에는 재의요구를 할 수 있으며, 재의요구는 10일 이내에 하여야 하고, 경찰위원회는 10일 이내에 재의결하여야 한다.

> **해설**
> 공제회기본서(총론1) ①91 ②91 ③93 ④93
> ① O
> ② 법관, 변호사는 퇴직기간의 제한이 없다.
> ③ 위원회의 회의는 재적위원 과반수의 출석과 출석위원 과반수의 찬성으로 의결한다.
> ④ 행정안전부장관은 경찰위원회의 의결사항이 부적당하다고 판단될 때에는 재의요구를 할 수 있으며, 재의요구는 10일 이내에 하여야 하고, 경찰위원회는 7일 이내에 재의결하여야 한다.
>
> **정답** ①

025 다음은 「경찰법」상 경찰위원회에 대한 규정이다. 아래 ㉠부터 ㉤까지의 설명으로 옳고 그름의 표시(O, ×)가 바르게 된 것은?   (2017경위)

> ㉠ 경찰위원회는 위원장 1명을 포함한 7명의 위원으로 구성하되, 6명의 위원은 비상임으로 하고, 위원장은 상임으로 한다.
> ㉡ 경찰위원회 위원은 중대한 신체상 또는 정신상의 장애로 직무를 수행할 수 없게 된 경우를 제외하고는 그 의사에 반하여 면직되지 아니한다.
> ㉢ 경찰, 검찰, 법관, 국가정보원 직원 또는 군인의 직에서 퇴직한 날부터 3년이 지나지 아니한 사람은 경찰위원회의 위원이 될 수 없다.
> ㉣ 경찰위원회의 사무는 경찰청에서 수행하고, 경찰위원회의 회의는 재적위원 과반수의 출석과 재적위원 과반수의 찬성으로 의결한다.
> ㉤ 국가경찰 임무와 관련하여 다른 국가기관으로부터의 업무협조 요청에 관한 사항은 경찰위원회의 심의·의결 사항이다.

① ㉠(O) ㉡(×) ㉢(O) ㉣(O) ㉤(×)   ② ㉠(×) ㉡(O) ㉢(×) ㉣(×) ㉤(O)
③ ㉠(×) ㉡(O) ㉢(×) ㉣(×) ㉤(×)   ④ ㉠(×) ㉡(×) ㉢(O) ㉣(O) ㉤(O)

> **해설**
>
> 공제회기본서(총론1) ㉠90 ㉡92 ㉢91 ㉣93 ㉤92
> ㉠ 경찰위원회는 위원장 1명을 포함한 7명의 위원으로 구성하되, 위원장 및 5명의 위원은 비상임으로 하고, **상임위원 1명은 상임**으로 한다.
> ㉡ O
> ㉢ <u>경찰, 검찰, 국가정보원 직원 또는 군인</u>의 직에서 퇴직한 날부터 3년이 지나지 아니한 사람은 경찰위원회의 위원이 될 수 없다.
> ㉣ 경찰위원회의 사무는 경찰청에서 수행하고, 경찰위원회의 회의는 <u>재적위원 과반수의 출석과 출석위원 과반수의 찬성으로 의결</u>한다.
> ㉤ <u>국가경찰 임무 외에</u> 다른 국가기관으로부터의 업무협조 요청에 관한 사항 등이 경찰위원회의 심의·의결 사항이다.
>
> **정답** ③

026 경찰위원회에 대한 설명 중 가장 적절하지 않은 것은? (2020경위)

① 위원회는 위원장 1명을 포함한 7명의 위원으로 구성하되, 위원장 및 5명의 위원은 비상임으로 하고, 1명의 위원은 상임으로 하며, 위원장은 정무직으로 한다.
② 위원 중 2명은 법관의 자격이 있는 사람이어야 한다.
③ 당적을 이탈한 날부터 3년이 지나지 아니한 사람, 선거에 의하여 취임하는 공직에서 퇴직한 날부터 3년이 지나지 아니한 사람은 위원이 될 수 없다.
④ 위원은 행정안전부장관의 제청으로 국무총리를 거쳐 대통령이 임명한다.

> **해설**
>
> 공제회기본서(총론1) ①90 ②91 ③91 ④91
> ① 위원회는 위원장 1명을 포함한 7명의 위원으로 구성하되, 위원장 및 5명의 위원은 비상임으로 하고, 1명의 위원은 상임으로 하며, <u>상임위원은 정무직</u>으로 한다.
>
> **정답** ①

027 '경찰위원회'에 대한 설명으로 가장 적절하지 않은 것은? (2018경위)

① 「경찰법」에 근거를 두고 설치된 기관으로, 행정안전부 소속 합의제 심의·의결기관이다.
② 위원회는 위원장 1명을 포함한 7명의 위원으로 구성하되, 위원장 및 5명의 위원은 비상임으로 하고, 1명의 위원은 상임으로 한다.
③ 위원은 경찰청장의 제청으로 행정안전부장관을 거쳐 대통령이 임명한다.
④ 경찰, 검찰, 국가정보원 직원 또는 군인의 직에서 퇴직한 날부터 3년이 지나지 아니한 사람은 위원이 될 수 없다.

> **해설**
> 공제회기본서(총론1) ①90 ②90 ③91 ④91
> ③ 경찰위원회위원은 <u>행정안전부장관의 제청으로 국무총리를 거쳐</u> 대통령이 임명한다.(경찰법 제6조 제1항)
>
> **정답** ③

028 「경찰법」상 경찰위원회에 대한 설명으로 가장 적절한 것은? (2018경감)

① 경찰위원회는 경찰의 정치적 중립 보장과 중요 정책에 대한 민주적 결정을 위해 설치된 기구로서 행정안전부에 두고, 위원회의 사무도 행정안전부에서 수행한다.
② 경찰, 검찰, 국가정보원 직원 또는 군인의 직에서 퇴직한 날부터 3년이 지나지 아니한 사람은 위원으로 선임될 수 없다.
③ 위원의 임기는 3년으로 하며, 연임할 수 있다.
④ 국가경찰 임무와 관련된 다른 국가기관으로부터의 업무협조요청에 관한 사항은 경찰위원회의 심의·의결을 거쳐야 한다.

> **해설**
> 공제회기본서(총론1) ①없음(후단) ②91 ③92 ④92
> ① 경찰행정에 관하여 제9조 제1항 각 호의 사항을 심의·의결하기 위하여 행정안전부에 경찰위원회를 둔다.(경찰법 제5조), <u>위원회의 사무는 경찰청에서 수행</u>한다.(동법 제10조)
> ② O
> ③ 위원의 임기는 3년으로 하며, <u>연임할 수 없다.</u>(동법 제7조 제1항)
> ④ <u>국가경찰 임무 외에</u> 다른 국가기관으로부터의 업무협조 요청에 관한 사항은 경찰위원회의 심의·의결을 거쳐야 한다.(동법 제9조 제1항 제4호)
>
> **정답** ②

029 치안행정협의회에 대한 설명 중 틀린 것은 모두 몇 개인가? (2010경감)

> ㉠ 시·도지사 소속하에 설치하며 위원장은 부시장 또는 부지사가 된다.
> ㉡ 대통령령에 설치근거를 두고 있으며, 조직·운영에 관한 사항은 경찰법으로 정한다.
> ㉢ 위원장을 포함한 7인으로 구성한다.
> ㉣ 지방행정과 치안행정의 업무협조 채널로 활용되고 있으나 단순 자문기관에 불과하다.
> ㉤ 위원은 시·도지사가 임명 또는 위촉한다.

① 2개　　② 3개　　③ 4개　　④ 5개

해설
공제회기본서(총론1) ㉠94 ㉡85 ㉢94 ㉣86,94 ㉤없음
㉡ 경찰법에 설치근거를 두고 있으며, 조직·운영에 관한 사항은 대통령령(치안행정협의회규정)으로 정한다.
㉢ 위원장을 포함한 9인으로 구성한다.

정답 ①

030 치안행정협의회에 관한 설명으로 가장 적절하지 않은 것은? (2016경감)
① 시·도지사 소속하에 설치하며 위원장은 시·도의 부시장 또는 부지사가 맡는다.
② 위원장을 포함한 9인으로 구성한다.
③ 「경찰관 직무집행법」에 설치근거를 두고 있다.
④ 위원은 시·도지사가 위촉·임명한다.

해설
공제회기본서(총론1) ①94 ②94 ③85 ④없음
③ 경찰법에 설치근거를 두고 있다.

정답 ③

031 경찰위원회와 치안행정협의회에 관한 설명으로 가장 적절하지 않은 것은? (2014경감)
① 경찰위원회는 경찰법에 근거를 두고 있으며, 위원장 1명을 포함한 7명의 위원으로 구성하되, 위원장 및 5명의 위원은 비상임으로 하고, 1명의 위원은 상임으로 한다.
② 경찰위원회의 정기회의는 특별한 사유가 없는 한 위원장이 분기별 1회 소집하고, 임시회의는 위원 3인 이상 또는 행정안전부장관, 경찰청장이 위원장에게 소집을 요구할 수 있다.
③ 지방행정과 치안행정의 업무조정과 그 밖에 필요한 사항을 협의·조정하기 위하여 시·도지사(제주특별자치도지사는 제외한다) 소속으로 치안행정협의회를 둔다.
④ 치안행정협의회의 조직·운영과 그 밖에 필요한 사항은 대통령령으로 정한다.

해설
공제회기본서(총론1) ①90 ②93 ③94 ④85
② 경찰위원회의 정기회의는 특별한 사유가 없는 한 위원장이 매월 2회 소집하고, 임시회의는 위원 3인 이상 또는 행정안전부장관, 경찰청장이 위원장에게 소집을 요구할 수 있다.

정답 ②

032 각종 위원회(협의회)와 근거법의 연결로 가장 적절하지 않은 것은? (2018경위)

① 소청심사위원회-「국가공무원법」
② 경찰공무원 인사위원회-「경찰공무원법」
③ 치안행정협의회-「제주특별법」
④ 경찰위원회 -「경찰법」

해설

공제회기본서(총론1) ①147 ②99 ③85 ④90
③ 치안행정협의회 설치의 근거법률은 「경찰법」이다.

 ③

033 「경찰법」 및 「지역경찰의 조직 및 운영에 관한 규칙」상 우리나라 경찰조직에 관한 설명으로 가장 적절하지 않은 것은? (2014경위)

① 경찰청의 사무를 지역적으로 분담하여 수행하게 하기 위하여 특별시장·광역시장 및 도지사소속으로 지방경찰청을 두고, 지방경찰청장 소속으로 경찰서를 둔다.
② 경찰서에 경찰서장을 두며, 경찰서장은 경무관, 총경 또는 경정으로 보한다.
③ 지구대장은 경정 또는 경감, 파출소장은 경감 또는 경위로 보한다.
④ 경찰서장은 인구, 면적, 행정구역, 교통·지리적 여건, 각종 사건사고 발생 등을 고려하여 경찰서의 관할구역을 나누어 지역경찰관서(지구대 및 파출소)를 설치한다.

해설

공제회기본서(총론1) ①87 ②89 ③85 ④85
③ (맞는지문) 지구대장은 경정 또는 경감, 파출소장은 경감 또는 경위로 보한다.(지역경찰의 조직 및 운영에 관한 규칙)(공제회기본서 p.85)
 ※ 파출소장은 경정·경감 또는 경위로 한다.(경찰청과 그 소속기관 조직 및 정원관리 규칙)(공제회기본서 p.90)
④ **지방경찰청장은** 인구, 면적, 행정구역, 교통·지리적 여건, 각종 사건사고 발생 등을 고려하여 경찰서의 관할구역을 나누어 지역경찰관서(지구대 및 파출소)를 설치한다.

 ④

034 「경찰청과 그 소속기관 조직 및 정원관리 규칙」상 지구대, 파출소 및 출장소에 관한 다음 설명 중 가장 적절하지 않은 것은? (2014경감)

① 지방경찰청장이 지구대 또는 파출소를 설치하고자 할 때에는 경찰청장에게 승인을 요청하여야 한다.
② 지구대장은 경정 또는 경감, 파출소장은 경정, 경감 또는 경위로 한다.
③ 경찰서장은 임시로 필요한 때에는 출장소를 둘 수 있다.
④ 지방경찰청장이 지구대 또는 파출소를 폐지하거나 명칭·위치 및 관할구역을 변경하였을 때에는 경찰청장에게 보고하여야 한다.

> 해설
> 공제회기본서(총론1) ①90 ②90 ③90 ④90
> ③ <u>지방경찰청장은</u> 임시로 필요한 때에는 출장소를 둘 수 있다.
>
> 정답 ③

035 경찰관청의 권한의 위임·위탁·대리에 관한 설명으로 옳지 않은 것은 모두 몇 개인가? (2011경감)

> ㉠ 권한의 위임은 반드시 법적 근거를 요한다.
> ㉡ 「행정권한의 위임 및 위탁에 관한 규정」 제6조에 따라 위임 및 위탁기관은 수임 및 수탁기관의 수임 및 수탁사무 처리에 대하여 지휘·감독하고, 그 처리가 위법하다고 인정될 때에만 이를 취소하거나 정지시킬 수 있다.
> ㉢ 법정대리는 법정사실이 발생하였을 때 직접 법령의 규정에 의하여 대리관계가 발생하므로 원칙상 복대리가 허용되지 않는다.

① 없음   ② 1개   ③ 2개   ④ 3개

> 해설
> 공제회기본서(총론1) ㉠96 ㉡96 ㉢95
> ㉠ ○
> ㉡ 「행정권한의 위임 및 위탁에 관한 규정」 제6조에 따라 위임 및 위탁기관은 수임 및 수탁기관의 수임 및 수탁사무 처리에 대하여 지휘·감독하고, 그 처리가 위법하다고 인정될 경우뿐만 아니라 <u>부당한 경우에도</u> 이를 취소하거나 정지시킬 수 있다.
> ㉢ 법정대리는 법정사실이 발생하였을 때 직접 법령의 규정에 의하여 대리관계가 발생하므로 <u>원칙상 복대리가 허용된다</u>.
>
> 정답 ③

036 행정관청의 권한의 대리에 대한 설명 중 가장 적절하지 않은 것은? (2020경위)

① 권한의 대리에는 임의대리와 법정대리가 있는데, 보통 대리는 임의대리를 의미한다.
② 법정대리는 협의의 법정대리와 지정대리가 있는데, 협의의 법정대리는 일정한 법정 사유가 발생하면 당연히 대리권이 발생하는 경우를 말한다.
③ 권한의 대리는 피대리자의 권한의 전부 또는 일부를 대리자가 피대리자를 위한 것임을 표시하고 자기의 명의로 대행하는 것으로 그 행위는 대리자의 행위로서 효과가 발생한다.
④ 임의대리는 피대리관청의 대리자에 대한 지휘·감독이 가능하나, 법정대리는 원칙적으로 피대리관청의 대리자에 대한 지휘·감독이 불가능하다.

해설

공제회기본서(총론1) ①95(후단은 없음) ②84 ③83 ④83,95
③ 권한의 대리는 피대리자의 권한의 전부 또는 일부를 대리자가 피대리자를 위한 것임을 표시하고 자기의 명의로 대행하는 것으로 그 행위는 **피대리자**의 행위로서 효과가 발생한다.

정답 ③

---

037 권한의 위임·대리에 대한 설명으로 적절하지 않은 것은 모두 몇 개인가? (2013경위)

㉠ 권한의 위임이란 경찰관청이 권한의 일부를 다른 경찰기관에 이전하여 그 수임기관의 권한으로 그 수임기관이 위임기관의 명의와 책임하에서 행사하도록 하는 것을 말한다.
㉡ 권한의 위임은 경찰관청의 권한의 일부에 한해서만 가능하고, 권한의 전부위임 또는 주요부분의 위임은 허용되지 않는다.
㉢ 임의대리는 피대리관청의 수권행위에 의하여 대리관계가 발생하는 경우로, 원칙적으로 대리관계 형성에 법적 근거를 요하지 않으며, 복대리가 허용된다.
㉣ 법정대리는 법정사실 발생시 직접 법령규정에 의하여 대리관계가 발생하는 경우로, 원칙적으로 피대리관청의 대리자에 대한 지휘·감독이 가능하다.
㉤ '국무총리 유고시 대통령이 지정하는 국무위원의 국무총리 대리'는 협의의 법정대리에 해당한다.

① 2개　　② 3개　　③ 4개　　④ 5개

해설

공제회기본서(총론1) ㉠83 ㉡83 ㉢83,97 ㉣84,95 ㉤84
㉠ 권한의 위임이란 경찰관청이 권한의 일부를 다른 경찰기관에 이전하여 그 수임기관의 권한으로 그 **수임기관이 자기의 명의**와 책임하에서 행사하도록 하는 것을 말한다.
㉡ O

ⓒ 임의대리는 피대리관청의 수권행위에 의하여 대리관계가 발생하는 경우로, 원칙적으로 대리관계 형성에 법적 근거를 요하지 않으며, **복대리가 허용되지 않는다**.
ⓔ 법정대리는 법정사실 발생시 직접 법령규정에 의하여 대리관계가 발생하는 경우로, 원칙적으로 피대리관청의 대리자에 대한 **지휘·감독이 불가능하다**.
ⓕ '국무총리 유고시 대통령이 지정하는 국무위원의 국무총리 대리'는 **지정대리**에 해당한다.

	위임	임의대리	법정대리
범위	일부위임	일부대리	전부대리
법적 근거	법적 근거 필요	법적 근거 불요	법적 근거 필요
상대방	주로 하급관청	주로 보조기관	
권한 이전	권한 자체의 이전	권한 이전이 아님	
효과 귀속	수임청	피대리관	
권한행사 명의	수임청 명의	대리기관 명의(피대리청을 위한 것임을 표시)	
행정소송의 피고	수임청	피대리관청	
감독	가능	가능	불가
재위임 복대리	(법령상 근거 있을 경우) 재위임 가능	불가	가능

정답 ③

038 권한의 위임·대리·대결에 대한 설명으로 가장 적절하지 않은 것은? (2015경위)

① 위임으로 권한의 귀속이 변경되어 수임기관은 자기의 명의와 책임하에 권한을 행사하고 위임된 권한에 관한 쟁송을 할 때는 수임관청 자신이 당사자가 된다.
② 임의대리는 원칙적으로 권한의 일부에 대해서만 가능하고 복대리가 허용되지 않는다.
③ 경찰청장 사고시 차장이 대행하는 것은 협의의 법정대리이다.
④ 위임사무 처리에 소요되는 인력·예산 등은 반드시 수임자가 부담하여야 한다.

해설

공제회기본서(총론1) ①83 ②83 ③84 ④83
④ 위임사무 처리에 소요되는 인력·예산 등은 **위임자가 부담**하여야 한다.

정답 ④

039 권한의 위임·대리·대결(전결)에 관한 설명 중 가장 적절하지 않은 것은? (2013경감)

① 권한의 위임 – 위임으로 권한의 귀속이 변경되어 수임기관은 자기의 명의와 책임하에 권한을 행사하고 위임된 권한에 관한 쟁송시 수임관청 자신이 당사자가 된다. 단, 위임사무 처리에 소요되는 인력·예산 등은 위임자 부담이 원칙이다.

② 권한의 위임 – 수임기관의 사무처리가 위법·부당하다고 인정될 때 위임기관의 취소·정지가 가능하다. 단, 위임기관은 수임기관에 대하여 사전승인을 받거나 협의할 것을 요구할 수 있다.

③ 권한의 대리 – 임의대리는 원칙적으로 ⅰ)대리관계 형성에 법적 근거를 요하지 않으며 ⅱ)권한의 일부에 대해서만 가능하고 ⅲ)복대리가 허용되지 않으며 ⅳ)피대리관청은 대리자에 대한 지휘·감독이 가능하다. 반면, 법정대리는 원칙적으로 ⓐ법적 근거를 기반으로 하며 ⓑ대리권이 피대리관청의 권한의 전부에 미치고 ⓒ복대리가 허용되며 ⓓ피대리관청의 대리자에 대한 지휘·감독이 불가능하다.

④ 대결과 위임전결 – 권한 자체의 귀속에 있어서 변경을 가져오지 않고 본래의 경찰관청의 이름으로 행해지는 내부적 사실행위라는 점에서 경찰관청의 권한귀속의 변동을 가져오는 권한위임과 구별된다.

해설

공제회기본서(총론1) ①83 ②83 ③83 ④84
② 권한의 위임–수임기관의 사무처리가 위법·부당하다고 인정될 때 위임기관의 취소·정지가 가능하다. 단, 위임기관은 수임기관에 대하여 사전승인을 받거나 협의할 것을 <u>요구할 수 없다</u>.

정답 ②

---

040 권한의 대리와 권한의 위임에 관한 설명으로 가장 적절하지 않은 것은? (2014경감)

① 권한의 위임은 행정관청이 권한의 일부를 하급행정기관 등에 이양해서 행사하게 하는 것으로, 권한이 위임되면 위임한 행정청은 그 권한을 상실하며, 위임을 받은 기관이 자기의 이름과 책임으로 그 권한을 행사하게 된다.

② 행정관청의 권한의 대리 중 임의대리는 원칙적으로 피대리관청의 권한의 전부를 대리할 수 있다.

③ 권한의 위임은 법적근거를 요한다.

④ 법정대리에는 법정사실의 발생과 함께 법령규정에 따라 당연히 대리관계가 발생하는 '협의의 법정대리'와 법정사실이 발생할 경우 일정한 자의 지정이 있어야 비로소 대리관계가 발생하는 '지정대리'가 있다.

해설

공제회기본서(총론1) ①83 ②83 ③83 ④84
② 행정관청의 권한의 대리 중 임의대리는 원칙적으로 피대리관청의 <u>권한의 일부를</u> 대리할 수 있다.

정답 ②

041 행정관청의 권한의 위임과 대리에 대한 설명이다. 아래 ㉠부터 ㉣까지의 설명 중 옳고 그름의 표시(O, ×)가 바르게 된 것은?   (2019경감)

> ㉠ 권한의 위임이란 상급관청이 하급관청에 권한의 전부를 이전하여 수임기관의 권한으로 행하도록 하는 것으로 위임의 범위에는 제한이 없는 것이 원칙이다.
> ㉡ 권한의 위임은 수임관청에 권한이 이전되므로 수임관청에 효과가 귀속되나, 권한의 대리는 직무의 대행에 불과하므로 임의대리든 법정대리든 피대리관청에 효과가 귀속된다.
> ㉢ 원칙적으로 임의대리는 권한의 일부에 대해서만 가능하고 복대리가 불가능하나, 법정대리는 권한의 전부에 대해서 가능하고 복대리가 가능하다.
> ㉣ 임의대리의 경우 피대리관청은 대리기관의 행위에 대한 지휘 감독상의 책임을 지나, 법정대리의 경우 피대리관청은 원칙적으로 지휘 감독상의 책임을 지지 않는다.

① ㉠(O) ㉡(O) ㉢(×) ㉣(O)   ② ㉠(×) ㉡(O) ㉢(O) ㉣(×)
③ ㉠(×) ㉡(O) ㉢(O) ㉣(O)   ④ ㉠(×) ㉡(×) ㉢(O) ㉣(×)

해설

공제회기본서(총론1) ㉠83 ㉡83 ㉢83 ㉣83
㉠ 위임의 범위는 **권한의 일부에 대하여만 가능하고 전부위임이나 주요부분을 위임할 수 없으므로 범위에는 제한이 있다.**

정답 ③

---

042 경찰관청의 권한의 위임과 대리에 대한 설명으로 가장 적절한 것은?   (2019경위)

① 권한의 위임은 보조기관, 권한의 대리는 하급관청이 주로 상대방이 된다.
② 권한의 위임으로 인한 사무처리에 소요되는 인력 예산 등은 수임자 부담이 원칙이다.
③ 권한의 위임 시 수임기관의 사무처리가 위법 부당하다고 인정될 때에는 위임기관은 이를 취소 또는 정지할 수 있고, 수임기관에 대하여 사전승인을 받거나 협의할 것을 요구할 수 있다.
④ 임의대리는 원칙적으로 복대리가 허용되지 않으며 피대리관청은 대리자에 대한 지휘 감독이 가능하나, 법정대리는 복대리가 허용되며 피대리관청의 대리자에 대한 지휘 감독이 불가능하다.

해설

공제회기본서(총론1) ①96 ②97 ③96 ④95
① 권한의 대리는 보통 보조기관이, 권한의 위임은 주로 하급관청이 된다.
② 위임자 부담이 원칙이다.
③ 권한의 위임 시 수임기관의 사무처리가 위법 또는 부당하다고 인정될 때에는 위임기관은 이를 취소 또는 정지할 수 있고, 수임기관에 대하여 사전승인을 받거나 협의할 것을 요구할 수 없다.
④ O

정답 ④

043 위임·대리·대결에 관한 설명으로 가장 적절하지 않은 것은?

(2015경감)

① 권한의 위임은 권한의 귀속이 변경되어 수임기관은 자기의 명의와 책임 하에 권한을 행사하고 위임된 권한에 관한 쟁송을 할 때 수임관청 자신이 당사자가 된다.
② 권한의 위임시 위임기관은 수임기관의 수임사무 처리가 위법하거나 부당하다고 인정될 때에는 이를 취소하거나 정지시킬 수 있다.
③ 경찰청장이 부득이한 사유로 직무를 수행할 수 없을 때 차장이 직무를 대리하는 것은 지정대리에 해당한다.
④ 대결이란 행정기관의 결재권자가 휴가·출장·사고 등의 사유로 결재할 수 없을 때 그 직무를 대리하는 자가 결재하는 것을 뜻한다.

해설

공제회기본서(총론1) ①83 ②83 ③84 ④84
③ 경찰청장이 부득이한 사유로 직무를 수행할 수 없을 때 차장이 직무를 대리하는 것은 <u>협의의 법정대리</u>에 해당한다.

정답 ③

CHAPTER 04 경찰공무원과 법

001 경찰의 인사에 대한 설명 중 틀린 것은? (2010경위)
① 경찰인사위원회는 5인 이상 7인 이하로 구성되고, 위원장은 경찰청 인사담당 국장이 되며, 위원은 경찰청 소속 총경 이상의 경찰관 중에서 위원장이 임명한다.
② 총경의 휴직, 직위해제, 복직, 정직은 경찰청장이 결정한다.
③ 경정의 승진임용 및 면직은 경찰청장의 제청으로 국무총리를 거쳐 대통령이 행한다.
④ 경정의 정직은 경찰청장이 행한다.

[해설]
공제회기본서(총론1) ①110 ②109 ③109 ④109
① 경찰인사위원회는 5인 이상 7인 이하로 구성되고, 위원장은 경찰청 인사담당 국장이 되며, 위원은 경찰청 소속 총경 이상의 경찰관 중에서 **경찰청장이 임명**한다.

정답 ①

002 「경찰공무원법」및「경찰공무원임용령」상 경찰공무원의 임용에 대한 설명으로 가장 적절하지 않은 것은? (2017경감)
① 경찰청 소속 총경 이상의 경찰공무원은 경찰청장의 추천을 받아 행정안전부장관의 제청으로 국무총리를 거쳐 대통령이 임용하고, 해양경찰청 소속 총경 이상의 경찰공무원은 해양경찰청장의 제청으로 해양수산부장관과 국무총리를 거쳐 대통령이 임용한다.
② 경정 이하의 경찰공무원은 경찰청장이 임용한다. 다만, 경정으로의 신규채용·승진임용·면직은 경찰청장의 제청으로 국무총리를 거쳐 대통령이 한다.
③ 경찰공무원은 임용장 또는 임용통지서에 기재된 일자에 임용된 것으로 본다. 다만, 사망으로 인한 면직은 사망한 날에 면직된 것으로 본다.
④ 경찰청장은 대통령령으로 정하는 바에 따라 경찰공무원의 임용에 관한 권한의 일부를 소속기관의 장 등에게 위임할 수 있다.

[해설]
공제회기본서(총론1) ①109(후단은 없음) ②109 ③106 ④109
③ 경찰공무원은 임용장이나 임용통지서에 적힌 날짜에 임용된 것으로 본다. 다만, 사망으로 인한 면직은 **사망한 다음 날에** 면직된 것으로 본다.(경찰공무원 임용령 제5조 제1항)

정답 ③

003 「수사경찰 인사운영규칙」상 수사경과에 대한 설명으로 가장 적절한 것은? ⟨2019경위⟩

① 수사경과 발령일로부터 5년이 되는 날이 전년도 11월 1일부터 해당 연도 4월 30일까지의 사이에 있는 경우에는 해당 연도 4월 30일까지 유효한 것으로 본다.
② 2년간 연속으로 수사부서 전입을 기피하는 경우 수사경과를 해제하여야 한다.
③ 인권침해, 편파수사 등에 관한 시비로 사건관계인으로부터 수시로 진정을 받는 경우 수사경과를 해제하여야 한다.
④ 수사경과자는 수사경과 유효기간 내에 경찰청장이 지정하는 수사 관련 직무교육을 이수(이 경우 사이버교육을 포함한다) 하는 방법으로 언제든지 수사경과를 갱신할 수 있다. 다만, 휴직 등 경찰청장이 정하는 사유로 수사경과 갱신을 할 수 없는 경우에는 그 연기를 받을 수 있다.

해설

공제회기본서(총론1) ①108 ②108 ③108 ④107(후문은 없음)
① 수사경과 유효기간은 수사경과 발령일 또는 갱신일로부터 5년으로 한다. 다만, 수사경과 발령일로부터 5년이 되는 날이 <u>전년도 12월 1일부터</u> 해당 연도 4월 30일까지의 사이에 있는 경우에는 해당 연도 4월 30일까지, 해당 연도 5월 1일부터 11월 30일까지의 사이에 있는 경우에는 해당 연도 11월 30일까지 유효기간인 것으로 본다.
② 임의적 해제사유로 <u>해제할 수 있다</u>.
③ 임의적 해제사유로 <u>해제할 수 있다</u>.
④ ○

제14조(수사경과의 유효기간 및 갱신) ① 수사경과 유효기간은 수사경과 발령일 또는 갱신일로부터 5년으로 한다. 다만, 수사경과 발령일로부터 5년이 되는 날이 전년도 12월 1일부터 해당 연도 4월 30일까지의 사이에 있는 경우에는 해당 연도 4월 30일까지, 해당 연도 5월 1일부터 11월 30일까지의 사이에 있는 경우에는 해당 연도 11월 30일까지 유효기간인 것으로 본다.
② 수사경과자는 수사경과 유효기간 내에 다음 각 호의 어느 하나에 해당하는 방법으로 언제든지 수사경과를 갱신할 수 있다. 다만, 휴직 등 경찰청장이 정하는 사유로 수사경과 갱신을 할 수 없는 경우에는 그 연기를 받을 수 있다.
1. 경찰청장이 지정하는 수사 관련 직무교육 이수. 이 경우 사이버교육을 포함한다.
2. 수사경과 갱신을 위한 시험에 합격

제15조(해제사유 등) ① 다음 각 호의 어느 하나에 해당하는 경우에는 수사경과를 <u>해제하여야 한다</u>.
1. 직무 관련 금품·향응 수수, 중대한 인권침해 행위로 징계처분을 받는 경우
2. 5년간 <u>연속</u>으로 비수사부서에 근무하는 경우
3. 제14조에 따른 갱신이 되지 않은 경우
② 다음 각 호의 어느 하나에 해당하는 경우에는 수사경과를 <u>해제할 수 있다</u>.
1. 직무 관련 금품·향응수수 외의 비위로 징계처분을 받은 경우
2. 인권침해, 편파수사 등에 관한 시비로 사건관계인으로부터 수시로 진정을 받는 경우
3. 과도한 채무부담 등 경제적 빈곤상태가 현저하거나, 도박·사행행위·불건전한 이성관계 등 성실한 수사업무 수행을 기대하기 곤란한 경우
4. 수사업무 능력·의욕이 현저하게 부족한 경우
5. 2년간 연속으로 수사부서 전입을 기피하는 경우
6. 그 밖에 수사업무를 계속하기 어려운 사유로 수사경과 해제를 희망하는 경우

정답 ④

004 「수사경찰 인사운영규칙」상 수사경과에 대한 설명으로 가장 적절하지 않은 것은? (2020경감)

① 직무 관련 금품·향응 수수, 중대한 인권침해 행위로 징계처분을 받는 경우 수사경과를 해제하여야 한다.
② 인권침해, 편파수사 등에 관한 시비로 사건관계인으로부터 수시로 진정을 받는 경우 수사경과를 해제하여야 한다.
③ 5년간 연속으로 비수사부서에 근무하는 경우 수사경과를 해제하여야 한다.
④ 2년간 연속으로 수사부서 전입을 기피하는 경우 수사경과를 해제할 수 있다.

해설

공제회기본서(총론1) 108
② 인권침해, 편파수사 등에 관한 시비로 사건관계인으로부터 수시로 진정을 받는 경우 수사경과를 <u>해제할 수 있다</u>.

정답 ②

005 「경찰청 공무원 임용령」에서 규정한 채용후보자의 자격상실 사유로 가장 적절하지 않은 것은? (2018경위)

① 채용후보자가 질병 등 교육훈련을 계속할 수 없는 불가피한 사정으로 퇴학처분을 받은 경우
② 채용후보자가 임용 또는 임용제청에 응하지 아니한 경우
③ 채용후보자로서 받아야 할 교육훈련에 응하지 아니한 경우
④ 채용후보자로서 받은 교육훈련성적이 수료점수에 미달되는 경우

해설

공제회기본서(총론1) 113
① 채용후보자로서 교육훈련을 받는 중에 퇴학처분을 받은 경우. 다만, 질병 등 교육훈련을 계속할 수 없는 불가피한 사정으로 퇴학처분을 받은 경우는 제외한다.

> 제19조(채용후보자의 자격상실) 채용후보자가 다음 각 호의 어느 하나에 해당하는 경우에는 채용후보자로서의 자격을 상실한다.
> 1. 채용후보자가 임용 또는 임용제청에 응하지 아니한 경우
> 2. 채용후보자로서 받아야 할 교육훈련에 응하지 아니한 경우
> 3. 채용후보자로서 받은 교육훈련성적이 수료점수에 미달되는 경우
> 4. 채용후보자로서 교육훈련을 받는 중에 퇴학처분을 받은 경우. 다만, 질병 등 교육훈련을 계속할 수 없는 불가피한 사정으로 퇴학처분을 받은 경우는 제외한다.

정답 ①

006 경찰공무원 관계의 변동에 관한 내용 중 가장 적절하지 않은 것은? (2013경위)

① 강임은 경찰공무원에게는 적용되지 않는다.
② 휴직 중 휴직사유 소멸시 20일 내에 신고해야 한다.
③ 직위해제는 일정한 사유로 직위를 부여하지 아니하는 제재적 성격의 조치이다.
④ 전보란 동일 직위 및 자격 내에서의 근무기관이나 부서를 달리하는 임용을 말한다.

> **해설**
>
> 공제회기본서(총론1) ①115 ②100 ③120 ④117
> ② 휴직 중 휴직사유 소멸시 <u>30일</u> 내에 신고해야 한다.
>
> 정답 ②

007 경찰공무원 근무관계의 성립·변동·소멸에 대한 설명으로 적절한 것을 모두 고른 것은? (2018경감)

> ㉠ 징계에 의하여 해임의 처분을 받았더라도 그 후 3년이 경과하였다면 경찰공무원에 임용될 수 있다.
> ㉡ 「국가공무원법」상 강임은 하위 직급에의 임용으로서 경찰공무원에게도 적용된다.
> ㉢ 감사업무를 담당하는 경찰공무원은 부적격자로 인정되는 경우가 아닌 한 해당 직위에 임용된 날부터 3년 이내에는 다른 직위에 전보할 수 없다.
> ㉣ 경찰공무원으로서 자격정지 이상의 형의 선고유예를 받고 그 선고유예 기간 중에 있는 자는 당연퇴직된다.

① 없음 ② ㉡ ③ ㉢ ④ ㉠,㉣

> **해설**
>
> 공제회기본서(총론1) ㉠103 ㉡115 ㉢100 ㉣122
> ㉠ 징계에 의하여 <u>해임처분을 받은 사람은 경찰공무원에 임용될 수 없다.(일반공무원은 3년간 결격사유, 경찰공무원은 영원히 결격사유)</u>
> ㉡ <u>강임은 경찰공무원에게는 적용하지 아니한다.</u>
> ㉢ 임용권자 또는 임용제청권자는 소속 경찰공무원이 해당 직위에 임용된 날부터 1년 이내(<u>감사업무를 담당하는 경찰공무원의 경우에는 2년 이내</u>)에 다른 직위에 전보할 수 없다.
> ㉣ 자격정지 이상의 형의 선고유예를 선고받은 모든 경우가 아니라, <u>뇌물·횡령배임·성폭 죄를 범한 사람으로서 자격정지 이상의 형의 선고유예를 받은 경우에만 당연퇴직 대상</u>이 된다.
>
> 정답 ①

008 「경찰공무원법」상 시보임용 면제대상으로 가장 적절하지 않은 것은? (2016경위)

① 자치경찰공무원을 그 계급에 상응하는 경찰공무원으로 임용하는 경우
② 경찰대학을 졸업한 사람 또는 경찰간부후보생으로서 정하여진 교육을 마친 사람을 경위로 임용하는 경우
③ 퇴직한 경찰공무원으로서 퇴직 시에 재직하였던 계급의 채용시험에 합격한 사람을 재임용하는 경우
④ 교육훈련성적이 만점의 60퍼센트 이상인 자를 임용하는 경우

해설

공제회기본서(총론1) ①114 ②114 ③114 ④115
④ 교육훈련성적이 만점의 60퍼센트 미만인 경우 **시보임용자의 면직사유**에 해당한다.

정답 ④

009 「국가공무원법」상 휴직 사유와 휴직 기간에 대한 설명으로 가장 적절하지 않은 것은? (2019경위)

① 중앙인사관장기관의 장이 지정하는 연구기관이나 교육기관 등에서 연수하게 된 때 휴직 기간은 3년 이내로 한다.
② 병역법에 따른 병역 복무를 마치기 위하여 징집 또는 소집된 때 휴직 기간은 그 복무 기간이 끝날 때까지로 한다.
③ 만 8세 이하 또는 초등학교 2학년 이하의 자녀를 양육하기 위하여 필요하거나 여성공무원이 임신 또는 출산하게 된 때 휴직 기간은 자녀 1명에 대하여 3년 이내로 한다.
④ 외국에서 근무 유학 또는 연수하게 되는 배우자를 동반하게 된 때 휴직 기간은 3년 이내로 하되, 부득이한 경우에는 2년의 범위에서 연장할 수 있다.

해설

공제회기본서(총론1) ①118 ②118 ③119 ④118
① 국가공무원법 제72조 6. 제71조 제2항 제3호(연수)에 따른 휴직 기간은 **2년** 이내로 한다.

> **제72조(휴직 기간)** 휴직 기간은 다음과 같다.
> 1. 제71조 제1항 제1호(신체·정신상의 장애로 장기요양이 필요할 때)에 따른 휴직기간은 1년 이내로 하되, 부득이한 경우 1년의 범위에서 연장할 수 있다. 다만, 다음 각 목의 어느 하나에 해당하는 공무상 질병 또는 부상으로 인한 휴직기간은 3년 이내로 한다.
>   가. 「공무원 재해보상법」 제22조 제1항에 따른 요양급여 지급 대상 부상 또는 질병
>   나. 「산업재해보상보험법」 제40조에 따른 요양급여 결정 대상 질병 또는 부상
> 2. 제71조 제1항 제3호(병역)와 제5호(그밖에 법률의 규정에 따른 의무를 수행)에 따른 휴직 기간은 그 복무 기간이 끝날 때까지로 한다.
> 3. 제71조 제1항 제4호(천재지변이나 전시·사변, 그 밖의 사유로 생사 또는 소재가 불명확하게 된 때)에 따른 휴직 기간은 3개월 이내로 한다.

4. 제71조 제2항 제1호(국제기구, 외국기관, 국내외 대학·연구기관, 다른 국가기관 또는 민간기업 등 임시채용)에 따른 휴직 기간은 그 채용 기간으로 한다. 다만, 민간기업이나 그 밖의 기관에 채용되면 3년 이내로 한다.
5. 제71조 제2항 제2호(국외유학)와 제6호(배우자동반외국연수)에 따른 휴직 기간은 3년 이내로 하되, 부득이한 경우에는 2년의 범위에서 연장할 수 있다.
6. 제71조 제2항 제3호(연수)에 따른 휴직 기간은 2년 이내로 한다.
7. 제71조 제2항 제4호(양육·임신·출산)에 따른 휴직 기간은 자녀 1명에 대하여 3년 이내로 한다.
8. 제71조 제2항 제5호(간호)에 따른 휴직 기간은 1년 이내로 하되, 재직 기간 중 총 3년을 넘을 수 없다.
9. 제71조 제1항 제6호(공무원노조의전임자)에 따른 휴직 기간은 그 전임 기간으로 한다.
10. 제71조 제2항 제7호(자기개발)에 따른 휴직 기간은 1년 이내로 한다.

정답 ①

010 「국가공무원법」상 휴직사유와 휴직기간을 연결한 것으로 가장 적절하지 않은 것은? (2018경감)

① 「병역법」에 따른 병역 복무를 마치기 위하여 징집 또는 소집된 때 – 그 복무기간이 끝날 때까지
② 국외 유학을 하게 된 때 – 3년 이내(다만, 부득이한 경우에는 2년의 범위에서 연장할 수 있다)
③ 중앙인사관장기관의 장이 지정하는 연구기관이나 교육기관 등에서 연수하게 된 때 – 2년 이내
④ 대통령령 등으로 정하는 기간 동안 재직한 공무원이 직무 관련 연구과제 수행 또는 자기개발을 위하여 학습·연구 등을 하게 된 때 – 2년 이내

해설

공제회기본서(총론1) ①118 ②118 ③118 ④ 119
④ 대통령령 등으로 정하는 기간 동안 재직한 공무원이 직무 관련 연구과제 수행 또는 자기개발을 위하여 학습·연구 등을 하게 된 때는 <u>1년 이내</u> 의원휴직이 가능하다.

정답 ④

011 「국가공무원법」상 직권휴직 사유로 가장 적절하지 않은 것은? (2016경위)

① 신체·정신상의 장애로 장기 요양이 필요할 때
② 「병역법」에 따른 병역 복무를 마치기 위하여 징집 또는 소집된 때
③ 천재지변이나 전시·사변, 그 밖의 사유로 생사 또는 소재가 불명확하게 된 때
④ 형사사건으로 기소된 자(약식명령이 청구된 자는 제외한다)

해설

공제회기본서(총론1) ①118 ②118 ③118 ④120
④ 형사사건으로 기소된 자(약식명령이 청구된 자는 제외한다)는 **직위해제 사유**이다.

정답 ④

012 「국가공무원법」상 휴직에 대한 설명으로 가장 적절하지 않은 것은? (2020경감)

① 공무원이 천재지변이나 전시·사변, 그 밖의 사유로 생사 또는 소재가 불명확하게 된 때의 휴직기간은 3개월 이내로 한다.
② 공무원이 국외 유학을 하게 된 때 휴직을 원하면 임용권자는 휴직을 명할 수 있으며, 휴직기간은 3년 이내로 하되, 부득이한 경우에는 2년의 범위에서 연장할 수 있다.
③ 휴직 기간 중 그 사유가 없어지면 지체 없이 임용권자 또는 임용제청권자에게 신고하여야 하며, 임용권자는 30일 이내에 복직을 명하여야 한다.
④ 대통령령등으로 정하는 기간 동안 재직한 공무원이 직무 관련 연구과제 수행 또는 자기개발을 위하여 학습·연구 등을 하게 된 때 휴직 기간은 1년 이내로 한다.

해설

공제회기본서(총론1) ①118 ②118 ③119 ④119
③ 휴직 기간 중 그 사유가 없어지면 지체 없이 임용권자 또는 임용제청권자에게 신고하여야 하며, 임용권자는 **지체 없이** 복직을 명하여야 한다.

정답 ③

013 직위해제에 관한 설명으로 가장 적절하지 않은 것은? (2016경감)

① 직위해제는 휴직과는 달리 제재적 성격을 가지는 보직의 해제이며 복직이 보장되지 않는다.
② 직위가 해제되면 직무에는 종사하지 못하나 출근의무는 있다.
③ 직위해제사유가 소멸한 때에는 임용권자는 지체 없이 직위를 부여하여야 한다.
④ 직무수행능력이 부족하거나 근무성적이 극히 나쁜 경우 3개월 범위 내에서 직위해제가 가능하다.

해설

공제회기본서(총론1) ①120 ②121 ③120 ④120
② 직위가 해제되면 직무에는 종사하지 못하므로 **출근의무는 없다**.

〈직위해제〉

의 의	㉠ 휴직과는 달리 제재적 성격을 가진 보직해제(복직 보장되지 않음) ㉡ 징계는 아니므로 징계처분과 병과 가능한 재량적 처분(의무적 직위해제 없음)
사 유 (수능중기)	〈다음 해당하는 자에게는 직위를 부여하지 아니할 수 있다.〉 1. 직무수행 능력이 부족하거나 근무성적이 극히 나쁜 자 2. 파면·해임·강등 또는 정직(중징계)에 해당하는 징계 의결이 요구 중인 자 3. 형사 사건으로 기소된 자(약식명령이 청구된 자는 제외) 4. 고위공무원단에 속하는 일반직공무원으로서 일정한 사유로 적격심사를 요구받은 자 5. 금품비위, 성범죄 등 대통령령으로 정하는 비위행위로 인하여 감사원 및 검찰·경찰 등 수사기관에서 조사나 수사 중인 자로서 비위의 정도가 중대하고 이로 인하여 정상적인 업무수행을 기대하기 현저히 어려운 자

효 과	㉠ 직무에 종사하지 못하고 출근의무도 없음
	㉡ 직위해제의 사유가 소멸한 때에는 지체없이 직위를 부여하여야 한다.
	㉢ 직위해제 기간은 시보기간/승진소요최저연수에서 제외(경공법10②, 경공승진임용규정5②)
	   - 예외적 산입1 : 2호(중징계의결요구)에 대하여 징계위원회가 징계하지 아니하기로 의결한 경우와 해당 징계처분이 소청심사위원회의 결정 또는 법원의 판결에 따라 무효 또는 취소로 확정된 경우
	   - 예외적 산입2 : 3호(기소) 사유가 된 형사사건이 법원의 판결에 따라 무죄로 확정된 경우

정답 ②

014 「국가공무원법」상 직위해제의 사유로 가장 적절하지 않은 것은? (2015경위)

① 국제기구 등에 임시 채용 되었을 때
② 파면·해임·강등 또는 정직에 해당하는 징계의결이 요구 중인 자
③ 형사사건으로 기소된 자(약식명령이 청구된 자 제외)
④ 직무수행 능력이 부족하거나 근무성적이 극히 나쁜 자

해설

공제회기본서(총론1) ①118 ②120 ③120 ④120
①은 <u>의원휴직 사유</u>이다.

정답 ①

015 「국가공무원법」상 직위해제에 대한 설명 중 가장 적절하지 않은 것은? (2020경위)

① 임용권자는 직무수행 능력이 부족하거나 근무성적이 극히 나쁜 사유로 직위해제된 자에게 3개월 범위에서 대기를 명한다.
② 파면·해임·강등·정직 또는 감봉에 해당하는 징계 의결이 요구 중인 자는 직위해제 대상이다.
③ 직위해제 사유가 소멸한 때에는 임용권자는 지체 없이 직위를 부여하여야 한다.
④ 직위해제는 휴직과 달리 제재적 성격을 가지는 보직의 해제이며 복직이 보장되지 않는다.

해설

공제회기본서(총론1) ①120 ②120 ③120 ④120
② 파면·해임·강등·정직에 해당하는 징계 의결이 요구 중인 자는 직위해제 대상이다. ※ 중징계 의결요구만 직위해제 사유에 해당하고, 경징계는 해당하지 않음

정답 ②

016 「국가공무원법」상 직권휴직과 직위해제 사유를 설명한 것이다. 아래 ㉠부터 ㉥까지의 설명 중 직권휴직 사유를 모두 고른 것은? (2017경감)

㉠ 직무수행 능력이 부족하거나 근무성적이 극히 나쁜 자
㉡ 파면·해임·강등 또는 정직에 해당하는 징계 의결이 요구 중인 자
㉢ 신체·정신상의 장애로 장기 요양이 필요할 때
㉣ 「병역법」에 따른 병역 복무를 마치기 위하여 징집 또는 소집된 때
㉤ 형사사건으로 기소된 자(약식명령이 청구된 자 제외)
㉥ 천재지변이나 전시·사변, 그 밖의 사유로 생사 또는 소재가 불명확하게 된 때

① ㉠,㉡,㉤   ② ㉠,㉢,㉣
③ ㉢,㉣,㉥   ④ ㉢,㉤,㉥

해설

공제회기본서(총론1) 118, 120
③ 직권휴직사유 : ㉢,㉣,㉥, 직위해제사유 : ㉠,㉡,㉤

정답 ③

017 경찰공무원의 직권면직 사유 가운데, 직권면직 처분을 위해서 징계위원회의 동의가 필요한 경우가 아닌 것은?

(2019경위)

① 휴직기간이 끝나거나 휴직사유가 소멸된 후에도 직무에 복귀하지 아니하거나 직무를 감당할 수 없을 때
② 경찰공무원으로서 부적합할 정도로 직무 수행능력 또는 성실성이 현저하게 결여된 사람으로서 대통령령이 정하는 사유에 해당 한다고 인정될 때
③ 국가공무원법 제73조의3 제3항에 따라 대기 명령을 받은 자가 그 기간에 능력 또는 근무성적의 향상을 기대하기 어렵다고 인정된 때
④ 직무를 수행하는 데에 위험을 일으킬 우려가 있을 정도의 성격적 또는 도덕적 결함이 있는 사람으로서 대통령령이 정하는 사유에 해당한다고 인정될 때

해설

공제회기본서(총론1) 122, 123
①은 징계위원회의 동의를 요하지 않으나, ②,③,④ 징계위원회의 동의를 요한다.
(**폐휴자 불요** – **폐**직·과원, **휴**직미복귀, **자**격증상실)

징계위원회 동의 필요	1. 직위해제되어 대기명령을 받은 자가 그 기간 중 능력 또는 근무성적의 향상을 기대하기 어렵다고 인정된 때 2. 경찰공무원으로는 부적합할 정도로 직무 수행능력이나 성실성이 현저하게 결여된 사람으로서 대통령령으로 정하는 사유에 해당된다고 인정될 때 　㉠ 지능저하 또는 판단력의 부족으로 경찰업무를 감당할 수 없는 경우 　㉡ 책임감의 결여로 직무수행에 성의가 없고 위험한 직무에 당하여 고의로 직무수행을 기피 또는 포기하는 경우 3. 직무를 수행하는 데에 위험을 일으킬 우려가 있을 정도의 성격적 또는 도덕적 결함이 있는 사람으로서 대통령령으로 정하는 사유에 해당된다고 인정될 때 　㉠ 인격장애, 알코올·약물중독 그 밖의 정신장애로 인하여 경찰업무를 감당할 수 없는 경우 　㉡ 사행행위 또는 재산의 낭비로 인한 채무과다, 부정한 이성관계 등 도덕적 결함이 현저하여 타인의 비난을 받는 경우
징계위원회 동의 불요 (**폐휴자 불요**)	• 직제와 정원의 개폐 또는 예산의 감소 등에 따라 **폐**직 또는 과원이 되었을 때 • **휴**직기간이 끝나거나 휴직사유가 소멸된 후에도 직무에 복귀하지 아니하거나 직무를 감당할 수 없을 때 • 해당 경과에서 직무를 수행하는 데 필요한 **자**격증의 효력이 상실되거나 면허가 취소되어 담당 직무를 수행할 수 없게 되었을 때

정답 ①

018 경찰공무원의 권리에 관한 설명으로 가장 적절하지 않은 것은? (2016경감)

① 경찰공무원은 자기가 담당하는 직무를 집행할 권리가 있으며, 이를 방해하면 「형법」상 공무집행방해죄를 구성한다.
② 경찰공무원은 위법·부당하게 권리가 침해된 경우에 소청 기타 행정쟁송을 제기할 수 있다.
③ 경찰공무원이 질병·부상·폐질·사망 또는 재해를 입었을 때에는 본인 또는 그 유족에게 법률이 정하는 바에 따라 적절한 급여를 지급한다.
④ 경찰공무원의 특수한 권리로서 무기의 휴대는 「경찰관 직무집행법」, 무기의 사용은 「경찰공무원법」에 규정되어 있다.

해설

공제회기본서(총론1) ①100 ②100 ③101 ④100
④ 무기의 휴대는 「경찰공무원법」, 무기의 사용은 「경찰관 직무집행법」에 규정되어 있다.

정답 ④

---

019 경찰공무원의 권익보장제도에 대한 설명으로 적절한 것을 모두 고른 것은? (2018경감)

㉠ 경찰공무원에 대하여 징계처분을 할 때에는 그 처분권자 또는 처분제청권자는 처분사유를 적은 설명서를 교부하여야 한다.
㉡ 징계처분으로 처분사유 설명서를 받은 경찰공무원이 그 징계처분에 불복할 때에는 그 설명서를 받은 날부터 30일 이내에 소청심사위원회에 이에 대한 심사를 청구할 수 있다.
㉢ 경찰공무원의 권리구제 범위 확대를 위해 징계처분 등 불리한 처분을 받았을 때 소청심사 청구와 행정소송 제기 중 하나를 선택하는 것이 가능하다.
㉣ 소청심사위원회는 심사 중 다른 비위사실이 발견되는 등 특단의 사정이 없는 한 원징계처분보다 중한 징계를 부과하는 결정을 할 수 없다.

① ㉠,㉡　　② ㉠,㉢　　③ ㉡,㉣　　④ ㉢,㉣

해설

공제회기본서(총론1) ㉠144 ㉡149 ㉢149 ㉣148
㉢ 「국가공무원법」 제75조에 따른 처분, 그 밖에 본인의 의사에 반한 불리한 처분이나 부작위에 관한 <u>행정소송은 소청심사위원회의 심사·결정을 거치지 아니하면 제기할 수 없다.</u>
㉣ 소청심사위원회가 징계처분등을 받은 자의 청구에 따라 소청을 심사할 경우에는 <u>원징계처분보다 무거운 징계</u> 또는 원징계부가금 부과처분보다 무거운 징계부가금을 부과하는 <u>결정을 하지 못한다.</u>

정답 ①

020 경찰공무원의 의무와 관련된 설명 중 가장 적절하지 않은 것은? (2013경위)

① 국가공무원법에서는 성실의무를 규정하고 있는데, 이는 공무원의 기본적 의무로 다른 의무의 원천이라 할 수 있다.
② 경찰공무원은 직무와 관련하여 직접·간접을 불문하고 사례·증여·향응을 주거나 받을 수 없다는 것은 국가공무원법상 청렴의 의무에 해당한다.
③ 국가공무원법상 비밀엄수의 의무와 관련하여 비밀의 범위에는 자신이 처리하는 직무에 관한 비밀 뿐만 아니라 직무와 관련하여 알게 된 모든 비밀을 포함한다.
④ 복종의 의무와 관련하여 개정 경찰공무원법은 구체적 사건수사와 관련된 소속 상관의 지휘·감독에 대한 경찰공무원의 이의제기권을 명문화하였다.

해설

공제회기본서(총론1) ①127 ②129 ③129 ④127
④ 복종의 의무와 관련하여 개정 **경찰법**은 구체적 사건수사와 관련된 소속 상관의 지휘·감독에 대한 경찰공무원의 이의제기권을 명문화하였다.

 ④

021 경찰공무원의 의무와 관련된 설명 중 가장 옳지 않은 것은? (2011경감)

① 성실의무는 공무원의 기본적 의무로서 모든 의무의 원천이 되는 바, 이와 관련하여 법률상 명시적 규정이 있다.
② 「공직자윤리법」에서는 치안감 이상의 경찰공무원의 경우 재산공개의무를 규정하고 있다.
③ 직장이탈금지와 관련하여 수사기관에서 긴급체포나 현행범 체포된 공무원을 구속하고자 하는 때에는 사전에 그 소속기관의 장에게 통보해야 한다.
④ 경찰공무원의 의무는 크게 선서의무, 성실의무, 직무상 의무, 신분상 의무 등으로 나눌 수도 있는 바, 이 중 직무상 의무에는 법령준수의 의무 및 복종의 의무 등이 포함되어 있다.

해설

공제회기본서(총론1) ①127 ②131 ③128 ④102
③ 수사기관이 공무원을 구속하려면 그 소속 기관의 장에게 미리 통보하여야 한다. 다만, 현행범은 그러하지 아니하다.

「국가공무원법」 제58조(직장 이탈 금지)
① 공무원은 소속 상관의 허가 또는 정당한 사유가 없으면 직장을 이탈하지 못한다.
② 수사기관이 공무원을 구속하려면 그 소속 기관의 장에게 미리 통보하여야 한다. 다만, 현행범은 그러하지 아니하다.

 ③

022 「국가공무원법」상 경찰공무원의 의무에 관한 설명으로 가장 적절하지 않은 것은? (2014경위)

① 경찰공무원은 소속 상관의 허가 또는 정당한 사유가 없으면 직장을 이탈하지 못한다.
② 경찰공무원은 직무상 그 소속 상관에게 증여하거나 소속 경찰공무원으로부터 증여를 받아서는 아니 된다. 다만, 직무상 관계가 없는 증여에 대해서는 그러하지 아니하다.
③ 경찰공무원은 공무 외에 영리를 목적으로 하는 업무에 종사하지 못하며 소속 기관장의 허가 없이 다른 직무를 겸할 수 없다.
④ 경찰공무원은 선거에서 특정 정당 또는 특정인을 지지 또는 반대하기 위한 문서나 도서를 공공시설 등에 게시하거나 게시하게 하는 것을 하여서는 아니 된다.

> **해설**
>
> 공제회기본서(총론1) ①128 ②129 ③128 ④130
> ② 공무원은 <u>직무상의 관계가 있든 없든</u> 그 소속 상관에게 증여하거나 소속 공무원으로부터 증여를 받아서는 아니 된다.
>
> > 「국가공무원법」 제61조(청렴의 의무)
> > ① 공무원은 직무와 관련하여 직접적이든 간접적이든 사례·증여 또는 향응을 주거나 받을 수 없다.
> > ② 공무원은 직무상의 관계가 있든 없든 그 소속 상관에게 증여하거나 소속 공무원으로부터 증여를 받아서는 아니 된다.
>
> 정답 ②

023 「국가공무원법」상 경찰공무원의 의무에 관한 설명으로 가장 적절하지 않은 것은? (2016경위)

① 공무원을 구속하려면 그 소속 기관의 장에게 미리 통보하여야 한다.
② 경찰공무원은 종교에 따른 차별 없는 직무수행 의무와 그에 위배된 직무상 명령에 따르지 아니할 수 있음을 명시하였다.
③ 경찰공무원은 직무 내외를 불문하고, 그 품위가 손상되는 행위를 해서는 아니 된다.
④ 소속 상관에게 직무상 관계없이 명절 선물을 제공하는 행위는 법령에 위반되지 않는다.

> **해설**
>
> 공제회기본서(총론1) ①128 ②127 ③129 ④129
> ④ 공무원은 <u>직무상의 관계가 있든 없든</u> 그 소속 상관에게 증여하거나 소속 공무원으로부터 증여를 받아서는 아니 된다. <u>소속 상관에게 직무상 관계없이 명절 선물을 제공하는 행위도 국가공무원법상 청렴의무 위반</u>이다.
>
> 정답 ④

024 경찰공무원의 권리와 의무에 관한 설명으로 가장 적절하지 않은 것은? (2015경감)

① 국민 전체의 봉사자로서 친절하고 공정하게 직무를 수행하여야 한다.
② 외국정부로부터 영예나 증여를 받을 경우에는 대통령의 허가를 받아야 한다.
③ 법령을 준수하며 성실히 직무를 수행하여야 한다.
④ 비밀엄수의무의 위반은 징계의 원인이 될 뿐, 「형법」상 처벌대상이 되지 않는다.

해설

공제회기본서(총론1) ①102 ②102,129 ③102,127 ④129
④ 비밀엄수의무의 위반은 징계의 원인이 되며, 「형법」상 공무상비밀누설죄로 처벌한다.

 ④

025 경찰공무원의 권리와 의무에 대한 설명 중 가장 적절한 것은?(다툼이 있는 경우 판례에 의함) (2013경감)

① 무기휴대권의 법적근거는 경찰법 제20조이며, 무기사용권의 법적근거는 경찰관직무집행법 제10조의4로 분리되어 있다.
② 공무원의 보수는 봉급과 기타 각종 수당을 합산한 금액을 말하는데, 경찰공무원의 보수에 관한 사항을 별도로 규정하는 법령은 존재치 않고 행정안전부령인 공무원보수규정 안에서 통합하여 규정하고 있다.
③ 연금은 기획재정부장관이 결정하고 공무원연금공단이 지급하는데, 공무원연금법상 연금청구권의 소멸시효는 단기급여의 경우에는 3년, 장기급여의 경우에는 5년이다.
④ 법령준수의 의무, 영리업무종사금지, 친절공정의 의무, 종교중립의 의무는 경찰공무원의 직무상 의무에 해당한다.

해설

공제회기본서(총론1) ①100 ②125 ③101,125 ④102
① 무기휴대권의 법적근거는 경찰공무원법 제20조이며, 무기사용권의 법적근거는 경찰관직무집행법 제10조의4로 분리되어 있다.
② 공무원의 보수는 봉급과 기타 각종 수당을 합산한 금액을 말하는데, 경찰공무원의 보수에 관한 사항을 별도로 대통령령(공무원보수규정)에서 규정하고 있다.
③ 연금은 인사혁신처장이 결정하고 공무원연금공단이 지급하는데, 공무원연금법상 연금청구권의 소멸시효는 5년이다.
④ ○

 ④

026 경찰공무원의 권리와 의무에 대한 설명으로 가장 적절하지 않은 것은? (2015경위)

① 무기 휴대 및 사용권의 법적근거는 모두 국가공무원법에 규정되어 있다.
② 직무의 내외를 불문하고 그 품위가 손상되는 행위를 하여서는 아니 된다.
③ 퇴직 후에도 직무상 지득한 비밀을 엄수할 의무가 있다.
④ 외국정부로부터 영예 또는 증여를 받을 경우에는 대통령의 허가를 받아야 한다.

> **해설**
>
> 공제회기본서(총론1) ①100 ②129 ③129 ④129
> ① 무기 휴대의 법적근거는 경찰공무원법이고, 무기 사용권의 법적근거는 경직법이다.
>
> 정답 ①

---

027 다음은 경찰공무원의 의무이다. 국가공무원법상의 의무와 경찰공무원법상의 의무의 개수가 바르게 연결된 것은? (2010경위변형)

┌─────────────────────────────────┐
㉠ 복종의 의무
㉡ 비밀엄수의 의무
㉢ 청렴의 의무
㉣ 품위유지의무
㉤ 허위보고금지의무(거짓 보고 등의 금지)
㉥ 집단행위의 금지
㉦ 지휘권남용금지의무
㉧ 정치운동금지의무
㉨ 직장이탈금지
└─────────────────────────────────┘

① 국가공무원법상의 의무 7개, 경찰공무원법상의 의무 2개
② 국가공무원법상의 의무 6개, 경찰공무원법상의 의무 3개
③ 국가공무원법상의 의무 5개, 경찰공무원법상의 의무 4개
④ 국가공무원법상의 의무 4개, 경찰공무원법상의 의무 5개

> **해설**
>
> 공제회기본서(총론1) 102
> 경찰공무원법상의 의무는 ㉤ 허위보고금지의무(거짓 보고 등의 금지) ㉦ 지휘권남용금지의무이다. 나머지는 국공법상 의무이다.

〈경찰공무원의 의무〉

일반적 의무	국가공무원법	선서의무, 성실의무
신분상 의무	국가공무원법 (국가비품청집영정)	비밀엄수, 품위유지, 청렴, 집단행위금지, 영예등제한, 정치운동금지
	공직자윤리법 (윤재선)	재산등록의무, 재산공개의무, 선물신고의무
직무상 의무	국가공무원법 (국가종친복직겸영법)	종교중립, 친절공정, 복종, 직무전념(직장이탈금지, 겸직금지, 영리업무금지), 법령준수
	경찰공무원법 (경제거지휘)	제복착용의무, 거짓보고 및 직무유기금지의무, 지휘권남용금지의무
	경찰공무원 복무규정 (복지부음주)	지정장소 외에서의 직무수행금지의무, 근무시간중 음주금지의무, 민사분쟁에의 부당개입금지의무

정답 ①

---

028 「국가공무원법」과 「경찰공무원법」상 경찰공무원의 의무에 대한 설명 중 가장 적절한 것은?

(2020경위)

① '성실 의무'는 공무원의 기본적 의무로서 모든 의무의 원천이 되므로 법률에 명시적 규정이 없다.
② '비밀엄수의 의무', '청렴의 의무', '친절·공정의 의무'는 신분상의 의무에 해당한다.
③ '거짓 보고 등의 금지', '지휘권 남용 등의 금지', '제복 착용'은 「경찰공무원법」에 규정되어 있다.
④ 「국가공무원법」상 수사기관이 현행범으로 체포한 공무원을 구속하려면 그 소속 기관의 장에게 미리 통보하여야 한다.

해설

공제회기본서(총론1) ①127 ②102 ③102 ④128

① '성실 의무'는 공무원의 기본적 의무로서 모든 의무의 원천이 되는 바, 국가공무원법 제56조에서 명시적으로 규정하고 있는 의무이다.
② '비밀엄수의 의무', '청렴의 의무'는 신분상 의무에 해당하지만, '친절·공정의 의무'는 직무상 의무에 해당한다. (국가종친복직겸영법) (국가비품청집영정)
③ O (경제거지휘) (경찰공무원법 - 제복착용의무, 거짓보고등금지의무, 지휘권남용등금지의무)
④ 수사기관이 공무원을 구속하려면 그 소속 기관의 장에게 미리 통보하여야 한다. 다만, 현행범은 그러하지 아니하다.(국가공무원법 제58조②)

정답 ③

029 「국가공무원법」상 국가공무원의 의무 중 신분상 의무에 해당하지 않는 것은? (2018경감)

① 공무원은 재직 중은 물론 퇴직 후에도 직무상 알게 된 비밀을 엄수하여야 한다.
② 공무원이 외국정부로부터 영예나 증여를 받을 경우 대통령의 허가를 받아야 한다.
③ 공무원은 종교에 따른 차별 없이 직무를 수행하여야 하며, 소속 상관이 이에 위배되는 직무상 명령을 한 경우에는 따르지 아니할 수 있다.
④ 공무원은 직무와 관련 없는 경우에도 그 소속 상관에게 증여하거나 소속 공무원으로부터 증여를 받아서는 아니 된다.

해설

공제회기본서(총론1) 102
③ 종교중립의 의무는 국가공무원법상 직무상 의무에 해당한다.(국가종친복직겸영법) (국가비품청집영정)

정답 ③

---

030 보기에 적용될 수 있는 가장 적절한 법률은 무엇인가? (2012경위)

㉠ 파출소에 근무하는 甲경장은 외국정부로부터 영예 또는 증여를 받을 경우에는 대통령의 허가를 얻어야 한다.
㉡ 교통외근으로 근무하는 乙경위는 공무 이외에 다른 직무를 겸직하기 위해서는 소속 기관장의 허가를 얻어야 한다.

① 국가공무원법 ② 경찰법
③ 경찰공무원법 ④ 경찰관직무집행법

해설

공제회기본서(총론1) ㉠129 ㉡128
㉠ 영예의 제한 - 국가공무원법 제62조, ㉡ 겸직금지 - 국가공무원법 제64조

정답 ①

---

031 경찰공무원의 「국가공무원법」상 의무에 대한 설명으로 가장 적절한 것은? (2019경감)

① 공무원의 직무상 의무로서 직무전념의 의무, 친절 공정의 의무, 법령준수의 의무, 종교중립의 의무, 비밀엄수의 의무, 복종의 의무를 규정하고 있다.
② 복종의 의무와 관련하여 국가경찰공무원은 구체적 사건수사와 관련하여 상관의 지휘 감독의 적법성 또는 정당성에 대하여 이견이 있을 때에는 이의를 제기할 수 있다.
③ 공무원은 공무 외에 영리를 목적으로 하는 업무에 종사하지 못하며 소속 기관장의 허가 없이 다른 직무를 겸할 수 없다.
④ 공무원은 종교에 따른 차별 없이 직무를 수행하여야 하며, 소속 상관이 종교중립의 의무에 위배되는 직무상 명령을 한 경우에는 이에 따르지 아니하여야 한다.

> **해설**
>
> 공제회기본서(총론1) ①102 ②127 ③128 ④127
> ① 비밀엄수 의무는 신분상 의무
> ② 경찰공무원의 이의제기권은 경찰법에 규정
> ③ O
> ④ 공무원은 종교에 따른 차별 없이 직무를 수행하여야 하며, 소속 상관이 종교중립의 의무에 위배되는 직무상 명령을 한 경우에는 이에 **따르지 아니할 수 있다**(국가공무원법 제59조의2).
>
> **정답** ③

032 「경찰공무원 복무규정」의 내용이다. 아래 ㉠부터 ㉢까지의 설명으로 옳고 그름의 표시(O, ×)가 바르게 된 것은?

(2017경위)

> ㉠ 경찰공무원의 기본강령으로 제1호에 경찰사명, 제2호에 경찰정신, 제3호에 규율, 제4호에 책임, 제5호에 단결, 제6호에 성실·청렴을 규정하고 있다.
> ㉡ 경찰공무원은 직위 또는 직권을 이용하여 부당하게 타인의 민사분쟁에 개입하여서는 아니 된다.
> ㉢ 경찰기관의 장은 근무성적이 탁월하거나 다른 경찰공무원의 모범이 될 공적이 있는 경찰공무원에 대하여 1회 10일 이내의 포상휴가를 허가할 수 있다. 이 경우의 포상휴가기간은 연가일수에 산입하지 아니한다.
> ㉣ 경찰기관의 장은 특별한 사정이 없는 한, 연일근무자 및 공휴일 근무자에 대하여는 그 다음날 1일의 휴무를, 당직 또는 철야근무자에 대하여는 다음날 오후 2시를 기준으로 하여 오전 또는 오후의 휴무를 허가할 수 있다.

① ㉠(O) ㉡(O) ㉢(O) ㉣(O)
② ㉠(O) ㉡(×) ㉢(O) ㉣(×)
③ ㉠(×) ㉡(O) ㉢(O) ㉣(×)
④ ㉠(×) ㉡(O) ㉢(×) ㉣(O)

> **해설**
>
> 공제회기본서(총론1) ①102 ②133 ③ ④133
> ㉠ 경찰공무원의 기본강령으로 제1호에 경찰**사**명, 제2호에 경찰**정**신, 제3호에 **규율, 제4호에 단결, 제5호에 책임**, 제6호에 성실·청렴을 규정하고 있다.(**사정규단책성**)
> ㉣ 경찰기관의 장은 특별한 사정이 없는 한, 연일근무자 및 공휴일 근무자에 대하여는 그 다음날 1일의 휴무를, 당직 또는 철야근무자에 대하여는 다음날 오후 2시를 기준으로 하여 오전 또는 오후의 휴무를 **허가하여야 한다.**
>
> **정답** ③

033 경찰 징계에 대한 설명으로 옳은 것은? (2011경위)

① 경찰청에 설치하는 경찰공무원 중앙징계위원회는 경무관 이상 경찰공무원에 대한 징계 사건을 심의·의결한다.
② 감봉은 1개월 이상 3개월 이하의 기간 동안 보수의 1/3을 감한다.
③ 재직기간이 5년 미만인 자에 대한 파면 처분의 경우 퇴직수당은 1/4을 감액하여 지급한다.
④ 징계 사유가 발생하면 징계위원회에서의 의결을 거치게 되고, 그 의결만으로 효력을 발생한다.

> **해설**
>
> 공제회기본서(총론1) ①136 ②103 ③103 ④104
> ① <u>국무총리 소속하에 설치하는 중앙징계위원회</u>는 경무관 이상 경찰공무원에 대한 징계사건을 심의·의결한다.
> ② ○
> ③ 파면 처분의 경우 <u>퇴직수당은 재직기간과 상관없이 1/2을 감액</u>하여 지급한다.
> ④ 징계 사유가 발생하면 징계위원회에서의 의결을 거치게 되고, 그 <u>징계권자가 그 의결을 실시(집행)함으로써 비로소 효력을 발생</u>한다.
>
> **〈징계의 종류〉**
>
> | 중징계 | 파면 | ① 신분박탈, 향후 경찰관 임용불가, 일반 공무원 5년간 임용제한
② 퇴직급여 제한 - 재직 5년미만(1/4 감액), 재직 5년이상(1/2 감액)
③ 퇴직수당 제한 - 재직기간 상관없이 1/2 감액 |
> |---|---|---|
> | | 해임 | ① 신분박탈, 향후 경찰관 임용불가, 일반 공무원 3년간 임용제한
② 퇴직급여 제한없음(단, 금품·향응수수, 공금횡령·유용 - 재직 5년미만 1/8, 재직 5년이상 1/4 감액)
③ 퇴직수당 제한없음(단, 금품·향응수수, 공금횡령·유용 - 재직기간 상관없이 1/4 감액) |
> | | 강등 | 정직3개월의 효과 + 1계급 아래로 직급을 내림 |
> | | 정직 | ① 1월이상 3월이하 기간 직무정지
② 정직기간 중 보수는 전액을 감한다.
③ 집행이 끝난 날부터 18개월간 승진·승급 제한 |
> | 경징계 | 감봉 | ① 1월이상 3월이하의 기간 보수의 3분의 1 감액
② 집행이 끝난 날부터 12개월간 승진·승급 제한 |
> | | 견책 | ① 훈계하는 처분으로 보수는 전액 지급
② 집행이 끝난 날부터 6개월간 승진·승급 제한 |
>
> **정답** ②

034 다음은 「국가공무원법」, 「공무원연금법」 및 동법 시행령 상 경찰공무원의 징계에 관한 설명이다. ( )안에 들어갈 숫자를 가장 적절하게 나열한 것은?　(2014경위)

> 1. 강등은 1계급 아래로 직급을 내리고 공무원 신분은 보유하나 (㉠)개월간 직무에 종사하지 못하며 그 기간 중 보수의 (㉡)을(를) 감한다.
> 2. 징계에 의하여 파면된 경우, 재직기간이 5년 이상인 사람의 퇴직급여는 그 금액의 (㉢)분의 1을 감액한다.
> 3. 징계의결 등의 요구는 징계 등의 사유가 발생한 날부터 (㉣)년(금품 및 향응 수수, 공금의 횡령·유용의 경우에는 5년)이 지나면 하지 못한다.

① ㉠-3, ㉡-전액, ㉢-2, ㉣-3
② ㉠-3, ㉡-1, ㉢-4, ㉣-3
③ ㉠-3, ㉡-전액, ㉢-4, ㉣-2
④ ㉠-3, ㉡-1, ㉢-2, ㉣-2

해설

공제회기본서(총론1) 103, 134
1. 강등은 1계급 아래로 직급을 내리고 공무원 신분은 보유하나 (3)개월간 직무에 종사하지 못하며 그 기간 중 보수의 (전액)을 감한다.
2. 징계에 의하여 파면된 경우, 재직기간이 5년 이상인 사람의 퇴직급여는 그 금액의 (2)분의 1을 감액한다.
3. 징계의결 등의 요구는 징계 등의 사유가 발생한 날부터 (3)년(금품 및 향응 수수, 공금의 횡령·유용의 경우에는 5년)이 지나면 하지 못한다.

정답 ①

035 경찰공무원의 징계에 대한 설명으로 가장 적절하지 않은 것은?　(2015경위)

① 감봉은 보수의 2/3를 감액하며, 처분기간 동안 직무에 종사하지 못한다.
② 승진후보자가 정직이상의 징계처분을 받은 경우 승진임용후보자 명부에서 삭제된다.
③ 강등은 1계급 아래로 직급을 내리고, 3개월간 직무에 종사하지 못하는 징계를 말한다.
④ 징계의결 등의 요구는 징계 등의 사유가 발생한 날부터 3년(금품 및 향응수수, 공금의 횡령·유용의 경우에는 5년)이 지나면 하지 못한다.

해설

공제회기본서(총론1) ①103 ②104 ③103 ④134
① 감봉은 1월~3월의 기간 동안 <u>보수의 1/3을 감액</u>한다(<u>직무에 종사한다</u>).

정답 ①

036 경찰공무원의 징계에 관한 설명 중 옳지 않은 것은 모두 몇 개인가? (2011경감)

> ㉠ 경무관 이상의 경찰공무원에 대한 징계의 의결은 「국가공무원법」에 의하여 국무총리 소속하에 설치된 징계위원회에서 행한다.
> ㉡ 경무관 이상의 강등 및 정직과 경정 이상의 파면 및 해임은 경찰청장이 행한다.
> ㉢ 업무매뉴얼에 규정된 직무상의 절차를 충실히 이행한 때에는 「경찰공무원 징계양정 등에 관한 규칙」상 정상참작 사유로 감독자의 참작사유에 해당한다.
> ㉣ 경찰공무원징계위원회의 위원장은 위원회의 사무를 총괄하며 위원회를 대표하지만, 표결권은 가지지 아니한다.

① 1개 ② 2개 ③ 3개 ④ 4개

해설

공제회기본서(총론1) ㉠136 ㉡138 ㉢144 ㉣137
㉠ ○
㉡ 경무관 이상의 강등 및 정직과 경정 이상의 파면 및 해임은 **경찰청장의 제청으로 행정안전부장관과 국무총리를 거쳐 대통령이 행한다**.
㉢ 업무매뉴얼에 규정된 직무상의 절차를 충실히 이행한 때에는 「경찰공무원 징계령 세부시행규칙」상 **행위자의 정상참작사유**에 해당한다.
㉣ 경찰공무원징계위원회의 위원장은 위원회의 사무를 총괄하고 위원회를 대표하며, **표결권을 가진다**.

정답 ③

037 경찰공무원의 징계에 대한 설명 중 가장 적절하지 않은 것은? (2013경감변형)

① 「경찰공무원징계령」상 중앙·보통징계위원회는 위원장 1명을 포함하여 11명 이상 51명 이하의 공무원위원과 민간위원으로 구성한다.
② 소속이 다른 2명 이상의 경찰공무원이 관련된 징계 등 사건으로서 관할 징계위원회가 서로 다른 경우에는 모두를 관할하는 바로 위 상급 경찰기관에 설치된 징계위원회에서 심의·의결한다.
③ 금품 및 향응 수수로 징계 해임된 자의 퇴직급여는 재직기간이 5년 이상인 경우, 퇴직급여의 1/4을 지급한다.
④ 경찰기관의 장은 소속 경찰공무원 중 징계사유가 있다고 인정한 때와 징계의결 요구의 신청을 받은 때에는 지체없이 관할 징계위원회를 구성하여 징계의결을 요구하여야 한다.

해설

공제회기본서(총론1) ①137 ②141 ③103 ④135
③ 금품 및 향응 수수로 징계 해임된 자의 퇴직급여는 재직기간이 5년 이상인 경우, **퇴직급여의 1/4을 감액한다(3/4을 지급한다)**.

정답 ③

038 「국가공무원법」,「공무원연금법」및 동법 시행령상 경찰공무원의 징계의 종류와 효과에 대한 설명 중 가장 적절하지 않은 것은? (2020경위)

① 공무원의 징계는 파면·해임·강등·정직·감봉·견책으로 구분한다.
② 강등은 1계급 아래로 직급을 내리고 공무원신분은 보유하나 3개월간 직무에 종사하지 못하며 그 기간 중 보수는 전액을 감한다.
③ 징계에 의하여 파면된 경우, 재직기간이 5년 이상인 사람의 퇴직급여는 2분의 1을 감액하고, 재직기간이 5년 미만인 사람의 퇴직급여는 3분의 1을 감액한다.
④ 금품 및 향응 수수로 징계 해임된 자의 경우 재직기간이 5년 이상인 사람의 퇴직급여는 4분의 3을 지급하고, 재직기간이 5년 미만인 사람의 퇴직급여는 8분의 7을 지급한다.

[해설]
공제회기본서(총론1) ①103 ②103 ③103 ④103
③ 징계에 의하여 파면된 경우, 재직기간이 5년 이상인 사람의 퇴직급여는 2분의 1을 감액하고, 재직기간이 5년 미만인 사람의 퇴직급여는 **4분의 1을 감액**한다.

정답 ③

039 「경찰공무원법」및「국가공무원법」상 경찰공무원 징계의 종류와 효력에 대한 설명으로 가장 적절하지 않은 것은? (2017승진)

① 파면을 당한 경찰공무원은 향후 경찰관 임용이 불가능하다.
② 해임을 당한 경찰공무원은 향후 경찰관 임용이 가능하다.
③ 정직의 기간은 1월 이상 3월 이하이다.
④ 감봉의 기간은 1월 이상 3월 이하이다.

[해설]
공제회기본서(총론1) 103
징계에 의하여 **파면 또는 해임처분을 받은** 사람은 경찰공무원으로 임용될 수 없다.

정답 ②

040 경찰공무원의 징계와 관련된 규정에 대한 설명으로 가장 적절하지 않은 것은? (2019경감)

① 경찰기관의 장은 소속 경찰공무원 중 징계사유가 있다고 인정할 때와 징계등 의결 요구의 신청을 받은 때에는 지체 없이 관할 징계위원회를 구성하여 징계등 의결을 요구하여야 한다.
② 강등 징계시 3개월간 직무에 종사하지 못하며 금품 또는 향응 수수로 강등의 징계처분을 받은 경우 그 처분의 집행이 끝난 날로부터 21개월이 지나지 않으면 승진임용을 할 수 없다.
③ 감독자의 부임 기간이 1개월 미만으로 부하직원에 대한 실질적 감독이 곤란하다고 인정된 때에는 정상을 참작할 수 있다.
④ 행위자가 간첩 또는 사회이목을 집중시킨 중요사건의 범인을 검거한 공로가 있을 때나 업무매뉴얼에 규정된 직무상의 절차를 충실히 이행한 때에는 정상을 참작할 수 있다.

해설

공제회기본서(총론1) ①135 ②103,104 ③144 ④144
② 금품 또는 향응 수수로 강등의 징계처분을 받은 경우 그 **처분의 집행이 끝난 날로부터 24월**이 지나지 않으면 승진임용을 할 수 없다.
  ※ 강등(종료후 18월), 금품향응수수(+6월) ⇨ 24월
  ※ 만약, "집행이 끝난 날로부터"라는 표현이 없으면 기본 3개월 제한도 가산

정답 ②

---

041 다음은 「경찰공무원 징계령」의 내용이다. 아래 ㉠부터 ㉣까지의 설명으로 옳고 그름의 표시(O, ×)가 바르게 된 것은? (2017경위변형)

㉠ 「경찰공무원징계령」상 징계위원회가 설치된 경찰기관의 장은 위원 수의 2분의 1 이상을 성별을 고려하여 민간위원으로 위촉하여야 하며, 공무원으로 20년 이상 근속하고 퇴직한 사람은 중앙징계위원회의 민간위원에 해당할 수 있다.
㉡ 소속이 다른 2명 이상의 경찰공무원이 관련된 징계 등 사건으로서 관할 징계위원회가 서로 다른 경우에는 모두를 관할하는 바로 위 상급 경찰기관에 설치된 징계위원회에서 심의·의결한다.
㉢ 징계등 의결 요구를 받은 징계위원회는 그 징계요구서를 받은 날부터 30일 이내에 징계등에 관한 의결을 하여야 한다. 다만, 부득이한 사유가 있을 때에는 해당 징계등 의결을 요구한 경찰기관의 장의 승인을 받아 30일 이내의 범위에서 그 기간을 연장할 수 있다.
㉣ 징계위원회는 출석 통지를 하였음에도 불구하고 징계등 심의 대상자가 정당한 사유 없이 출석하지 아니하였을 때에는 그 사실을 기록에 분명히 적고 서면심사로 징계등 의결을 할 수 있다. 다만, 징계등 심의 대상자의 소재가 분명하지 아니할 때에는 출석 통지를 관보에 게재하고, 그 게재일 다음날부터 10일이 지나면 출석 통지가 송달된 것으로 보며, 징계등 의결을 할 때에는 관보 게재의 사유와 그 사실을 기록에 분명히 적어야 한다.

① ㉠(○) ㉡(○) ㉢(○) ㉣(○)   ② ㉠(×) ㉡(○) ㉢(○) ㉣(○)
③ ㉠(×) ㉡(○) ㉢(○) ㉣(×)   ④ ㉠(×) ㉡(×) ㉢(×) ㉣(○)

해설

공제회기본서(총론1) ㉠137 ㉡141 ㉢139 ㉣138
- ㉠ 「경찰공무원징계령」상 징계위원회가 설치된 경찰기관의 장은 위원 수의 2분의 1 이상을 성별을 고려하여 민간위원으로 위촉하여야 하며, 공무원으로 20년 이상 근속하고 퇴직한 사람은 **보통징계위원회의** 민간위원에 해당할 수 있다.
- ㉣ 징계위원회는 출석 통지를 하였음에도 불구하고 징계등 심의 대상자가 정당한 사유 없이 출석하지 아니하였을 때에는 그 사실을 기록에 분명히 적고 서면심사로 징계등 의결을 할 수 있다. 다만, 징계등 심의 대상자의 소재가 분명하지 아니할 때에는 출석 통지를 관보에 게재하고, **그 게재일부터 10일이 지나면** 출석 통지가 송달된 것으로 보며, 징계 등 의결을 할 때에는 관보 게재의 사유와 그 사실을 기록에 분명히 적어야 한다.

정답 ③

042 「경찰공무원 징계령」에 대한 설명으로 가장 적절하지 않은 것은? (2020경감변형)

① 징계등 의결 요구를 받은 징계위원회는 그 요구서를 받은 날부터 30일 이내에 징계등에 관한 의결을 하여야 한다. 다만, 부득이한 사유가 있을 때에는 당해 징계심의대상자의 동의를 얻어 30일 이내의 범위에서 그 기간을 연장할 수 있다.

② 징계위원회가 징계등 심의 대상자의 출석을 요구할 때에는 출석 통지서로 하되, 징계위원회 개최일 5일 전까지 그 징계등 심의 대상자에게 도달되도록 하여야 한다.

③ 징계등 심의대상자의 소재가 분명하지 아니할 때에는 출석통지를 관보에 게재하고 그 게재일부터 10일이 지나면 출석통지가 송달된 것으로 본다.

④ 징계등 의결을 요구한 자는 경징계의 징계등 의결을 통지받았을 때에는 통지받은 날부터 15일 이내에 징계등을 집행하여야 한다.

해설

공제회기본서(총론1) ①139 ②138 ③138 ④142
① 징계등 의결 요구를 받은 징계위원회는 그 요구서를 받은 날부터 30일 이내에 징계등에 관한 의결을 하여야 한다. 다만, 부득이한 사유가 있을 때에는 당해 **징계의결을 요구한 자의 승인을 얻어** 30일 이내의 범위에서 그 기간을 연장할 수 있다.

정답 ①

043 「경찰공무원 징계령」의 내용으로 가장 적절하지 않은 것은? (2018경위)

① 경찰기관의 장은 소속 경찰공무원이 징계사유가 있다고 인정할 때와 징계의결 요구의 신청을 받았을 때에는 지체없이 관할 징계위원회를 구성하여 징계의결을 요구하여야 한다.
② 중앙징계위원회가 설치된 경찰기관의 장은 징계등 심의 대상자보다 상위 계급인 경위 이상의 소속 경찰공무원 또는 상위 직급에 있는 6급 이상의 소속 공무원 중에서 징계위원회의 공무원위원을 임명한다.
③ 징계등 의결 요구를 받은 징계위원회는 그 요구서를 받은 날부터 30일 이내에 징계등에 관한 의결을 하여야 한다. 다만, 부득이한 사유가 있을 때에는 해당 징계등 의결을 요구한 경찰기관의 장의 승인을 받아 30일 이내의 범위에서 그 기간을 연장할 수 있다.
④ 징계등 심의대상자의 소재가 분명하지 아니할 때에는 출석 통지를 관보에 게재하고, 그 게재일부터 7일이 지나면 출석통지가 송달된 것으로 본다.

> **해설**
>
> 공제회기본서(총론1) ①142 ②137 ③139 ④138
> ④ 징계위원회는 출석 통지를 하였음에도 불구하고 징계등 심의 대상자가 정당한 사유 없이 출석하지 아니하였을 때에는 그 사실을 기록에 분명히 적고 서면심사로 징계등 의결을 할 수 있다. 다만, 징계등 심의 대상자의 소재가 분명하지 아니할 때에는 출석 통지를 관보에 게재하고, **게재일부터 10일이** 지나면 출석 통지가 송달된 것으로 보며, 징계등 의결을 할 때에는 관보 게재의 사유와 그 사실을 기록에 분명히 적어야 한다.(경찰공무원 징계령 제12조 3항)
>
> 정답 ④

044 「경찰공무원 징계령」에 관한 설명으로 가장 적절하지 않은 것은? (2014경감)

① 경찰기관의 장은 소속 경찰공무원이 징계사유가 있다고 인정할 때와 징계의결 요구의 신청을 받았을 때에는 관할 징계위원회를 구성하여 징계의결을 요구할 수 있다.
② 징계 등 의결을 요구한 자는 경징계의 징계 등 의결을 통지받았을 때에는 통지받은 날부터 15일 이내에 징계 등을 집행하여야 한다.
③ 경찰공무원징계위원회의 위원장은 위원회의 사무를 총괄하고 위원회를 대표하며, 표결권을 가진다.
④ 징계 등 의결 요구를 받은 징계위원회는 그 요구서를 받은 날부터 30일 이내에 징계 등에 관한 의결을 하여야 한다. 다만, 부득이한 사유가 있을 때에는 해당 징계 등 의결을 요구한 경찰기관의 장의 승인을 받아 30일 이내의 범위에서 그 기간을 연장할 수 있다.

> **해설**
>
> 공제회기본서(총론1) ①142 ②142 ③137 ④139
> ① 경찰기관의 장은 소속 경찰공무원이 징계사유가 있다고 인정할 때와 징계의결 요구의 신청을 받았을 때에는 관할 징계위원회를 구성하여 **징계의결을 요구하여야 한다.**
>
> 정답 ①

045 「경찰공무원 징계령 세부시행규칙」상 감독자의 정상참작 사유로 가장 적절하지 않은 것은?

(2020경감)

① 부임기간이 1개월 미만으로 부하직원에 대한 실질적인 감독이 곤란하다고 인정된 때
② 업무매뉴얼에 규정된 직무상의 절차를 충실히 이행한 때
③ 부하직원의 의무위반행위를 사전에 발견하여 적법 타당하게 조치한 때
④ 기타 부하직원에 대하여 평소 철저한 교양감독 등 감독자로서의 임무를 성실히 수행하였다고 인정된 때

해설

공제회기본서(총론1) 144
② 업무매뉴얼에 규정된 직무상의 절차를 충실히 이행한 때는 <u>행위자의 참작 사유</u>이다.

〈정상참작 사유〉(경찰공무원 징계령 세부시행규칙)

행위자 참작사유 (4②)	다음 어느 하나에 해당하는 사유가 있을 때에는 징계책임을 감경하여 징계의결 요구 또는 징계의결하거나 징계책임을 묻지 아니할 수 있다. 1. 과실로 인하여 발생한 의무위반행위가 다른 법령에 의해 처벌사유가 되지 않고 비난가능성이 없는 때 2. 국가 또는 공공의 이익을 증진하기 위해 성실하고 능동적으로 업무를 처리하는 과정에서 부분적인 절차상 하자 또는 비효율, 손실 등의 잘못이 발생한 때 3. 업무매뉴얼에 규정된 직무상의 절차를 충실히 이행한 때 4. 의무위반행위의 발생을 방지하기 위해 최선을 다하였으나 부득이한 사유로 결과가 발생하였을 때 5. 발생한 의무위반행위에 대하여 자진신고하거나 사후조치에 최선을 다하여 원상회복에 크게 기여한 때 6. 간첩 또는 사회이목을 집중시킨 중요사건의 범인을 검거한 공로가 있을 때 7. 제9조 제3항에 따른 감경 제외 대상이 아닌 의무위반행위 중 직무와 관련이 없는 사고로 인한 의무위반행위로서 사회통념에 비추어 공무원의 품위를 손상하지 아니한 때
감독자 참작사유 (5②)	감독자에게 다음 어느 하나에 해당하는 사유가 있을 때에는 징계책임을 감경하여 징계의결 요구 또는 징계의결하거나 징계책임을 묻지 아니할 수 있다. 1. 부하직원의 의무위반행위를 사전에 발견하여 적법 타당하게 조치한 때 2. 부하직원의 의무위반행위가 감독자 또는 행위자의 비번일, 휴가기간, 교육기간 등에 발생하거나, 소관업무와 직접 관련 없는 등 감독자의 실질적 감독범위를 벗어났다고 인정된 때 3. 부임기간이 **1개월 미만**으로 부하직원에 대한 실질적인 감독이 곤란하다고 인정된 때 4. 교정이 불가능하다고 판단된 부하직원의 사유를 명시하여 인사상 조치(전출 등)를 상신하는 등 성실히 관리한 이후에 같은 부하직원이 의무위반행위를 야기하였을 때 5. 기타 부하직원에 대하여 평소 철저한 교양감독 등 감독자로서의 임무를 성실히 수행하였다고 인정된 때

정답 ②

046 「경찰공무원 징계양정 등에 관한 규칙」상 감독자의 정상참작 사유로 가장 적절하지 않은 것은?

(2015경위)

① 부하직원의 의무위반 행위를 사전에 발견하여 적법 타당하게 조치한 때
② 부임기간이 1년 미만으로 부하직원에 대한 실질적인 감독이 곤란하다고 인정된 때
③ 부하직원의 의무위반행위가 감독자 또는 행위자의 비번일, 휴가기간, 교육기간 등에 발생하거나, 소관업무와 직접 관련 없는 등 감독자의 실질적 감독범위를 벗어났다고 인정된 때
④ 교정이 불가능하다고 판단된 부하직원의 사유를 명시하여 인사상 조치(전출 등)를 상신하는 등 성실히 관리한 이후에 같은 부하직원이 의무위반행위를 야기하였을 때

> **해설**
> 공제회기본서(총론1) 144
> ② 부임기간이 <u>1월 미만</u>으로 부하직원에 대한 실질적인 감독이 곤란하다고 인정된 때
>
> **정답** ②

047 현행 「경찰공무원 징계양정 등에 관한 규칙」상 감독자의 참작사유로 가장 적절하지 않은 것은?

(2012경감)

① 교정이 불가능하다고 판단된 부하직원의 사유를 명시하여 인사상 조치를 상신하는 등 성실히 관리한 이후에 같은 부하직원이 의무위반행위를 야기하였을 때
② 부하직원의 의무위반행위를 사전에 발견하여 적법·타당하게 조치한 때
③ 간첩 또는 사회이목을 집중시킨 중요사건의 범인을 검거한 공로가 있을 때
④ 부임기간이 1개월 미만으로 부하직원에 대한 실질적인 감독이 곤란하다고 인정된 때

> **해설**
> 공제회기본서(총론1) 144
> ③은 <u>행위자에 대한 징계양정기준</u>이다.
>
> **정답** ③

048 「국가공무원법」상 소청심사위원회에 관한 설명으로 가장 옳은 것은? (2016경위)

① 인사혁신처 소속의 소청심사위원회는 5인 이상 7인 이내의 상임위원과 상임위원 수의 2분의 1이상인 비상임위원으로 구성한다.
② 의결은 재적위원 3분의 2이상 출석과 재적위원 과반수의 합의에 의한다.
③ 대학에서 행정학, 정치학, 법률학을 담당한 부교수 이상의 직에 3년 이상 근무한 자는 위원이 될 수 있다.
④ 소청심사위원회의 위원은 벌금 이상의 형벌이나 장기의 심신 쇠약으로 직무를 수행할 수 없게 된 경우 외에는 본인의 의사에 반하여 면직되지 아니한다.

해설

공제회기본서(총론1) ①105 ②148 ③105 ④105
① ○
② 의결은 <u>재적위원 3분의 2이상 출석</u>과 <u>출석위원 과반수의 합의</u>에 의한다.
③ 대학에서 행정학, 정치학, 법률학을 담당한 부교수 이상의 직에 <u>5년 이상</u> 근무한 자는 위원이 될 수 있다.
④ 소청심사위원회의 위원은 <u>금고 이상의 형벌</u>이나 장기의 심신 쇠약으로 직무를 수행할 수 없게 된 경우 외에는 본인의 의사에 반하여 면직되지 아니한다.

〈인사혁신처 소청심사위원회〉

성격	인사혁신처 소속 합의제 행정관청
설치	① 행정기관 소속 공무원의 징계처분 그밖에 그 의사에 반하는 불리한 처분이나 부작위에 대한 소청을 심사·결정하게 하기 위하여 인사혁신처에 소청심사위원회를 둔다. ② 국회사무처, 법원행정처, 헌재사무처, 중앙선관위사무처에 각각 해당 소청심사위를 둠(위원장 1명을 포함한 위원 5명이상 7명이하의 비상임위원으로 구성
구성	① 위원장 1명을 포함한 5명이상 7명이하 상임위원과 상임위원 수의 2분의 1 이상인 비상임위원 ② 위원장은 정무직 ③ 상임위원 - 임기는 3년(1번만 연임가능), 겸직불가 ④ 임명 - 위원장과 위원은 인사혁신처장의 제청으로 국무총리를 거쳐 대통령이 임명
자격	① 법관·검사 또는 변호사의 직에 5년 이상 근무한 자 ② 대학에서 행정학·정치학 또는 법률학을 담당한 부교수 이상의 직에 5년 이상 근무한 자 ③ 3급 이상 공무원 또는 고위공무원단에 속하는 공무원으로 3년 이상 근무한 자(단, 3호는 비상임위원은 될 수 없음)
신분보장	소청심사위원회의 위원은 금고(자격정지×) 이상의 형벌이나 장기의 심신 쇠약으로 직무를 수행할 수 없게 된 경우 외에는 본인의 의사에 반하여 면직되지 아니한다. ⇨ 비상임위원도 신분보장

정답 ①

049 「국가공무원법」의 소청심사위원회 및 소청심사위원회 위원에 대한 설명이다. 아래 ㉠부터 ㉣까지의 설명 중 옳고 그름의 표시(○, ×)가 바르게 된 것은? (2017경감)

㉠ 행정기관 소속 공무원의 징계처분, 그 밖에 그 의사에 반하는 불리한 처분이나 부작위에 대한 소청을 심사·결정하게 하기 위하여 인사혁신처에 소청심사위원회를 둔다.
㉡ 인사혁신처에 설치된 소청심사위원회는 위원장 1명을 포함한 5명 이상 7명 이하의 비상임위원과 비상임위원 수의 2분의 1이상인 상임위원으로 구성한다.
㉢ 소청심사위원회가 징계처분 또는 징계부가금 부과처분을 받은 자의 청구에 따라 소청을 심사할 경우에는 원징계처분보다 무거운 징계 또는 원징계부가금 부과처분보다 무거운 징계부가금을 부과하는 결정을 하지 못한다.
㉣ 소청심사위원회의 위원은 금고 이상의 형벌이나 장기의 심신 쇠약으로 직무를 수행할 수 없게된 경우 외에는 본인의 의사에 반하여 면직되지 아니한다.

① ㉠(○) ㉡(×) ㉢(○) ㉣(○)
② ㉠(○) ㉡(×) ㉢(○) ㉣(×)
③ ㉠(×) ㉡(○) ㉢(○) ㉣(×)
④ ㉠(×) ㉡(×) ㉢(×) ㉣(○)

해설

공제회기본서(총론1) ①104 ②105 ③148 ④105
㉡ 인사혁신처에 설치된 소청심사위원회는 위원장 1명을 포함한 5명 이상 7명 이하의 **상임위원**과 **상임위원 수의 2분의 1 이상인 비상임위원**으로 구성하되, 위원장은 정무직으로 보한다.

정답 ①

---

050 소청심사에 대한 설명으로 옳지 않은 것은 모두 몇 개인가? (2011경위)

㉠ 소청은 공무원이 징계처분이나 그 밖에 그의 의사에 반하는 불리한 처분에 대하여 그 시정을 요구하는 행정심판이다.
㉡ 소청인 또는 대리인에게 의견진술의 기회가 부여되어야 하고, 진술 기회를 주지 아니한 결정은 무효로 한다.
㉢ 소청심사위원회의 결정은 원 징계처분에서 부과한 징계보다 무거운 징계를 부과하는 결정을 하지 못한다.
㉣ 소청심사위원회의 취소명령 또는 변경명령결정은 그에 따른 징계 기타 처분이 있을 때까지는 종전에 행한 징계처분에 영향을 미치지 아니한다.
㉤ 소청심사위원회의 결정은 처분 행정청을 기속한다.

① 없음　　② 1개　　③ 2개　　④ 3개

> **해설**

공제회기본서(총론1) ㉠146 ㉡148 ㉢148 ㉣148 ㉤149
모두 옳은 설명이다.

〈소청심사 절차〉

심사청구		① 처분사유설명서를 교부받은 날로부터, 또는 기타 불리한 처분을 받았을 때에는 그 처분이 있은 것을 안 날로부터 각각 30일 이내에 심사청구 가능 ② 이 경우 변호사를 대리인으로 선임할 수 있음
심 사		① 소청심사위원회는 소청을 접수하면 지체 없이 심사하여야 한다. ② 소청심사위원회가 소청 사건을 심사하기 위하여 징계 요구 기관이나 관계 기관의 소속 공무원을 증인으로 소환하면 해당 기관의 장은 이에 따라야 한다.
진술권		① 소청 사건을 심사할 때에는 소청인 또는 대리인에게 진술 기회를 주어야 한다. ② 진술 기회를 주지 아니한 결정은 무효(취소 ×)로 한다.
결 정	정족수	① 재적위원 3분의 2 이상 출석과 출석위원 과반수 합의로 결정 ② 의견이 나뉠 경우 출석위원 과반수에 이를 때까지 가장 불리한 의견에 차례로 유리한 의견을 더하여 그 중 가장 유리한 의견을 합의된 의견으로 본다.
	기한	① 접수한 날부터 60일 이내에 결정하여야 한다. ② 불가피한 경우 소청심사위원회 의결로 30일 연장할 수 있다.
	불이익 변경금지	원징계처분보다 무거운 징계 또는 원징계부가금 부과처분보다 무거운 징계부가금을 부과하는 결정을 하지 못한다.
	결정의 효과	① 소청심사위원회의 결정은 처분 행정청을 기속한다. ② 소청위는 직접 처분을 취소·변경하거나, 처분청에 취소·변경을 명할 수 있음 ③ 취소명령 또는 변경명령 결정은 그에 따른 징계나 그 밖의 처분이 있을 때까지는 종전에 행한 징계처분등에 영향을 미치지 아니한다.
불 복	재심청구	소청심사위원회 결정에 대하여 인사혁신처장이 재심을 청구할 수는 없다.
	행정소송	① 행정소송은 소청심사위원회의 심사·결정을 거치지 아니하면 제기할 수 없다.(필요적 행정심판전치주의) ② 행정소송은 경찰청장(또는 임용권 위임받은 자)을 피고로 한다. ③ 소청심사위원회의 결정이 위법하다고 인정될 때, 또는 소청제기 후 60일이 경과해도 결정이 없는 때에는 행정소송을 제기할 수 있다.

정답 ①

051 경찰공무원 등이 징계처분 등 불리한 처분을 받았을 때 그 시정을 요구할 수 있는 기관인 '소청심사위원회'에 관한 설명으로 가장 적절한 것은? (2014경감)

① 소청인에게 의견진술기회가 보장되나 의견진술기회를 부여하지 않고 행한 결정이라도 무효는 아니다.
② 소청심사위원회의 결정은 당해 처분행정청을 기속하는 것은 아니다.
③ 소청 사건의 결정은 재적 위원 3분의 2 이상의 출석과 출석 위원 과반수의 합의에 따르되, 의견이 나뉠 경우에는 출석 위원 과반수에 이를 때까지 소청인에게 가장 불리한 의견에 차례로 유리한 의견을 더하여 그 중 가장 유리한 의견을 합의된 의견으로 본다.
④ 다른 행정심판과 달리 소청심사 없이도 행정소송 제기가 가능하다.

해설

공제회기본서(총론1) ①148 ②149 ③148 ④149
① 소청인에게 의견진술기회가 보장되나 의견진술기회를 부여하지 않고 행한 결정은 <u>무효이다</u>.
② 소청심사위원회의 결정은 당해 처분행정청을 <u>기속한다</u>.
④ 다른 행정심판과 달리 소청심사를 거쳐야 행정소송 제기가 가능하다.

정답 ③

052 소청은 공무원이 징계처분이나 강임·휴직·직위해제·면직처분 기타 그의 의사에 반하는 불리한 처분을 받았을 때에 그 시정을 요구하는 행정심판을 말한다. 소청 및 소청심사위원회에 대한 내용 중 가장 적절하지 않은 것은? (2012경감)

① 인사혁신처에 설치된 소청심사위원회는 합의제 행정관청이다.
② 소청심사위원회는 원징계처분에서 과한 징계보다 중한 징계를 과하는 결정을 할 수 없다.
③ 소청심사위원회의 결정은 당해 처분행정청을 기속한다.
④ 소청심사위원회의 취소명령 또는 변경명령 결정은 그에 따른 징계나 그 밖의 처분이 있을 때까지는 종전에 행한 징계처분 또는 징계부가금 부과처분에 영향을 미친다.

해설

공제회기본서(총론1) ①104 ②148 ③149 ④148
④ 소청심사위원회의 취소명령 또는 변경명령 결정은 그에 따른 징계나 그 밖의 처분이 있을 때까지는 종전에 행한 징계처분 또는 징계부가금 부과처분에 <u>영향을 미치지 아니한다</u>.

정답 ④

053 소청심사에 대한 설명으로 가장 적절하지 않은 것은? (2019경감)

① 소청심사란 징계처분 기타 그의 의사에 반하는 불이익처분을 받은 자가 관할 소청심사위원회에 심사를 청구하는 행정심판의 일종이다.
② 경찰공무원이 징계처분 등 불리한 처분을 받았을 때 행정소송은 소청심사위원회의 심사 결정을 거치지 아니하면 제기할 수 없다.
③ 소청심사위원회는 소청을 접수하면 지체 없이 심사하여야 하며, 심사할 때 필요하면 검증 감정, 그 밖의 사실조사를 하거나 증인을 소환하여 질문하거나 관계 서류를 제출하도록 명할 수 있다.
④ 3급 이상 공무원 또는 고위공무원단에 속하는 공무원으로 3년 이상 근무한 자는 비상임위원이 될 수 있다.

해설

공제회기본서(총론1) ①104 ②149 ③148 ④147
④ 3급 이상 공무원 또는 고위공무원단에 속하는 공무원으로 3년 이상 근무한 자는 **상임위원이 될 수 있으나, 비상임위원은 될 수 없다**.

정답 ④

054 인사혁신처에 설치된 소청심사위원회에 대한 설명으로 가장 적절하지 않은 것은? (2019경위)

① 소청심사위원회의 위원은 금고 이상의 형벌이나 장기의 심신 쇠약으로 직무를 수행할 수 없게 된 경우 외에는 본인의 의사에 반하여 면직되지 아니한다.
② 위원장 1명을 포함한 5명 이상 7명 이하의 상임위원과 상임위원 수의 2분의 1 이상인 비상임위원으로 구성되며, 위원은 인사 혁신처장의 제청으로 국무총리를 거쳐 대통령이 임명한다.
③ 3급 이상 공무원 또는 고위공무원단에 속하는 공무원으로 3년 이상 근무한 자는 비상임위원은 될 수 있으나, 상임위원은 될 수 없다.
④ 소청심사위원회의 취소명령 또는 변경명령 결정은 그에 따른 징계나 그 밖의 처분이 있을 때까지는 종전에 행한 징계처분에 영향을 미치지 아니한다.

해설

공제회기본서(총론1) ①105 ②105 ③147 ④148
③ 3급 이상 공무원 또는 고위공무원단에 속하는 공무원으로 3년 이상 근무한 자는 **상임위원은 될 수 있으나, 비상임위원은 될 수 없다**.

정답 ③

CHAPTER 05 경찰작용법

001 경찰행정법상의 일반원칙에 관한 설명 중 가장 옳지 않은 것은?(다툼이 있는 경우 판례에 의함)

(2011경감, 2016경위)

① 비례원칙의 실정법적 근거는 「헌법」 제37조 제2항과 「경찰관직무집행법」 제1조 제2항을 들 수 있으며, 경찰작용이 비례원칙에 위배되지 않기 위해서는 세부 원칙인 적합성, 필요성, 상당성의 원칙 중 적어도 하나는 충족해야 한다.
② 신뢰보호원칙이란 행정기관의 일정한 언동의 정당성 또는 존속성에 대한 개인의 보호가치 있는 신뢰는 보호해주어야 한다는 것으로서, 현행 「행정절차법」이 일반법적 근거가 될 수 있다.
③ 행정의 자기구속의 원칙은 구속의 근거가 되는 행정관행이 적법한 경우에만 적용된다.
④ 대법원은 운전면허 취소사유에 해당하는 음주운전을 적발한 경찰관의 소속경찰서장이 사무착오로 위반자에게 운전면허정지처분을 한 상태에서 위반자의 주소지 관할 지방경찰청장이 위반자에게 운전면허취소처분을 한 것은 신뢰보호원칙에 위배된다고 판시하였다.

해설

공제회기본서(총론1) ①151,158 ②75,79 ③78 ④79
① 비례원칙의 실정법적 근거는 「헌법」 제37조 제2항과 「경찰관직무집행법」 제1조 제2항을 들 수 있으며, 경찰작용이 비례원칙에 위배되지 않기 위해서는 세부 원칙인 **적합성, 필요성, 상당성의 원칙 모두를 충족해야 한다.**

정답 ①

002 경찰비례의 원칙에 대한 설명 중 가장 적절하지 않은 것은?

(2020경위)

① 경찰작용에 있어 목적실현을 위한 수단과 당해 목적 사이에 합리적인 비례관계가 있어야 한다는 것으로 「경찰관 직무집행법」에 명시적으로 규정되어 있다.
② 경찰비례의 원칙의 내용으로서 '적합성의 원칙', '필요성의 원칙', '상당성의 원칙'이 있으며 적어도 하나는 충족해야 위법하지 않다.
③ 비례의 원칙을 위반한 국가작용은 행정소송의 대상이 되며, 국가배상책임이 성립할 수 있다.
④ '경찰은 대포로 참새를 쏘아서는 안 된다'는 법언은 상당성의 원칙을 잘 표현한 것이다.

해설

공제회기본서(총론1) ①158 ②158 ③158 ④158
② 경찰비례의 원칙의 내용으로서 '적합성의 원칙', '필요성의 원칙', '상당성의 원칙'이 있으며 모두 충족해야 위법하지 않다.

정답 ②

003 경찰책임의 원칙에 관한 설명으로 가장 적절하지 않은 것은? (2014경위)
① 자신의 보호·감독 하에 있는 자의 행위에 대해서도 책임을 진다.
② 다수인의 행위 또는 다수인이 지배하는 물건의 상태로 인하여 하나의 질서위반상태가 발생한 경우, 일부 또는 전체에 대하여 경찰권 발동이 가능하다.
③ 경찰위반의 상태는 행위 혹은 상태의 특별한 위법성이 요구되고, 경찰책임자의 고의·과실이 없으면 책임이 없다.
④ 경찰책임의 주체는 모든 자연인이 될 수 있다. 또한 권리능력 유무에 관계없이 모든 사법인(私法人)도 경찰책임자가 될 수 있다.

해설

공제회기본서(총론1) ①151 ②159 ③159 ④151
③ 경찰위반의 상태는 행위 혹은 상태의 특별한 위법성이 요구되지 않고, 경찰책임자의 고의·과실은 책임의 요건이 아니다.

정답 ③

004 경찰책임의 원칙에 관한 설명으로 가장 적절한 것은? (2014경감)
① 자기 자신 이외의 자의 행위에 대해서는 일체 책임을 지지 않는다.
② 고의·과실이 없는 경우에는 언제나 경찰책임을 지지 않는다.
③ 경찰이 경찰긴급권에 의하여 예외적으로 경찰책임이 없는 자에게 경찰권을 발동한 경우, 긴급한 상황에 의한 것이므로 그로 인하여 제3자가 손실을 받더라도 보상할 필요가 없다.
④ 다수인의 행위 또는 다수인이 지배하는 물건의 상태로 인하여 하나의 질서위반상태가 발생한 경우, 일부 또는 전체에 대하여 경찰권 발동이 가능하다.

해설

공제회기본서(총론1) ①151 ②159 ③159 ④159
① 타인의 행위에 대해서도 책임을 지는 경우가 있다.
② 고의·과실이 없는 경우에도 경찰책임을 부담한다.
③ 경찰이 경찰긴급권에 의하여 예외적으로 경찰책임이 없는 자에게 경찰권을 발동한 경우, 제3자의 손실은 반드시 보상하여야 한다.
④ O

〈경찰책임의 원칙〉

의 의		경찰권은 경찰위반 상태에 직접적으로 책임이 있는 자에게만 발동할 수 있다는 원칙
책임자 (주체)		㉠ 자연인·법인 모두 해당하며, 권리능력 없는 사단·재단도 책임자가 될 수 있음 ㉡ 공공의 안녕과 질서에 대한 객관적 위험상태가 존재하기만 하면 고의·과실 여부, 위험 인식 여부, 정당한 권원 유무, 행위자의 행위능력·책임능력·국적 등을 따지지 않고 인정됨 ㉢ 타인의 행위(자기의 지배하에 있는)에 대해서도 책임 발생 가능함
종 류	행위 책임	㉠ 위험(장애)이 사람의 행위로 인하여 발생한 경우에 지는 경찰책임 ㉡ 자기 행위뿐만 아니라 자기의 지배·감독하에 있는 자의 행위로도 경찰책임이 발생하는데, 지배자책임의 성질은 대위책임이 아니라 자기책임
	상태 책임	㉠ 물건·동물의 소유자·점유자·관리자가 지배범위에 속하는 물건·동물의 상태로 인하여 발생한 위험과 장애에 대하여 지는 경찰책임 ㉡ 정당한 권원없는 부당한 지배권자도 책임자가 될 수 있음(단, 도난차량 차주와 같은 비정형적 사건은 인과관계 또는 지배성을 인정할 수 없어 경찰책임도 부정)
	복합 책임 (경합)	㉠ 하나의 경찰위반이 행위책임과 상태책임의 중복 또는 다수인의 행위나 다수인이 지배하는 물건의 상태에 기인하는 경우의 경찰책임 ㉡ 경찰의 책임자 선택 – 위험방지의 효율성과 비례원칙에 입각하여 "위반상태를 가장 신속하고 효과적으로 제거할 수 있는 위치에 있는 자"에게 발동되어져야 함(통상적으로는 행위책임자가 그러한 위치에 있는 경우가 많으나, 반드시 그런 것은 아님) ㉢ 여러 명의 경찰책임자가 존재하는 경우, 그 가운데 한 명에게 경찰권이 발동되었다고 해서 나머지 책임자들의 책임이 소멸되는 것은 아님
경찰긴급권 (제3자책임) (예외적책임)	의 의	위반의 책임자가 아닌 제3자(비책임자)에 대한 경찰권 발동
	근 거	㉠ 예외적인 것으로, 반드시 법적 근거 필요 ㉡ 경찰긴급권에 대한 일반법은 존재하지 않으며, 개별법적 근거로는 경찰관직무집행법(5① 3호, 위험발생의 방지), 경범죄처벌법(3① 29호, 공무원 원조불응), 소방기본법(24조, 소방활동 종사명령), 수상에서의 수색·구조 등에 관한 법률(29조, 수난구호를 위한 종사명령) 등
	요 건	㉠ 급박성 – 위반상태가 현존하고 급박할 것 ㉡ 보충성 – 1차적 경찰책임자에 대한 경찰권 발동이나 경찰 자체적인 위해제거를 기대할 수 없을 것 ㉢ 법적 근거가 있을 것 – 실정법적 근거를 요함(자연법으로는 불가) ㉣ 제3자의 중대한 법익 침해가 없을 것(생명·건강 등) ㉤ 손실보상 – 제3자의 특별한 희생에 대하여 손실보상이 있을 것
위반효과		경찰책임원칙에 반하는 경찰권 발동은 위법

정답 ④

005 경찰책임의 원칙에 관한 설명으로 가장 적절하지 않은 것은? (2016경감)

① 경찰권은 원칙적으로 경찰위반상태에 대하여 책임이 있는 자에게 발동된다.
② 행위책임이 인정되기 위해서는 「민법」상의 행위능력이 요구된다.
③ 경찰책임은 경찰책임자의 고의·과실 여부와 무관하다.
④ 자신의 보호·감독 하에 있는 자의 행위에 대해서도 책임을 진다.

해설

공제회기본서(총론1) ①159 ②151 ③159 ④151
② 행위책임이 인정의 요건으로「민법」상의 <u>행위능력이 요구되지 않는다</u>.

정답 ②

---

006 다음 설명과 가장 관련이 깊은 것은 무엇인가? (2015경감)

> 오늘날 복지국가적 행정을 요구하고 있는 시대적 상황에 따라 경찰행정 분야에 서도 각 개인이 경찰권의 발동을 요청할 수 있는 권리인 경찰개입청구권을 인정하기에 이르렀다.

① 재량권의 0으로의 수축 이론 ② 비례의 원칙
③ 상당성의 원칙 ④ 보충성의 원칙

해설

공제회기본서(총론1) 22,157
① 설문은 재량권의 0으로의 수축 이론에 대한 설명이다.

정답 ①

---

007 경찰개입청구권에 대한 설명으로 가장 적절하지 않은 것은? (2014경위)

① 독일에서 경찰개입청구권을 인정한 판결의 효시로 띠톱판결이 있다.
② 경찰권 행사로 국민이 받는 이익이 반사적 이익인 경우에도 인정된다.
③ 경찰재량이 0으로 수축되는 경우를 전제로 함이 보통이다.
④ 오늘날 사회적 법치국가에서는 경찰개입청구권이 인정될 여지가 점점 확대되어가고 있는 경향이다.

해설

공제회기본서(총론1) 22,157
② 경찰권 행사로 국민이 받는 이익이 반사적 이익인 경우에는 경찰개입청구권이 인정되지 않는다.

정답 ②

008 경찰하명에 대한 설명 중 가장 적절하지 않은 것은? (2020경위)

① 경찰하명은 경찰목적을 위하여 국가의 일반통치권에 의거 개인에게 특정한 작위·부작위·수인 또는 급부의 의무를 명하는 행정행위이다.
② 부작위하명은 소극적으로 어떤 행위를 하지 말 것을 명하는 것으로 '금지'라 부르기도 한다.
③ 공공시설에서 공중의 건강을 위하여 흡연행위를 금지하는 것은 부작위하명이다.
④ 위법한 하명으로 인하여 권리·이익이 침해된 자는 손실보상을 청구할 수 있다.

해설

공제회기본서(총론1) ①154 ②154 ③160 ④155,160
④ <u>적법한 하명</u>으로 인하여 권리·이익이 침해된 자는 <u>손실보상</u>을 청구할 수 있고, <u>위법한 하명</u>으로 인하여 권리·이익이 침해된 자는 <u>손해배상</u>을 청구할 수 있다.

정답 ④

---

009 하명의 종류 중 공공시설에서 공중의 건강을 위하여 흡연행위를 금지하는 하명으로 가장 적절한 것은? (2016경위)

① 작위하명
② 부작위하명
③ 급부하명
④ 수인하명

해설

공제회기본서(총론1) 160
② 흡연행위를 금지하는 하명은 부작위 하명이다.

정답 ②

---

010 경찰하명에 대한 설명 중 틀린 것은? (2010경위)

① 하명에 위반한 행위는 원칙적으로 그 법적 효력에는 아무런 영향을 받지 않는다.
② 경찰하명의 효과는 원칙적으로 그 수명자에게만 발생하는 것이나, 대물적 하명의 경우에는 그 대상인 물건에 대한 법적 지위를 승계한 자에게도 그 효과가 미친다.
③ 공공시설에서 공중의 건강을 위하여 흡연행위를 금지시키는 것은 부작위하명에 해당한다.
④ 경찰위반의 경우 경찰상의 강제집행이 행해질 수 있고, 경찰의무의 불이행의 경우 경찰벌이 과하여진다.

해설

공제회기본서(총론1) ①160 ②없음 ③160 ④155
④ 경찰위반의 경우 <u>경찰벌</u>을 부과할 수 있고, <u>경찰의무의 불이행의 경우 경찰상 강제집행</u>이 행해질 수 있다.

정답 ④

011 허가에 대한 설명으로 가장 적절한 것은? (2019경위)

① 허가란 법령에 의하여 과하여진 작위·급부·수인의무를 특정한 경우에 해제하여 주는 행정행위이다.
② 허가는 행위의 '적법요건'이지만 '유효요건'은 아니므로, 무허가 행위는 행정상 강제집행 또는 행정벌의 대상은 되지만, 행위 자체의 법적 효력은 영향을 받지 않는 것이 원칙이다.
③ 허가는 허가가 유보된 상대적 금지뿐만 아니라 절대적 금지의 경우에도 인정된다.
④ 허가는 상대방의 신청에 의하여 행하여지는 것으로 신청에 의하지 않고는 행하여질 수 없다.

> **해설**
> 공제회기본서(총론1) ①160 ②161 ③160 ④161
> ① 허가란 <u>부작위의무을 해제</u>하여 주는 행정행위이다.
> ② O
> ③ 허가란 일반적이고 상대적 금지를 해제하는 것이지 <u>절대적금지는 허가의 대상이 될 수 없다.</u>
> ④ 원칙적으로 상대방의 신청에 의해 행해지는 것이나, <u>신청에 의하지 않은 허가</u>(예 : 야간통행금지의 해제)도 있을 수 있다.
>
> 정답 ②

012 경찰작용의 유형에 관한 설명 중 틀린 것은? (2010경위)

① 경찰허가는 특정행위를 사실상 적법하게 할 수 있도록 하는 적법요건에 불과하다.
② 판례는 공무원의 직위해제처분과 면직처분간에 하자의 승계를 부정하였다.
③ 경찰허가의 효과의 발생 또는 소멸을 장래의 확실한 사실에 의존시키는 부관은 기한이다.
④ 경찰면제란 법령에 의하여 과하여진 작위·부작위·급부·수인의무를 특정한 경우에 해제하여 주는 경찰상의 행정행위이다.

> **해설**
> 공제회기본서(총론1) ①160 ②없음 ③없음 ④161
> ④ 경찰면제란 법령에 의하여 과하여진 <u>작위·급부·수인의무를 특정한 경우에 해제</u>하여 주는 경찰상의 행정행위이다. ⇨ <u>부작위의무를 해제하는 것은 허가</u>이다.
>
> 정답 ④

013 경찰강제에 대한 설명으로 가장 옳지 않은 것은? (2011경위변형)

① 대집행은 비대체적 작위의무 불이행에 대하여 스스로 행하거나 제3자로 하여금 이행하게 하고 그 비용을 의무자로부터 징수하는 것을 말한다.
② 집행벌(이행강제금)은 경찰법상의 부작위의무 또는 비대체적 작위의무의 불이행이 있는 경우 그 의무의 이행을 간접적으로 강제하기 위하여 과하는 금전벌을 말하며, 간접적·심리적 강제수단이다.
③ 강제징수란 경찰법상의 금전급부의무의 불이행이 있는 경우 의무자의 재산에 실력을 가하여 의무의 이행이 있었던 것과 같은 상태를 실현하는 작용을 말하며 일반법으로 국세징수법을 근거로 한다.
④ 직접강제란 경찰법상의 의무의 불이행이 있는 경우에 의무자의 신체·재산 등에 직접적으로 실력을 가함으로써 의무의 이행과 동일한 상태를 실현하는 작용을 말한다.

> **해설**
>
> 공제회기본서(총론1) ①163 ②163 ③163(후단 없음) ④163
> ① 대집행은 **대체적 작위의무** 불이행에 대하여 스스로 행하거나 제3자로 하여금 이행하게 하고 그 비용을 의무자로부터 징수하는 것을 말한다.
> ※ 경찰강제 = 경찰상 강제집행 + 경찰상 즉시강제
>
> **정답** ①

014 경찰상 강제집행의 수단에 관한 설명으로 가장 적절하지 않은 것은? (2016경감)

① 경찰상 의무를 이행하지 않는 경우에 그 이행을 강제하기 위해 과하는 금전벌을 집행벌이라고 한다.
② 대체적 작위의무의 불이행이 있는 경우 행정청이 의무자의 작위의무를 스스로 행하거나 또는 제3자로 하여금 이를 행하게 하고 그 비용을 의무자로부터 징수하는 것을 대집행이라고 한다.
③ 경찰상 의무위반에 대한 최후수단으로서 직접 의무자의 신체나 재산에 실력을 가하여 의무의 이행이 있었던 것과 동일한 상태를 실현하는 작용을 경찰하명이라고 한다.
④ 국민이 국가 또는 공공단체에 대해 부담하고 있는 공법상의 금전급부의무를 이행하지 않는 경우에 행정청이 강제적으로 의무가 이행된 것과 동일한 상태를 실현하는 작용을 강제징수라고 한다.

> **해설**
>
> 공제회기본서(총론1) ①163 ②163 ③160,163 ④163
> ③ 경찰상 의무위반에 대한 최후수단으로서 직접 의무자의 신체나 재산에 실력을 가하여 의무의 이행이 있었던 것과 동일한 상태를 실현하는 작용은 **직접강제**라고 한다.

〈경찰상 강제집행〉 ※ 경찰강제 = 경찰상 강제집행 + 경찰상 즉시강제

의의	경찰상 강제집행이란 경찰하명에 의한 의무의 불이행에 대하여 경찰권이 강제로 그 의무를 이행시키거나 이행한 것과 동일한 상태를 실현시키는 작용	
구별	즉시강제와 구별	선행 의무의 존재와 그 불이행 전제 vs 전제하지 않음(즉시강제)
	경찰벌과 구별	장래를 향한 작용(강제집행) vs 과거 의무위반 제재(경찰벌)
종류	대집행, 직접강제, 강제징수, 집행벌	

정답 ③

015 경찰상 강제집행의 수단에 대한 설명이다. ㉠부터 ㉣까지의 설명과 명칭이 가장 적절하게 연결된 것은?

(2018경위)

㉠ 대체적 작위의무의 불이행이 있는 경우 행정청이 의무자의 작위의무를 스스로 행하거나 제3자로 하여금 이를 행하게 하고 그 비용을 의무자로부터 징수하는 행위
㉡ 경찰상 의무를 이행하지 않는 경우에 그 이행을 강제하기 위해 과하는 금전벌
㉢ 국민이 국가 또는 공공단체에 대해 부담하고 있는 공법상의 금전급부의무를 이행하지 않는 경우에 행정청이 강제적으로 의무가 이행된 것과 동일한 상태를 실현하는 작용
㉣ 경찰상 의무불이행에 대해 최후의 수단으로서 직접 의무자의 신체나 재산에 실력을 가하여 의무의 이행이 있었던 것과 동일한 상태를 실현하는 작용

① ㉠ 대집행 ㉡ 집행벌 ㉢ 강제징수 ㉣ 직접강제
② ㉠ 집행벌 ㉡ 강제징수 ㉢ 대집행 ㉣ 직접강제
③ ㉠ 대집행 ㉡ 강제징수 ㉢ 직접강제 ㉣ 집행벌
④ ㉠ 강제징수 ㉡ 집행벌 ㉢ 직접강제 ㉣ 대집행

해설

공제회기본서(총론1) 163
㉠ 대집행 ㉡ 집행벌(이행강제금) ㉢ 강제징수 ㉣ 직접강제

정답 ①

016 경찰상 강제집행에 대한 설명 중 가장 적절한 것은? (2013경감)

① 대집행은 비대체적 작위의무의 불이행이 있는 경우 행정청이 의무자의 작위의무를 스스로 행하거나 또는 제3자로 하여금 이를 행하게 하고 그 비용을 의무자로부터 징수하는 것을 말하는데, 그 예로 이동명령에 불응하는 불법주차차량의 견인조치가 있다.

② 집행벌(이행강제금)은 부작위의무 또는 대체적 작위의무를 강제하기 위하여 일정한 기한까지 의무를 이행하지 않으면 과태료를 과한다는 뜻을 미리 계고하여 의무자에게 심리적 압박을 가함으로써 의무이행을 간접적으로 강제하는 수단을 말하는데, 경찰벌과 병과해서 행할 수는 없다.

③ 강제징수는 국민이 국가 또는 공공단체에 대해 부담하고 있는 공법상의 금전급부의무를 이행하지 않는 경우에 행정청이 강제적으로 의무가 이행된 것과 동일한 상태를 실현시키는 작용을 말하는 데, 국세징수법상 강제징수절차는 '독촉 → 채납처분의 중지 → 채납처분 → 결손처분' 순으로 진행된다.

④ 직접강제는 의무의 불이행이 있는 경우 직접 의무자의 신체·재산에 실력을 가하여 의무의 이행이 있었던 것과 같은 상태를 실현하는 작용을 말하는데, 대체적 작위의무 뿐만 아니라 비대체적 작위의무·부작위의무·수인의무 등 모든 의무의 불이행에 대하여 활용할 수 있다.

해설

공제회기본서(총론1) ①163,164 ②163,164 ③163(후단 없음) ④163(후단 없음)

① 대집행은 **대체적 작위의무**의 불이행이 있는 경우 행정청이 의무자의 작위의무를 스스로 행하거나 또는 제3자로 하여금 이를 행하게 하고 그 비용을 의무자로부터 징수하는 것을 말하는데, 그 예로 이동명령에 불응하는 불법주차차량의 견인조치가 있다.

② 집행벌(이행강제금)은 부작위의무 또는 비대체적 작위의무를 강제하기 위하여 일정한 기한까지 의무를 이행하지 않으면 과태료를 과한다는 뜻을 미리 계고하여 의무자에게 심리적 압박을 가함으로써 의무이행을 간접적으로 강제하는 수단을 말하는데, **경찰벌과 병과해서 행할 수 있다.**

③ 강제징수는 국민이 국가 또는 공공단체에 대해 부담하고 있는 공법상의 금전급부의무를 이행하지 않는 경우에 행정청이 강제적으로 의무가 이행된 것과 동일한 상태를 실현시키는 작용을 말하는 데, 국세징수법상 강제징수절차는 '**독촉 ⇨ 체납처분 ⇨ 체납처분의 중지 ⇨ 결손처분**' 순으로 진행된다.

④ O

정답 ④

017 경찰상 강제집행의 수단에 대한 설명으로 가장 적절하지 않은 것은? (2020경감)

① 직접강제란 의무의 불이행이 있는 경우 직접 의무자의 신체·재산에 실력을 가하여 의무의 이행이 있었던 것과 같은 상태를 실현하는 작용을 말한다.
② 강제징수의 일반법으로서 「국세징수법」이 있다.
③ 집행벌은 반복적으로 부과하는 것도 가능하다.
④ 대집행이란 비대체적 작위의무의 불이행이 있는 경우 행정청이 의무자의 작위의무를 스스로 행하거나 또는 제3자로 하여금 이를 행하게 하고 그 비용을 의무자로부터 징수하는 것을 말한다.

해설

공제회기본서(총론1) ①163 ②없음 ③165 ④163
④ 대집행이란 <u>대체적 작위의무</u>의 불이행이 있는 경우 행정청이 의무자의 작위의무를 스스로 행하거나 또는 제3자로 하여금 이를 행하게 하고 그 비용을 의무자로부터 징수하는 것을 말한다.

정답 ④

018 다음 설명과 관련이 있는 강제집행 수단으로 가장 적절한 것은? (2016경위)

| 의무의 불이행이 있는 경우 직접 의무자의 신체·재산에 실력을 가하여 의무의 이행이 있었던 것과 같은 상태를 실현하는 작용으로 의무이행 확보를 위한 최후의 수단 |

① 직접강제　　　　　　② 강제징수
③ 집행벌　　　　　　　④ 대집행

해설

공제회기본서(총론1) 163
설문은 직접강제에 대한 내용이다.

정답 ①

019 즉시강제에 대한 설명으로 가장 적절하지 않은 것은? (2014경위)

① 행정상 즉시강제는 이른바 권력적 사실행위로서 행정쟁송의 대상인 '처분 등'에 해당한다고 할 수 있다.
② 즉시강제는 성질상 단기간 내에 종료되어 행정처분과 같이 취소·변경을 구할 법률상의 이익이 존재하지 않는 것이 대부분이어서, 행정소송에 의한 구제는 즉시강제의 성질상 적합하지 아니하다.
③ 행정상 즉시강제는 권력적 사실작용이라는 점에서 행정상 강제집행과 같으므로 반드시 선행의무 및 그 불이행을 전제로 한다.
④ 위법한 즉시강제에 대하여는 「형법」상 정당방위가 인정될 수 있으므로 이 경우 저항행위는 공무집행방해죄가 성립하지 않는다.

> **해설**
> 공제회기본서(총론1) ①165 ②165 ③152 ④153
> ③ 행정상 즉시강제는 <u>선행의무 및 그 불이행을 전제로 하지 않는다.</u>
>
> **정답** ③

020 「질서위반행위규제법」에 대한 설명으로 가장 적절하지 않은 것은? (2019경위)

① 고의 또는 과실이 없는 질서위반행위는 과태료를 부과하지 아니한다.
② 과태료는 행정청의 과태료 부과처분이나 법원의 과태료 재판이 확정된 후 3년간 징수하지 아니하거나 집행하지 아니하면 시효로 인하여 소멸한다.
③ 행정청이 질서위반행위에 대하여 과태료를 부과하고자 하는 때에는 미리 당사자에게 대통령령으로 정하는 사항을 통지하고, 10일 이상의 기간을 정하여 의견을 제출할 기회를 주어야 한다. 이 경우 지정된 기일까지 의견 제출이 없는 경우에는 의견이 없는 것으로 본다.
④ 행정청의 과태료 부과에 불복하는 당사자는 과태료 부과 통지를 받은 날로부터 60일 이내에 해당 행정청에 서면으로 이의제기를 할 수 있다.

> **해설**
> 공제회기본서(총론1) ①166 ②166 ③167(후단 없음) ④167
> ② 과태료는 행정청의 과태료 부과처분이나 법원의 과태료 재판이 확정된 후 **5년간** 징수하지 아니하거나 집행하지 아니하면 시효로 인하여 소멸한다.(질서위반행위 규제법 제15조)

〈질서위반행위 규제법〉

목적(1조)	질서위반행위의 성립요건과 과태료의 부과·징수·재판 등 규정이 목적
정의(2조)	질서위반행위 – 법률(지방자치단체의 조례 포함)상 의무를 위반하여 과태료를 부과하는 행위
적용시점 (3조)	① 질서위반행위의 성립과 과태료 처분은 행위 시(처분 시×)의 법률에 따름 ② 질서위반행위 후 법률이 변경되어 질서위반행위에 해당하지 아니하게 되거나 과태료가 가볍게 된 때 ⇨ 특별한 규정이 없는 한 변경된 법률을 적용 ③ 과태료 처분이나 과태료 재판이 확정된 후 법률이 변경되어 그 행위가 질서위반행위에 해당하지 아니하게 된 때 ⇨ 특별한 규정이 없는 한 과태료의 징수 또는 집행을 면제
법정주의	법률에 따르지 아니하고는 어떤 행위도 질서위반행위로 과태료를 부과하지 아니함(6조)
고의과실	고의 또는 과실이 없는 질서위반행위는 과태료를 부과하지 아니함(7조)
위법성의 착오	위법하지 아니한 것으로 오인하고 행한 질서위반행위는 그 오인에 정당한 이유가 있는 때에 한하여 과태료를 부과하지 아니함(8조)
책임연령	다른 법률에 특별한 규정이 없는 한, 14세 미만자는 과태료 부과하지 않음(9조)
심신장애	① 심신장애로 인하여 행위의 옳고 그름을 판단할 능력이 없거나 그 판단에 따른 행위를 할 능력이 없는 자의 질서위반행위는 과태료를 부과하지 아니함(10①) ② 심신장애로 위 능력이 미약한 자의 질서위반행위는 과태료를 감경함(10②)
시효 등	① 시효 – 과태료 처분이나 과태료 재판 확정 후 5년간 징수·집행치 않으면 시효 소멸(15조) ② 제척기간 – 질서위반행위가 종료된 날(다수인이 가담한 경우에는 최종행위가 종료된 날)부터 5년이 경과한 경우에는 과태료를 부과할 수 없음(19조)

정답 ②

---

021 「질서위반행위규제법」에 대한 설명 중 가장 적절하지 않은 것은? (2013경위)

① 질서위반행위의 성립과 과태료처분은 행위시의 법률에 따른다.
② 과태료를 부과하고자 할 때에는 미리 10일 이상의 기간을 정하여 의견제출할 기회를 주어야 한다.
③ 질서위반행위가 종료된 날로부터 3년이 경과한 경우에는 과태료를 부과할 수 없다.
④ 고의 또는 과실이 없는 질서위반행위는 과태료를 부과하지 아니한다.

해설

공제회기본서(총론1) ①166 ②167 ③166 ④166
③ 질서위반행위가 종료된 날로부터 <u>5년</u>이 경과한 경우에는 과태료를 부과할 수 없다.

정답 ③

022 법률상 의무의 효율적인 이행을 확보하고 국민의 권리와 이익을 보호하기 위하여 질서위반행위의 성립요건과 과태료의 부과·징수 및 재판 등에 관한 사항을 규정하는 것을 목적으로 제정된 「질서위반행위규제법」의 내용으로 가장 적절하지 않은 것은? (2014경감)

① 질서위반행위의 성립과 과태료 처분은 행위시의 법률에 따른다.
② 과태료 부과는 의견제출 절차를 마친 후 서면 또는 구두로 한다.
③ 2인 이상이 질서위반행위에 가담한 때에는 각자가 질서위반행위를 한 것으로 본다.
④ 과태료는 행정청의 과태료 부과처분이나 법원의 과태료 재판이 확정된 후 5년간 징수하지 아니하거나 집행하지 아니하면 시효로 인하여 소멸한다.

> **해설**
> 공제회기본서(총론1) ①166 ②167 ③166 ④166
> ② 과태료 부과는 의견제출 절차를 마친 후에 서면(당사자가 동의하는 경우에는 전자문서를 포함한다)으로 과태료를 부과하여야 한다.
>
> **정답** ②

CHAPTER 06 경찰관 직무집행법

001 「경찰관 직무집행법」에 대한 설명으로 가장 적절하지 않은 것은? (2020경감)
① 동법에 규정된 경찰관의 직권은 그 직무 수행에 필요한 최소한도에서 행사되어야 하며 남용되어서는 아니 된다.
② 제2조 직무 범위에서는 범죄피해자 보호도 경찰의 직무로 규정하고 있다.
③ 경찰관은 수상한 행동이나 그 밖의 주위 사정을 합리적으로 판단하여 볼 때 어떠한 죄를 범하였거나 범하려 하고 있다고 의심할 만한 상당한 이유가 있는 사람을 정지시켜 질문할 수 있다.
④ 최근 「경찰관 직무집행법」 개정(2019. 6. 25. 시행)을 통해 불심검문 시 제복을 착용한 경찰관의 신분증명을 면제하는 규정이 신설되었다.

> **해설**
> 공제회기본서(총론1) ①184 ②171 ③174 ④174,177
> ④ 우리 「경찰관 직무집행법」은 주민등록법이나 외국의 입법례와 달리 제복을 착용한 경찰관의 신분증명을 면제하는 규정이 없다.
>
> **정답** ④

002 「경찰관 직무집행법」제3조에 명시되어 있는 불심검문 대상자로 가장 적절하지 않은 것은? (2016경위)
① 수상한 행동이나 그 밖의 주위 사정을 합리적으로 판단하여 볼 때 어떠한 죄를 범하였다고 의심할 만한 상당한 이유가 있는 자
② 수상한 행동이나 그 밖의 주위 사정을 합리적으로 판단하여 볼 때 어떠한 죄를 범하려 하고 있다고 의심할 만한 상당한 이유가 있는 자
③ 행하여지려고 하는 범죄행위에 관하여 그 사실을 안다고 인정되는 자
④ 경찰상 위험을 야기하려고 하고 있다고 의심할 만한 상당한 이유가 있는 자

> **해설**
> 공제회기본서(총론1) 176
> ④는 경직법에서 불심검문의 대상으로 규정하고 있지 않다.
>
> **정답** ④

003 「경찰관 직무집행법」에 관한 설명으로 가장 적절하지 않은 것은? (2015경감)

① 경찰관은 수상한 행동이나 그 밖의 주위 사정을 합리적으로 판단하여 볼 때 어떠한 죄를 범하였거나 범하려 하고 있다고 의심할 만한 상당한 이유가 있는 사람을 정지시켜 질문할 수 있다.
② 경찰관의 직권은 그 직무수행에 필요한 최소한도 내에서 행사되어야 한다.
③ 불심검문시 상대방을 정지시킨 장소에서 질문을 하는 것이 그 사람에게 불리하거나 교통에 방해가 된다고 인정될 때에는 질문을 위하여 경찰관서로 동행할 것을 요구할 수 있고, 동행을 요구받은 사람은 그 요구를 거절할 수 없다.
④ 치안정보의 수집·작성 및 배포를 직무의 범위로 명시하고 있다.

해설

공제회기본서(총론1) ①176 ②184 ③174 ④171
③ 불심검문시 동행을 요구받은 사람은 그 요구를 <u>거절할 수 있다</u>.

정답 ③

---

004 「경찰관 직무집행법」에 대한 설명으로 가장 적절한 것은? (2019경감)

① 경찰관은 이미 행하여진 범죄나 행하여지려고 하는 범죄행위에 관한 사실을 안다고 인정되는 사람에 대하여 질문을 하는 경우 자신의 신분을 표시하는 증표를 제시하면서 소속과 성명을 밝히고 질문의 목적과 이유를 설명하여야 하며 변호인의 도움을 받을 권리가 있음을 알려야 한다.
② 경찰관은 수상한 행동이나 그 밖의 주위 사정을 합리적으로 판단해 볼 때 구호대상자에 해당함이 명백하여 응급의 구호를 요한다고 믿을 만한 상당한 이유가 있는 자를 발견한 때에는 보건의료기관이나 공공구호기관에 긴급구호를 요청하거나 경찰관서에 보호하는 등 적절한 조치를 하여야 한다.
③ 경찰관은 범죄행위가 목전에 행하여지려고 하고 있다고 인정될 때에는 이를 예방하기 위하여 관계인에게 필요한 경고를 하고 즉시 그 행위를 제지할 수 있다.
④ 경찰관은 자신이나 다른 사람의 생명 신체의 방어 및 보호를 위하여 필요하다고 인정되는 상당한 이유가 있을 때에는 그 사태를 합리적으로 판단하여 필요한 한도에서 경찰장구를 사용할 수 있다.

해설

공제회기본서(총론1) ①174 ②178 ③181 ④187
① <u>변호인의 도움을 받을 권리가 있음을 알려야 하는 경우는 동행요구를 한 경우</u>이다.
② 경찰관은 수상한 행동이나 그 밖의 주위 사정을 합리적으로 판단해 볼 때 구호대상자에 해당함이 명백하여 응급의 구호를 요한다고 믿을 만한 상당한 이유가 있는 자를 발견한 때에는 보건의료기관이나 공공구호기관에 긴급구호를 요청하거나 경찰관서에 보호하는 등 <u>적절한 조치를 할 수 있다</u>.

③ 경찰관은 범죄행위가 목전(目前)에 행하여지려고 하고 있다고 인정될 때에는 이를 예방하기 위하여 관계인에게 필요한 경고를 하고, 그 행위로 인하여 사람의 생명·신체에 위해를 끼치거나 재산에 중대한 손해를 끼칠 우려가 있는 긴급한 경우에는 그 행위를 제지할 수 있다.
④ ○

정답 ④

005 「경찰관 직무집행법」 제4조 보호조치에 대한 설명으로 가장 적절하지 않은 것은? (2018경위)

① 경찰관은 정신착란을 일으키거나 술에 취하여 자신 또는 다른 사람의 생명·신체·재산에 위해를 끼칠 우려가 있는 사람에 해당하는 것이 명백하고 응급구호가 필요하다고 믿을 만한 상당한 이유가 있는 사람을 발견하였을 때에는 보건의료기관이나 공공구호기관에 긴급구호를 요청할 수 있다.
② 경찰관은 적당한 보호자가 없는 미아에 대해 응급구호가 필요하다고 믿을 만한 상당한 이유가 있다면 본인이 구호를 거절하더라도 「경찰관 직무집행법」 제4조의 보호조치를 실시할 수 있다.
③ 경찰관은 자살을 시도하는 것이 명백하고 응급구호가 필요하다고 믿을 만한 상당한 이유가 있다면 본인 동의여부와 관계없이 「경찰관 직무집행법」 제4조의 보호조치를 실시할 수 있다.
④ 경찰관이 보호조치를 하였을 때에는 지체 없이 구호대상자의 가족, 친지 또는 그 밖의 연고자에게 그 사실을 알려야 하며, 연고자가 발견되지 아니할 때에는 구호대상자를 적당한 공공보건의료기관이나 공공구호기관에 즉시 인계하여야 한다.

해설

공제회기본서(총론1) ①178 ②178 ③178 ④178
② 경직법 규정에 따르면, 보호자가 없는 미아에 대해 응급구호가 필요하다고 믿을 만한 상당한 이유가 있다하더라도 임의대상이므로 본인이 구호를 거절하는 경우 보호조치할 수 없다.

> **제4조(보호조치 등)** ① 경찰관은 수상한 행동이나 그 밖의 주위 사정을 합리적으로 판단해 볼 때 다음 각 호의 어느 하나에 해당하는 것이 명백하고 응급구호가 필요하다고 믿을 만한 상당한 이유가 있는 사람(이하 "구호대상자"라 한다)을 발견하였을 때에는 보건의료기관이나 공공구호기관에 긴급구호를 요청하거나 경찰관서에 보호하는 등 적절한 조치를 할 수 있다. (정술자/미병부)
> 1. 정신착란을 일으키거나 술에 취하여 자신 또는 다른 사람의 생명·신체·재산에 위해를 끼칠 우려가 있는 사람
> 2. 자살을 시도하는 사람
> 3. 미아, 병자, 부상자 등으로서 적당한 보호자가 없으며 응급구호가 필요하다고 인정되는 사람. 다만, 본인이 구호를 거절하는 경우는 제외한다.
> ② 제1항에 따라 긴급구호를 요청받은 보건의료기관이나 공공구호기관은 정당한 이유 없이 긴급구호를 거절할 수 없다.
> ③ 경찰관은 제1항의 조치를 하는 경우에 구호대상자가 휴대하고 있는 무기·흉기 등 위험을 일으킬 수 있는 것으로 인정되는 물건을 경찰관서에 임시로 영치(領置)하여 놓을 수 있다.

④ 경찰관은 제1항의 조치를 하였을 때에는 지체 없이 구호대상자의 가족, 친지 또는 그 밖의 연고자에게 그 사실을 알려야 하며, 연고자가 발견되지 아니할 때에는 구호대상자를 적당한 공공보건의료기관이나 공공구호기관에 즉시 인계하여야 한다.
⑤ 경찰관은 제4항에 따라 구호대상자를 공공보건의료기관이나 공공구호기관에 인계하였을 때에는 즉시 그 사실을 소속 경찰서장이나 해양경찰서장에게 보고하여야 한다.
⑥ 제5항에 따라 보고를 받은 소속 경찰서장이나 해양경찰서장은 대통령령으로 정하는 바에 따라 구호대상자를 인계한 사실을 지체 없이 해당 공공보건의료기관 또는 공공구호기관의 장 및 그 감독행정청에 통보하여야 한다.
⑦ 제1항에 따라 구호대상자를 경찰관서에서 <u>보호하는 기간은 24시간을 초과할 수 없고</u>, 제3항에 따라 물건을 경찰관서에 <u>임시로 영치하는 기간은 10일을 초과할 수 없다.</u>

정답 ②

006 현행 「경찰관직무집행법」에 따를 경우 경찰관의 조치로 가장 적절하지 않은 것은?(단, 다툼이 있는 경우에는 판례에 의한다) (2012경감)

① A지구대 경찰관은 길을 잃은 소년(13세)을 발견하여 보호조치를 하려고 했으나, 소년이 거부하여 그대로 돌려 보냈다.
② B지구대 경찰관은 새벽2시에 술에 취해 한강에 투신하려고 다리 난간에 올라 가려는 사람을 발견하고, 그 사람이 거부했음에도 불구하고 인근 지구대에서 보호했다.
③ C지구대 경찰관은 근무중 낯선 사람이 집 앞에 서있다는 신고를 받고 출동하여 주민등록증을 제시해 줄 것을 요청했으나, 이를 거부하여 신원을 확인하지 못했다.
④ 충청남도에서 근무하는 경찰서장 D는 관내 甲단체가 서울역 앞에서 개최할 예정인 미신고 폭력집회에 참석하려고 단체로 버스에 탑승하여 출발하는 것을 제지하였다.

해설

공제회기본서(총론1) ①181 ②181 ③181 ④180
④ 충청남도에서 근무하는 경찰서장D는 관내 甲단체가 서울역 앞에서 개최할 예정인 미신고 폭력집회에 참석하려고 단체로 버스에 탑승하여 출발하는 것을 제지한 경우는 <u>시위장소로부터 원거리에 위치한 장소에서 제지하는 행위는 경직법 제6조의 범죄의 예방과 제지 범위에 포함되지 않는다.</u>

정답 ④

007 「경찰관 직무집행법」상 보호조치에 대한 설명 중 가장 적절한 것은? (2020경위)

① 경찰관은 구호대상자를 발견하였을 때 보건의료기관이나 공공구호기관에 긴급구호를 요청할 수 있고, 긴급구호를 요청받은 기관이 정당한 이유 없이 이를 거절하는 경우 「경찰관직무집행법」상 이에 대한 처벌규정이 있다.
② 본인이 구호를 거절하더라도 구호대상자 중 미아, 병자, 부상자에 대해 보호조치를 할 수 있다.
③ 경찰관은 보호조치를 하는 경우 구호대상자가 휴대하고 있는 무기·흉기 등 위험을 일으킬 수 있는 것으로 인정되는 물건을 임시로 영치할 수 있고, 임시로 영치할 수 있는 기간은 15일을 초과할 수 없다.
④ 경찰관은 보호조치를 하였을 때에는 지체 없이 구호대상자의 가족, 친지 또는 그 밖의 연고자에게 그 사실을 알려야 하고, 구호대상자를 경찰관서에서 보호하는 기간은 24시간을 초과할 수 없다.

해설

공제회기본서(총론1) ①178 ②178 ③179 ④179 ㉠ ㉡ ㉢ ㉣ ㉤ ㉥
① 경찰관은 구호대상자를 발견하였을 때 보건의료기관이나 공공구호기관에 긴급구호를 요청 할 수 있고, 긴급구호를 요청받은 기관이 정당한 이유 없이 이를 거절하는 경우 경찰관직무집행법상 이에 대한 처벌규정은 없다.
② 본인이 구호를 거절하는 경우 구호대상자 중 미아, 병자, 부상자에 대해 보호조치를 할 수 없다.
③ 경찰관은 보호조치를 하는 경우 구호대상자가 휴대하고 있는 무기·흉기 등 위험을 일으킬 수 있는 것으로 인정되는 물건을 임시로 영치할 수 있고, 임시로 영치할 수 있는 기간은 10일을 초과할 수 없다.
④ ○

정답 ④

---

008 「경찰관 직무집행법」상 보호조치에 관한 설명으로 가장 적절하지 않은 것은? (2016경감)

① 정신착란자 또는 자살기도자를 경찰관서에서 보호하는 기간은 24시간을 초과할 수 없다.
② 보호조치대상자가 소지하고 있는 물건에 대한 임시영치 기간은 10일을 초과할 수 없다.
③ 경찰관이 관계기관에 긴급구호를 요청한 경우 관계기관은 정당한 이유 없이 긴급구호를 거절할 수 없다.
④ 경찰관이 긴급구호나 보호조치를 한 경우 24시간 이내에 가족 등에게 그 사실을 알려야 한다.

해설

공제회기본서(총론1) ①179 ②179 ③179 ④179
④ 경찰관이 긴급구호나 보호조치를 한 경우 지체 없이 가족 등에게 그 사실을 알려야 한다.

정답 ④

009 다음은 「경찰관 직무집행법」 제5조 위험 발생의 방지조치를 설명한 것이다. 빈칸의 내용을 가장 적절하게 연결한 것은?   (2019경위)

> 경찰관은 사람의 생명 또는 신체에 위해를 끼치거나 재산에 중대한 손해를 끼칠 우려가 있는 천재, 사변, 인공구조물의 파손이나 붕괴, 교통사고, 위험물의 폭발, 위험한 동물 등의 출현, 극도의 혼잡, 그 밖의 위험한 사태가 있을 때에는 다음 각 호의 조치를 할 수 있다.
> 1. 그 장소에 모인 사람, 사물의 관리자, 그 밖의 관계인에게 필요한 (㉠)을(를) 하는 것
> 2. 매우 긴급한 경우에는 위해를 입을 우려가 있는 사람을 필요한 한도에서 (㉡)시키는 것
> 3. 그 장소에 있는 사람, 사물의 관리자, 그 밖의 관계인에게 위해를 방지하기 위하여 필요하다고 인정되는 조치를 하게 하거나 (㉢)을(를) 하는 것

① ㉠ 경고   ㉡ 제지   ㉢ 억류하거나 피난
② ㉠ 경고   ㉡ 억류하거나 피난   ㉢ 직접조치
③ ㉠ 직접조치   ㉡ 제지   ㉢ 억류하거나 피난
④ ㉠ 직접조치   ㉡ 억류하거나 피난   ㉢ 경고

해설

공제회기본서(총론1) 179

제5조(위험 발생의 방지 등) ① 경찰관은 사람의 생명 또는 신체에 위해를 끼치거나 재산에 중대한 손해를 끼칠 우려가 있는 천재, 사변, 인공구조물의 파손이나 붕괴, 교통사고, 위험물의 폭발, 위험한 동물 등의 출현, 극도의 혼잡, 그 밖의 위험한 사태가 있을 때에는 다음 각 호의 조치를 할 수 있다.
(사관경고/위해억피/사관조치)
1. 그 장소에 모인 사람, 사물의 관리자, 그 밖의 관계인에게 필요한 경고를 하는 것
2. 매우 긴급한 경우에는 위해를 입을 우려가 있는 사람을 필요한 한도에서 억류하거나 피난시키는 것
3. 그 장소에 있는 사람, 사물의 관리자, 그 밖의 관계인에게 위해를 방지하기 위하여 필요하다고 인정되는 조치를 하게 하거나 직접 그 조치를 하는 것

정답 ②

010 경찰관직무집행법 제5조의 위험발생의 방지조치에 대한 설명 중 가장 적절하지 않은 것은? (2013경감)

① 위험발생의 방지조치란 경찰관이 인명 또는 신체에 위해를 미치거나 재산에 중대한 손해를 끼칠 우려가 있는 천재·사변, 공작물의 손괴, 교통사고, 위험물의 폭발, 광견·분마류 등의 출현, 극단한 혼잡 기타 위험한 사태가 발생 시 이를 방지하기 위해 취하는 특정 조치를 말한다.
② 위험발생 방지조치의 성질은 대인적, 대물적, 대가택적 즉시강제이다.
③ 위험발생 방지조치의 수단으로 경고, 억류·피난조치, 위해방지 조치, 접근·통행의 제한·금지 조치가 있다.
④ 경찰관직무집행법상 위험발생의 방지를 위한 조치 중 '특히 긴급을 요할 경우'에 위해를 받을 우려가 있는 자는 경고의 대상자로 규정되어 있다.

> **해설**
>
> 공제회기본서(총론1) ①179 ②173 ③179 ④179
> ④ 경찰관직무집행법상 위험발생의 방지를 위한 조치 중 '특히 긴급을 요할 경우'에 위해를 받을 우려가 있는 자는 **억류·피난조치의 대상자로 규정**되어 있다.
>
> **정답** ④

011 현행 「경찰관 직무집행법」에 대한 설명으로 가장 적절하지 않은 것은? (2012경위)

① 경찰관은 인명 또는 신체에 위해를 미치거나 재산에 중대한 손해를 끼칠 우려가 있는 천재, 사변, 공작물의 손괴, 교통사고, 위험물의 폭발, 광견·분마류 등의 출현, 극단한 혼잡 기타 위험한 사태가 있을 때에는 그 장소에 집합한 자, 사물의 관리자 기타 관계인에게 필요한 경고를 발할 수 있고, 특히 긴급을 요할 때에는 위해를 받을 우려가 있는 자를 필요한 한도 내에서 억류하거나 피난시킬 수 있으며 그 장소에 있는 자, 사물의 관리자 기타 관계인에게 위해 방지상 필요하다고 인정되는 조치를 하게 할 수 있으나 직접조치를 취할 수는 없다.
② 경찰관은 불심검문시 그 장소에서 질문하는 것이 당해인에게 불리하거나 교통에 방해가 된다고 인정되는 때에는 질문하기 위하여 부근의 경찰관서에 동행을 요구할 수 있다. 이 경우 당해인은 경찰관의 동행요구를 거절할 수 있다.
③ 경찰관이 보호조치를 한 때에는 지체없이 피구호자의 가족·친지 등 연고자에게 그 사실을 통지하여야 하고, 연고자가 발견되지 않은 때에는 적당한 공중보건의료기관이나 공공구호기관에 즉시 인계하여야 한다.
④ 경찰관 직무집행법은 국민의 생명·신체 및 재산의 보호, 범죄의 예방·진압 및 수사, 범죄피해자보호, 경비·요인경호 및 대간첩작전의 수행, 치안정보의 수집·작성 및 배포, 교통의 단속과 위해의 방지, 외국 정부기관 및 국제기구와의 국제협력, 기타 공공의 안녕과 질서유지를 직무의 범위로 규정하고 있다.

> **해설**
>
> 공제회 기본서(총론1) ①179 ②174 ③178 ④171
> ① 경찰관은 인명 또는 신체에 위해를 미치거나 재산에 중대한 손해를 끼칠 우려가 있는 천재, 사변, 공작물의 손괴, 교통사고, 위험물의 폭발, 광견·분마류 등의 출현, 극단한 혼잡 기타 위험한 사태가 있을 때에는 그 장소에 집합한 자, 사물의 관리자 기타 관계인에게 필요한 경고를 발할 수 있고, 특히 긴급을 요할 때에는 위해를 받을 우려가 있는 자를 필요한 한도 내에서 억류하거나 피난시킬 수 있으며 그 장소에 있는 자, 사물의 관리자 기타 관계인에게 위해 방지상 필요하다고 인정되는 <u>조치를 하게 하거나 직접 그 조치를 할 수 있다.</u>
>
> 정답 ①

012 「경찰관 직무집행법」상 위험방지를 위한 출입에 대한 설명으로 가장 적절하지 않은 것은? (2019경위)

① 위험방지를 위한 출입의 성질은 대가택적 즉시강제이다.
② 경찰공무원은 여관에 불이 나서 객실에 쓰러져 있는 사람이, 있는 경우에는 주인이 허락하지 않더라도 들어갈 수 있다.
③ 새벽 3시에 영업이 끝난 식당에서 주인만 머무르는 경우라도, 경찰 공무원은 범죄의 예방을 위해 출입을 요구할 수 있고, 상대방은 이를 거절할 수 없다.
④ 경찰공무원은 위험방지를 위해 여관에 출입할 경우에는 그 신분을 표시하는 증표를 제시하여야 하며, 함부로 관계인이 하는 정당한 업무를 방해해서는 아니 된다

> **해설**
>
> 공제회 기본서(총론1) ①173 ②181 ③181 ④182
> ③ 공개된 시간이나 영업시간이 아니므로 범죄예방을 위한 출입을 요구할 수 없다.
>
> 정답 ③

013 경찰관의 무기사용에 대한 설명 중 가장 적절하지 않은 것은? (2013경감)

① 경찰관직무집행법은 경찰공무원이 직무수행을 위하여 필요한 때에는 무기를 사용하여야 한다고 규정하고 있다.
② 경찰관직무집행법은 경찰관의 직권남용에 대한 벌칙규정을 두고 있다.
③ 체포영장 집행시 항거·도주의 방지를 위한 경우에는 상대방에게 위해를 수반할 수 있다.
④ 범인 또는 소요 행위자가 무기·흉기 등 위험한 물건을 소지하고 경찰관으로부터 3회 이상의 투기명령 또는 투항명령을 받고도 이에 불응하면서 계속 항거하여 이를 방지 또는 체포하기 위하여 무기를 사용하지 아니하고는 다른 수단이 없다고 인정되는 상당한 이유가 있을 때는 위해를 수반할 수 있다.

> **해설**
>
> 공제회기본서(총론1) ①192 ②173 ③192 ④192
> ① 경찰관직무집행법은 경찰공무원이 직무수행을 위하여 필요한 때에는 <u>무기를 사용할 수 있다</u>고 규정하고 있다.
>
> 정답 ①

014 「경찰관 직무집행법」 제10조의4에 규정된 위해를 수반할 수 있는 무기사용 요건에 해당하지 않는 것은?

(2015경감)

① 대간첩 작전 수행 과정에서 무장간첩이 항복하라는 경찰관의 명령을 받고도 따르지 아니할 때
② 공무집행에 대한 항거의 제지
③ 「형법」에 규정된 정당방위와 긴급피난
④ 무기·흉기 등 위험한 물건을 지니고 경찰관으로부터 3회 이상 물건을 버리라는 명령이나 항복하라는 명령을 받고도 따르지 아니하면서 계속 항거하는 범인을 체포하기 위하여 무기를 사용하지 아니하고는 다른 수단이 없다고 인정되는 상당한 이유가 있을 때

> **해설**
>
> 공제회기본서(총론1) 192
> ② 공무집행에 대한 항거의 제지는 <u>위해를 수반하지 않는 무기사용 요건</u>에 해당
>
> 정답 ②

015 「위해성 경찰장비의 사용기준 등에 관한 규정」 제2조에는 경찰장비의 종류가 '경찰장구', '무기', '분사기·최루탄 등', '기타 장비'로 구분이 되어 있다. 다음 중 '경찰장구'로 분류되어 있는 것은 모두 몇 개인가?

(2013경위)

㉠ 수갑	㉡ 전자충격기	㉢ 수류탄	㉣ 권총	㉤ 살수차
㉥ 전자방패	㉦ 가스차	㉧ 물포	㉨ 다목적발사기
㉩ 유탄발사기	㉪ 호송용포승	㉫ 가스발사총		

① 2개   ② 3개   ③ 4개   ④ 5개

> **해설**
>
> 공제회기본서(총론1) 187
> 경찰장구는 ㉠ 수갑 ㉡ 전자충격기 ㉥ 전자방패 ㉪ 호송용포승 4개이다.
> ※ 기타장비는 "차에 물석다"

제2조(위해성 경찰장비의 종류) 「경찰관 직무집행법」 제10조 제1항 단서에 따른 사람의 생명이나 신체에 위해를 끼칠 수 있는 경찰장비(위해성 경찰장비)의 종류는 다음 각 호와 같다.
1. 경찰장구 : 수갑·포승·호송용포승·경찰봉·호신용경봉·전자충격기·방패 및 전자방패
2. 무기 : 권총·소총·기관총(기관단총을 포함)·산탄총·유탄발사기·박격포·3인치포·함포·크레모아·수류탄·폭약류 및 도검
3. 분사기·최루탄등 : 근접분사기·가스분사기·가스발사총(고무탄 발사겸용을 포함) 및 최루탄(그 발사장치를 포함)
4. 기타장비 : 가스차·살수차·특수진압차·물포·석궁·다목적발사기 및 도주차량차단장비

정답 ③

016 「위해성 경찰장비의 사용기준 등에 관한 규정」의 내용으로 가장 적절하지 않은 것은? (2018경위)

① 경찰장구에는 수갑·포승(捕繩)·호송용포승·경찰봉·호신용경봉을 포함한다.
② 무기에는 산탄총·유탄발사기·3인치포·전자충격기·폭발류 및 도검을 포함한다.
③ 경찰관은 범인의 체포 또는 도주방지, 타인 또는 경찰관의 생명·신체에 대한 방호, 공무집행에 대한 항거의 억제를 위하여 필요한 때에는 최소한의 범위안에서 가스발사총을 사용할 수 있다. 이 경우 경찰관은 1미터이내의 거리에서 상대방의 얼굴을 향하여 이를 발사하여서는 아니된다.
④ 경찰관은 범인·주취자 또는 정신착란자의 자살 또는 자해기도를 방지하기 위하여 필요한 때에는 수갑·포승 또는 호송용포승을 사용할 수 있다. 이 경우 경찰관은 소속 국가경찰관서의 장(경찰청장·해양경찰청장·지방경찰청장·지방해양경찰청장·경찰서장 또는 해양경찰서장 기타 경무관·총경·경정 또는 경감을 장으로 하는 국가경찰관서의 장을 말한다)에게 그 사실을 보고하여야 한다.

해설
공제회기본서(총론1) ①187 ②187 ③190 ④188(후문 없음)
② 전자충격기는 경찰장구에 해당한다.

정답 ②

017 「위해성 경찰장비의 사용기준 등에 관한 규정」에 대한 설명으로 가장 적절하지 않은 것은?

(2019경위)

① 직무수행 중 위해성 경찰장비를 사용하는 경찰관은 위해성 경찰장비 사용을 위한 안전교육을 받아야 한다.
② 위해성 경찰장비를 사용하는 경찰관이 소속한 국가경찰관서의 장은 소속 경찰관이 사용할 위해성 경찰장비에 대한 안전검사를 실시하여야 한다.
③ 경찰청장은 위해성 경찰장비를 새로 도입하려는 경우에는 안전성 검사를 실시하여 새로 도입하려는 장비가 사람의 생명이나 신체에 미치는 영향을 평가하여야 한다.
④ 위해성 경찰장비를 새로 도입하려는 경우에 안전성 검사에 참여한 외부 전문가는 안전성 검사를 실시한 후 3개월 이내에 안전성 검사 결과보고서를 국회 소관 상임위원회에 제출하여야 한다.

> **해설**
>
> 공제회기본서(총론1) ①185 ②186 ③186 ④186
> ④ 안전성 검사에 참여한 외부 전문가는 안전성 검사가 끝난 후 30일 이내에 신규 도입 장비의 안전성 여부에 대한 의견을 경찰청장에게 제출하여야 한다.
> ※ 경찰청장은 신규 도입 장비에 대한 안전성 검사를 실시한 후 3개월 이내에 다음 각 호의 내용이 포함된 안전성 검사 결과보고서를 국회 소관 상임위원회에 제출하여야 한다.
>
> **정답** ④

018 「경찰관 직무집행법」 및 동법 시행령상 손실보상에 대한 설명 중 가장 적절한 것은?

(2020경위)

① 국가는 손실 발생의 원인에 대하여 책임이 있는 자가 자신의 책임에 상응하는 정도를 초과하는 생명·신체 또는 재산상의 손실을 입은 경우 보상을 하지 않을 수 있다.
② 손실보상을 청구할 수 있는 권리는 손실이 있음을 안 날부터 5년, 손실이 발생한 날부터 3년간 행사하지 아니하면 시효의 완성으로 소멸한다.
③ 손실보상청구 사건을 심의하기 위하여 경찰청, 지방경찰청에 손실보상심의위원회를 설치한다. 위원회는 위원장 1명을 포함한 5명 이상 7명 이하의 위원으로 구성하며, 위원장은 경찰청장 등이 지명한다.
④ 보상금은 일시불로 지급하되, 예산 부족 등의 사유로 일시금으로 지급할 수 없는 특별한 사정이 있는 경우에는 청구인의 동의를 받아 분할하여 지급할 수 있다.

> **해설**
>
> 공제회기본서(총론1) ①193 ②193 ③195 ④194
> ① 국가는 손실 발생의 원인에 대하여 책임이 있는 자가 자신의 책임에 상응하는 정도를 초과하는 생명·신체 또는 재산상의 손실을 입은 경우 정당한 보상을 하여야 한다.
> ② 손실보상을 청구할 수 있는 권리는 손실이 있음을 안 날부터 3년, 손실이 발생한 날부터 5년간 행사하지 아니하면 시효의 완성으로 소멸한다.

③ 손실보상청구 사건을 심의하기 위하여 경찰청, 지방경찰청에 손실보상심의위원회를 설치한다. 위원회는 위원장 1명을 포함한 5명 이상 7명 이하의 위원으로 구성하며, **위원장은 위원 중에서 호선한다**.
④ O

제11조의2(손실보상) ① 국가는 경찰관의 적법한 직무집행으로 인하여 다음 각 호의 어느 하나에 해당하는 손실을 입은 자에 대하여 정당한 보상을 하여야 한다.
  1. 손실발생의 원인에 대하여 책임이 없는 자가 생명·신체 또는 재산상의 손실을 입은 경우(손실발생의 원인에 대하여 책임이 없는 자가 경찰관의 직무집행에 자발적으로 협조하거나 물건을 제공하여 생명·신체 또는 재산상의 손실을 입은 경우를 포함)
  2. 손실발생의 원인에 대하여 책임이 있는 자가 자신의 책임에 상응하는 정도를 초과하는 생명·신체 또는 재산상의 손실을 입은 경우
② 제1항에 따른 보상을 청구할 수 있는 권리는 손실이 있음을 안 날부터 3년, 손실이 발생한 날부터 5년간 행사하지 아니하면 시효의 완성으로 소멸한다.
③ 제1항에 따른 손실보상신청 사건을 심의하기 위하여 손실보상심의위원회를 둔다.
④ 경찰청장 또는 지방경찰청장은 제3항의 손실보상심의위원회의 심의·의결에 따라 보상금을 지급하고, 거짓 또는 부정한 방법으로 보상금을 받은 사람에 대하여는 해당 보상금을 환수하여야 한다.
⑤ 보상금이 지급된 경우 손실보상심의위원회는 대통령령으로 정하는 바에 따라 경찰위원회에 심사자료와 결과를 보고하여야 한다. 이 경우 경찰위원회는 손실보상의 적법성 및 적정성 확인을 위하여 필요한 자료의 제출을 요구할 수 있다.
⑥ 경찰청장 또는 지방경찰청장은 제4항에 따라 보상금을 반환하여야 할 사람이 대통령령으로 정한 기한까지 그 금액을 납부하지 아니한 때에는 국세 체납처분의 예에 따라 징수할 수 있다.
⑦ 제1항에 따른 손실보상의 기준, 보상금액, 지급절차 및 방법, 손실보상심의위원회의 구성 및 운영, 환수절차, 그 밖에 필요한 사항은 대통령령(경직법시행령)으로 정한다.

경찰관 직무집행법 시행령
제9조(손실보상의 기준 및 보상금액) ① 법 제11조의2 제1항에 따라 손실보상을 할 때 물건을 멸실·훼손한 경우에는 다음 각 호의 기준에 따라 보상한다.
  1. 손실을 입은 물건을 수리할 수 있는 경우: 수리비에 상당하는 금액
  2. 손실을 입은 물건을 수리할 수 없는 경우: 손실을 입은 당시의 해당 물건의 교환가액
  3. 영업자가 손실을 입은 물건의 수리나 교환으로 인하여 영업을 계속할 수 없는 경우: 영업을 계속할 수 없는 기간 중 영업상 이익에 상당하는 금액
② 물건의 멸실·훼손으로 인한 손실 외의 재산상 손실에 대해서는 직무집행과 상당한 인과관계가 있는 범위에서 보상한다.

제10조(손실보상의 지급절차 및 방법) ① ~ 손실을 보상받으려는 사람은 보상금 지급 청구서에 손실내용과 손실금액을 증명할 수 있는 서류를 첨부하여 사건 발생지를 관할하는 국가경찰관서의 장에게 제출하여야 한다.
② ~ 보상금 지급 청구서를 받은 국가경찰관서의 장은 해당 청구서를 ~ 손실보상심의위원회가 설치된 경찰청, 해양경찰청, 지방경찰청 및 지방해양경찰청의 장(이하 "경찰청장등"이라 한다)에게 보내야 한다.
③ ~보상금 지급 청구서를 받은 경찰청장등은 손실보상심의위원회의 심의를 거쳐 보상 여부 및 보상금액을 결정~
④ 경찰청장등은 결정일부터 10일 이내에 ~ 청구인에게 통지하여야 한다.
⑤ 보상금은 다른 법률에 특별한 규정이 있는 경우를 제외하고는 현금으로 지급하여야 한다.
⑥ 보상금은 일시불로 지급하되, 예산 부족 등의 사유로 일시금으로 지급할 수 없는 특별한 사정이 있는 경우에는 청구인의 동의를 받아 분할하여 지급할 수 있다.

제11조(손실보상심의위원회의 설치 및 구성) ① ~ 손실보상청구 사건을 심의하기 위하여 경찰청, 해양경찰청, 지방경찰청 및 지방해양경찰청에 손실보상심의위원회를 설치한다.(경찰서×)
② 위원회는 위원장 1명을 포함한 5명 이상 7명 이하의 위원으로 구성한다.
③ 위원회의 위원은 소속 경찰공무원과 다음 각 호의 어느 하나에 해당하는 사람 중에서 경찰청장등이 위촉하거나 임명한다. 이 경우 위원의 과반수 이상은 경찰공무원이 아닌 사람으로 하여야 한다.
 1. 판사·검사 또는 변호사로 5년 이상 근무한 사람
 2. 법학 또는 행정학을 가르치는 부교수 이상으로 5년 이상 재직한 사람
 3. 경찰 업무와 손실보상에 관하여 학식과 경험이 풍부한 사람
④ 위촉위원의 임기는 2년으로 한다.
⑤ 위원회에 간사 1명을 두되, 간사는 소속 경찰공무원 중에서 경찰청장등이 지명한다.
제12조(위원장) ① 위원장은 위원 중에서 호선한다.
② 위원장은 위원회를 대표하며, 위원회의 업무를 총괄한다.
③ 위원장이 부득이한 사유로 직무를 수행할 수 없는 때에는 위원장이 미리 지명한 위원이 그 직무를 대행한다.
제13조(손실보상심의위원회의 운영) ① 위원장은 위원회의 회의를 소집하고, 그 의장이 된다.
② 위원회의 회의는 재적위원 과반수의 출석으로 개의하고, 출석위원 과반수의 찬성으로 의결한다.

 ④

019 「경찰관 직무집행법」 및 동법 시행령 상 손실보상에 대한 설명으로 가장 적절하지 않은 것은?

(2020경감)

① 국가는 경찰관의 적법한 직무집행으로 인하여 손실발생의 원인에 대하여 책임이 없는 자가 생명·신체 또는 재산상의 손실을 입은 경우 정당한 보상을 하여야 한다.
② 물건의 멸실·훼손으로 인한 손실 외의 재산상 손실에 대해서는 직무집행과 상당한 인과관계가 있는 범위에서 보상한다.
③ 손실보상을 청구할 수 있는 권리는 손실이 있음을 안 날부터 1년, 손실이 발생한 날부터 3년간 행사하지 아니하면 시효의 완성으로 소멸한다.
④ 손실보상심의위원회는 위원장 1명을 포함한 5명 이상 7명 이하의 위원으로 구성한다.

해설

공제회 기본서(총론1) ①193 ②194 ③193 ④195
③ 손실보상을 청구할 수 있는 권리는 손실이 있음을 <u>안 날부터 3년</u>, 손실이 <u>발생한 날부터 5년간</u> 행사하지 아니하면 시효의 완성으로 소멸한다.

 ③

020 「경찰관 직무집행법」 및 「동법 시행령」상 손실보상에 대한 내용으로 가장 적절하지 않은 것은? (2018경위)

① 손실보상을 청구할 수 있는 권리는 손실이 있음을 안 날로부터 3년, 손실이 발생한 날로부터 5년간 행사하지 아니하면 시효의 완성으로 소멸한다.
② 손실보상심의위원회는 위원장 1명을 포함한 5명 이상 7명 이하의 위원으로 구성한다.
③ 손실보상심의위원회의 위원장은 위원회 위원 중 경찰청장 등이 지명한다.
④ 위원회의 회의는 재적위원 과반수의 출석으로 개의하고, 출석위원 과반수의 찬성으로 의결한다.

해설

공제회기본서(총론1) ①193 ②195 ③195 ④195
③ 위원장은 위원 중에서 <u>호선한다</u>.

정답 ③

---

021 다음은 「경찰관 직무집행법 및 동법 시행령」의 내용이다. 아래 ㉠부터 ㉥까지의 ( )안에 들어갈 숫자가 바르게 나열된 것은? (2017경위)

㈎ 경찰관은 보호조치를 하는 경우에 구호대상자가 휴대하고 있는 무기·흉기 등 위험을 일으킬 수 있는 것으로 인정되는 물건을 경찰관서에 임시로 영치하여 놓을 수 있다. 이때 물건을 경찰관서에 임시로 영치하는 기간은 (㉠)일을 초과할 수 없다.
㈏ 손실보상을 청구할 수 있는 권리는 손실이 있음을 안 날부터 (㉡)년, 손실이 발생한 날부터 (㉢)년간 행사하지 아니하면 시효의 완성으로 소멸한다.
㈐ 손실보상심의위원회는 위원장 1명을 포함한 (㉣)명 이상 (㉤)명 이하의 위원으로 구성한다.
㈑ 「경찰관 직무집행법」에 규정된 경찰관의 의무를 위반하거나 직권을 남용하여 다른 사람에게 해를 끼친 사람은 (㉥)년 이하의 징역이나 금고에 처한다.

① ㉠ 10 ㉡ 5 ㉢ 7 ㉣ 3 ㉤ 5 ㉥ 1
② ㉠ 10 ㉡ 3 ㉢ 7 ㉣ 3 ㉤ 5 ㉥ 1
③ ㉠ 10 ㉡ 3 ㉢ 5 ㉣ 5 ㉤ 7 ㉥ 1
④ ㉠ 7 ㉡ 5 ㉢ 7 ㉣ 3 ㉤ 7 ㉥ 2

해설

공제회기본서(총론1) (가)179 (나)193 (다)195 (라)173
㈎ 경찰관은 보호조치를 하는 경우에 구호대상자가 휴대하고 있는 무기·흉기 등 위험을 일으킬 수 있는 것으로 인정되는 물건을 경찰관서에 임시로 영치하여 놓을 수 있다. 이때 물건을 경찰관서에 임시로 영치하는 기간은 (10)일을 초과할 수 없다.
㈏ 손실보상을 청구할 수 있는 권리는 손실이 있음을 안 날부터 (3)년, 손실이 발생한 날부터 (5)년간 행사하지 아니하면 시효의 완성으로 소멸한다.

(다) 손실보상심의위원회는 위원장 1명을 포함한 (5)명 이상 (7)명 이하의 위원으로 구성한다.
(라) 「경찰관 직무집행법」에 규정된 경찰관의 의무를 위반하거나 직권을 남용하여 다른 사람에게 해를 끼친 사람은 (1)년 이하의 징역이나 금고에 처한다.

정답 ③

022 「경찰관 직무집행법 시행령」에서 위임받아 제정된 「범인검거 등 공로자 보상에 관한 규정」에 대한 설명으로 가장 적절하지 않은 것은? (2018경감)

① 장기 5년 미만의 징역 또는 금고, 장기 10년 이상의 자격정지 또는 벌금 50만원을 초과하는 범죄에 대한 보상금 지급기준 금액은 15만원이다.
② 장기 10년 미만의 징역 또는 금고에 해당하는 범죄에 대한 보상금 지급기준 금액과 벌금 50만원 이하의 범죄에 대한 보상금 지급기준 금액의 합은 23만원이다.
③ 범인검거 등 공로자가 2명 이상인 경우에는 각자의 공로, 당사자 간의 분배 합의 등을 감안해서 보상금을 배분하여 지급할 수 있다.
④ 보상금 지급 심사·의결을 거쳐 지급이 이루어진 이후에는 동일한 사건에 대하여 보상금을 지급할 수 없다.

해설

공제회기본서(총론1) ①198 ②198 ③198 ④198
① 장기 5년 미만의 징역 또는 금고, 장기 10년 이상의 자격정지 또는 벌금 50만원을 초과하는 범죄 : **10만원**

> 「범인검거 등 공로자 보상에 관한 규정」 제6조(보상금의 지급 기준)
> ① 시행령 제20조에 따른 보상금 지급기준 금액은 다음 각 호와 같다.
> 1. 사형, 무기징역 또는 무기금고, 장기 10년 이상의 징역 또는 금고에 해당하는 범죄 : 30만원
> 2. 장기 10년 미만의 징역 또는 금고에 해당하는 범죄 : 20만원
> 3. 장기 5년 미만의 징역 또는 금고, 장기 10년 이상의 자격정지 또는 벌금 50만원을 초과하는 범죄 : 10만원
> 4. 벌금 50만원 이하의 범죄 : 3만원
> ② 연쇄 살인, 사이버 테러 등과 같이 피해 규모가 심각하고 사회적 파장이 큰 범죄의 지급기준 금액은 별표에 따른다.
> ③ 위원회는 제1항 및 제2항에 따른 보상금 지급기준에서 시행령 제21조 제2항 각 호의 사항을 고려하여 그 금액을 조정하거나 지급하지 아니할 수 있다.
> ④ 경찰청장 또는 경찰청장의 승인을 받은 지방경찰청장이 미리 보상금액을 정하여 수배할 경우에는 제1항 및 제2항에 따른 보상금 지급기준에도 불구하고 예산의 범위에서 금액을 따로 결정할 수 있다.
> ⑤ 동일한 사람에게 지급결정일을 기준으로 연간(1월 1일부터 12월 31일까지를 말한다) 5회를 초과하여 보상금을 지급할 수 없다.
>
> **제9조(보상금 이중 지급의 제한)** 보상금 지급 심사·의결을 거쳐 지급이 이루어진 이후에는 동일한 사건에 대하여 보상금을 지급할 수 없다.
> **제10조(보상금의 배분 지급)** 범인검거 등 공로자가 2명 이상인 경우에는 각자의 공로, 당사자 간의 분배 합의 등을 감안해서 배분하여 지급할 수 있다.

정답 ①

023 「경찰관 직무집행법」상 범인검거 등 공로자 보상에 대한 ㉠부터 ㉣까지의 내용 중 옳은 것을 모두 고른 것은?

(2019경감)

> **제11조의3(범인검거 등 공로자 보상)** ① 경찰청장, 지방경찰청장 또는 경찰서장은 다음 각 호의 어느 하나에 해당하는 사람에게 ㉠ 보상금을 지급하여야 한다.
> 1. 범인 또는 범인의 소재를 신고하여 검거하게 한 사람
> ㉡ 2. 범인을 검거하여 경찰공무원에게 인도한 사람
> ㉢ 3. 테러범죄의 예방활동에 현저한 공로가 있는 사람
> ② 경찰청장, 지방경찰청장 및 경찰서장은 제1항에 따른 보상금 지급의 심사를 위하여 대통령령으로 정하는 바에 따라 각각 보상금심사위원회를 설치 운영하여야 한다.
> ③ 제2항에 따른 보상금심사위원회는 ㉣ 위원장 1명을 제외한 5명 이내의 위원으로 구성한다.

① ㉠, ㉡ ② ㉠, ㉣ ③ ㉡, ㉢ ④ ㉡, ㉣

해설

공제회기본서(총론1) 197
㉠ 보상금을 **지급할 수 있다**.
㉣ 위원장 1명을 **포함한** 5명 이내의 위원으로 구성한다.

정답 ③

CHAPTER 07 경찰관리

제 1 절 경찰조직관리

001 막스 베버(M. Weber)의 '이상적 관료제'의 구조적 특성에 대한 설명 중 가장 적절하지 않은 것은?

(2020경위)

① 관료의 권한과 직무 범위는 법규와 관례에 의해 규정된다.
② 직무의 수행은 서류에 의해 이루어진다.
③ 직무조직은 계층제적 구조로 구성된다.
④ 구성원 간 또는 직무 수행상 감정의 배제가 필요하다.

해설

공제회기본서(총론 Ⅱ) ①12 ②12 ③12 ④8
① 관료의 권한과 직무 범위는 **법규에 의해** 규정된다.

정답 ①

002 계층제의 장점에 대한 설명으로 가장 적절하지 않은 것은? (2015경위)

① 명령과 지시를 일사불란하게 수행하도록 하는데 적합하다.
② 권한과 책임의 배분을 통하여 업무의 신중을 기할 수 있다.
③ 지휘계통을 확립하고 조직의 업무수행에 통일을 기할 수 있다.
④ 환경변화에 대한 조직의 신축적 대응으로 새로운 지식, 기술 등 도입이 용이하다.

해설

공제회기본서(총론 Ⅱ) ①14 ②14 ③14 ④14
④ 계층제는 조직의 경직성으로 인해 환경변화에 대한 신축적 대응이 어렵고, 또한 새로운 지식, 기술 등 도입이 어렵다.

정답 ④

003 조직편성의 원리 중 조직의 구성원간에 지시나 보고를 주고받는 과정에서 지시는 한 사람만이 할 수 있고, 보고도 한 사람에게만 하여야 한다는 원칙과 관련이 깊은 것을 모두 고른 것은? (2012경감)

> ㉠ 경찰의 경우에 수사나 사고처리 및 범죄예방활동에 이르기까지 거의 모든 업무수행에서 결단과 신속한 집행을 필요로 하는데, 이때 지시가 분산되고 여러 사람으로부터 지시를 받는다면, 범인을 놓친다든지 사고처리가 늦어 인명이나 재산의 피해에 신속하게 대응할 수 없게 된다.
> ㉡ 조직의 집단적 노력을 질서있게 배열하는 과정으로서 개별적인 활동을 전체적인 관점에서 통일하여 조직의 목표달성도를 높이려는 원리라고 하겠으며, 특히 J. Mooney 교수는 '조직의 제1원리'라고 명명하며 그 중요성을 강조한 바 있다.
> ㉢ 관리자의 공백 등을 대비하여 대리나 권한의 위임 또는 유고관리자의 사전지정 등을 적절히 활용하여야 한다.
> ㉣ 관리자의 통솔능력한계를 벗어나게 인원을 배치하면 적정한 지휘통솔이 되지 않기 때문에 하위자들의 지시 대기시간이 길어지고 의사소통이 되지 않아 지시자의 의도와 다르게 집행되는 문제가 생긴다. 즉 관리자의 통솔범위로 적정한 부하의 수는 어느 정도인가라는 문제는 관리의 효율성을 좌우하는 중요한 원리이다.

① ㉠,㉡   ② ㉠,㉢   ③ ㉡,㉢   ④ ㉢,㉣

해설

공제회기본서(총론Ⅱ) ㉠15 ㉡17(후단 없음) ㉢16 ㉣15(전단 없음)
설문은 명령통일의 원리에 대한 내용이다.
㉠ 명령통일의 원리, ㉡ 조정의 원리, ㉢ 명령통일의 원리, ㉣ 통솔범위의 원리

정답 ②

004 경찰조직관리에 대한 설명 중 적절하지 않은 것은 모두 몇 개인가? (2013경감)

> ㉠ 최근 부각되는 구조조정의 문제와 관련성이 깊은 것은 통솔범위의 원리이다.
> ㉡ 조직목적수행을 위한 구성원의 임무를 책임과 난이도에 따라 상하로 나누어 배치하는 것은 명령통일의 원리이다.
> ㉢ 1인의 상관 또는 감독자가 효과적으로 직접 감독할 수 있는 부하의 수를 검토하는 것은 통솔범위의 원리이다.
> ㉣ 계층제 원리의 경우 '경찰업무 처리의 신중성'이라는 측면에서 문제점이 제기된다.
> ㉤ 갈등의 원인이 세분화된 업무처리에 있다면 업무처리과정을 통합한다든지 연결하는 장치나 대화채널의 확보가 필요하다.

① 1개   ② 2개   ③ 3개   ④ 4개

해설

공제회기본서(총론Ⅱ) ㉠14 ㉡14 ㉢15 ㉣9 ㉤10
㉡ 조직목적수행을 위한 구성원의 임무를 책임과 난이도에 따라 상하로 나누어 배치하는 것은 <u>계층제의 원리</u>이다.
㉣ 계층제 원리의 경우 '경찰업무 처리의 신중성'이라는 측면은 <u>문제점이 아니라 장점</u>이다.

정답 ②

005 경찰조직 편성원리에 관한 설명으로 가장 적절하지 않은 것은? (2014경감)

① 명령통일의 원리란 조직목적수행을 위한 구성원의 임무를 책임과 난이도에 따라 상하로 나누어 배치하는 것을 말한다.
② 분업의 원리란 조직의 종류와 성질, 업무의 전문화 정도에 따라 기관별·개인별로 업무를 분담시키는 것을 말한다.
③ 통솔범위의 원리란 1인의 상관 또는 감독자가 효과적으로 직접 감독할 수 있는 부하의 수를 말한다.
④ 조정의 원리란 조직구성원간 행동양식을 조정하여 조직목적을 효율적으로 달성하기 위해 노력하는 것을 말한다.

해설

공제회기본서(총론Ⅱ) ①14 ②13 ③15 ④17
① <u>계층제의 원리란</u> 조직목적수행을 위한 구성원의 임무를 책임과 난이도에 따라 상하로 나누어 배치하는 것을 말한다.

정답 ①

006 경찰조직의 편성 원리에 관한 설명으로 가장 적절하지 않은 것은? (2016경감)

① 통솔범위의 원리란 조직의 구성원 간에 지시나 보고를 주고받는 과정에서 지시는 한 사람만이 할 수 있고, 보고도 한 사람에게만 하여야 한다는 원칙을 말한다.
② 계층제의 원리란 조직목적수행을 위한 구성원의 임무를 책임과 난이도에 따라 상위로 갈수록 권한과 책임이 무거운 임무를 수행하도록 편성하는 것이다.
③ 분업의 원리란 조직의 종류와 성질, 업무의 전문화 정도에 따라 기관별·개인별로 업무를 분담시키는 것을 말한다.
④ 조정의 원리란 구성원이나 단위기관의 활동을 전체적인 관점에서 통일하여 조직의 목표 달성도를 높이려는 원리를 말한다.

해설

공제회기본서(총론Ⅱ) ①15,16 ②14 ③13 ④17
① **명령통일의 원리**란 조직의 구성원 간에 지시나 보고를 주고받는 과정에서 지시는 한 사람만이 할 수 있고, 보고도 한 사람에게만 하여야 한다는 원칙을 말한다.

정답 ①

007 조직의 구성원 간에 지시나 보고를 주고받는 과정에서 지시는 한 사람만이 할 수 있고, 보고도 한 사람에게만 하여야 한다는 조직편성의 원리로 가장 적절한 것은? (2016경위)

① 통솔범위의 원리
② 명령통일의 원리
③ 계층제의 원리
④ 조정의 원리

해설

공제회기본서(총론Ⅱ) 15
② 지시는 한 사람만이 할 수 있고, 보고도 한 사람에게만 하여야 한다는 원리는 명령통일의 원리이다.

정답 ②

008 조직편성의 원리 중 명령통일의 원리에 대한 설명으로 가장 적절하지 않은 것은? (2018경감)
① 조직의 구성원 간에 지시나 보고를 주고받는 과정에서 지시는 한 사람만이 할 수 있고, 보고도 한 사람에게만 하여야 한다는 원칙이다.
② 경찰의 경우에 수사나 사고처리 및 범죄예방활동에 이르기까지 거의 모든 업무수행에서 결단과 신속한 집행을 필요로 하는데, 이때 지시가 분산되고 여러 사람으로부터 지시를 받는다면, 범인을 놓친다든지 사고처리가 늦어 인명이나 재산의 피해에 신속한 대응이 불가하다.
③ 관리자의 공백 등을 대비하여 대리, 위임, 유고관리자 사전지정 등이 필요하다.
④ 조직목적수행을 위한 구성원의 임무를 책임과 난이도에 따라 상위로 갈수록 권한과 책임이 무거운 임무를 수행하도록 편성한다.

> **해설**
> 공제회기본서(총론Ⅱ) ①15 ②15 ③16 ④14
> ④ 조직목적수행을 위한 구성원의 임무를 책임과 난이도에 따라 상위로 갈수록 권한과 책임이 무거운 임무를 수행하도록 편성하는 것은 **계층제의 원리**이다.
>
> 정답 ④

009 조직편성의 원리에 대한 설명으로 가장 적절하지 않은 것은? (2019경위)
① 계층제의 원리 – 직무를 책임과 난이도에 따라 등급화하고 계층 간에 명령복종관계를 적용하는 원리로, 지휘계통을 확립하고 조직의 업무수행에 통일을 기할 수 있다.
② 통솔범위의 원리 – 1인의 상관 또는 감독자가 효과적으로 직접 통솔할 수 있는 부하의 수를 정하는 원리로, 통솔범위는 신설 부서보다는 오래된 부서, 지리적으로 분산된 부서보다는 근접 부서, 복잡한 업무보다는 단순한 업무의 경우에 넓어진다.
③ 명령통일의 원리 – 조직의 집단적 노력을 질서 있게 배열하는 과정으로서 개별적인 활동을 전체적인 관점에서 통일하여 조직의 목표달성도를 높이려는 원리로, 관리자의 공백 등을 대비하여 대리, 위임, 유고관리자 사전지정 등이 필요하다.
④ 조정의 원리 – 조직편성의 각각의 원리는 장단점을 가지고 있는 바, 이러한 장단점을 조화롭게 승화시키는 원리로, 문제해결이 어려운 경우 관리자가 갈등을 초래할 수 있는 결정을 보류 또는 회피하는 방식을 사용할 수 있다.

> **해설**
> 공제회기본서(총론Ⅱ) ①14 ②15 ③15,16,17 ④10
> ③ 조직의 집단적 노력을 질서 있게 배열하는 과정으로서 개별적인 활동을 전체적인 관점에서 통일하여 조직의 목표달성도를 높이려는 원리는 **"조정의 원리"**에 관한 설명이다.
>
> 정답 ③

010 경찰조직의 편성원리에 대한 설명 중 틀린 것은 모두 몇 개인가? (2010경위)

> ㉠ 신설조직보다 기성조직에서 상관이 많은 부하직원을 통솔할 수 있다.
> ㉡ 명령통일의 원리를 너무 철저히 지키다보면 업무수행에 혼란을 야기할 수도 있다.
> ㉢ 최근 부각되는 구조조정의 문제와 관련성이 깊은 것은 조정의 원리이다.
> ㉣ 계층제의 원리는 구성원이나 단위기관의 활동을 전체적인 관점에서 통일하여 조직의 목표달성도를 높이려는 원리이다.
> ㉤ 명령통일의 원리로서 신속한 결단과 결단내용의 지시가 한 사람에게 통합되어야 한다.

① 1개   ② 2개   ③ 3개   ④ 4개

[해설]

공제회기본서(총론Ⅱ) ㉠15 ㉡16 ㉢14 ㉣17 ㉤16
㉢ 최근 부각되는 구조조정의 문제와 관련성이 깊은 것은 **통솔범위의 원리**이다.
㉣ **조정의 원리는** 구성원이나 단위기관의 활동을 전체적인 관점에서 통일하여 조직의 목표달성도를 높이려는 원리이다.

[정답] ②

011 경찰조직 편성원리에 대한 설명으로 가장 적절하지 않은 것은? (2020경감)

① 통솔범위의 원리란 조직목적수행을 위한 구성원의 임무를 책임과 난이도에 따라 상위로 갈수록 권한과 책임이 무거운 임무를 수행하도록 편성하는 것을 말한다.
② 명령통일의 원리란 조직 구성원 간에 지시나 보고를 주고받는 과정에서 지시는 한 사람만이 할 수 있고, 보고도 한 사람에게만 하여야 한다는 원칙을 말한다.
③ 명령통일의 원리에 따르면 관리자의 공백 등을 대비하여 대리, 위임, 유고관리자 사전지정 등이 필요하다.
④ 계층제의 원리는 권한과 책임의 배분을 통하여 신중한 업무처리가 가능하다는 장점이 있다.

[해설]

공제회기본서(총론Ⅱ) ①14 ②15 ③16 ④14
① **계층제의 원리란** 조직목적수행을 위한 구성원의 임무를 책임과 난이도에 따라 상위로 갈수록 권한과 책임이 무거운 임무를 수행하도록 편성하는 것을 말한다.

[정답] ①

012 조직 내부의 갈등은 업무의 효율성을 떨어뜨리는 요인이 된다. 이러한 갈등의 해결방법에 대한 설명 중 가장 옳지 않은 것은?

(2011경감)

① 갈등에 대한 장기적 대응방안으로 조직원의 행태개선 등을 들 수 있다.
② 갈등의 원인이 세분화된 업무처리에 있다면 조정보다는 전문화에 힘써야 한다.
③ 문제해결이 어려울 때는 갈등을 완화하는 방법도 있다.
④ 한정된 인력이나 예산에서 갈등이 발생하면 관리자는 업무추진의 우선순위를 정해 줌으로써 갈등을 해소할 수도 있다.

해설

공제회기본서(총론Ⅱ) 10, 17
② 갈등의 원인이 세분화된 업무처리에 있다면 <u>조정에 힘써야 한다</u>.

〈조정의 원리〉

의의	목표의 효율적 달성을 위하여 조직의 각 구성단위(구성원)의 노력과 행동을 질서정연하게 배열하고 통일시키는 원리
갈등	조직내 의사결정과정에서 대안의 선택에 곤란을 겪고 있는 상황
조정의 필요성	① 구성원의 행동통일 - 전체적인 관점에서의 조정과 통합 필요 ② 최종적인 목표달성과 직결 - 조정은 조직목표달성을 위한 최종적인 원리로 기능 ③ 전문화와 조정 - 지나친 전문화는 조정을 저해(전문화와 조정은 상충관계) - 전문화의 수준만큼 조정의 노력 필요(전문화와 조정은 비례관계))
단기적 해결방안	① 근원적 해결방안 모색 - 교섭과 협상, 처벌과 제재 등을 통해서 ② 근원적 해결이 곤란한 경우 - 갈등 완화, 타협안 도출, 결정의 지연 또는 회피 ③ 갈등원인이 세분화된 업무처리에 있다면 - 업무의 통합 또는 대화채널 확보 ④ 부서간 갈등의 경우 - 더 높은 상위목표의 제시 ⑤ 한정된 인력이나 예산으로 인한 갈등의 경우 - 예산과 인력 확보 또는 우선순위의 결정
장기적 해결방안	① 조직구조, 보상체계, 인사절차 등 조직문제에 대한 제도개선 ② 조직원의 합리적 행태변화를 통한 해결

정답 ②

013 조직 내부 갈등의 해결방법에 대한 설명으로 가장 적절하지 않은 것은? (2019경감)

① 부서 간의 갈등이 일어나고 있을 때는 더 높은 상위목표를 제시, 상호 간 이해와 양보를 유도하는 것이 바람직하다.
② 문제해결이 어려운 경우에는 갈등을 완화하거나 관리자가 갈등을 초래할 수 있는 결정을 보류 또는 회피하는 방식을 사용할 수 있다.
③ 갈등의 장기적 대응을 위해서 조직의 구조, 보상체계, 인사 등의 제도개선과 조직원의 행태를 합리적으로 개선하는 방안이 있다.
④ 갈등의 원인이 세분화된 업무처리에 있다면 업무추진의 우선순위를 정해주는 것이 바람직하고 한정된 인력이나 예산으로 갈등이 생기는 경우 전체적인 업무처리과정의 조정과 통합이 바람직하다.

> **해설**
> 공제회기본서(총론Ⅱ) 10,17
> ④ 갈등의 <u>원인이 세분화된 업무처리</u>에 있다면 <u>업무처리과정을 통합</u>한다든지 연결하는 장치나 대화채널을 확보해 주어야 하고, 갈등의 <u>원인이 한정된 인력이나 예산</u>에 있다면 예산과 인력을 확보하고 <u>업무추진의 우선순위를 정해 주어야</u> 한다.
>
> 정답 ④

014 조직내의 갈등은 업무의 효율성을 떨어뜨리는 요인이 된다. 다음 중 갈등의 조정과 통합방법에 대한 설명으로 가장 적절하지 않은 것은? (2017경위)

① 부서 간의 갈등이 일어나고 있을 때는 더 높은 상위목표를 제시, 상호 간 이해와 양보를 유도하는 것이 바람직하다.
② 한정된 인력이나 예산을 가지고 갈등이 생기는 경우에는 가능하면 예산과 인력을 확보하고 업무추진의 우선순위를 지정할 필요가 있다.
③ 문제해결이 어려운 경우에는 갈등을 완화, 양자 간의 타협을 도출, 관리자가 갈등을 초래할 수 있는 결정을 보류 또는 회피하는 방식을 사용한다.
④ 조직의 구조, 보상체계, 인사 등의 제도개선과 조직원의 행태를 합리적으로 개선하는 것은 갈등의 단기적인 대응방안이다.

> **해설**
> 공제회기본서(총론Ⅱ) 10,17
> ④ 조직의 구조, 보상체계, 인사 등의 제도개선과 조직원의 행태를 합리적으로 개선하는 것은 갈등의 <u>장기적인 대응방안</u>이다.
>
> 정답 ④

제 2 절 경찰인사관리

015 인사행정에 대한 설명으로 가장 옳지 않은 것은? (2011경위)
① 실적주의는 공무원 임용 기준이 직무수행능력과 성적이다.
② 각국의 인사행정은 실적주의와 엽관주의가 적절히 조화되어 실행되고 있고, 우리나라는 실적주의를 주로 하되 엽관주의적 요소가 가미된 것으로 이해할 수 있다.
③ 엽관주의는 인사행정의 기준을 당파성과 정실에 두는 제도로 행정을 단순하게 보아 누구나 수행할 수 있는 것으로 보기 때문에 법령에 저촉되지 않는 한 일체의 신분상의 불이익을 받지 않는다.
④ 실적주의는 19세기 말 미국 등에서 공직의 매관매직·공직부패 등이 문제되어 대두되었고, 공직은 모든 국민에게 개방되며 어떠한 차별도 받지 않는다.

해설
공제회기본서(총론Ⅱ) ①24 ②19 ③19 ④19
③ 법령에 저촉되지 않는 한 일체의 신분상의 불이익을 받지 않는다는 것은 **실적주의의 '신분보장'**을 기술한 것이다.

정답 ③

016 경찰인사관리에 대한 설명 중 틀린 것은? (2010경위)
① 계급제는 공무원이 보다 종합적·신축적인 능력을 가질 수 있고, 이해력이 넓어져 기관간의 협조가 용이하다.
② 계급제는 보통 계급의 수가 많고 계급간의 차별이 심하며 외부로부터의 충원이 힘든 폐쇄형의 충원방식을 취하고 있다.
③ 직위분류제는 시험·채용·전직의 합리적 기준을 제공하여 인사행정의 합리화를 기할 수 있고, 동일직무에 대한 동일보수의 원칙을 확립함으로써 보수제도의 합리적 기준을 제시할 수 있다.
④ 직위분류제는 인사배치의 비융통성, 신분보장 미흡 등의 단점이 있다.

해설
공제회기본서(총론Ⅱ) ①24 ②24 ③25 ④25
② 계급제는 보통 **계급의 수가 적고** 계급간의 차별이 심하며 외부로부터의 충원이 힘든 폐쇄형의 충원방식을 취하고 있다.

정답 ②

017 인사행정의 합리화를 기할 수 있는 직위분류제의 특징으로 옳은 것은 모두 몇 개인가? (2011경감)

㉠ 동일직무·동일보수의 원칙 ㉡ 신축적 인사배치
㉢ 일반 행정가 양성에 유리 ㉣ 신분보장 강화
㉤ 권한과 책임한계의 불명확

① 1개 ② 2개 ③ 3개 ④ 4개

해설

공제회기본서(총론Ⅱ) 20,24,25
직위분류제의 특징은 ㉠이다. ㉡,㉢,㉣은 계급제의 장점, ㉤은 계급제의 단점

〈계급제와 직위분류제〉

계급제	① 개인의 자격·능력·학력에 바탕하여 구분된 계급을 중심으로 공직을 분류하는 제도 ② 인간중심의 분류방식으로 영국, 독일, 프랑스, 일본, 한국 등에서 채택 ③ 계급제는 통상 계급의 수가 적고, 계급간 차별이 심하며, 폐쇄형 충원방식을 취함
직위분류제	① 개개의 직위에 내포된 직무의 종류와 책임도·난이도 등에 따라 공직을 분류하는 제도 ② 직무중심의 분류방식으로 미국에서 발달(1909년 미국 시카고시 최초 도입) ③ 행정의 전문화·분업화에 유리하며, 개방형 충원방식을 취함

	계급제	직위분류제
발달	영국, 독일, 프랑스, 일본, 한국 등 채택	미국, 캐나다 등 채택 (1909년 시카고시市 최초)
초점	인간중심 분류	직무중심 분류
인사충원	인사배치의 신축성, 탄력성, 융통성 외부충원의 폐쇄성	인사배치의 비신축성, 비융통성 외부충원의 개방성
행정가	일반행정가 양성에 유리	전문행정가 양성에 유리
신분보장	강력한 신분보장으로 직원공무원제에 유리	신분보장 미약
합리성	보수·인사행정의 합리적 기준제시 못함	보수와 인사행정(시험·채용·전직 등)의 합리적 기준 제시
권한/책임	권한과 책임의 한계가 명확치 않음	권한과 책임의 한계가 명확
조정/협조	기관간·부서간 횡적 협조 용이	기관간·부서간 횡적 협조 곤란

※ 직위분류제와 계급제는 상호배타적 관계가 아니라 상호보완적 관계로, 각국에서 양자를 융화시키는 경향
※ 우리나라의 공직체계 역시 계급제를 원칙으로 해서 직위분류제 요소를 가미하고 있음

정답 ①

018 공직분류 방식에 대한 설명 중 가장 적절하지 않은 것은? (2012경위)
① 우리나라의 공직분류제도는 계급제를 원칙으로 하고 직위분류제적 요소가 가미되어 있다.
② 계급제는 인사배치가 비융통적이나 직위분류제는 보다 신축적이다.
③ 계급제는 충원방식이 폐쇄형이지만 직위분류제는 개방형이다.
④ 각국의 공직제도는 계급제와 직위분류제가 상호 융화되는 경향이 있다.

해설

공제회기본서(총론II) ①21 ②20 ③25 ④26
② 계급제는 인사배치가 **융통적**이며 직위분류제는 이에 비해 **비융통적**이다.

정답 ②

019 계급제와 직위분류제에 대한 설명으로 가장 적절하지 않은 것은? (2012경감)
① 계급제는 사람중심, 직위분류제는 직무중심이며 계급제는 충원방식에서 폐쇄형을 직위분류제는 개방형을 채택하고 있고, 계급제는 인사배치의 신축성이 있으나 직위분류제는 보다 비융통적이다.
② 중간계급에의 진입을 허용하지 않는 계급제가 공직을 평생직장으로 이해하는 직업공무원제도의 정착에 보다 유리하다.
③ 계급제와 직위분류제의 관계는 양립될 수 없는 상호배타적인 관계가 아니라 서로의 결함을 시정할 수 있는 상호보완적인 관계에 있다고 볼 수 있다.
④ 직위분류제는 시험·채용·전직의 합리적 기준을 제공하여 인사행정의 합리화를 기할 수 있고, 동일직무에 대한 동일보수의 원칙을 확립함으로써 보수제도의 합리적 기준을 제시할 수 있으나, 전직이 제한되고 행정의 전문화가 곤란하며 권한과 책임의 한계가 불명확하고 신분보장이 미흡하다는 단점이 있다.

해설

공제회기본서(총론II) ①25 ②26 ③21 ④20
④ 직위분류제는 시험·채용·전직의 합리적 기준을 제공하여 인사행정의 합리화를 기할 수 있고, 동일직무에 대한 동일보수의 원칙을 확립함으로써 보수제도의 합리적 기준을 제시할 수 있다. 또한, 또한, 전직이 제한되고 **행정의 전문화에 기여**하며 **권한과 책임의 한계가 명확**하다.

정답 ④

020 계급제와 직위분류제를 비교한 것으로 가장 적절하지 않은 것은? (2014경위)

① 계급제는 보통 계급의 수가 적고 계급간의 차별이 심하며 외부로부터의 충원이 힘든 폐쇄형의 충원방식을 취하고 있다.
② 계급제는 널리 일반적 교양·능력을 가진 사람을 채용하여 신분보장과 함께 장기간에 걸쳐 능력이 키워지므로 공무원이 보다 종합적·신축적인 능력을 가질 수 있다.
③ 직위분류제는 시험·채용·전직의 합리적 기준을 제공하여 인사행정의 합리화를 기할 수 있고, '동일직무에 대한 동일보수의 원칙'을 확립함으로써 보수제도의 합리적 기준을 제시할 수 있다.
④ 계급제는 직무를 중요시하며, 직무분석과 직무평가의 중요성을 강조하는 제도이다.

해설

공제회기본서(총론Ⅱ) ①24 ②24 ③25 ④25
④ **직위분류제는** 직무를 중요시하며, 직무분석과 직무평가의 중요성을 강조하는 제도이다.

정답 ④

---

021 공직분류방식에 대한 설명으로 가장 적절한 것은? (2019경감)

① 계급제는 인간중심의 분류방법으로 널리 일반적 교양 능력을 가진 사람을 채용하여 신분보장과 함께 장기간에 걸쳐 능력이 키워지므로 공무원이 보다 종합적 신축적인 능력을 가질 수 있다.
② 직위분류제는 동일한 직무를 장기간 담당하게 되어 행정의 전문화에 유용하나, 권한과 책임의 한계가 불명확하다는 단점이 있다.
③ 계급제는 충원방식에서 폐쇄형을 채택하여 인사배치가 비융통적이나 직위분류제는 개방형을 채택하고 있어 인사배치의 신축성이 있다.
④ 직위분류제는 계급제에 비해서 보수결정의 합리적인 기준을 제시할 수 있으며, 직무분석을 통한 이해력이 넓어져 기관 간의 횡적 협조가 용이한 편이다.

해설

공제회기본서(총론Ⅱ) ①24 ②25 ③24 ④24
① ○
② 직위분류제는 **권한과 책임의 한계가 명확**한 것이 장점이다.
③ 계급제는 인사배치가 **융통적**이나, 직위분류는 인사배치가 **비신축적**이다.
④ "이해력이 넓어져 기관 간의 횡적 협조가 용이한 것"은 **계급제**에 대한 내용이다.

정답 ①

022 계급제와 직위분류제를 비교한 것으로 가장 적절한 것은? (2019경위)

① 계급제는 공직을 분류함에 있어서 행정기관을 구성하는 개개의 직위에 내포되어 있는 직무의 종류와 책임도 및 곤란도에 따라 여러 직종과 등급 및 직급을 분류하는 제도이다.
② 계급제는 보통 계급의 수가 적고 계급 간의 차별이 심하며, 동일한 직무를 장기간 담당하게 되어 직위분류제에 비해 행정의 전문화에 기여한다.
③ 직위분류제는 직무중심의 분류방법으로 시험 채용 전직의 합리적 기준을 제공하여 계급제에 비해 인사배치의 신축성을 기할 수 있다.
④ 직위분류제는 권한과 책임의 한계를 명확히 하는 장점이 있지만, 유능한 일반행정가의 확보 곤란, 신분보장의 미흡 등의 단점이 있다.

해설

공제회기본서(총론Ⅱ) ①20 ②24,25 ③24,25 ④25
① **직위분류제에 대한 내용**이다.
② 동일한 직무를 장기간 담당하게 되어 **계급제에 비해 행정의 전문화에 기여하는 것은 직위분류제**의 내용이다.
③ 직위분류제는 계급제에 비해 인사배치가 **비신축적**이다.
④ ○

정답 ④

023 보기는 Maslow의 5단계 기본욕구에 대한 설명이다. 가장 적절하게 연결된 것은? (2012경위)

〈보기1〉
㉠ 생리적욕구   ㉡ 안전욕구   ㉢ 사회적욕구
㉣ 존경욕구   ㉤ 자아실현욕구

〈보기2〉
ⓐ 타인의 인정·신망을 받으려는 욕구
ⓑ 장래에의 자기발전·자기완성의 욕구 및 성취감 충족
ⓒ 현재 및 장래의 공무원 신분이나 생활에 대한 불안을 해소
ⓓ 동료·상사·조직전체에 대한 친근감·귀속감을 충족
ⓔ 건강 등에 관한 욕구

〈보기3〉
甲. 합리적인 승진, 공무원 단체 활용
乙. 참여확대, 권한의 위임, 제안·포상제도
丙. 신분보장, 연금제도
丁. 인간관계의 개선, 고충처리 상담
戊. 적정보수제도, 휴양제도

① ㉢ – ⓓ – 丁
② ㉡ – ⓒ – 甲
③ ㉠ – ⓔ – 丙
④ ㉣ – ⓐ – 丁

해설

공제회기본서(총론Ⅱ) 22
㉠ 생리적욕구 / ⓔ 건강 등에 관한 욕구 / 戊. 적정보수제도, 휴양제도
㉡ 안전욕구 / ⓒ 현재 및 장래의 공무원 신분이나 생활에 대한 불안을 해소 / 丙. 신분보장, 연금제도
㉢ 사회적욕구 / ⓓ 동료·상사·조직전체에 대한 친근감·귀속감을 충족 / 丁. 인간관계의 개선, 고충처리 상담
㉣ 존경욕구 / ⓐ 타인의 인정·신망을 받으려는 욕구 / 乙. 참여확대, 권한의 위임, 제안·포상제도
㉤ 자아실현욕구 / ⓑ 장래에의 자기발전·자기완성의 욕구 및 성취감 충족 / 甲. 합리적인 승진, 공무원 단체 활용

〈매슬로우(Maslow)의 욕구 5단계설〉 (생안사존자 / 생보휴 / 사고인 / 자승단)

	내용	충족방안
생리적 욕구	의식주 및 건강의 욕구(가장 강한 욕구)	적정보수, 휴양제도
안전의 욕구	현재·미래의 신분안전과 생활불안 해소	신분보장, 연금제도
사회적 욕구 (애정욕구)	동료·상사·조직(집단)에의 소속감·친근감	① 인간관계 개선, 비공식집단 활성화 ② 고충처리, 인사상담
존경의 욕구	타인의 인정·존중·신뢰·명예를 얻으려는 욕구	참여의 확대, 권한의 위임, 제안·포상제도
자아실현욕구	① 자기계발·자기완성, 성취감 충족의 욕구로 최고가치의 궁극적인 욕구 ② 조직목표와 조화되기 어려운 욕구	① 공정하고 합리적인 승진제도 운영 ② 공무원단체의 활용
내용	① 인간을 움직이는 욕구는 5단계로 구성되는데, 각 욕구는 한 단계의 욕구가 충족되어야 비로소 다음 단계의 욕구로 순차적·상향적으로 진행되는 "만족·진행 접근법"을 취함 ② 이미 충족된 욕구는 더 이상 동기부여 요인으로서 의미를 잃게 됨 ③ 개인의 궁극적인 목표이자, 조직목표와 가장 조화하기 어려운 욕구는 자아실현욕구임	

정답 ①

024 경찰서장 甲은 소속 경찰관들의 사기 앙양 방법을 모색 중이다. Maslow의 욕구이론과 경찰조직이론에 비추어 볼 때 甲이 취할 사기 앙양책에 대한 설명 중 가장 옳지 않은 것은? (2011경감)

① 소속 직원들 개개인을 인격의 주체로서 합당한 대우를 해준다.
② 소속 직원들간 인간관계의 개선을 통하여 Maslow가 언급한 자기실현 욕구를 만족시켜 준다.
③ 직원들의 불만·갈등을 평소 들어줄 수 있도록 상담 창구를 마련하여 Maslow가 언급한 사회적 욕구를 해소하여 준다.
④ 지연·학연 등에 의한 편파적 인사나 대상에 따라 다른 기준이 적용되는 인사를 배제한다.

해설

공제회기본서(총론Ⅱ) 27
② 소속 직원들간 인간관계의 개선을 통하여 Maslow가 언급한 **사회적 욕구**를 만족시켜 준다.

정답 ②

025 Maslow의 인간욕구 5단계론에 대한 설명 중 가장 적절하지 않은 것은? (2013경위)

① 안전 욕구는 공무원의 현재 및 장래의 신분이나 생활에 대한 불안 해소와 관련된 것으로, 신분보장, 연금제도를 통해 충족시켜 줄 수 있다.
② 사회적 욕구는 동료·상사·조직 전체에 대한 친근감·귀속감 충족에 관한 것으로, 인간관계의 개선, 권한의 위임을 통해 충족시켜 줄 수 있다.
③ 존경 욕구는 타인의 인정·존중·신망을 받으려는 욕구에 관한 것으로, 참여확대, 포상제도 등을 통해 충족시켜 줄 수 있다.
④ 자기실현 욕구는 장래에의 자기발전·자기완성의 욕구 및 성취감 충족에 관한 것으로, 공정하고 합리적인 승진, 공무원 단체 활용을 통해 충족시켜 줄 수 있다.

해설

공제회기본서(총론Ⅱ) 27
② 권한의 위임은 **존경의 욕구**이다.

정답 ②

026 매슬로우(Maslow)의 욕구계층이론에 대한 설명으로 가장 적절한 것은? (2019경감)

① 경찰관이 포상휴가를 가는 것보다 유능한 경찰관이라는 인정을 받고 싶어서 열심히 범인을 검거하였다면 자아실현의 욕구를 충족하고 싶은 것이다.
② 매슬로우는 5단계 기본욕구가 우선순위의 계층을 이루고 있어 한 단계의 욕구가 충족되어야 비로소 다음 단계의 욕구가 발로 된다고 보았다.
③ 소속 직원들 간 인간관계의 개선, 공무원 단체의 활용, 고충처리 상담, 적정한 휴양제도는 사회적 욕구를 충족시켜 주기 위한 방안에 해당한다.
④ 경찰관에 대한 공정하고 합리적인 승진제도를 마련하고 권한의 위임과 참여를 확대하는 것은 자아실현의 욕구를 충족시켜 주기 위한 방안에 해당한다.

해설

공제회기본서(총론Ⅱ) ①27 ②28 ③27 ④27
① **존경의 욕구**
② O
③ **공무원단체는 자아실현욕구, 휴양제도는 생리적 욕구**와 관련된다.
④ 권한의 위임과 참여확대는 **존경의 욕구**와 관련된다.

정답 ②

027 Maslow의 5단계 기본욕구에 대한 설명 중 틀린 것은? (2010경감)
① 생리적 욕구는 의·식·주 및 건강 등에 관한 것으로 적정보수제도 또는 휴양제도를 통해 충족시켜 줄 수 있다.
② 안전욕구는 현재 및 장래의 신분이나 생활에 대한 불안 해소에 관한 것으로 신분보장 또는 연금제도를 통해 충족시켜 줄 수 있다.
③ 사회적 욕구는 동료·상사·조직 전체에 대한 친근감·귀속감 충족에 관한 것으로 참여확대 또는 포상제도를 통해 충족시켜 줄 수 있다.
④ 자아실현욕구는 장래에의 자기발전·자기완성의 욕구 및 성취감 충족에 관한 것으로 합리적인 승진 또는 공무원단체 활용을 통해 충족시켜 줄 수 있다.

> **해설**
>
> 공제회기본서(총론Ⅱ) 27
> ③ 참여확대 또는 포상제도를 통해 **존경욕구**를 충족시켜 줄 수 있다.
>
> 정답 ③

제 3 절 경찰예산관리

028 예산을 성립과정 중심으로 분류할 때, 다음이 설명하는 예산제도로 가장 적절한 것은? (2014경감)

> 회계연도 개시 전까지 예산의 불성립 시에 전년도 예산에 준하여 지출하는 예산제도로서 예산집행의 신축성을 부여하고 예산 불성립으로 인한 행정중단의 방지를 도모한다.

① 준예산
② 본예산
③ 추가경정예산
④ 수정예산

해설

공제회기본서(총론Ⅱ) 34
설문은 준예산에 대한 내용이다.
〈예산 성립과정 중심의 분류〉

본예산	정상적인 절차를 거쳐 최초로 확정된 예산
수정예산	정부가 예산안을 국회에 제출한 이후 **확정(성립)되기 전**에 일부 내용을 변경하여 제출하는 예산(국무회의 심의를 거쳐 대통령의 승인을 얻어 국회에 제출할 수 있음)
추가경정예산	이미 **확정(성립)된 예산**에 변경을 가할 필요가 있을 때 편성하는 예산
준예산	① 회계연도 개시 전까지 예산 불성립 시에 당해연도 예산이 국회에서 의결될 때까지 전년도에 준해서 지출하는 예산(예산불성립으로 인한 행정중단 방지를 위해 필요) ② 용도 – ① 헌법이나 법률에 의해 설치된 기관·시설의 유지운영 ② 법률상 지출의무의 이행(공무원보수, 사무처리기본경비 등) ③ 이미 예산으로 승인된 사업의 계속비

정답 ①

029 경찰예산에 대한 설명으로 가장 적절한 것은? (2019경감)

① 정부 예산안이 국회를 통과하여 확정된 후에 새롭게 발생한 사유로 인하여 이미 성립한 예산에 변경을 가할 필요가 있을 때 편성하는 예산은 수정예산이다.
② 준예산은 회계연도 개시 전까지 예산의 불성립시 전년도 예산에 준하여 지출하는 제도로 예산 확정 전에는 경찰공무원의 보수와 경찰관서의 유지 운영 등 기본경비에는 사용할 수 없다.
③ 관서운영경비는 관서운영경비출납공무원이 아니면 지급할 수 없으며 관서운영경비출납공무원은 관서운영경비를 금융회사등에 예치하여 관리하여야 한다.
④ 예산의 집행은 예산의 배정으로부터 시작되며 예산이 확정되면 해당 예산이 배정되지 않은 상태에서도 지출원인행위를 할 수 있다.

> **해설**
>
> 공제회기본서(총론Ⅱ) ①34 ②34 ③41 ④38
> ① **추가경정예산**에 대한 설명이다.
> ② 예산 확정 전에 경찰공무원의 보수와 경찰관서의 유지 운영 등 기본경비에는 **사용할 수 있다**.
> ③ ○
> ④ 해당 예산이 배정되지 않은 상태에서 지출원인행위를 **할 수 없다**.
>
> 정답 ③

030 예산제도에 대한 설명 중 틀린 것은 모두 몇 개인가? (2010경위)

> ㉠ 품목별 예산제도는 회계책임이 명확하고, 계획과 지출이 일치한다는 장점이 있다.
> ㉡ 성과주의 예산제도는 기능의 중복을 피하기 곤란하고, 의사결정을 위한 충분한 자료 제시가 부족하다는 단점이 있다.
> ㉢ 일몰법은 매년 사업의 우선순위를 새로이 결정하고 그에 따라 예산을 책정한다.
> ㉣ 자본예산은 정부예산을 경상지출과 자본지출로 구분하여 경상지출은 경상수입으로 충당시켜 균형을 이루게 하고 자본지출은 적자재정과 공채발행으로 그 수입에 충당하게 함으로써 균형을 이루게 하는 예산제도이다.

① 1개   ② 2개   ③ 3개   ④ 4개

> **해설**
>
> 공제회기본서(총론Ⅱ) ㉠35 ㉡35 ㉢36 ㉣36
> ㉠ 품목별 예산제도는 회계책임이 명확하지만, **계획과 지출이 불일치**한다는 단점이 있다.
> ㉡ **품목별 예산제도는** 기능의 중복을 피하기 곤란하고, 의사결정을 위한 충분한 자료제시가 부족하다는 단점이 있다.
> ㉢ **영기준 예산제도**는 매년 사업의 우선순위를 새로이 결정하고 그에 따라 예산을 책정한다.
> ㉣ 자본예산은 정부예산을 경상지출과 자본지출로 구분하여 경상지출은 경상수입으로 충당시켜 균형을 이루게 하고 자본지출은 적자재정과 공채발행으로 그 수입에 충당하게 함으로써 **불균형예산**을 편성하는 예산제도이다.
>
> 〈예산제도의 변천〉
> **1. 품목별예산(LIBS : Line Item Budget System) – 통제 지향**
> ① 정부지출의 대상, 성질을 기준으로 지출품목마다 그 비용을 계산하여 편성하는 예산제도
> ② 통제지향 예산제도로, 예산담당 공무원들에게 필요한 핵심적 기술은 회계기술
> ③ 총괄(단독) 예산제도로는 적합하지 않고, 다른 모든 예산제도와 병행될 수 있음(우리나라를 포함하여 세계적으로 가장 많이 활용되는 예산제도)

장 점	단 점
• 예산운영의 용이성, 회계검사의 용이성 • 회계책임의 명확성 확보 • 재량권축소로 예산유용 방지와 재정통제에 유리 • 인사행정에 유용한 자료 제공	• 계획과 지출의 불일치 • 기능간 중복과 자원배분의 비효율성 • 성과측정의 곤란 • 예산집행의 신축성 제약 • 의사결정을 위한 자료제공 역할의 부족

2. 성과주의예산(PBS : Performance Budget System) – 관리 지향

① 정부활동을 세부사업으로 구분하여 세부사업별로 "단위원가×업무량=예산액"으로 편성하는 예산제도
② 정부의 물품구입보다 정부가 수행하는 활동(사업)에 초점을 둠으로써 예산의 관리기능을 강조

장 점	단 점
• 국민이 정부활동을 이해함에 용이 • 업무단위/단위원가 산출로 자원배분의 합리화 • 예산집행의 신축성 확보 • 업무능률 측정하여 다음연도 예산에 반영	• 기본요소인 업무단위/단위원가 산출의 어려움 • 품목별예산에 비해 통제곤란, 회계책임 불분명 • 인건비 등 경직성경비 적용의 곤란

3. 계획예산(PPBS : Planning Programming Budgeting System) – 계획 지향

① 장기적인 기획과 단기적인 예산을 유기적으로 연결시켜 편성하는 예산제도(일명 프로그램 예산)
② 장점 – 예산과 기획의 통합, 자원배분의 합리성 제고
③ 단점 – 중앙집권화(하향적 의사결정), 관료조직의 반발, 계량화와 환산작업의 곤란, 실현가능성 낮음

4. 영기준예산(ZBB : Zero-base Budget System) – 감축 지향

① 모든 사업·활동을 원점에서 재검토하여 우선순위에 따라 예산편성하는 제도
② 전년도 예산을 기준으로 점증적으로 예산편성하는 폐단을 시정하려는 목적으로 탄생한 제도
③ 장점 –예산팽창의 방지, 작은정부시대/자원난시대에 적합
④ 단점 – 시간·노력의 과다한 소모, 사업축소나 폐지의 곤란성

5. 일몰법과 자본예산

일몰법	① 특정 사업이나 활동에 대하여 일정기간이 지나면 자동적으로 폐지되게 하는 법률 ② 일몰법은 행정부가 편성하는 예산이 아니라, 국회가 제정하는 법임
자본 예산	정부예산을 경상지출과 자본지출로 구분하여 경상지출은 경상수입으로 충당시켜 균형을 이루되, 자본지출은 적자재정과 공채발행으로 불균형예산을 편성(허용)하는 제도

정답 ④

031 예산제도에 대한 설명 중 틀린 것은 모두 몇 개인가? (2010경감)

㉠ 성과주의 예산제도는 인사행정에 유용한 자료를 제공하지만, 기능의 중복을 피하기 곤란하다.
㉡ 계획예산은 국민의 입장에서 경찰활동을 이해하기 용이하지만, 인건비 등 경직성경비의 적용에 어려움이 있다.
㉢ 준예산은 회계연도 개시 전까지 예산의 불성립시에 전년도 예산에 준하여 지출하는 예산제도로 예산확정 전이라도 공무원의 보수와 사무처리에 관한 기본경비 등에는 지출할 수 있다.
㉣ 국회를 통과하여 예산이 확정되었더라도 해당예산이 배정되지 않은 상태에서는 지출원인행위를 할 수 없다.
㉤ 관서운영 경비 중 건당 500만원 이하의 경비만 관서운영경비로 집행하도록 규정한 예산과목은 운영비·특수활동비가 있으며 업무추진비는 이에 해당하지 않는다.

① 2개   ② 3개   ③ 4개   ④ 5개

해설

공제회기본서(총론Ⅱ) ㉠35 ㉡35 ㉢34 ㉣38 ㉤41
㉠ **품목별 예산제도**는 인사행정에 유용한 자료를 제공하지만, 기능의 중복을 피하기 곤란하다.
㉡ **성과주의 예산**은 국민의 입장에서 경찰활동을 이해하기 용이하지만, 인건비 등 경직성경비의 적용에 어려움이 있다.
㉢ O
㉣ O
㉤ 관서운영 경비 중 건당 500만원 이하의 경비만 관서운영경비로 집행하도록 규정한 예산과목에는 운영비·특수활동비·안보비 및 **업무추진비 등이 해당**한다.

정답 ②

032 품목별 예산제도와 가장 관련이 깊은 것은? (2012경감)

① 사업계획을 세부사업으로 분류하고 각 세부사업을 '단위원가×업무량=예산액'으로 표시하여 편성하는 예산제도
② 세출예산의 대상·성질에 따라 편성한 예산으로 집행에 대한 회계책임을 명백히 하고 경비사용의 적정화에 유리한 예산제도
③ 장기적인 기획과 단기적인 예산편성을 구체적인 실시기획을 통하여 유기적으로 연결시켜 예산배분에 관한 의사결정을 합리적으로 일관성 있게 행하려는 예산제도
④ 조직체의 모든 사업·활동에 대하여 영기준을 적용해서 각각의 효율성·효과성 및 중요성 등을 체계적으로 분석하고 사업의 존속·축소·확대 여부를 원점에서 새로 분석·검토하여 우선순위별로 실행예산을 결정하는 예산제도

> **해설**
> 공제회기본서(총론Ⅱ) 35,36
> ① 성과주의 예산제도, ② 품목별 예산제도, ③ 계획예산제도, ④ 영기준예산제도
>
> 정답 ②

033 예산제도에 대한 설명 중 가장 적절하지 않은 것은? (2012경위)
① 일몰법은 특정의 행정기관이나 사업이 일정기간이 지나면 의무적·자동적으로 폐지되게 하는 법률이다.
② 품목별 예산제도는 회계책임이 명확하고 인사행정에 유용한 정보와 자료를 제공한다는 장점이 있다.
③ 사업의 우선순위 결정이 중요한 대표적인 예산제도는 계획예산제도이다.
④ 성과주의 예산제도는 국민의 입장에서 경찰활동에 대한 이해가 용이하다는 장점이 있다.

> **해설**
> 공제회기본서(총론Ⅱ) 35,36
> ③ 사업의 우선순위 결정이 중요한 대표적인 예산제도는 <u>영기준 예산제도</u>이다.
>
> 정답 ③

034 예산제도에 대한 설명 중 가장 적절하지 않은 것은? (2013경감)
① 품목별예산은 회계책임을 명확히 하고, 인사행정에 유용한 자료를 제공할 수 있는 예산제도이다.
② 성과주의예산은 정부가 구입하는 물품보다 정부가 수행하는 업무에 중점을 두는 관리지향적 예산제도이다.
③ 계획예산은 예산편성시 전년도 예산을 기준으로 점증적으로 예산액을 책정하는 폐단을 시정하려는 목적에서 유래되었다.
④ 준예산은 회계연도 개시 전까지 예산의 불성립시에 전년도에 준해서 지출하는 예산제도로서 예산집행의 신축성을 부여하고, 예산 불성립으로 인한 행정의 중단을 방지한다. 즉, 예산확정 전이라도 공무원의 보수와 사무처리에 관한 기본경비 등에는 준예산제도로 지출할 수 있다.

> **해설**
> 공제회기본서(총론Ⅱ) ①35 ②35 ③35,36 ④34
> ③ <u>영기준 예산</u>은 예산편성시 전년도 예산을 기준으로 점증적으로 예산액을 책정하는 폐단을 시정하려는 목적에서 유래되었다.
>
> 정답 ③

035 다음 설명과 같은 특성을 가진 예산제도로 가장 적절한 것은? (2018경위)

- 지출의 대상·성질을 기준으로 하여 세출예산의 금액 분류
- 회계책임이 명확하고, 인사행정에 유용한 정보와 자료를 제공하는 장점은 있지만, 기능의 중복을 피하기 곤란하다는 단점이 있다.

① 품목별 예산제도 ② 영점기준예산
③ 자본예산제도 ④ 일몰법

해설

공제회기본서(총론Ⅱ) 35
① 품목별 예산에 대한 내용이다.

정답 ①

---

036 예산제도에 대한 설명으로 가장 적절한 것은? (2019경감)

① 품목별 예산제도는 지출의 대상 성질을 기준으로 세출예산의 금액을 분류하는 통제지향적 제도로 회계책임의 명확화를 통해 계획과 지출의 불일치를 극복할 수 있다는 장점이 있다.
② 성과주의 예산제도는 정부가 구입하는 물품보다 정부가 수행하는 업무에 중점을 두는 관리지향적 예산제도로 기능의 중복을 피하기가 곤란하고 인건비 등 경직성 경비에 적용이 어렵다.
③ 영기준 예산제도는 예산편성 시 전년도 예산을 기준으로 점증적으로 예산을 책정하는 폐단을 탈피하기 위한 예산제도이다.
④ 일몰법은 특정의 행정기관이나 사업이 일정기간 지나면 의무적 자동적으로 폐지되게 하는 예산제도로 행정부가 예산편성을 통해 정하며 중요사업에 대해 적용된다.

해설

공제회기본서(총론Ⅱ) 35,36
① 품목별 예산제도는 지출의 대상·성질을 기준으로 세출예산의 금액을 분류하는 통제지향적 제도로 회계책임의 명확하게 할 수 있다는 장점이 있으나, **계획과 지출의 불일치가 발생**하는 단점이 있다.
② 기능의 중복을 피하기가 곤란한 것은 **품목별 예산제도**의 단점이다.
③ O
④ 일몰법은 **입법부가 정하는 법률**이다.

정답 ③

037 예산에 대한 설명으로 옳은 것은 모두 몇 개인가? (2011경위)

> ㉠ 예산이 국회를 통과하여 성립한 후에 그 내용을 변경하는 예산은 수정예산이다.
> ㉡ 세출예산의 대상·성질에 따라 편성한 예산으로 집행에 대한 회계책임을 명백히 하는 제도는 '품목별 예산' 제도이다.
> ㉢ 경찰청장은 예산안편성지침에 따라 그 소관에 속하는 다음 연도 세입세출예산·계속비·명시이월비 및 국고채무부담행위 요구서를 작성하여 매년 9월 30일까지 기획재정부장관에게 제출하여야 한다.
> ㉣ 국회를 통과하여 예산이 확정되었다면 해당 예산이 배정되지 않았다 하더라도 지출원인행위를 할 수 있다.

① 없음   ② 1개   ③ 2개   ④ 3개

해설

공제회기본서(총론Ⅱ) ㉠33 ㉡35 ㉢37 ㉣38
㉠ 예산이 국회를 통과하여 성립한 후에 그 내용을 변경하는 예산은 **추가경정예산**이다.
㉡ O
㉢ 경찰청장은 예산안편성지침에 따라 그 소관에 속하는 다음 연도 세입세출예산·계속비·명시이월비 및 국고채무부담행위 요구서를 작성하여 **매년 5월 31일까지** 기획재정부장관에게 제출하여야 한다.
㉣ 국회를 통과하여 예산이 확정되었다면 해당 예산이 배정되지 않은 상태에서는 지출원인행위를 **할 수 없다**.

정답 ②

---

038 「국가재정법」상 경찰 예산안의 편성에 대한 설명으로 가장 적절하지 않은 것은? (2020경감)

① 경찰청장은 매년 1월 31일까지 당해 회계연도부터 5회계연도 이상의 기간 동안의 신규사업 및 기획재정부장관이 정하는 주요 계속사업에 대한 중기사업계획서를 기획재정부장관에게 제출하여야 한다.
② 기획재정부장관은 국무회의의 심의를 거쳐 대통령의 승인을 얻은 다음 연도의 예산안편성지침을 매년 3월 31일까지 경찰청장에게 통보하여야 한다.
③ 경찰청장은 예산안편성지침에 따라 그 소관에 속하는 다음 연도의 세입세출예산·계속비·명시이월비 및 국고채무부담행위 요구서를 작성하여 매년 5월 31일까지 기획재정부장관에게 제출하여야 한다.
④ 기획재정부장관은 예산요구서에 따라 예산안을 편성하여 국회의 심의를 거친 후 대통령의 승인을 얻어야 한다.

해설

공제회기본서(총론Ⅱ) ①37 ②37 ③37 ④37
④ 기획재정부장관은 예산요구서에 따라 예산안을 편성하여 **국무회의**의 심의를 거친 후 대통령의 승인을 얻어야 한다.

〈예산의 편성〉	(중지요 / 중기중 / 135)
중기사업계획서 제출	각 중앙관서의 장(경찰청장)은 매년 1월 31일까지 당해 회계연도부터 5회계연도 이상의 기간 동안의 신규사업 및 기획재정부장관이 정하는 주요 계속사업에 대한 중기사업계획서를 기획재정부장관에게 제출하여야 한다.
예산안편성지침 통보	기획재정부장관은 국무회의의 심의를 거쳐 대통령의 승인을 얻은 다음 연도의 예산안편성지침을 매년 3월 31일까지 각 중앙관서의 장에게 통보하여야 한다.
예산요구서 제출	각 중앙관서의 장은 예산안편성지침에 따라 그 소관에 속하는 다음 연도의 예산요구서(세입세출예산·계속비·명시이월비 및 국고채무부담행위 요구서)를 작성하여 매년 5월 31일까지 기획재정부장관에게 제출하여야 한다.
예산안 편성과 국회제출	① 기획재정부장관은 예산요구서에 따라 예산안을 편성하여 국무회의의 심의를 거친 후 대통령의 승인을 얻어야 한다. ② 정부는 대통령의 승인을 얻은 예산안을 회계연도 개시 120일 전까지 국회에 제출하여야 한다.

정답 ④

039 경찰예산의 편성에 대한 설명으로 가장 적절하지 않은 것은? (2013경위)

① 경찰청장은 매년 1월 31일까지 당해 회계연도부터 5회계연도 이상의 기간 동안의 신규사업 및 행정안전부장관이 정하는 주요 계속사업에 대한 중기사업계획서를 기획재정부장관에게 제출하여야 한다.

② 기획재정부장관은 국무회의의 심의를 거쳐 대통령의 승인을 얻은 다음 연도의 예산안편성지침을 매년 3월 31일까지 각 중앙관서의 장에게 통보하여야 한다.

③ 경찰청장은 예산안편성지침에 따라 그 소관에 속하는 다음 연도의 세입세출예산·계속비·명시이월비 및 국고채무부담행위 요구서를 작성하여 매년 5월 31일까지 기획재정부장관에게 제출하여야 한다.

④ 기획재정부장관은 예산안을 편성하여 국무회의의 심의를 거쳐 대통령의 승인을 얻어야 하며, 정부는 이 예산안을 회계연도 개시 120일 전까지 국회에 제출하여야 한다.

해설

공제회기본서(총론Ⅱ) 37

① 경찰청장은 매년 1월 31일까지 당해 회계연도부터 5회계연도 이상의 기간 동안의 신규사업 및 **기획재정부장관이 정하는** 주요 계속사업에 대한 중기사업계획서를 기획재정부장관에게 제출하여야 한다.

정답 ①

040 「국가재정법」상 예산의 집행에 대한 설명 중 가장 적절한 것은? (2020경위)

① 각 중앙관서의 장은 예산이 확정되기 전에 사업운영계획 및 이에 따른 세입세출예산·계속비와 국고채무부담행위를 포함한 예산배정요구서를 기획재정부장관에게 제출하여야 한다.
② 기획재정부장관은 예산배정요구서에 따라 분기별 예산배정계획을 작성하여 국무회의의 심의를 거친 후 대통령의 승인을 얻어야 한다.
③ 예산이 확정되면 해당 예산이 배정되지 않은 상태라도 지출원인행위를 할 수 있다.
④ 경찰청장은 예산이 정한 각 기관 간 또는 각 장·관·항 간에 상호 이용(移用)할 수 있는 것이 원칙이다.

> **해설**
>
> 공제회기본서(총론Ⅱ) ①38 ②38 ③38 ④39
> ① 경찰청장은 **예산이 확정된 후** 사업운영계획 및 이에 따른 세입세출예산·계속비와 국고채 무부담행위를 포함한 예산배정요구서를 기획재정부장관에게 제출하여야 한다.
> ③ 예산이 확정되었더라도 해당 예산이 배정되지 않은 상태에서는 지출원인행위를 **할 수 없다**.
> ④ 경찰청장은 예산이 정한 각 기관 간 또는 각 장·관·항 간에 상호 이용(移用)할 수 없으며 일정한 경우 예외적으로 인정된다.
>
> **정답** ②

041 예산안이 국회에 제출되면 예산안 심의를 위한 국회가 개최되고 예산안 종합심사를 위하여 예산결산특별위원회가 활동한다. 다음 중 예산결산특별위원회 종합심사 순서를 나열한 것으로 가장 적절한 것은? (2018경감)

① 종합정책질의 → 계수조정소위원회의 계수조정 → 부별 심사 → 예산결산특별위원회 전체회의에서 소위원회의 조정안 승인
② 종합정책질의 → 부별 심사 → 계수조정소위원회의 계수조정 → 예산결산특별위원회 전체회의에서 소위원회의 조정안 승인
③ 종합정책질의 → 부별 심사 → 예산결산특별위원회 전체회의에서 소위원회의 조정안 승인 → 계수조정소위원회의 계수조정
④ 부별 심사 → 종합정책질의 → 계수조정소위원회의 계수조정 → 예산결산특별위원회 전체회의에서 소위원회의 조정안 승인

> **해설**
>
> 공제회기본서(총론Ⅱ) 31 **(종부계전)**
> ② 종합정책질의 ⇨ **부별** 심사 ⇨ **계**수조정소위원회의 계수조정 ⇨ 예산결산특별위원회 **전**체회의에서 소위원회의 조정안 승인
>
> **정답** ②

제4절 장비관리와 보안관리

042 「경찰 장비관리 규칙」상 무기관리에 관한 설명으로 가장 적절하지 않은 것은? (2016경위)

① 무기고와 탄약고는 견고하게 만들고 환기·방습장치와 방화시설 및 총가시설 등이 완비되어야 한다.
② 무기고와 탄약고는 통합설치하여야 하며 가능한 본 청사와 격리된 독립 건물로 하여야 한다.
③ 무기·탄약고 비상벨은 상황실과 숙직실 등 초동조치 가능 장소와 연결하고, 외곽에는 철조망 장치와 조명등 및 순찰함을 설치하여야 한다.
④ 간이무기고는 근무자가 24시간 상주하는 지구대 및 상황실 등 경찰기관의 장이 필요하다고 인정하는 상당한 이유가 있는 장소에 설치할 수 있다.

> **해설**
>
> 공제회기본서(총론Ⅱ) ①46 ②45 ③45 ④45
> ② 무기고와 탄약고는 <u>분리되어야</u> 하며 가능한 본 청사와 격리된 독립 건물로 하여야 한다.
>
> **정답** ②

043 「경찰장비관리규칙」상 무기관리에 대한 설명으로 가장 적절하지 않은 것은? (2017경감)

① 무기는 인명 또는 신체에 위해를 가할 수 있도록 제작된 권총·소총·도검 등을 말한다.
② 무기·탄약고 비상벨은 상황실과 숙직실 등 초동조치 가능장소와 연결하고, 외곽에는 철조망장치와 조명등 및 순찰함을 설치할 수 있다.
③ 탄약고는 무기고와 분리되어야 하며, 가능한 본 청사와 격리된 독립 건물로 하여야 한다.
④ 간이무기고는 근무자가 24시간 상주하는 지구대, 파출소, 상황실 및 112타격대 등 경찰기관의 장이 필요하다고 인정하는 상당한 이유가 있는 장소에 설치할 수 있다.

> **해설**
>
> 공제회기본서(총론Ⅱ) ①45 ②45 ③45 ④45
> 무기·탄약고 비상벨은 상황실과 숙직실 등 초동조치 가능장소와 연결하고, 외곽에는 철조망장치와 조명등 및 순찰함을 <u>설치하여야 한다</u>.(동규칙 제115조 제5항)
>
> **정답** ②

044 「경찰장비관리규칙」상 즉시 대여한 무기·탄약을 회수할 사유로 가장 적절하지 않은 것은? (2015경감)

① 직무상의 비위 등으로 인하여 징계대상이 된 자
② 형사사건의 조사 대상이 된 자
③ 사의를 표명한 자
④ 정신건강상 문제로 우려되어 치료가 필요한 자

해설

공제회기본서(총론Ⅱ) 47
④ 정신건강상 문제로 우려되어 치료가 필요한 자는 대여한 무기를 <u>회수·보관할 수 있는 사유</u>

〈무기·탄약의 회수 및 보관〉

강제회수대상 (즉시 회수하여야 하는 자) (징형사)	① 경찰기관의 장은 무기를 휴대한 자 중에서 다음 각 호에 해당하는 자가 발생한 때에는 즉시 대여한 무기·탄약을 회수하여야 한다. 1. 직무상의 비위 등으로 인하여 <u>징</u>계대상이 된 자 2. <u>형</u>사사건의 조사의 대상이 된 자 3. <u>사</u>의를 표명한 자
임의회수대상 (회수할 수 있는 자)	② 경찰기관의 장은 무기를 휴대한 자 중에서 다음에 해당하는 자가 있을 때에는 무기 소지 적격 심의위원회의 심의를 거쳐 대여한 무기·탄약을 회수할 수 있다. 1. 경찰공무원 직무적성검사 결과 고위험군에 해당되는 자 2. 정신건강상 문제가 우려되어 치료가 필요한 자 3. 정서적 불안 상태로 무기소지가 적합하지 않은 자로서 소속부서장의 요청이 있는 자 4. 그 밖에 경찰기관의 장이 무기 소지 적격 여부에 대해 심의를 요청하는 자
강제보관대상 (무기고에 보관해야 하는 경우) (술상기)	③ 경찰기관의 장은 무기를 휴대한 자 중에서 다음 각 호에 해당하는 경우에는 대여한 무기·탄약을 무기고에 보관하도록 하여야 한다. 1. <u>술</u>자리 또는 연회장소에 출입할 경우 2. <u>상</u>사의 사무실을 출입할 경우 3. <u>기</u>타 정황을 판단하여 필요하다고 인정되는 경우

정답 ④

045 「경찰장비관리규칙」상 무기·탄약의 회수 및 보관에 대한 설명 중 가장 적절한 것은? (2020경위)

① 경찰기관의 장은 무기를 휴대한 자 중에서 사의를 표명한 자에게 대여한 무기·탄약을 즉시 회수하여야 한다.
② 경찰기관의 장은 무기를 휴대한 자 중에서 경찰공무원 직무적성검사 결과 고위험군에 해당되는 자에게 대여한 무기·탄약을 즉시 회수하여야 한다.
③ 경찰기관의 장은 무기를 휴대한 자 중에서 형사사건의 조사의 대상이 된 자에게 대여한 무기·탄약을 무기 소지 적격 심의위원회의 심의를 거쳐 회수할 수 있다.
④ 경찰기관의 장은 무기를 휴대한 자 중에서 정신건강상 문제가 우려되어 치료가 필요한 자에게 대여한 무기·탄약을 즉시 회수하여야 한다.

해설

공제회기본서(총론Ⅱ) 47
① ○
② 경찰기관의 장은 무기를 휴대한 자 중에서 경찰공무원 직무적성검사 결과 고위험군에 해당되는 자가 있을 때에는 심의위원회의 심의를 거쳐 **대여한 무기·탄약을 회수할 수 있다**.
③ 경찰기관의 장은 무기를 휴대한 자 중에서 형사사건의 조사의 대상이 된 자에게 대여한 무기·탄약을 **즉시 회수하여야 한다**.
④ 경찰기관의 장은 무기를 휴대한 자 중에서 정신건강상 문제가 우려되어 치료가 필요한 자가 있을 때에는 심의위원회의 심의를 거쳐 **대여한 무기·탄약을 회수할 수 있다**.

정답 ①

046 「경찰장비관리규칙」에 관한 설명 중 〈보기1〉의 대상자와 〈보기2〉의 사유가 옳게 연결된 것은?

(2011경감)

〈보기1〉
(개) 무기·탄약을 즉시 회수하여야 하는 자
(내) 무기·탄약을 회수할 수 있는 자

〈보기2〉
Ⅰ. 직무상의 비위 등으로 인하여 징계대상이 된 자
Ⅱ. 사의를 표명한 자
Ⅲ. 정신건강상 문제가 우려되어 치료가 필요한 자
Ⅳ. 경찰공무원 직무적성검사 결과 고위험군에 해당되는 자

① (개) - Ⅰ, Ⅲ
② (내) - Ⅲ, Ⅳ
③ (개) - Ⅰ, Ⅳ
④ (내) - Ⅱ, Ⅲ

해설

공제회기본서(총론Ⅱ) 47
(개) 무기·탄약을 즉시 회수하여야 하는 자 - Ⅰ, Ⅱ
(내) 무기·탄약을 회수할 수 있는 자 - Ⅲ, Ⅳ

정답 ②

047 「경찰장비관리규칙」에서 규정하고 있는 내용과 다른 것은 모두 몇 개인가? (2014경감)

> ㉠ 경찰기관의 장은 무기를 휴대한 자 중에서 직무상의 비위 등으로 인하여 징계대상이 된 자, 형사사건의 조사의 대상이 된 자, 사의를 표명한 자가 발생한 때에는 즉시 대여한 무기·탄약을 회수하여야 한다.
> ㉡ 차량운행시 책임자는 1차 운전자, 2차 선임탑승자(사용자), 3차 경찰기관의 장으로 한다.
> ㉢ 차량교체를 위한 불용 대상차량은 부속기관 및 지방경찰청에 배정되는 수량의 범위 내에서 내용연수 경과 여부 등 차량사용기간을 최우선적으로 고려하여 선정한다.
> ㉣ 불용처분된 차량은 부속기관 및 지방경찰청별로 실정에 맞게 공개매각을 원칙으로 하되, 공개매각이 불가능한 때에는 폐차처분을 할 수 있다. 다만, 매각을 할 때에는 경찰표시도색을 제거하는 등 필요한 조치를 하여야 한다.

① 없음　　② 1개　　③ 2개　　④ 3개

해설

공제회기본서(총론Ⅱ) ㉠47 ㉡47 ㉢47 ㉣43
모두 옳은 설명이다.

정답 ①

048 「경찰장비관리규칙」상 차량관리에 대한 설명으로 가장 옳은 것은? (2011경위)

① 차량 교체를 위한 불용차량 선정에는 내용연수 경과 여부 등 차량 사용기간을 최우선적으로 고려하여 선정한다.
② 차량 열쇠는 지정된 열쇠함에 집중보관하여야 하며, 예비열쇠를 확보하기 위해 복제해 놓아야 한다.
③ 부속기관 및 지방경찰청은 소속기관 차량 중 다음 년도 교체대상 차량을 매년 12월 말까지 경찰청장에게 보고하여야 한다.
④ 차량운행 시 책임자는 1차 선임탑승자(사용자), 2차 운전자, 3차 경찰기관의 장으로 한다.

해설

공제회기본서(총론Ⅱ) ①48 ②43 ③42 ④43
① ○
② 차량 열쇠는 지정된 열쇠함에 집중보관하여야 하며, 예비열쇠의 확보 등을 위한 무단복제와 전·의경 운전원의 임의 소지 및 보관을 금한다.
③ 부속기관 및 지방경찰청은 소속기관 차량 중 다음 년도 교체대상 차량을 매년 11월 말까지 경찰청장에게 보고하여야 한다.
④ 차량운행 시 책임자는 1차 운전자, 2차 선임탑승자(사용자), 3차 경찰기관의 장으로 한다.

정답 ①

049 현행 「경찰장비관리규칙」상 경찰 차량관리에 대한 설명 중 가장 적절하지 않은 것은? (2012경위)

① 교체를 위한 불용차량 선정에는 내용연수 경과여부 등 차량사용기간을 최우선적으로 고려하여 선정하며 사용기간이 동일한 경우에는 주행거리와 차량의 노후상태, 사용부서 등을 종합적으로 검토하여 신중하게 선정한다.
② 차량열쇠는 지정된 열쇠함에 집중 보관하여 「경찰장비관리규칙」에 규정된 자가 관리하고, 예비열쇠의 확보 등을 위한 무단복제와 전·의경 운전원의 임의 소지 및 보관을 금한다.
③ 부속기관 및 지방경찰청의 장은 다음 연도에 소속기관의 차량정수를 증감시킬 필요가 있을 때에는 매년 3월말까지 다음 연도 차량정수 소요계획을 경찰청장에게 제출하여야 한다.
④ 차량은 용도별로 전용·지휘용·업무용·순찰용·수사용·특수용 차량으로 구분한다.

> **해설**
> 공제회기본서(총론Ⅱ) ①42 ②43 ③42 ④42 (전지업순특)
> ④ 차량은 용도별로 <u>전</u>용·<u>지</u>휘용·<u>업</u>무용·<u>순</u>찰용·<u>특</u>수용 차량으로 구분한다(<u>수사용X</u>).
>
> **정답** ④

050 「경찰장비관리규칙」상 차량관리에 관한 설명으로 가장 적절하지 않은 것은? (2016경감)

① 차량은 용도별로 전용·지휘용·업무용·순찰용·특수용 차량으로 구분한다.
② 업무용 차량은 운전요원의 부족 등 불가피한 사유가 없는 한 집중관리를 원칙으로 한다.
③ 차량 교체를 위한 불용차량 선정에는 주행거리를 최우선적으로 고려하여 선정한다.
④ 차량운행 시 책임자는 1차 운전자, 2차 선임탑승자(사용자), 3차 경찰기관의 장으로 한다.

> **해설**
> 공제회기본서(총론Ⅱ) ①42 ②43 ③42 ④43
> ③ 차량 교체를 위한 불용차량 선정에는 내용연수 경과 등 <u>차량사용기간을 최우선적으로 고려</u>하여 선정한다.
>
> **정답** ③

051 「경찰장비관리규칙」에 대한 설명으로 가장 적절하지 않은 것은? (2017경위)

① 부속기관 및 지방경찰청의 장은 다음 연도에 소속기관의 차량 정수를 증감시킬 필요가 있을 때에는 매년 3월말까지 다음 연도 차량정수 소요계획을 경찰청장에게 제출하여야 한다.
② 부속기관 및 지방경찰청은 소속기관 차량 중 다음 연도 교체대상 차량을 매년 11월 말까지 경찰청장에게 보고하여야 한다.
③ 차량교체를 위한 불용 대상차량은 부속기관 및 지방경찰청에 배정되는 수량의 범위 내에서 주행거리를 최우선적으로 고려하여 선정한다.
④ 차량운행 시 책임자는 1차 운전자, 2차 선임탑승자(사용자), 3차 경찰기관의 장으로 한다.

해설

공제회기본서(총론Ⅱ) ①42 ②42 ③42 ④43
③ 차량교체를 위한 불용 대상차량은 부속기관 및 지방경찰청에 배정되는 수량의 범위 내에서 내용연수 경과 여부 등 차량사용기간을 최우선적으로 고려하여 선정한다.(동규칙 제94조 제1항)

정답 ③

---

052 「경찰장비관리규칙」상 차량관리에 대한 설명으로 적절하지 않은 것을 모두 고른 것은? (2018경감)

㉠ 차량은 용도별로 전용·지휘용·행정용·순찰용·특수구난용 차량으로 구분한다.
㉡ 부속기관 및 지방경찰청의 장은 다음 연도에 소속기관의 차량정수를 증감시킬 필요가 있을 때에는 매년 11월 말까지 다음 연도 차량정수 소요계획을 경찰청장에게 제출하여야 한다.
㉢ 차량교체를 위한 불용 대상차량은 주행거리와 차량의 노후상태를 최우선적으로 고려하여 선정하여야 하고, 주행거리가 동일한 경우에는 차량사용기간, 사용부서 등을 추가로 검토한다.
㉣ 차량운행 시 책임자는 1차 선임탑승자, 2차 운전자(사용자), 3차 경찰기관의 장으로 한다.

① ㉠㉣   ② ㉠㉡㉢   ③ ㉡㉢㉣   ④ ㉠㉡㉢㉣

해설

공제회기본서(총론Ⅱ) ㉠42 ㉡42 ㉢42 ㉣43
㉠ 차량은 용도별로 다음 각호와 같이 전용·지휘용·업무용·순찰용·특수용 차량으로 구분한다.(전지업순특)
㉡ 부속기관 및 지방경찰청의 장은 다음 년도에 소속기관의 차량정수를 증감시킬 필요가 있을 때에는 매년 3월말까지 다음 년도 차량정수 소요계획을 경찰청장에게 제출하여야 한다.
㉢ 차량교체를 위한 불용 대상차량은 부속기관 및 지방경찰청에 배정되는 수량의 범위 내에서 내용연수 경과 여부 등 차량사용기간을 최우선적으로 고려하여 선정한다. 사용기간이 동일한 경우에는 주행거리와 차량의 노후상태, 사용부서 등을 종합적으로 검토 예산낭비 요인이 없도록 신중하게 선정한다.
㉣ 차량운행시 책임자는 1차 운전자, 2차 선임탑승자(사용자), 3차 경찰기관의 장으로 한다.

정답 ④

053 보안관리에 대한 설명 중 틀린 것은? (2010경위)

① 비밀의 구분은 국가정보원법 제4조에 명시되어 있다.
② 보안업무의 법적 근거로는 국가정보원법, 정보및보안업무기획조정규정, 보안업무규정이 있다.
③ 경찰청장, 경찰병원장, 경찰서장은 Ⅱ급 및 Ⅲ급 비밀 취급인가권자에 해당한다.
④ 경찰공무원은 비밀취급인가증을 별도로 발급받지 않는 특별인가의 대상이다.

해설

공제회기본서(총론Ⅱ) ①44 ②49 ③50 ④52
① 비밀의 구분은 **보안업무규정** 제4조에 명시되어 있다.

 ①

054 보안관리에 대한 설명 중 틀린 것은? (2010경감)

① 보안업무의 원칙 중 한정의 원칙이란 한 번에 다량의 비밀이나 정보가 유출되지 않도록 하는 원칙을 말한다.
② 비밀의 분류 중 Ⅱ급비밀은 누설되는 경우 국가안전보장에 막대한 지장을 초래할 우려가 있는 비밀이다.
③ 비밀분류의 원칙 중 과도 또는 과소분류 금지의 원칙이란 비밀은 적절히 보호할 수 있는 최저등급으로 분류하여야 하며 과도 또는 과소하게 분류하여서는 아니된다는 원칙이다.
④ 보호지역(보호구역) 중 제한구역은 비밀 또는 주요시설 및 자재에 대한 비인가자의 접근을 방지하기 위하여 그 출입에 안내가 요구되는 구역을 말한다.

해설

공제회기본서(총론Ⅱ) ①49 ②50 ③50 ④56
① 보안업무의 원칙 중 **부분화의 원칙**이란 한 번에 다량의 비밀이나 정보가 유출되지 않도록 하는 원칙을 말한다.

 ①

055 「보안업무규정 시행규칙」에 대한 설명으로 가장 적절하지 않은 것은? (2020경감)

① Ⅰ급비밀은 반드시 금고에 보관하여야 하며, 다른 비밀과 혼합하여 보관하여서는 아니 된다.
② 비밀의 보관용기 외부에는 비밀의 중요성과 가치에 따라 구분하여 표시하여야 한다.
③ 제한구역이란 비인가자가 비밀, 주요시설 및 Ⅲ급 비밀 소통용 암호자재에 접근하는 것을 방지하기 위하여 안내를 받아 출입하여야 하는 구역을 말한다.
④ 통제구역이란 보안상 매우 중요한 구역으로서 비인가자의 출입이 금지되는 구역을 말한다.

> **해설**
> 공제회기본서(총론Ⅱ) ①53 ②53 ③56 ④56
> ② 비밀의 보관용기 외부에는 비밀의 보관을 알리거나 나타내는 어떠한 표시도 해서는 아니된다.
>
> **정답** ②

056 「보안업무규정 시행 세부규칙」에 따른 제한구역을 모두 고른 것은? (2020경위)

㉠ 정보통신실	㉡ 과학수사센터
㉢ 암호취급소	㉣ 발간실
㉤ 치안상황실	㉥ 작전·경호·정보·보안업무 담당부서 전역

① ㉠,㉡,㉢,㉣
② ㉠,㉢,㉤,㉥
③ ㉠,㉡,㉣,㉥
④ ㉡,㉢,㉤,㉥

> **해설**
> 공제회기본서(총론Ⅱ) 57
> ③ 암호취급소와 치안상황실은 통제구역이다.
>
> **〈경찰 내 보호구역 설정기준〉** (보안업무규정 시행 세부규칙 제60조)
>
> | 제한구역 | 가. 전자교환기(통합장비)실, 정보통신실
나. 발간실
다. 송신 및 중계소, 정보통신관제센터
라. 경찰청 및 지방경찰청 항공대
마. 작전·경호·정보·보안업무 담당부서 전역
바. 과학수사센터 |
> |---|---|
> | 통제구역
(암기상무/조탄비) | 가. 암호취급소 나. 정보보안기록실
다. 무기창·무기고 및 탄약고 라. 종합상황실·치안상황실
마. 암호장비관리실 바. 정보상황실
사. 비밀발간실 아. 종합조회처리실 |
>
> **정답** ③

057 비밀에 대한 설명 중 가장 적절한 것은? (2012경감)

① 비밀분류의 원칙은 과도 또는 과소분류 금지의 원칙, 독립분류의 원칙, 보안과 효율의 조화가 있다.
② 비밀은 그 자체의 내용과 가치의 정도에 따라 분류하여야 한다는 원칙은 과도 또는 과소분류 금지의 원칙이다.
③ A경찰서 경비과에서 생산한 중요시설 경비대책이란 제목의 비밀문건은 보안과에서 비밀분류를 담당한다.
④ 비밀의 보관용기 외부에는 비밀의 보관을 알리거나 나타내는 어떠한 표시도 하여서는 아니 된다.

해설

공제회기본서(총론Ⅱ) ①50 ②50 ③52 ④53
① 비밀분류의 원칙은 <u>과</u>도 또는 과소분류 금지의 원칙, <u>독립분류의 원칙</u>, <u>외국 또는 국제기구의 비밀 존중 원칙</u>이 있다.(<u>외과독립</u>)
② 비밀은 그 자체의 내용과 가치의 정도에 따라 분류하여야 한다는 원칙은 <u>독립분류의 원칙</u>이다.
③ A경찰서 경비과에서 생산한 중요시설 경비대책이란 제목의 비밀문건은 <u>경비과</u>에서 비밀분류를 담당한다.
④ O

정답 ④

058 비밀에 대한 설명 중 가장 적절한 것은? (2013경감변형)

① 특수경과(정보통신·항공경과) 근무자는 보직발령과 동시에 Ⅱ급비밀취급권을 가진다
② Ⅰ급 비밀과 Ⅱ급 비밀은 구분된 관리번호를 사용하여 동일 관리기록부를 사용할 수 있다.
③ 비밀열람기록전은 비밀문서 말미에 첨부한 것으로 그 비밀을 파기하는 때에 비밀과 함께 파기한다.
④ 비밀관리기록부, 비밀 접수 및 발송대장, 비밀대출부, 암호자재 관리기록부 등 자료는 새로운 관리부철로 옮겨서 관리할 경우 기존 관리부철을 3년간 보관해야 한다.

해설

공제회기본서(총론Ⅱ) ①52 ②53 ③53 ④54
① O
② <u>Ⅰ급 비밀 관리기록부는 별도로 비치하여야 한다.</u>
③ 비밀열람기록전은 그 비밀을 파기하는 때에는 <u>비밀에서 분리하여 따로 철하여 보관하여야 한다.</u>
④ 비밀관리기록부, 비밀 접수 및 발송대장, 비밀대출부, 암호자재 관리기록부 등 자료는 새로운 관리부철로 옮겨서 관리할 경우 기존 관리부철을 <u>5년간</u> 보관해야 한다.

정답 ①

059 「보안업무규정」상 비밀의 구분과 비밀분류에 대한 설명 중 가장 적절하지 않은 것은? (2014경위)

① 보안업무규정상 비밀 구분의 기준은 비밀의 중요성과 가치의 정도이다.
② Ⅱ급 비밀은 누설되는 경우 대한민국과 외교관계가 단절되고 전쟁을 유발하며 국가의 방위계획·정보활동 및 국가방위상 필요불가결한 과학과 기술의 개발을 위태롭게 하는 등의 우려가 있는 비밀을 말한다.
③ 비밀은 적절히 보호할 수 있는 최저등급으로 분류하되, 과도 또는 과소하게 분류하여서는 아니된다.
④ 비밀은 그 자체의 내용과 가치의 정도에 따라 분류하여야 하며, 다른 비밀과 관련하여 분류하여서는 아니된다.

> **해설**
>
> 공제회기본서(총론Ⅱ) ①50 ②50 ③50 ④50
> ② **1급 비밀**은 누설되는 경우 대한민국과 외교관계가 단절되고 전쟁을 유발하며 국가의 방위계획·정보활동 및 국가방위상 필요불가결한 과학과 기술의 개발을 위태롭게 하는 등의 우려가 있는 비밀을 말한다.
>
> 〈비밀의 구분(중요성과 가치의 정도에 따라)〉(보안업무규정 제4조)〈단전/막지/해를〉
>
> | Ⅰ급비밀 | 누설될 경우 대한민국과 외교관계가 단절되고 전쟁을 일으키며, 국가의 방위계획·정보활동 및 국가방위에 반드시 필요한 과학과 기술의 개발을 위태롭게 하는 등의 우려가 있는 비밀 |
> |---|---|
> | Ⅱ급비밀 | 누설될 경우 국가안전보장에 막대한 지장을 끼칠 우려가 있는 비밀 |
> | Ⅲ급비밀 | 누설될 경우 국가안전보장에 해를 끼칠 우려가 있는 비밀 |
>
> ※ **대외비** - 영(보안업무규정) 제4호에 따른 비밀 외에「공공기관의 정보공개에 관한 법률」제9조제1항제3호부터 제8호까지의 비공개 대상 정보 중 직무 수행상 특별히 보호가 필요한 사항은 이를 "대외비"로 한다.(시행규칙16③)
>
> 정답 ②

060 보안업무에 관한 설명으로 가장 적절하지 않은 것은? (2015경감)

① 경찰공무원은 임용과 동시에 Ⅲ급 비밀 취급권을 갖는다.
② 비밀 분류시 과도 또는 과소분류 금지 원칙, 독립분류의 원칙, 외국비밀 존중의 원칙을 준수하여야 한다.
③ 비밀의 등급은 경무과에서 일괄 결정한다.
④ 비밀의 보관용기는 외부에 비밀의 보관을 알리거나 나타내는 어떠한 표시도 하여서는 아니 된다.

> **해설**
>
> 공제회기본서(총론Ⅱ) ①52 ②50 ③53 ④53
> ③ 비밀의 등급은 <u>생산 또는 관리하는 부서에서</u> 결정한다.
>
> 정답 ③

061 보안업무에 관한 설명으로 가장 적절한 것은? (2015경위)

① 경찰공무원은 임용과 동시에 Ⅰ급 비밀취급권을 갖는다.
② 비밀의 등급은 보안과에서 일괄 결정한다.
③ 비밀의 보관용기는 외부에 비밀의 보관을 알리거나 나타내는 표시를 반드시 하여야 한다.
④ 비밀 분류시 과도 또는 과소분류 금지 원칙, 독립분류의 원칙, 외국비밀 존중의 원칙을 준수하여야 한다.

해설

공제회기본서(총론Ⅱ) ①52 ②53 ③53 ④50
① 경찰공무원은 임용과 동시에 <u>Ⅲ급 비밀취급권</u>을 갖는다.
② 비밀의 등급은 <u>생산 또는 관리하는 부서에서</u> 결정한다.
③ 비밀의 보관용기는 <u>외부에 비밀의 보관을 알리거나 나타내는 표시를 하여서는 아니 된다.</u>
④ ○

정답 ④

062 「보안업무규정」상 비밀의 구분 및 분류에 관한 설명으로 가장 적절한 것은? (2016경감)

① 비밀은 그 중요성과 가치에 따라 Ⅰ급 비밀, Ⅱ급 비밀, Ⅲ급 비밀, 대외비로 구분된다.
② Ⅱ급 비밀은 누설될 경우 국가안전보장에 해를 끼칠 우려가 있는 비밀을 말한다.
③ 비밀은 적절히 보호할 수 있는 최고등급으로 분류하되, 과도하거나 과소하게 분류해서는 아니 된다.
④ 비밀은 그 자체의 내용과 가치의 정도에 따라 분류하여야 하며 다른 비밀과 관련하여 분류해서는 아니 된다.

해설

공제회기본서(총론Ⅱ) ①50 ②50 ③50 ④50
① <u>대외비는 비밀의 구분에 포함되지 않는다.</u>
② <u>Ⅲ급 비밀</u>은 누설될 경우 국가안전보장에 해를 끼칠 우려가 있는 비밀을 말한다.
③ 비밀은 적절히 보호할 수 있는 <u>최저등급</u>으로 분류하되, 과도하거나 과소하게 분류해서는 아니 된다.
④ ○

정답 ④

063 「보안업무규정」에 대한 설명으로 가장 적절한 것은? (2017경위)

① 비밀은 그 중요성과 가치의 정도에 따라 Ⅰ급 비밀, Ⅱ급 비밀, Ⅲ급 비밀, 대외비로 구분한다.
② 외국 정부나 국제기구로부터 접수한 비밀은 그 접수기관이 필요로 하는 정도로 보호할 수 있도록 분류하여야 한다.
③ 경찰청장은 Ⅰ급 비밀취급 인가권자이다.
④ 누설될 경우 국가안전보장에 막대한 지장을 끼칠 우려가 있는 비밀은 Ⅱ급 비밀이다.

해설

공제회기본서(총론Ⅱ) ①50 ②50 ③50 ④50
① 비밀은 중요성과 가치의 정도에 따라 Ⅰ급 비밀, Ⅱ급 비밀, Ⅲ급 비밀로 구분한다.(대외비는 비밀의 구분에 포함되지 않는다)
② 외국 정부나 국제기구로부터 접수한 비밀은 그 생산기관이 필요로 하는 정도로 보호할 수 있도록 분류하여야 한다.
③ 경찰청장은 Ⅱ급 및 Ⅲ급 비밀취급 인가권자이다.(경찰청장, 지방경찰청장, 경찰서장 모두 같음)
④ ○

정답 ④

064 「보안업무규정」에 대한 설명으로 가장 적절하지 않은 것은? (2019경감)

① 비밀이란 그 내용이 누설될 경우 국가안전보장에 해를 끼칠 우려가 있는 국가 기밀로서 그 중요성과 가치에 따라 Ⅰ급, Ⅱ급, Ⅲ급 비밀로 구분된다.
② 누설될 경우 국가안전보장에 막대한 지장을 끼칠 우려가 있는 비밀을 Ⅱ급 비밀로 하며, 누설될 경우 국가안전보장에 해를 끼칠 우려가 있는 비밀을 Ⅲ급 비밀로 한다.
③ 비밀은 다른 비밀과 관련하여 분류해서는 아니 되고, 외국 정부나 국제기구로부터 접수한 비밀은 그 생산기관이 필요로 하는 정도로 보호할 수 있도록 분류하여야 한다.
④ 공무원 또는 공무원이었던 사람은 어떠한 경우에도 소속 기관의 장이나 소속되었던 기관의 장의 승인 없이 비밀을 공개해서는 아니 된다.

해설

공제회기본서(총론Ⅱ) ①50 ②50 ③50 ④55
④ 공무원 또는 공무원이었던 사람은 <u>법률에서 정하는 경우를 제외하고는</u> 소속 기관의 장이나 소속되었던 기관의 장의 승인 없이 비밀을 공개해서는 아니 된다.(보안업무규정 제25조)

정답 ④

065 「보안업무규정」상 비밀보호에 대한 설명으로 가장 적절하지 않은 것은? (2019경위)

① Ⅰ급 비밀은 그 생산자의 허가를 받은 경우에도 모사·타자·인쇄·조각·녹음·촬영·인화·확대 등 그 원형을 재현하는 행위를 할 수 없다.
② 비밀은 해당 등급의 비밀취급 인가를 받은 사람 중 그 비밀과 업무상 직접 관계가 있는 사람만 열람할 수 있다.
③ 공무원 또는 공무원이었던 사람은 법률에서 정하는 경우를 제외하고는 소속 기관의 장이나 소속되었던 기관의 장의 승인 없이 비밀을 공개해서는 아니 된다.
④ 비밀은 보관하고 있는 시설 밖으로 반출해서는 아니 된다. 다만, 공무상 반출이 필요할 때에는 소속 기관의 장의 승인을 받아야 한다.

해설

공제회기본서(총론Ⅱ) ①55 ②55 ③55 ④56
① Ⅰ급비밀은 생산자의 허가를 받은 경우 그 원형을 재현하는 행위를 할 수 있다.

보안업무규정 제23조(비밀의 복제·복사 제한) ① 비밀의 일부 또는 전부나 암호자재에 대해서는 모사(模寫)·타자(打字)·인쇄·조각·녹음·촬영·인화(印畵)·확대 등 그 원형을 재현(再現)하는 행위를 할 수 없다. 다만, 다음 각 호의 구분에 따른 비밀의 경우에는 그러하지 아니하다.
1. Ⅰ급비밀 : 그 생산자의 허가를 받은 경우

정답 ①

제5절 문서관리

066 「행정 효율과 협업 촉진에 관한 규정」에 대한 설명 중 가장 적절한 것은? (2013경위변형)

① "업무관리시스템"이란 행정기관이 행정정보를 생산·수집·가공·저장·검색·제공·송신·수신하고 활용할 수 있도록 하드웨어·소프트웨어·데이터베이스 등을 통합한 시스템을 말한다.

② 문서는 수신자에게 도달(전자문서의 경우는 수신자가 관리하거나 지정한 전자적 시스템 등에 입력되는 것을 말한다)됨으로써 성립한다. 다만, 공고문서는 그 문서에서 효력발생 시기를 구체적으로 밝히고 있지 않으면 그 고시 또는 공고 등이 있은 날부터 5일이 경과한 때에 성립한다.

③ 공문서의 종류 중 민원문서란 비치대장·비치카드 등 행정기관이 일정한 사항을 기록하여 행정기관 내부에 비치하면서 업무에 활용하는 문서를 말한다.

④ 민원서식에는 민원인의 편의를 도모하기 위하여 그 민원업무의 처리흐름도, 처리기간, 전자적 처리가 가능한지 등을 표시하여야 하며, 음성정보나 영상정보 등을 수록하거나 연계한 바코드 등을 표기할 수 있다.

해설

공제회기본서(총론Ⅱ) ①61 ②62 ③61 ④63(전단 없음)

① "**행정정보시스템**"이란 행정기관이 행정정보를 생산·수집·가공·저장·검색·제공·송신·수신하고 활용할 수 있도록 하드웨어·소프트웨어·데이터베이스 등을 통합한 시스템을 말한다.
※ "업무관리시스템"이란 행정기관이 업무처리의 모든 과정을 제22조제1항에 따른 과제관리카드 및 문서관리카드 등을 이용하여 전자적으로 관리하는 시스템을 말한다.

② 문서는 수신자에게 도달(전자문서의 경우는 수신자가 관리하거나 지정한 전자적 시스템 등에 입력되는 것을 말한다)됨으로써 **효력을 발생한다**. 다만, 공고문서는 그 문서에서 효력발생 시기를 구체적으로 밝히고 있지 않으면 그 고시 또는 공고 등이 있은 날부터 5일이 경과한 때에 **효력이 발생한다**.
※ 문서는 결재권자가 해당 문서에 서명(전자이미지서명, 전자문자서명 및 행정전자서명을 포함한다. 이하 같다)의 방식으로 결재함으로써 성립한다.

③ 공문서의 종류 중 **비치문서**란 비치대장·비치카드 등 행정기관이 일정한 사항을 기록하여 행정기관 내부에 비치하면서 업무에 활용하는 문서를 말한다.

④ ○

정답 ④

067 「행정 효율과 협업 촉진에 관한 규정」상 공문서에 대한 설명으로 가장 적절하지 않은 것은?

(2014경위)

① 법규문서 - 헌법·법률·대통령령·총리령·부령·조례·규칙 등에 관한 문서
② 공고문서 - 고시·공고 등 행정기관이 일정한 사항을 일반에게 알리는 문서
③ 비치문서 - 훈령·지시·예규·일일명령 등 행정기관이 그 하급기관이나 소속 공무원에 대하여 일정한 사항을 지시하는 문서
④ 민원문서 - 민원인이 행정기관에 허가, 인가, 그 밖의 처분 등 특정한 행위를 요구하는 문서와 그에 대한 처리문서

해설

공제회기본서(총론Ⅱ) 61
③ 지시문서 - 훈령·지시·예규·일일명령 등 행정기관이 그 하급기관이나 소속 공무원에 대하여 일정한 사항을 지시하는 문서

〈공문서의 종류〉(행정 효율과 협업 촉진에 관한 규정 제4조) (일반민원/비법공지)

구분	내용
법규문서	「헌법」·법률·대통령령·총리령·부령·조례 및 규칙 등에 관한 문서
지시문서	훈령·지시·예규 및 일일명령 등 행정기관이 그 하급기관 또는 소속공무원에 대하여 일정한 사항을 지시하는 문서
공고문서	고시·공고 등 행정기관이 일정한 사항을 일반에게 알리기 위한 문서
비치문서	비치대장·비치카드 등 행정기관이 일정한 사항을 기록하여 행정기관 내부에 비치하면서 업무에 활용하는 문서
민원문서	민원인이 행정기관에 대하여 인·허가, 기타 처분 등 특정한 행위를 요구하는 문서 및 그에 대한 처리문서
일반문서	법규·지시·공고·비치·민원문서에 속하지 아니하는 모든 문서

정답 ③

068 「행정 효율과 협업 촉진에 관한 규정」상 공문서의 성립 및 효력발생시기에 대한 설명 중 가장 적절하지 않은 것은?

(2014경위)

① 문서는 결재권자가 해당 문서에 서명(전자이미지서명, 전자문자서명 및 행정전자서명을 포함)의 방식으로 결재함으로써 성립한다.
② 문서는 수신자에게 도달됨으로써 효력을 발생한다.
③ 전자문서의 경우는 수신자가 관리하거나 지정한 전자적 시스템 등에 입력되는 것을 도달되는 것으로 본다.
④ 공고문서는 그 문서에서 효력발생 시기를 구체적으로 밝히고 있지 않으면 그 고시 또는 공고 등이 있은 날부터 10일이 경과한 때에 효력이 발생한다.

> **해설**
>
> 공제회기본서(총론Ⅱ) ①62 ②62 ③63 ④62
> ④ <u>공고문서는</u> 그 문서에서 효력발생 시기를 구체적으로 밝히고 있지 않으면 그 고시 또는 공고 등이 있은 날부터 <u>5일</u>이 경과한 때에 효력이 발생한다.
> ※ <u>행정절차법상 공시송달</u> - 송달받을 자의 주소등을 통상적인 방법으로 확인할 수 없는 경우에 송달받을 자가 알기 쉽도록 관보, 공보, 게시판, 일간신문 중 하나 이상에 공고하고 인터넷에도 공고하여야 한다. 위의 경우에는 다른 법령등에 특별한 규정이 있는 경우를 제외하고는 공고일부터 <u>14일</u>이 지난 때에 그 효력이 발생한다.
>
> **정답** ④

069 「행정 효율과 협업 촉진에 관한 규정」 및 동 시행규칙 상 공문서에 관한 설명으로 가장 적절하지 않은 것은?   (2014경감)

① "공문서"란 행정기관에서 공무상 작성하거나 시행하는 문서를 말하며, 행정기관이 접수한 문서는 공문서에 포함되지 않는다.
② 문서는 수신자에게 도달(전자문서의 경우는 수신자가 관리하거나 지정한 전자적 시스템 등에 입력되는 것을 말한다)됨으로써 효력을 발생한다.
③ 훈령·지시·예규·일일명령 등 행정기관이 그 하급기관이나 소속 공무원에 대하여 일정한 사항을 지시하는 문서를 "지시문서"라고 한다.
④ 결재권자의 서명란에는 서명날짜를 함께 표시한다.

> **해설**
>
> 공제회기본서(총론Ⅱ) ①61 ②62 ③61 ④60
> ① "공문서"란 행정기관에서 공무상 작성하거나 시행하는 문서(도면·사진·디스크·테이프·필름·슬라이드·전자문서 등의 특수매체기록을 포함한다.)와 <u>행정기관이 접수한 모든 문서</u>를 말한다.
>
> **정답** ①

제6절 경찰홍보

070 경찰홍보에 대한 설명 중 틀린 것은? (2010경감)

① 공공관계(PR)는 상대방의 지지를 얻기 위한 노력이나 활동이라는 점에서 선전과 유사하다.
② 보도관련 용어 중 off the record는 보도하지 않을 것을 조건으로 하는 자료나 정보제공을 말한다.
③ 정정보도청구를 받은 언론사의 대표는 14일 이내에 그 수용 여부에 대한 통지를 청구인에게 발송하여야 한다.
④ Ericson은 경찰과 대중매체는 서로 얽혀서 범죄와 정의, 사회질서의 현실을 해석하고 규정짓는 사회기구의 역할을 수행한다고 주장하였다.

해설

공제회기본서(총론Ⅱ) ①없음 ②없음 ③67 ④66
③ 정정보도청구를 받은 언론사의 대표는 <u>3일 이내</u>에 그 수용 여부에 대한 통지를 청구인에게 발송하여야 한다.

정답 ③

071 경찰홍보에 관한 설명으로 옳지 않은 것은 모두 몇 개인가? (2011경감)

㉠ 주민의 지지도를 바탕으로 예산획득, 형사사법 환경하의 협력확보 등의 목적을 달성하는 종합적이고 계획적인 홍보활동을 기업 이미지식 경찰홍보라고 한다.
㉡ Crandon은 "경찰과 대중매체는 서로를 필요로 하기 때문에 둘 사이에는 공생관계가 발달한다."고 주장하였다.
㉢ 경찰의 홍보활동과 관련하여 헌법상 사생활의 보호와 알 권리 간의 균형 있는 조화가 필요하다.

① 없음   ② 1개   ③ 2개   ④ 3개

해설

공제회기본서(총론Ⅱ) ㉠66 ㉡66 ㉢없음
모두 옳은 지문이다.

정답 ①

072 지역사회 내의 경찰·공사기관 그리고 각 개인이 그들의 공통된 문제·욕구·책임을 발견하고 지역사회문제의 해결과 적극적인 지역사회 프로그램을 위해 공동으로 노력하는 것을 무엇이라고 하는가? (2016경감)

① Press Relations(언론관계)
② Media Relations(대중매체관계)
③ Community Relations(지역공동체관계)
④ Public Relations(공공관계)

해설

공제회기본서(총론Ⅱ) 69
설문은 Community Relations(지역공동체관계)에 대한 설명이다.

정답 ③

073 다음 ( )안에 들어갈 인물을 바르게 나열한 것은? (2018경감)

경찰과 대중매체의 관계를 '단란하고 행복스럽지 않더라도, 오래 지속되는 결혼생활'에 비유한 사람은 (㉠)이고, '경찰과 대중매체는 서로를 필요로 하기 때문에 둘 사이에는 공생관계가 발달한다.'고 주장한 사람은 (㉡)이다.

① ㉠ Ericson   ㉡ Crandon
② ㉠ Crandon   ㉡ Sir Robert Mark
③ ㉠ Sir Robert Mark   ㉡ Ericson
④ ㉠ Sir Robert Mark   ㉡ Crandon

해설

공제회기본서(총론Ⅱ) 66
④ 경찰과 대중매체의 관계를 '단란하고 행복스럽지 않더라도, 오래 지속되는 결혼생활'에 비유한 사람은 (Sir Robert Mark)이고, '경찰과 대중매체는 서로를 필요로 하기 때문에 둘 사이에는 공생관계가 발달한다.'고 주장한 사람은 (Crandon)이다.

정답 ④

074 「언론중재 및 피해구제 등에 관한 법률」상 사실적 주장에 관한 언론보도 등이 진실하지 아니함으로 인하여 피해를 입은 자가 그 내용에 관한 정정보도를 청구할 수 있는 기간으로 가장 적절한 것은?

(2014경위)

① 보도가 있음을 안 날부터 15일 이내, 보도가 있은 후 1월 이내
② 보도가 있음을 안 날부터 1월 이내, 보도가 있은 후 2월 이내
③ 보도가 있음을 안 날부터 3월 이내, 보도가 있은 후 6월 이내
④ 보도가 있음을 안 날부터 6월 이내, 보도가 있은 후 1년 이내

해설

공제회기본서(총론Ⅱ) 72
〈정정보도청구권〉

요건 (법14)	① 피해자는 언론보도등이 있음을 안 날부터 3개월 이내, 언론보도등이 있은 후 6개월 이내에 정정보도를 청구할 수 있다. ② 정정보도 청구에는 언론사등의 고의·과실이나 위법성을 필요로 하지 아니한다. ③ 국가·지방자치단체, 기관 또는 단체의 장은 해당 업무에 대하여 그 기관 또는 단체를 대표하여 정정보도를 청구할 수 있다.
행사절차 (법15)	① 정정보도 청구는 언론사등의 대표자에게 서면으로 하여야 한다. ② 청구를 받은 언론사등의 대표자는 3일 이내에 그 수용 여부에 대한 통지를 청구인에게 발송하여야 한다. ③ 언론사등이 청구를 수용할 때에는 지체 없이 피해자와 정정보도의 내용·크기 등에 관하여 협의한 후, 그 청구를 받은 날부터 7일 이내에 정정보도문을 방송하거나 게재하여야 한다.
거부사유 (법15④)	다음 어느 하나에 해당하는 사유가 있는 경우 언론사등은 정정보도 청구를 거부할 수 있다. 1. 피해자가 정정보도청구권을 행사할 정당한 이익이 없는 경우 2. 청구된 정정보도의 내용이 명백히 사실과 다른 경우 3. 청구된 정정보도의 내용이 명백히 위법한 내용인 경우 4. 정정보도의 청구가 상업적인 광고만을 목적으로 하는 경우 5. 청구된 정정보도의 내용이 국가·지방자치단체 또는 공공단체의 공개회의와 법원의 공개재판절차의 사실보도에 관한 것인 경우

정답 ③

075 「언론중재 및 피해구제 등에 관한 법률」상 정정보도청구에 대한 설명으로 가장 적절하지 않은 것은?

(2020경감)

① 사실적 주장에 관한 언론보도등이 진실하지 아니함으로 인하여 피해를 입은 자는 해당 언론보도등이 있음을 안 날부터 3개월 이내에 언론사등에게 그 언론보도등의 내용에 관한 정정보도를 청구할 수 있다. 다만, 해당 언론보도등이 있은 후 6개월이 지났을 때에는 그러하지 아니하다.
② 정정보도 청구는 언론사등의 대표자에게 서면으로 하여야 하며, 청구서에는 피해자의 성명·주소·전화번호 등의 연락처를 적고, 정정의 대상인 언론보도등의 내용 및 정정을 청구하는 이유와 청구하는 정정보도문을 명시하여야 한다.
③ 청구된 정정보도의 내용이 법원의 공개재판절차의 사실보도에 관한 것인 경우 언론사등은 정정보도 청구를 거부할 수 없다.
④ 이 법에 따른 정정보도청구등과 관련하여 분쟁이 있는 경우 피해자 또는 언론사등은 중재위원회에 조정을 신청할 수 있다.

해설

공제회기본서(총론Ⅱ) ①72 ②73 ③73 ④72
③ 청구된 정정보도의 내용이 법원의 공개재판절차의 사실보도에 관한 것인 경우 언론사등은 정정보도 청구를 **거부할 수 있다.**

정답 ③

---

076 언론중재 및 피해구제 등에 관한 법률에 대한 설명 중 가장 적절하지 않은 것은?

(2013경감)

① 사실적 주장에 관한 언론보도가 진실하지 아니함으로 인하여 피해를 입은 자는 당해 언론보도가 있음을 안 날부터 3월 이내에 그 보도내용에 관한 정정보도를 언론사에 청구할 수 있다. 다만, 당해 언론보도가 있은 후 6월이 경과한 때에는 그러하지 아니하다.
② 정정보도의 청구를 받은 언론사의 대표자는 3일 이내에 그 수용 여부에 대한 통지를 청구인에게 발송하여야 한다.
③ 청구된 정정보도의 내용이 지방자치단체의 공개회의에 관한 것인 때에는 언론사는 정정보도 청구를 거부할 수 없다.
④ '피해자와 언론사간의 협의가 불성립된 날'이라 함은 언론사가 피해자의 청구를 거부한다는 명시적인 의사표시를 기재한 문서를 피해자가 수령한 날을 말한다.

해설

공제회기본서(총론Ⅱ) ①72 ②73 ③73 ④68
③ 청구된 정정보도의 내용이 지방자치단체의 공개회의에 관한 것인 때에는 언론사는 정정보도 청구를 **거부할 수 있다.**

정답 ③

077 「언론중재 및 피해구제 등에 관한 법률」상 언론중재위원회에 대한 설명으로 가장 적절하지 않은 것은?

(2015경위변형)

① 언론 등의 보도 또는 매개로 인한 분쟁의 조정·중재 및 침해사항을 심의하기 위하여 언론중재위원회를 둔다.
② 언론중재위원회는 중재위원회 규칙의 제정·개정 및 폐지에 관한 사항 등을 심의한다.
③ 위원장은 중재위원회를 대표하고, 중재위원회의 업무를 총괄한다.
④ 중재위원회는 40명 이상 90명 이내의 중재위원으로 구성하며, 중재위원은 행정안전부장관이 위촉한다. 중재위원회에 위원장 1명과 2명 이내의 부위원장 및 5명 이내의 감사를 두며, 각각 중재위원 중에서 호선(互選)한다.

> **해설**
> 공제회기본서(총론 II) 71
> ④ 중재위원회는 40명 이상 90명 이내의 중재위원으로 구성하며, 중재위원은 **문화체육관광부장관이 위촉한다**. 중재위원회에 위원장 1명과 2명 이내의 부위원장 및 **2명 이내의 감사**를 두며, 각각 중재위원 중에서 호선(互選)한다.
>
> 정답 ④

078 「언론중재 및 피해구제 등에 관한 법률」상 정정보도에 관한 설명으로 가장 적절하지 않은 것은?

(2015경감)

① 사실적 주장에 관한 언론보도 등이 진실하지 아니함으로 인하여 피해를 입은 자는 해당 언론보도 등이 있음을 안 날부터 3개월 이내에 언론사에 그 언론보도 등의 내용에 관한 정정보도를 청구할 수 있다. 다만, 해당 언론보도 등이 있은 후 6개월이 지났을 때에는 그러하지 아니하다.
② 정정보도청구를 받은 언론사의 대표는 3일 이내에 그 수용 여부에 대한 통지를 청구인에게 발송하여야 한다.
③ 청구된 정정보도의 내용이 국가·지방자치단체 또는 공공단체의 공개회의와 법원의 공개재판절차의 사실보도에 관한 것인 경우 해당 언론사는 정정보도 청구를 거부할 수 있다.
④ 피해자가 정정보도청구권을 행사할 정당한 이익이 없더라도 피해자 권리 보호를 위해 해당 언론사는 정정보도의 청구를 거부할 수 없다.

> **해설**
> 공제회기본서(총론 II) ①72 ②73 ③73 ④73
> ④ 피해자가 정정보도청구권을 행사할 <u>정당한 이익이 없는 경우는</u> 해당 언론사는 정정보도의 청구를 <u>거부할 수 있는 사유에 해당한다</u>.
>
> 정답 ④

CHAPTER 08 경찰에 대한 통제

제1절 통제의 유형 및 그 장치

001 행정책임과 행정통제에 관한 설명으로 가장 적절하지 않은 것은? (2014경감)

① 행정책임이란 행정조직이 직무를 수행할 때 주권자인 국민의 기대와 요구에 부응하여 공익·근무규율 등 일정한 기준에 따라 행동하여야 할 의무를 말한다.
② 보통 행정책임을 확보하기 위한 수단으로서 행정통제가 행하여진다.
③ 행정책임과 행정통제는 민주성 확보와 법치주의 확립 및 정치적 중립성 확보를 위해 필요하다.
④ 경찰에 대한 통제의 필요성은 경찰의 민주적 운영을 위해서라기보다 경찰의 능률성을 확보하기 위해서 더 필요하다.

> **해설**
> 공제회기본서(총론Ⅱ) ①없음 ②없음 ③74,76 ④76,84
> ④ 경찰에 대한 통제는 경찰의 <u>민주적 운영을 위해서 필요한 수단</u>이다.
>
> **정답** ④

002 경찰에 대한 통제 제도에 관한 설명 중 가장 옳지 않은 것은? (2011경감)

① 경찰위원회는 경찰의 주요정책에 관하여 심의·의결하는 권한을 가지고 있으므로 민주적 통제 제도라고 할 수 있으며, 경찰청에서 사무를 수행하므로 내부적 통제 제도라고 할 수 있다.
② 정보공개는 행정통제의 근본으로서, 「공공기관의 정보공개에 관한 법률」에서는 정보공개를 청구할 수 있는 외국인의 범위에 관하여 대통령령에 정하고 있다.
③ 상급 경찰기관장의 지시에 따라 일정기간 동안 소속 경찰기관이 아닌 다른 경찰기관의 소속 직원의 복무실태, 업무추진 실태 등을 점검하는 것을 교류감찰이라 하며, 이는 내부적 통제 제도에 해당한다.
④ 외부적 통제 제도로 볼 수 있는 국가인권위원회는 경찰서 유치장이나 사법경찰관리가 그 직무수행을 위하여 사람을 조사·유치 또는 수용하는 시설에 대한 방문조사권을 갖고 있다.

해설

공제회기본서(총론 II) ①80 ②89 ③80,105 ④81,114
① 경찰위원회는 경찰의 주요정책에 관하여 심의·의결하는 권한을 가지고 있으므로 민주적 통제 제도라고 할 수 있으며, **외부적 통제** 제도라고 할 수 있다.

〈외부통제〉

입법통제 (국회)		입법권, 예산심의·의결·결산권, 국정조사·감사권, 탄핵소추의결권 등
사법통제 (법원)		① 행정소송, 위헌위법명령·규칙심사권 등 외부통제이면서 사후통제 ② 판례의 경우, 판례의 법원성이 인정되는 영미법계에서 보다 강력한 통제장치로서 작용
행정통제 (타 행정부)	대통령	경찰청장 임명권, 경정이상 임용권, 정책결정권
	감사원	회계검사권, 직무감찰권
	행정안전부장관	경찰청장 임명제청권
	경찰위원회	행정안전부장관 소속으로 주요 치안정책 등에 대한 심의·의결권
	소청심사위원회	인사혁신처 소속으로 소청심사권
	국민권익위원회	부패방지, 국민권익보호
	중앙행정심판위원회	국민권익위원회 소속으로 경찰의 처분에 대한 행정심판 재결권을 가짐(행정심판위원회는 행정기관이며, 행정심판은 행정통제에 속함)
	기타	국정원(정보·보안업무), 국방부(대간첩작전), 검찰(수사권·기소권, 수사지휘권, 구속장소감찰권, 교체임용요구권)
국가인권 위원회		입법·사법·행정 어디에도 속하지 않는 독립적 국가기구로(광의의 행정부) 인권침해행위·차별행위 조사권, 구금시설·보호시설 방문조사권 등 가짐(국가인권위원회법)
민중통제		여론, 이익집단, 언론기관, 정당, NGO, 국민감사청구제도

정답 ①

003 경찰 통제에 대한 설명 중 가장 적절하지 않은 것은? (2020경위)

① 19세 이상의 국민은 경찰을 비롯한 공공기관의 사무처리가 법령위반 또는 부패행위로 인하여 공익을 현저히 해하는 경우 200인 이상의 연서로 감사원에 감사를 청구할 수 있다.
② 경찰위원회 제도는 경찰의 주요정책 등에 관하여 심의·의결하는 권한을 가지고 있으므로 민주적 통제에 해당하고, 행정안전부 소속으로 외부적 통제에도 해당한다.
③ 청문감사관 제도는 경찰 내부적 통제이다.
④ 행정절차법은 입법예고, 행정예고 등 행정에 대한 사전 통제를 규정하고 있다.

해설

공제회기본서(총론 II) ①78 ②80 ③80 ④79
① 19세 이상의 국민은 경찰을 비롯한 공공기관의 사무처리가 법령위반 또는 부패행위로 인하여 공익을 현저히 해하는 경우 **300인 이상**의 연서로 감사원에 감사를 청구할 수 있다.

정답 ①

004 「공공기관의 정보공개에 관한 법률」의 내용으로 가장 적절하지 않은 것은? (2014경감)

① 모든 국민은 정보의 공개를 청구할 권리를 가지며, 외국인의 정보공개 청구에 관하여는 대통령령으로 정한다.
② 공공기관은 정보공개의 청구가 있는 때에는 청구를 받은 날부터 20일 이내에 공개여부를 결정하여야 한다.
③ 정보공개에 관한 정책의 수립 및 제도개선에 관한 사항 등을 심의·조정하기 위해 행정안전부장관 소속하에 정보공개위원회를 둔다.
④ 정보의 공개 및 우송 등에 드는 비용은 실비의 범위에서 청구인이 부담한다.

해설

공제회기본서(총론Ⅱ) ①89 ②89 ③92 ④91
② 공공기관은 정보공개의 청구가 있는 때에는 청구를 받은 날부터 **10일 이내에** 공개여부를 결정하여야 한다.

정답 ②

〈공공기관의 정보공개에 관한 법률〉
(1) 개괄

용어	정보	공공기관이 작성, 취득, 관리하고 있는 **문서(전자문서** 포함)·**도면·사진·필름**·테이프·슬라이드 및 그 밖에 이에 준하는 매체 등에 기록된 사항(정보의 형식에 제한없음)
	공개	열람, 사본·복제물 제공, 정보통신망을 통한 제공 등 포함
	공공기관	국가기관(국회·법원·헌재·중앙선관위 **포함**), 지방자치단체, 공공기관, 그밖에 대통령령
제도총괄		① **행정안전부장관**은 정보공개제도의 정책수립 및 제도개선 등에 관한 기획·총괄 ② 행정안전부장관은 정보공개위원회가 필요하다고 요청하면 공공기관(국회·법원·헌재·중앙선관위 **제외**)의 정보공개제도 운영실태를 평가할 수 있다. ③ 행정안전부장관은 정보공개에 관하여 필요할 경우에 공공기관(국회·법원·헌재·중앙선관위 **제외**)의 장에게 정보공개 처리 실태의 개선을 권고할 수 있다.
정보공개 원칙	공개의 원칙	공공기관이 보유·관리하는 정보는 국민의 알권리 보장 등을 위하여 이 법에서 정하는 바에 따라 적극적으로 **공개하여야 한다**(공개할 수 있다×).
	부분 공개	공개 청구한 정보가 비공개대상 부분과 공개가능한 부분이 혼합되어 있는 경우로서 공개 청구의 취지에 어긋나지 아니하는 범위에서 두 부분을 **분리할 수 있는 경우에는 비공개대상 부분을 제외하고 공개하여야 한다**.
청구권자		① 모든 국민은 정보의 공개를 청구할 권리를 가진다. ② 외국인의 정보공개 청구에 관하여는 대통령령으로 정한다. ⇨ 외국인도 가능
비용부담		실비의 범위에서 **청구인**이 부담(공공복리등 인정되는 경우 감면할 수 있다.)

(2) 청구절차

청구	해당정보를 보유·관리하고 있는 공공기관에 대하여 **정보공개청구서를 제출하거나 말로써** 정보공개를 청구할 수 있다.

결정	① 청구를 받은 날부터 <u>10일 이내에</u> 공개여부를 결정하여야 한다. ② 부득이한 사유로 규정된 기간 이내에 공개할 수 없을 때에는 그 기간이 끝나는 날의 다음 날부터 기산하여 10일의 범위에서 공개 여부 결정기간을 연장할 수 있다. 이 경우 공공기관은 연장된 사실과 연장 사유를 청구인에게 지체 없이 문서로 통지하여야 한다.
통지	〈공개 결정한 경우〉 ① 공개의 일시 및 장소 등을 분명히 밝혀 청구인에게 통지하여야 한다. ② 청구인이 사본 또는 복제물의 교부를 원하는 경우에는 이를 교부하여야 한다. 다만, 공개 대상 정보의 양이 너무 많아 정상적인 업무수행에 현저한 지장을 초래할 우려가 있는 경우에는 일정 기간별로 나누어 제공하거나 열람과 병행하여 제공할 수 있다. ③ 정보의 원본이 더럽혀지거나 파손될 우려가 있거나 그 밖에 상당한 이유가 있다고 인정할 때에는 그 정보의 사본·복제물을 공개할 수 있다. 〈비공개 결정한 경우〉 비공개 결정을 한 경우에는 그 사실을 청구인에게 지체 없이 문서로 통지하여야 한다. 이 경우 비공개 이유와 불복의 방법 및 절차를 구체적으로 밝혀야 한다.

(3) 불복절차

이의 신청	① 공공기관의 비공개 결정 또는 부분 공개 결정에 대하여 불복이 있거나 정보공개 청구 후 20일이 경과하도록 정보공개 결정이 없는 때에는 결정 통지를 받은 날 또는 정보공개 청구 후 20일이 경과한 날부터 30일 이내에 해당 공공기관에 <u>문서로(구두로X)</u> 이의신청을 할 수 있다. ② 국가기관등은 이의신청이 있는 경우 심의회를 개최하여야 한다. 다만, 다음 각 호의 어느 하나에 해당하는 경우에는 개최하지 아니할 수 있다.(1.심의회의 심의를 이미 거친 사항 2.단순·반복적인 청구 3.법령에 따라 비밀로 규정된 정보에 대한 청구) ③ 공공기관은 이의신청을 받은 날부터 <u>7일 이내에 그 이의신청에 대하여 결정하고 그 결과를 청구인에게 지체 없이 문서로 통지하여야 한다</u>. 다만, 부득이한 사유로 정하여진 기간 이내에 결정할 수 없을 때에는 그 기간이 끝나는 날의 다음 날부터 기산하여 7일의 범위에서 연장할 수 있으며, 연장 사유를 청구인에게 통지하여야 한다.
행정 심판	① 청구인이 정보공개와 관련한 공공기관의 결정에 대하여 불복이 있거나 정보공개 청구 후 20일이 경과하도록 정보공개 결정이 없는 때에는 「행정심판법」에서 정하는 바에 따라 행정심판을 청구할 수 있다. ② 청구인은 이의신청 절차를 거치지 아니하고 행정심판을 청구할 수 있다.
행정 소송	청구인이 정보공개와 관련한 공공기관의 결정에 대하여 불복이 있거나 정보공개 청구 후 20일이 경과하도록 정보공개 결정이 없는 때에는 「행정소송법」에서 정하는 바에 따라 행정소송을 제기할 수 있다.

(4) 제3자의 보호

제3자 통지	공개 대상 정보의 전부 또는 일부가 제3자와 관련이 있다고 인정할 때에는 그 사실을 제3자에게 <u>지체 없이 통지하여야 하며</u>, 필요한 경우에는 그의 의견을 들을 수 있다.
비공개 요청	제3자는 그 통지를 받은 날부터 <u>3일 이내에</u> 해당 공공기관에 자신과 관련된 정보를 <u>공개하지 아니할 것을 요청할 수 있다</u>.
제3자 불복	① <u>비공개 요청에도 공개 결정을 할 때에는</u> 공개 결정 이유와 공개 실시일을 <u>지체 없이 문서로 통지</u>하여야 하며, 제3자는 해당 공공기관에 문서로 이의신청을 하거나 행정심판 또는 행정소송을 제기할 수 있다. 이 경우 <u>이의신청은 통지를 받은 날부터 7일 이내에</u> 하여야 한다. ② 공개 결정일과 공개 실시일 사이에 최소한 30일의 간격을 두어야 한다.

005 「공공기관의 정보공개에 관한 법률」에 대한 설명으로 가장 적절한 것은? (2019경감)

① 모든 국민은 정보의 공개를 청구할 권리를 가지며, 공공기관이 보유 관리하는 정보는 국민의 알권리 보장 등을 위하여 이 법에서 정하는 바에 따라 적극적으로 공개할 수 있다.
② 공공기관은 공개 청구된 공개 대상 정보의 전부 또는 일부가 제3자와 관련이 있다고 인정할 때에는 그 사실을 제3자에게 지체 없이 통지하여야 하며, 그의 의견을 들어야 한다.
③ 정보의 공개를 청구하는 자는 해당 정보를 보유하거나 관리하고 있는 공공기관에 대하여 서면으로 정보공개를 청구하여야 한다.
④ 공개될 경우 국민의 생명 신체 및 재산의 보호에 현저한 지장을 초래할 우려가 있다고 인정되는 정보는 공개하지 아니할 수 있다.

해설

공제회기본서(총론Ⅱ) ①87,89 ②90 ③89 ④88
① 공공기관이 보유·관리하는 정보는 국민의 알권리 보장 등을 위하여 이 법에서 정하는 바에 따라 **적극적으로 공개하여야 한다**.
② 공공기관은 공개 청구된 공개 대상 정보의 전부 또는 일부가 제3자와 관련이 있다고 인정할 때에는 그 사실을 제3자에게 지체 없이 통지하여야 하며, 필요한 경우에는 **그의 의견을 들을 수 있다**.
③ 정보의 공개를 청구하는 자(이하 "청구인"이라 한다)는 해당 정보를 보유하거나 관리하고 있는 공공기관에 다음 각 호의 사항을 적은 **정보공개 청구서를 제출하거나 말로써 정보의 공개를 청구할 수 있다**.
④ ○

정답 ④

006 「공공기관의 정보공개에 관한 법률」에 대한 설명으로 가장 적절한 것은? (2019경위)

① 공공기관이 보유 관리하는 정보는 국민의 알권리 보장 등을 위하여 공공기관의 정보공개에 관한 법률 에서 정하는 바에 따라 적극적으로 공개하여야 한다.
② 공공기관은 공개 청구된 공개 대상 정보의 전부 또는 일부가 제3자와 관련이 있다고 인정할 때에는 그 사실을 제3자에게 3일 이내에 통지하여야 하며, 필요한 경우에는 그의 의견을 들을 수 있다.
③ 청구인이 정보공개와 관련한 공공기관의 부분 공개 결정에 대하여 불복이 있는 때에는 공공기관으로부터 정보공개 여부의 결정 통지를 받은 날부터 20일 이내에 이의신청 하여야 한다.
④ 공공기관은 이의신청을 받은 날부터 7일 이내에 그 이의신청에 대하여 결정하고 그 결과를 청구인에게 3일 이내에 문서로 통지 하여야 한다.

> **해설**
>
> 공제회기본서(총론Ⅱ) ①87 ②91 ③92 ④92
> ① ○
> ② 공공기관은 공개 청구된 공개 대상 정보의 전부 또는 일부가 제3자와 관련이 있다고 인정할 때에는 그 사실을 제3자에게 <u>지체 없이</u> 통지하여야 하며, 필요한 경우에는 그의 의견을 들을 수 있다.
> ③ 청구인이 정보공개와 관련한 공공기관의 비공개 결정 또는 부분 공개 결정에 대하여 불복이 있거나 정보공개 청구 후 20일이 경과하도록 정보공개 결정이 없는 때에는 공공기관으로부터 정보공개 여부의 결정 통지를 받은 날 또는 정보공개 청구 후 20일이 경과한 날부터 <u>30일 이내에</u> 해당 공공기관에 문서로 이의신청을 할 수 있다.
> ④ 공공기관은 이의신청을 받은 날부터 7일 이내에 그 이의신청에 대하여 결정하고 그 결과를 청구인에게 <u>지체 없이</u> 문서로 통지하여야 한다. 다만, 부득이한 사유로 정하여진 기간 이내에 결정할 수 없을 때에는 그 기간이 끝나는 날의 다음 날부터 기산하여 7일의 범위에서 연장할 수 있으며, 연장 사유를 청구인에게 통지하여야 한다.
>
> **정답** ①

007 「공공기관의 정보공개에 관한 법률」에 관한 설명으로 가장 적절하지 않은 것은? (2015경감)

① 공공기관이 보유·관리하는 정보는 정보공개청구대상이 된다.
② 모든 국민은 정보의 공개를 청구할 권리를 가진다. 그러나 외국인은 정보의 공개를 청구할 수 없다.
③ 공공기관은 정보공개의 청구를 받으면 그 청구를 받은 날부터 10일 이내에 공개 여부를 결정하여야 한다.
④ 공공기관은 이의신청을 받은 날부터 7일 이내에 그 이의신청에 대하여 결정하고 그 결과를 청구인에게 지체 없이 문서로 통지하여야 한다.

> **해설**
>
> 공제회기본서(총론Ⅱ) ①87 ②89 ③90 ④92
> ② <u>외국인도 대통령령으로 정하는 바에 따라 정보의 공개를 청구할 수 있다.</u>
>
> **정답** ②

008 「공공기관의 정보공개에 관한 법률」에 대한 설명으로 가장 옳지 않은 것은? (2011경위)

① 모든 국민은 정보의 공개를 청구할 권리를 가진다.
② 공공기관은 청구인의 정보공개청구가 있는 때에는 원칙적으로 청구를 받은 날부터 10일 이내에 공개여부를 결정하여야 한다.
③ 비공개대상정보에 해당하는 정보에 대해서는 공개를 결정할 수 없다.
④ 정보공개를 청구한 날부터 20일 이내에 공공기관이 공개여부를 결정하지 아니한 때에는 비공개의 결정이 있는 것으로 본다.

> **해설**
>
> 공제회기본서(총론Ⅱ) ①89 ②90 ③88 ④88
> ③ 비공개대상정보에 해당하는 정보는 공개하지 아니할 수 있다.(즉, 공개를 결정할 수도 있다.)
>
> **정답** ③

009 「공공기관의 정보공개에 관한 법률」에 대한 설명으로 가장 적절한 것은? (2020경감)

① 정보의 공개를 청구하는 자는 해당 정보를 보유하거나 관리하고 있는 공공기관에 대하여 서면으로만 정보공개를 청구할 수 있다.
② 정보의 공개 및 우송 등에 드는 비용은 실비의 범위에서 정보공개 청구를 받은 행정청이 부담한다.
③ 청구인이 정보공개와 관련한 공공기관의 결정에 대하여 불복하는 경우 이의신청 절차를 거치지 않아도 행정심판을 청구할 수 있다.
④ 공공기관은 정보공개 청구를 받으면 그 청구를 받은 날부터 7일 이내에 공개 여부를 결정하여야 한다.

> **해설**
>
> 공제회기본서(총론Ⅱ) ①89 ②91 ③92 ④90
> ① 정보의 공개를 청구하는 자는 해당 정보를 보유하거나 관리하고 있는 공공기관에 대하여 **서면 또는 구술로** 정보공개를 청구할 수 있다.
> ② 정보의 공개 및 우송 등에 드는 비용은 실비의 범위에서 **청구인이 부담한다**.
> ③ ○
> ④ 공공기관은 정보공개 청구를 받으면 그 청구를 받은 날부터 **10일 이내에** 공개 여부를 결정하여야 한다.
>
> **정답** ③

010 공공기관의 정보공개에 관한 법률에 대한 설명 중 가장 적절하지 않은 것은? (2013경감)

① 모든 국민은 정보의 공개를 청구할 권리를 가지며, 외국인도 대통령령이 정하는 바에 따라 정보공개 청구가 가능하다.
② 정보공개의 청구를 받으면 그 청구를 받은 날부터 10일 이내에 공개 여부를 결정하여야 한다.
③ 공공기관은 공개청구된 공개대상정보의 전부 또는 일부가 제3자와 관련이 있다고 인정되는 때에는 그 사실을 제3자에게 통지하여야 하며, 그 사실을 통지받은 제3자는 통지받은 날부터 3일 이내에 당해 공공기관에 대하여 자신과 관련된 정보를 공개하지 아니할 것을 요청할 수 있다.
④ 공개거부결정에 대하여 정보공개법상의 이의신청을 거쳐야만 행정심판을 청구할 수 있다.

> **해설**
>
> 공제회기본서(총론Ⅱ) ①89 ②90 ③90 ④92
> ④ 정보공개법상의 이의신청 절차는 임의적 절차로서 <u>이의신청 절차를 거치지 아니하고 행정심판을 청구할 수 있다.</u>
>
> **정답** ④

011 「행정절차법」상 의견청취절차에 대한 설명 중 적절하지 않은 것은 모두 몇 개인가? (2013경위)

㉠ 현행법상 의견청취절차는 청문, 공청회, 의견제출로 나누어진다.
㉡ 현행법상 청문은 행정청이 필요하다고 인정하는 경우에만 실시하도록 규정되어 있다.
㉢ 현행법상 행정청은 청문을 실시하고자 하는 경우에 청문이 시작되는 날부터 10일 전까지 일정한 사항을 당사자 등에게 통지하여야 한다.
㉣ 현행법상 청문절차시 문서의 열람 또는 복사의 요청이 있는 경우 행정청은 다른 법령에 의하여 제한되는 경우를 제외하고는 거부할 수 없다.

① 없음　　② 1개　　③ 2개　　④ 3개

> **해설**
>
> 공제회기본서(총론Ⅱ) ①95 ②95 ③95 ④97
> 틀린 지문은 ㉡ 1개이다.
> ㉡ 행정절차법상 청문은 행정청이 필요하다고 인정하는 경우와 <u>다른 법령에서 청문을 하도록 규정한 경우 및 당사자등의 신청이 있는 경우에도</u> 실시하도록 규정되어 있다.
>
> **정답** ②

012 「행정절차법」상 의견청취절차에 대한 설명으로 가장 적절하지 않은 것은? (2014경위)

① 행정청이 당사자에게 의무를 부과하거나 권익을 제한하는 처분을 할 때 다른 법령에 특별한 규정이 없으면 청문을 거쳐야 한다.
② 행정청이 당사자에게 의무를 부과하거나 권익을 제한하는 처분을 할 때 청문을 실시하거나 공청회를 개최하는 경우 외에는 당사자 등에게 의견제출의 기회를 주어야 한다.
③ 청문은 행정청이 소속 직원 또는 대통령령으로 정하는 자격을 가진 사람 중에서 선정하는 사람이 주재하되, 행정청은 청문 주재자의 선정이 공정하게 이루어지도록 노력하여야 한다.
④ 행정청이 처분을 할 때에 당사자 등이 제출한 의견이 상당한 이유가 있다고 인정하는 경우에는 이를 반영하여야 한다.

> **해설**
> 공제회기본서(총론Ⅱ) ①95 ②95 ③없음 ④96
> ① 행정절차법상 청문은 행정청이 필요하다고 인정하는 경우와 **다른 법령에서 청문을 하도록 규정한 경우** 및 당사자등의 신청이 있는 경우에도 실시하도록 규정되어 있다.
>
> **정답** ①

013 「행정절차법」상 행정지도에 관한 설명으로 가장 적절하지 않은 것은? (2015경감)

① 행정지도는 임의성에 기반하므로 과잉금지원칙과 무관하다.
② 행정지도를 하는 자는 그 상대방에게 그 행정지도의 취지 및 내용과 신분을 밝혀야 한다.
③ 행정지도의 상대방은 해당 행정지도의 방식·내용 등에 관하여 행정기관에 의견제출을 할 수 있다.
④ 행정기관은 행정지도의 상대방이 행정지도에 따르지 아니하였다는 것을 이유로 불이익한 조치를 하여서는 아니 된다.

> **해설**
> 공제회기본서(총론1) 161
> ① 행정지도는 임의성에 기반하며, **과잉금지원칙도 적용된다.**(행정절차법은 임의성원칙과 과잉금지원칙을 모두 규정하고 있다)
>
> **정답** ①

014 다음 사례와 관련하여 옳지 않은 설명은 모두 몇 개인가? (2011경감)

〈사례〉
서울지방경찰청 소속 형사 A는 자신이 배당받은 절도사건을 수사하던 중 용의자가 현재 17세인 B라는 사실을 알게 되었고, 그 소재를 확인하여 검거하는 과정에서 B가 순순히 연행에 응하지 않는다는 이유만으로 경찰장구인 호신용경봉으로 제압하던 중 흥분하여 잘못 휘두르는 바람에 B의 얼굴에 맞게 되었고, 이로 인해 B의 코뼈가 부러지게 되었다.

㉠ 사례에서 A의 행위에 대한 위법성과 관련하여 경찰비례의 원칙이 고려될 수 있다.
㉡ 사례의 경우 B의 입장에서는 서울지방경찰청장을 상대로 국가배상청구소송을 제기할 수 있다.
㉢ 사례에서 국가배상책임이 인정된다면 이는 「국가배상법」 제5조의 책임을 인정한 것이다.
㉣ 사례에서 B의 경우 자신의 배상청구권을 친구인 C에게 양도할 수도 있다.

① 1개 ② 2개 ③ 3개 ④ 4개

해설

공제회기본서(총론Ⅱ) 100
㉠ O
㉡ 사례의 경우 B의 입장에서는 **국가(대한민국)를 상대로** 국가배상청구소송을 제기할 수 있다.
㉢ 사례에서 국가배상책임이 인정된다면 이는 「국가배상법」 **제2조(공무원의 위법한 직무집행으로 인한 손해배상)의 책임**을 인정한 것이다.
㉣ 사례에서 B의 경우 자신의 배상청구권을 친구인 C에게 **양도할 수 없다**.
 ※ 생명·신체의 침해로 인한 국가배상을 받을 권리는 양도하거나 압류하지 못한다.(국가배상법 제4조)

정답 ③

제 2 절 경찰 감찰활동과 경찰통제

015 경찰청 훈령인 「경찰 감찰 규칙」에서 규정하고 있는 내용과 다른 것은 모두 몇 개 인가? (2014경위)

> ㉠ 경찰기관의 장은 상급 경찰기관의 장의 지시에 따라 소속 감찰관으로 하여금 일정기간 동안 다른 경찰기관 소속 직원의 복무실태, 업무추진 실태 등을 점검하게 할 수 있다.
> ㉡ 감찰관은 소속 경찰공무원등의 의무위반사실에 대한 민원을 접수하였을 때에는 접수일로부터 2개월 내에 신속히 처리하여야 한다. ~~다만, 부득이한 사유로 민원을 기한 내에 처리할 수 없을 때에는 감찰업무 담당 부서의 장에게 보고하여 그 처리 기간을 연장할 수 있다.~~
> ㉢ 감찰관은 심야(자정부터 오전 6시까지를 말한다)에 조사를 하여서는 아니 된다. 이에 불구하고 감찰관은 조사대상자 또는 그 변호인의 별지 서식에 의한 심야조사 요청이 있는 경우에는 예외적으로 심야조사를 할 수 있다. 이 경우 심야조사의 사유를 조서에 명확히 기재하여야 한다.
> ㉣ 감찰관은 다른 경찰기관 또는 검찰, 감사원 등 다른 행정기관으로부터 통보받은 소속 직원의 의무위반행위에 대해서는 통보받은 날로부터 1개월 이내에 신속히 처리하여야 한다.

① 없음   ② 1개   ③ 2개   ④ 3개

해설

공제회기본서(총론Ⅱ) ㉠106 ㉡107(후문 없음) ㉢107 ㉣107
모두 옳은 설명이다.

〈경찰 감찰 규칙〉

제5조(감찰관의 결격사유) 다음 각 호의 어느 하나에 해당하는 사람은 감찰관이 될 수 없다.
1. 직무와 관련한 금품 및 향응 수수, 공금횡령·유용, 「성폭력범죄의 처벌 등에 관한 특례법에 따른 성폭력범죄로 징계처분을 받은 사람
2. 제1호 이외의 사유로 징계처분을 받아 말소기간이 경과하지 아니한 사람
3. 질병 등으로 감찰관으로서의 업무수행이 어려운 사람
4. 기타 감찰관으로서 적합하지 아니하다고 판단되는 사람

제7조(감찰관의 신분보장) ① 경찰기관의 장은 감찰관이 제5조에 따른 결격사유에 해당되는 것으로 밝혀졌을 경우와 다음 각 호의 어느 하나에 해당하는 경우를 제외하고는 <u>2년 이내(3년 이내×)</u>에 본인의 의사에 반하여 전보하여서는 아니 된다. 다만, 승진 등 인사관리상 필요한 경우에는 그러하지 아니하다.
1. 징계사유가 있는 경우
2. 형사사건에 계류된 경우
3. 질병 등으로 감찰업무를 수행할 수 없거나 직무수행 능력이 현저히 부족하다고 판단되는 경우
4. 고압·권위적인 감찰활동을 반복하여 물의를 야기한 경우
② 경찰기관장은 <u>1년 이상</u> 성실히 근무한 감찰관에 대해서는 희망부서를 고려하여 전보한다.

제12조(감찰활동의 관할) 감찰관은 소속 경찰기관의 관할구역 안에서 활동하여야 한다. 다만, <u>상급 경찰기관의 장의 지시</u>가 있는 경우에는 관할구역 밖에서도 활동할 수 있다.

제13조(특별감찰) 경찰기관의 장은 의무위반행위가 자주 발생하거나 그 발생 가능성이 높다고 인정되는 시기, 업무분야 및 경찰관서 등에 대하여는 일정기간 동안 전반적인 조직관리 및 업무추진 실태 등을 집중 점검할 수 있다.

제14조(교류감찰) 경찰기관의 장은 <u>상급 경찰기관의 장의 지시에 따라</u> 소속 감찰관으로 하여금 일정기간 동안 다른 경찰기관의 소속 직원의 복무실태, 업무추진 실태 등을 점검하게 할 수 있다.

제15조(감찰활동의 착수) ① 감찰관은 소속공무원의 의무위반행위에 관한 단서(현장인지, 진정·탄원 등을 포함)를 수집·접수한 경우 소속 경찰기관의 <u>감찰부서장에게 보고</u>하여야 한다.
② 감찰부서장은 제1항에 따른 보고를 받은 경우 감찰 대상으로서의 적정성을 검토한 후 감찰활동 착수 여부를 결정하여야 한다.

제18조(감찰관 증명서 등 제시) 감찰관은 제17조에 따른 요구를 할 경우 소속 경찰기관의 장이 발행한 별지 제3호 서식의 감찰관 증명서 또는 경찰공무원증을 제시하여 신분을 밝히고 감찰활동의 목적을 설명하여야 한다.

제19조(감찰활동 결과의 보고 및 처리) ① 감찰관은 <u>감찰활동 결과</u> 소속공무원의 의무위반행위, 불합리한 제도·관행, 선행·수범 직원 등을 발견한 경우 이를 <u>소속 경찰기관의 장에게 보고</u>하여야 한다.
② 경찰기관의 장은 제1항의 결과에 대하여 문책 요구, 시정·개선, 포상 등 필요한 조치를 하여야 한다.

제25조(출석요구) ① 감찰관은 감찰조사를 위해서 조사대상자의 출석을 요구할 때에는 조사기일 <u>3일(2일×) 전까지</u> 별지 제5호 서식의 출석요구서 또는 구두로 조사일시, 의무위반행위사실 요지 등을 통지하여야 한다. 다만, 사안이 급박한 경우 또는 조사대상자의 요청이 있는 경우에는 즉시 조사에 착수할 수 있다.
② 제1항의 경우 조사일시 등을 정할 때에는 조사대상자의 의사를 존중하여야 한다.
④ 감찰관은 조사대상자의 방어권 보장을 위하여 필요한 경우 조사대상자의 동의를 받아 조사대상자의 소속 부서장에게 제1항에 따른 출석요구 사실을 통지할 수 있다.

제28조(조사 참여) ① 감찰관은 조사대상자가 다음 각 호의 사항을 신청할 경우 이에 해당하는 사람을 참여하게 하거나 동석하도록 하여야 한다.
1. 다음 각 목의 사람의 참여
  가. 다른 감찰관
  나. 변호인
2. 다음 각 목의 사람의 동석
  가. 조사대상자의 동료공무원
  나. 조사대상자의 직계친족, 배우자, 가족 등 조사대상자의 심리적 안정과 원활한 의사소통에 도움을 줄 수 있는 자
② 감찰관은 다음 각 호의 사유가 발생한 경우에는 참여자의 참여를 제한하거나 동석자의 퇴거를 요구할 수 있다
1. 참여자 또는 동석자가 조사 과정에 부당하게 개입하거나 조사를 제지·중단시키는 경우
2. 참여자 또는 동석자가 조사대상자에게 특정한 답변을 유도하거나 진술 번복을 유도하는 경우
3. 그 밖의 참여자 또는 동석자의 언동 등으로 조사에 지장을 초래하는 경우
③ 감찰관은 참여자의 참여를 제한하거나 동석자를 퇴거하게 한 경우 그 사유를 조사대상자에게 설명하고 그 구체적 정황을 청문보고서 등 조사서류에 기재하여 기록에 편철하여야 한다.

제31조(조사시 유의사항) ① 감찰관은 조사시 엄정하고 공정하게 진실 발견에 노력하여야 한다.
② 감찰관은 조사시 조사대상자의 이익이 되는 주장 및 제출자료 등에 대해서도 사실관계를 명확히 하여 조사내용에 반영하여야 한다.
⑤ 감찰부서장은 성폭력·성희롱 피해 여성에 대하여는 <u>피해자의 의사에 반하지 않는 한</u>(반드시×) 여성 경찰공무원이 조사하도록 하여야 하고, 조사 과정에서 피해자의 인격이나 명예가 손상되거나 사적인 비밀이 침해되지 않도록 하여야 한다.

제32조(심야조사의 금지) ① 감찰관은 심야(자정부터 오전 6시까지)에 조사를 하여서는 아니 된다.
② 제1항에도 불구하고 감찰관은 조사대상자 또는 그 변호인의 별지 제6호 서식에 의한 심야조사 요청이 있는 경우에는 예외적으로 심야조사를 할 수 있다. 이 경우 심야조사의 사유를 조서에 명확히 기재하여야 한다.
제35조(민원사건의 처리) ① 감찰관은 소속공무원의 의무위반사실에 대한 민원을 접수한 경우 접수일로부터 2개월 내에 신속히 처리하여야 한다. 다만, 부득이한 사유로 민원을 기한 내에 처리할 수 없을 때에는 소속 경찰기관의 감찰부서장에게 보고하여 그 처리 기간을 연장할 수 있다.
제36조(기관통보사건의 처리) ① 감찰관은 다른 경찰기관 또는 검찰, 감사원 등 다른 행정기관으로부터 통보받은 소속공무원의 의무위반행위에 대해서는 통보받은 날로부터 1개월 이내에 신속히 처리하여야 한다.
② 감찰관은 검찰·경찰, 그 밖의 수사기관으로부터 수사개시 통보를 받은 경우에는 징계의결요구권자의 결재를 받아 해당 기관으로부터 수사결과의 통보를 받을 때까지 감찰조사, 징계의결요구 등의 절차를 진행하지 아니 할 수 있다. ⇨ 주의사항 : 감사원이 조사중인 특정사건에 대해서는 조사개시 통보받은 날부터 징계절차를 진행하지 못함(감사원법32조의2)
제40조(감찰관에 대한 징계 등) ② 감찰관의 의무위반행위에 대해서는 「경찰공무원 징계령 세부시행규칙」의 징계양정에 정한 기준보다 가중하여 징계조치한다.

정답 ①

016 「경찰 감찰 규칙」에 대한 내용으로 옳지 않은 것은 모두 몇 개인가? (2011경위변형)

㉠ 감찰관은 소속 경찰기관의 관할구역 안에서 활동하는 것을 원칙으로 하고, 관할 구역 밖에서는 활동할 수 없다.
㉡ 의무위반행위가 자주 발생하거나 그 발생 가능성이 높다고 인정되는 시기, 업무분야 및 경찰관서 등에 대하여는 일정기간 동안 전반적인 조직관리 및 업무추진 실태 등을 집중 점검하는 것이 특별감찰이다.
㉢ 감찰부서장은 소속 경찰기관의 장의 지시에 따라 소속 감찰관으로 하여금 일정기간 동안 다른 경찰기관 소속 직원의 복무실태, 업무추진 실태 등을 점검하게 할 수 있다.
㉣ 감찰관은 검찰·경찰, 그 밖의 수사기관으로부터 수사개시 통보를 받은 경우에는 징계의결 요구권자의 결재를 받아 해당 기관으로부터 수사결과의 통보를 받을 때까지 감찰조사, 징계의결요구 등의 절차를 진행하지 아니할 수 있다.
㉤ 감찰관의 의무위반행위에 대해서는 「경찰공무원 징계령 세부시행규칙」의 징계양정 기준에 의하여 징계조치한다.

① 1개　　　　② 2개　　　　③ 3개　　　　④ 4개

해설

공제회기본서(총론Ⅱ) ㉠105 ㉡106 ㉢105 ㉣107 ㉤108
㉠ 감찰관은 소속 경찰기관의 관할구역 안에서 활동하여야 한다. 다만, **상급 경찰기관의 장의 지시가 있는 경우에는 관할구역 밖에서도 활동할 수 있다**.
㉡ O
㉢ **경찰기관의 장은 상급 경찰기관의 장의 지시에 따라** 소속 감찰관으로 하여금 일정기간 동안 다른 경찰기관 소속 직원의 복무실태, 업무추진 실태 등을 점검하게 할 수 있다.
㉣ O
㉤ 감찰관의 의무위반행위에 대해서는 「경찰공무원 징계령 세부시행규칙」의 징계양정에 정한 기준보다 **가중하여** 징계조치한다.

정답 ③

017 「경찰 감찰 규칙」상 감찰활동에 대한 설명 중 가장 적절하지 않은 것은? (2020경위)

① 감찰관은 직무상 조사를 위한 출석, 질문에 대한 답변 및 진술서 제출, 증거품 등 자료제출, 현지조사의 협조를 요구할 수 있다.
② 위의 ①과 같은 요구를 받은 소속공무원은 정당한 사유가 없는 한 그 요구에 응하여야 한다.
③ 감찰관은 다른 경찰기관 또는 검찰, 감사원 등 다른 행정기관으로부터 통보받은 소속공무원의 의무위반행위에 대해서는 통보받은 날로부터 1개월 이내에 신속히 처리하여야 한다.
④ 감찰관은 심야(오후 10시부터 오전 6시까지를 말한다)에 조사를 하여서는 아니 된다.

해설

공제회기본서(총론Ⅱ) ①106 ②106 ③107 ④ 107
④ 감찰관은 **심야(자정부터 오전 6시까지를 말한다)**에 조사를 하여서는 아니 된다.

정답 ④

018 현행 「경찰 감찰 규칙」의 규정 내용과 다르게 서술한 것은 모두 몇 개인가?

(2012년경감변형)

㉠ 심야(일몰부터 오전 6시까지)에 조사를 하여서는 안 되도록 원칙규정을 두면서도, 조사대상자 또는 그 변호인의 별지 서식에 의한 심야조사 요청이 있는 경우에는 예외적으로 심야조사를 할 수 있도록 규정하였다.

㉡ 감찰관은 감찰조사를 실시하기 전에 조사대상자에게 의무위반행위사실의 요지를 알려야 한다. 이 경우 감찰관은 조사대상자에게 제28조 제1항에서 정하는 사람의 참여나 동석을 신청할 수 있다는 사실을 고지하여야 한다.

㉢ 감찰부서장은 성폭력·성희롱 피해 여성에 대하여는 반드시 여성 경찰공무원이 조사하도록 하여야 하고, 조사 과정에서 피해자의 인격이나 명예가 손상되거나 사적인 비밀이 침해되지 않도록 하여야 한다.

㉣ 검찰·경찰 그 밖의 수사기관으로부터 수사개시 통보를 받은 경우에는 징계의결요구권자의 결재를 받아 해당 기관으로부터 수사결과의 통보를 받을 때까지 감찰조사, 징계의결요구 등의 절차를 진행하지 아니할 수 있다.

① 1개 ② 2개 ③ 3개 ④ 4개

해설

공제회 기본서(총론Ⅱ) ㉠107 ㉡108 ㉢107 ㉣107

㉠ <u>심야(자정부터 오전 6시까지)</u>에 조사를 하여서는 안 되도록 원칙규정을 두면서도, 조사대상자 또는 그 변호인의 별지 서식에 의한 심야조사 요청이 있는 경우에는 예외적으로 심야조사를 할 수 있도록 규정하였다.

㉢ 감찰부서장은 성폭력·성희롱 피해 여성에 대하여는 <u>피해자의 의사에 반하지 않는 한</u> 여성 경찰공무원이 조사하도록 하여야 하고, 조사 과정에서 피해자의 인격이나 명예가 손상되거나 사적인 비밀이 침해되지 않도록 하여야 한다.

정답 ②

019 「경찰 감찰 규칙」에 관한 설명으로 가장 적절하지 않은 것은? (2016경감)

① 직무와 관련한 금품 및 향응 수수, 공금횡령·유용, 「성폭력범죄의 처벌 및 피해자보호 등에 관한 법률」에 따른 성폭력 범죄로 징계처분을 받은 사람은 말소기간의 경과 여부에 상관없이 감찰관이 될 수 없다.
② 감찰관은 직무수행에 있어서 조사를 위한 출석, 질문에 대한 답변 및 진술서 제출, 증거품 및 자료 제출, 현지조사의 협조 등을 요구할 수 있으며, 경찰공무원 등은 정당한 사유가 없는 한 그 요구에 응하여야 한다.
③ 감찰관은 반드시 소속 경찰기관의 관할구역 안에서만 활동하여야 한다.
④ 경찰기관장은 1년 이상 성실히 근무한 감찰관에 대해서는 희망부서를 고려하여 전보한다.

> **해설**
> 공제회기본서(총론Ⅱ) ①105 ②106 ③105 ④105
> ③ 감찰관은 소속 경찰기관의 관할구역 안에서 활동하여야 한다. 다만, <u>상급 경찰기관의 장의 지시가 있는 경우에는 관할구역 밖에서도 활동할 수 있다.</u>
>
> 정답 ③

020 「경찰 감찰 규칙」에 관한 설명으로 가장 적절하지 않은 것은? (2016경위)

① 감찰관은 소속 경찰공무원 등의 의무위반사실에 대한 민원을 접수하였을 때는 접수일로부터 3개월 이내에 신속히 처리하여야 하며 ~~그 기간을 연장할 수 없다.~~
② 감찰관은 직무수행에 있어서 조사를 위한 출석, 질문에 대한 답변 및 진술서 제출, 증거품 및 자료 제출, 현지조사의 협조 등을 요구할 수 있으며, 경찰공무원 등은 정당한 사유가 없는 한 그 요구에 응하여야 한다.
③ 감찰관은 원칙적으로 감찰조사를 위해서 조사대상자의 출석을 요구할 때에는 조사기일 3일 전까지 출석요구서 또는 구두로 조사일시, 의무위반행위사실 요지 등을 통지하여야 한다.
④ 감찰관은 원칙적으로 심야(자정부터 오전 6시까지)에 조사하는 것은 금지되나, 조사대상자 또는 그 변호인의 별지 서식에 의한 심야조사 요청이 있는 경우에는 예외적으로 심야조사를 할 수 있다.

> **해설**
> 공제회기본서(총론Ⅱ) ①107(후단 없음) ②106 ③107 ④107
> ① 감찰관은 소속공무원의 의무위반사실에 대한 민원을 접수한 경우 접수일로부터 <u>2개월 내에</u> 신속히 처리하여야 한다. 다만, 부득이한 사유로 민원을 기한 내에 처리할 수 없을 때에는 소속 경찰기관의 감찰부서장에게 보고하여 그 <u>처리 기간을 연장할 수 있다.</u>
>
> 정답 ①

021 「경찰 감찰 규칙」에 대한 설명으로 가장 적절하지 않은 것은? (2017경감변형)

① 경찰기관장은 1년 이상 성실히 근무한 감찰관에 대해서는 희망부서를 고려하여 전보한다.
② 경찰기관의 장은 상급 경찰기관의 장의 지시에 따라 소속 감찰관으로 하여금 상시적으로 다른 경찰기관 소속 직원의 복무실태, 업무추진 실태 등을 점검하게 할 수 있다.
③ 감찰관은 다른 경찰기관 또는 검찰, 감사원 등 다른 행정기관으로부터 통보받은 소속직원의 의무위반행위에 대해서는 통보받은 날로부터 1개월 이내에 신속히 처리하여야 한다.
④ 감찰관은 심야(자정부터 오전 6시까지를 말한다)에 조사를 하여서는 아니 된다. 다만, 조사대상자 또는 그 변호인의 별지 서식에 의한 심야조사 요청이 있는 경우에는 예외적으로 심야조사를 할 수 있다.

해설

공제회기본서(총론Ⅱ) ①105 ②106 ③107 ④107
② 경찰기관의 장은 상급 경찰기관의 장의 지시에 따라 소속 감찰관으로 하여금 **일정기간 동안** 다른 경찰기관 소속 직원의 복무실태, 업무추진 실태 등을 점검하게 할 수 있다.

정답 ②

022 「경찰 감찰 규칙」에 대한 설명으로 가장 적절한 것은? (2018경감)

① 감찰관은 소속 경찰공무원등의 의무위반사실에 대한 민원을 접수하였을 때에는 부득이한 사유로 민원을 기한 내에 처리할 수 없는 경우가 아닌 한 접수일로부터 2개월 내에 신속히 처리하여야 한다.
② 감찰관은 직무상 증거품 등 자료 제출, 현지조사의 협조 등을 요구할 수 있으며, 경찰공무원등은 정당한 사유가 없더라도 감찰관의 요구에 응하지 않을 수 있다.
③ 감찰관은 감찰조사를 위해서 조사대상자의 출석을 요구할 때에는 조사기일 2일 전까지 출석요구서 또는 구두로 조사일시, 의무위반행위사실 요지 등을 통지하여야 한다. 다만, 사안이 급박한 경우 또는 조사대상자의 요청이 있는 경우에는 즉시 조사에 착수할 수 있다.
④ 감찰관의 의무위반행위 중 직무와 관련된 금품 및 향응 수수, 공금횡령·유용, 성폭력범죄에 한하여 「경찰공무원 징계령 세부시행규칙」의 징계양정에 정한 기준보다 가중하여 징계조치한다.

해설

공제회기본서(총론Ⅱ) ①107 ②106 ③107 ④108
① ○
② 경찰공무원등은 감찰관으로부터 제1항에 따른 요구를 받은 때에는 **정당한 사유가 없는 한 그 요구에 응하여야 한다.**
③ 감찰관은 감찰조사를 위해서 의무위반행위와 관련된 경찰공무원등(이하 '조사대상자'라 한다)의 출석을 요구할 때에는 조사기일 **3일 전까지** 별지 제2호 서식의 출석요구서 또는 구두로 조사일시, 의무위반행위사실 요지 등을 통지하여야 한다. 다만, 사안이 급박한 경우 또는 조사대상자의 요청이 있는 경우에는 즉시 조사에 착수할 수 있다.

④ 감찰관의 의무위반행위에 대해서는 「경찰공무원 징계령 세부시행규칙」의 징계양정에 정한 기준보다 가중하여 징계조치한다.(**직무와 관련된 금품 및 향응 수수, 공금횡령·유용, 성폭력범죄에 한하지 않는다**)

정답 ①

023 「경찰 감찰 규칙」에 의한 감찰활동에 대한 설명으로 가장 적절하지 않은 것은? (2019경위변형)

① 경찰기관의 장은 상급 경찰기관의 장의 지시에 따라 소속 감찰관으로 하여금 일정기간 동안 다른 경찰기관 소속 직원의 복무실태, 업무추진 실태 등을 점검하게 할 수 있다.
② 감찰관은 감찰조사를 위해서 의무위반행위와 관련된 경찰공무원 등의 출석을 요구할 때에는 조사기일 3일 전까지 출석요구서 또는 구두로 조사일시, 의무위반행위사실 요지 등을 통지하여야 한다. 다만, 사안이 급박한 경우에는 즉시 조사에 착수할 수 있다.
③ 감찰관은 소속공무원의 의무위반행위에 관한 단서(현장인지, 진정·탄원 등을 포함한다)를 수집·접수한 경우 소속 경찰기관의 감찰부서장에게 보고하여야 한다. 감찰부서장은 보고를 받은 경우 감찰 대상으로서의 적정성을 검토한 후 감찰활동 착수 여부를 결정하여야 한다.
④ 감찰관은 검찰·경찰, 그 밖의 수사기관으로부터 수사개시 통보를 받은 경우에는 해당 기관으로부터 수사결과의 통보를 받을 때까지 감찰조사, 징계의결요구 등의 절차를 진행해서는 아니 된다.

해설

공제회기본서(총론Ⅱ) ①106 ②107 ③106 ④107
④ 감찰관은 검찰·경찰, 그 밖의 수사기관으로부터 수사개시 통보를 받은 경우에는 징계의결요구권자의 결재를 받아 해당 기관으로부터 수사결과의 통보를 받을 때까지 감찰조사, 징계의결요구 등의 절차를 **진행하지 아니 할 수 있다**.

정답 ④

024 「경찰행정 사무감사 규칙」상 감사결과의 조치기준과 그 내용을 연결한 것으로 가장 적절한 것은?

(2018경감)

① 개선 요구 - 감사결과 문제점이 인정되는 사실이 있어 그 대안을 제시하고 피감사기관의 장 등으로 하여금 개선방안을 마련하도록 할 필요가 있는 경우
② 권고 - 감사결과 법령상·제도상 또는 행정상 모순이 있거나 그 밖에 개선할 사항이 있다고 인정되는 경우
③ 변상명령 - 감사결과 위법 또는 부당하다고 인정되는 사실이 있어 추징·회수·환급·추급 또는 원상복구 등이 필요하다고 인정되는 경우
④ 통보 - 감사결과 비위 사실이나 위법 또는 부당하다고 인정되는 사실이 있으나 징계 또는 문책 요구, 시정요구, 경고·주의, 개선 요구, 권고를 하기에 부적합하여 피감사기관 또는 부서에서 자율적으로 처리할 필요가 있다고 인정되는 경우

해설

공제회기본서(총론Ⅱ) 103, 104
① **권고**에 대한 설명이다.
② **개선요구**에 대한 설명이다.
③ **시정요구**에 대한 설명이다.
④ ○

제21조(감사결과의 조치기준 등) 감사관은 감사결과에 대하여는 다음 각 호의 조치를 할 수 있다.
(시원시추 / 권고안 / 통자 / 경경)
1. 징계 또는 문책 요구 : 국가공무원법과 그 밖의 법령에 규정된 징계 또는 문책 사유에 해당하거나 정당한 사유 없이 자체감사를 거부하거나 자료의 제출을 게을리한 경우
2. **시**정 요구 : 감사결과 위법 또는 부당하다고 인정되는 사실이 있어 **추**징·회수·환급·**추**급 또는 **원**상복구 등이 필요하다고 인정되는 경우
3. 경고·주의 : 감사결과 위법 또는 부당하다고 인정되는 사실이 있으나 그 정도가 징계 또는 문책 사유에 이르지 아니할 정도로 **경**미하거나, 피감사기관 또는 부서에 대한 제재가 필요한 경우
4. 개선 요구 : 감사결과 법령상·제도상 또는 행정상 모순이 있거나 그 밖에 개선할 사항이 있다고 인정되는 경우
5. **권**고 : 감사결과 문제점이 인정되는 사실이 있어 그 대**안**을 제시하고 피감사기관의 장 등으로 하여금 개선방**안**을 마련하도록 할 필요가 있는 경우
6. **통**보 : 감사결과 비위 사실이나 위법 또는 부당하다고 인정되는 사실이 있으나 제1호부터 제5호까지의 요구를 하기에 부적합하여 피감사기관 또는 부서에서 **자**율적으로 처리할 필요가 있다고 인정되는 경우
7. 변상명령 : 「회계관계직원 등의 책임에 관한 법률」이 정하는 바에 따라 변상책임이 있는 경우
8. 고발 : 감사결과 범죄 혐의가 있다고 인정되는 경우

정답 ④

025 「경찰행정 사무감사 규칙」상 감사결과의 조치기준에 대한 설명으로 옳은 것을 모두 고른 것은?

(2020경감)

> ㉠ 시정요구 – 감사결과 법령상·제도상 또는 행정상 모순이 있거나 그 밖에 개선할 사항이 있다고 인정되는 경우
> ㉡ 권고 – 감사결과 문제점이 인정되는 사실이 있어 그 대안을 제시하고 피감사기관의 장 등으로 하여금 개선방안을 마련하도록 할 필요가 있는 경우
> ㉢ 징계 또는 문책 요구 – 국가공무원법과 그 밖의 법령에 규정된 징계 또는 문책 사유에 해당하거나 정당한 사유 없이 자체감사를 거부하거나 자료의 제출을 게을리한 경우
> ㉣ 변상명령 – 감사결과 위법 또는 부당하다고 인정되는 사실이 있어 추징·회수·환급·추급 또는 원상복구 등이 필요하다고 인정되는 경우

① ㉠,㉡   ② ㉡,㉢   ③ ㉠,㉢   ④ ㉢,㉣

해설

공제회기본서(총론Ⅱ) 103,104

㉠ <u>개선 요구</u> – 감사결과 법령상·제도상 또는 행정상 모순이 있거나 그 밖에 개선할 사항이 있다고 인정되는 경우
㉣ <u>시정 요구</u> – 감사결과 위법 또는 부당하다고 인정되는 사실이 있어 추징·회수·환급·추급 또는 원상복구 등이 필요하다고 인정되는 경우

정답 ②

제 3 절 인권보장과 경찰통제

026 경찰 인권시책의 흐름(1970년대 이전부터 1990년대까지)을 시대순으로 옳게 나열한 것은? (2012경감)

> ㉠ 인권보다 검거율 제고 우선
> ㉡ 인권구호는 등장하나, 구체적인 인권시책 미흡
> ㉢ 인권보다 사회안정 우선
> ㉣ 국민의 인권의식 향상에 비해 인권경찰 만족도 미흡

① ㉠,㉡,㉢,㉣
② ㉠,㉢,㉡,㉣
③ ㉢,㉠,㉡,㉣
④ ㉢,㉡,㉠,㉣

해설

공제회기본서(총론Ⅱ) 112, 113
(1) 70년대 이전 : 인권보다 검거율 제고 우선
(2) 70년대 : 인권구호는 등장하나, 구체적인 인권시책 미흡
(3) 80년대 : 인권보다 사회안정 우선
(4) 90년대 : 국민의 인권의식 향상에 비해 인권경찰 만족도 미흡
(5) 2000년대 : 직무패러다임 인권중심으로 전환 시급

정답 ①

027 인권의 개념에 대한 설명 중 가장 적절하지 않은 것은? (2013경감)

① 인권의 개념은 자연법과 사회계약론에 기원을 두고 있는 것으로, 사람이기 때문에 당연히 가지는 권리를 말한다.
② 기본적 인권은 박탈할 수도 없고, 양도할 수도 없는, 인간이 인간답게 생존할 수 있는 기본적 권리를 뜻하는 것으로서 이를 천부인권사상이라고 한다.
③ '인권'은 헌법이 보장하는 국민의 기본적 권리를 의미하고, '기본권'은 인간의 생래적·천부적 권리, 즉 자연권을 의미한다.
④ 국가인권위원회법 제2조(정의)에 의하면, '인권'이라 함은 헌법 및 법률에서 보장하거나 대한민국이 가입·비준한 국제인권조약 및 국제관습법에서 인정하는 인간으로서의 존엄과 가치 및 자유와 권리를 말한다.

해설

공제회기본서(총론Ⅱ) ①113 ②110 ③110 ④113
③ **기본권**은 헌법이 보장하는 국민의 기본적 권리를 의미하고, **인권**은 인간의 생래적·천부적 권리, 즉 자연권을 의미한다.

정답 ③

CHAPTER 09 경찰과 윤리

제1절 바람직한 경찰의 역할모델과 전문직업화

001 경찰이 전문직업화 되어 저학력자 등 경제적, 사회적 약자에게 경찰 직업에의 진입을 차단할 경우 발생할 수 있는 윤리적 문제점으로 가장 적절한 것은? (2016경감)

① 권위주의 ② 소외
③ 부권주의 ④ 차별

해설
공제회기본서(총론Ⅱ) 120
설문은 '차별'에 대한 내용이다.

정답 ④

제2절 경찰의 일탈

002 다음은 경찰의 부패원인에 대한 설명이다. 아래 ㉠부터 ㉣까지의 설명 중 옳고 그름의 표시(○, ×)가 바르게 된 것은? (2020경감)

㉠ '전체사회 가설'은 시민사회의 부패가 경찰부패의 주요 원인이라고 보는 이론이다.
㉡ '썩은 사과 가설'은 선배경찰의 부패행태로부터 신임경찰이 차츰 사회화되어 신임경찰도 기존 경찰처럼 부패로 물들게 된다고 보는 이론이다.
㉢ 셔먼의 '미끄러지기 쉬운 경사로 이론'에 대해 펠드버그는 작은 호의를 받았다고 해서 반드시 경찰이 큰 부패를 범하는 것은 아니라고 비판한다.
㉣ '구조원인 가설'은 부패에 해당하지 않는 작은 호의가 습관화될 경우 더 큰 부패와 범죄로 빠진다고 보는 이론이다.

① ㉠(○) ㉡(×) ㉢(○) ㉣(×)   ② ㉠(○) ㉡(○) ㉢(○) ㉣(×)
③ ㉠(×) ㉡(○) ㉢(○) ㉣(×)   ④ ㉠(○) ㉡(×) ㉢(○) ㉣(○)

> **해설**
>
> 공제회기본서(총론 II) ㉠137 ㉡137 ㉢134 ㉣134,137
> ㉡ '**구조원인 가설**'은 선배경찰의 부패행태로부터 신임경찰이 차츰 사회화되어 신임경찰도 기존 경찰처럼 부패로 물들게 된다고 보는 이론이다.
> ㉣ '**미끄러지기 쉬운 경사로 이론**'은 부패에 해당하지 않는 작은 호의가 습관화될 경우 더 큰 부패와 범죄로 빠진다고 보는 이론이다.
>
> 〈경찰부패 원인에 대한 가설〉
>
> | 전체사회가설
(전월) | 윌슨: "시카고 시민사회의 부패가 경찰부패의 원인"
⇨ 미끄러지기 쉬운 경사로이론과 일맥상통 |
> |---|---|
> | 구조원인가설
(구로바니) | ① 로벅, 바커, 니더호퍼
② 부패한 선배경찰들에 의해 신임경찰들이 부패(침묵의 규범으로 수용)
③ 부패의 원인은 개인적 결함이 아니라 조직의 체계적 원인
④ 1명이 기소중지자 인수하러 가며 2명분 출장비 수령
⇨ 법규·예산과 현실의 괴리 |
> | 썩은사과가설 | ① 부패원인은 모집단계에서 부패할 가능성 있는 경찰을 배제하지 못했기 때문
② 부패의 원인은 조직의 체계적 원인이 아니라 개인적 결함 |
>
> **정답** ①

003 경찰의 기본이념이 각 경찰관 개개인의 신념체계로서 윤리의 바탕이 되어 부패 없는 바람직한 경찰상으로 나타날 때, 국민의 신뢰를 받을 수 있다. 경찰의 부패원인가설에 대한 설명이 가장 적절하게 연결된 것은? (2012경감)

㉠ 전체사회 가설	㉡ 썩은 사과 가설
㉢ 구조원인 가설	㉣ 작은 호의 가설

ⓐ 부패에 해당되지 않는 작은 호의가 습관화 될 경우 미끄러운 경사로를 타고 내려오듯이 점점 더 큰 부패와 범죄로 빠진다는 가설
ⓑ 경찰의 부정부패 현상이 나타나는 원인 중 미국의 윌슨은 '시카고 시민이 경찰을 부패시켰다'고 주장하였는데 시민사회의 부패가 경찰부패의 주원인이라고 보는 입장
ⓒ 선배경찰의 부패행태로부터 신임경찰이 차츰 사회화 되어 신임경찰도 기존 경찰처럼 부패로 물들게 된다는 이론
ⓓ 일부 부패할 가능성이 있는 경찰을 모집단계에서 배제하지 못하여 이들이 조직에 흡수되어 전체가 부패할 가능성이 있다는 이론

① ㉠-ⓐ   ② ㉡-ⓑ   ③ ㉢-ⓒ   ④ ㉣-ⓓ

> **해설**
>
> 공제회기본서(총론Ⅱ) 129, 138
> ⓐ 부패에 해당되지 않는 작은 호의가 습관화 될 경우 미끄러운 경사로를 타고 내려오듯이 점점 더 큰 부패와 범죄로 빠진다는 가설 – **작은 호의 가설**
> ⓑ 경찰의 부정부패 현상이 나타나는 원인 중 미국의 윌슨은 '시카고 시민이 경찰을 부패시켰다'고 주장하였는데 시민사회의 부패가 경찰부패의 주원인이라고 보는 입장 – **전체사회 가설**
> ⓒ 선배경찰의 부패행태로부터 신임경찰이 차츰 사회화되어 신임경찰도 기존 경찰처럼 부패로 물들게 된다는 이론 – **구조원인 가설**
> ⓓ 일부 부패할 가능성이 있는 경찰을 모집단계에서 배제하지 못하여 이들이 조직에 흡수되어 전체가 부패할 가능성이 있다는 이론 – **썩은 사과 가설**
>
> **정답** ③

004 경찰 부정부패의 원인에 대한 설명 중 가장 적절하지 않은 것은?　　　　(2012경위)

① '셔먼의 미끄러지기 쉬운 경사로 이론'에 대해 펠드버그는 작은 호의를 받았다고 해서 반드시 경찰이 큰 부패를 범하는 것은 아니라고 비판한다.
② 썩은 사과 가설은 전체경찰 중 일부 부패할 가능성이 있는 경찰을 모집단계에서 배제하지 못하여 이들이 조직에 흡수되어 전체가 부패할 가능성이 있다는 이론이다.
③ 미국의 윌슨은 시민사회의 부패가 경찰부패의 주원인이라고 보는 구조원인 가설을 주장하였다.
④ 니더호퍼, 로벅 등은 선배경찰의 부패행태로부터 신임경찰이 차츰 사회화되어 신임경찰도 기존 경찰처럼 부패로 물들게 된다고 주장한다.

> **해설**
>
> 공제회기본서(총론Ⅱ) ①138 ②137 ③138 ④138
> ③ **미국의 윌슨**은 시민사회의 부패가 경찰부패의 주원인이라고 보는 **전체사회가설**을 주장하였다.
>
> **정답** ③

005 경찰과 윤리에 관한 설명 중 적절하지 않은 것은 모두 몇 개인가? (2013경위)

> ㉠ '셔먼의 미끄러지기 쉬운 경사로' 이론은 부패에 해당되지 않는 작은 호의가 습관화 될 경우 미끄러운 경사로를 타고 내려오듯이 점점 더 큰 부패와 범죄로 빠진다는 가설이다.
> ㉡ 경찰 부패의 원인을 설명하는 이론 중 윌슨이 제시한 이론으로, 신임경찰이 기존의 부패한 경찰로부터 부패의 사회화를 통하여 물들게 된다는 것은 '전체사회 가설'이다.
> ㉢ '비지바디니스(busybodiness)'는 남의 비행에 대하여 일일이 참견하여 도덕적 충고를 하는 것이다.
> ㉣ 경찰서비스헌장에서는 친절한 경찰, 의로운 경찰, 공정한 경찰, 근면한 경찰, 깨끗한 경찰의 5개항을 목표로 제시하였다.
> ㉤ 1991년 제정된 미국의 '경찰행위강령'에는 경찰임무는 물론 재량, 비밀, 협조, 사생활 등 광범위한 내용이 포함되어 있다.

① 1개 ② 2개 ③ 3개 ④ 4개

해설

공제회기본서(총론Ⅱ) ㉠137,138 ㉡137,138 ㉢141 ㉣177 ㉤167
㉡ 경찰 부패의 원인을 설명하는 이론 중 **니드호퍼, 로벅, 바커 등이 제시한 이론으로**, 신임경찰이 기존의 부패한 경찰로부터 부패의 사회화를 통하여 물들게 된다는 것은 '**구조원인 가설**'이다.
㉣ **경찰헌장**에서는 친절한 경찰, 의로운 경찰, 공정한 경찰, 근면한 경찰, 깨끗한 경찰의 5개항을 목표로 제시하였다.

정답 ②

---

006 경찰 부패의 현상 및 원인의 이론에 대한 설명으로 가장 적절하지 않은 것은? (2018경위)

① '썩은 사과 가설'은 경찰 부패의 원인으로 자질 없는 경찰관들이 모집단계에서 배제되지 못하고 조직 내에 유입됨으로써 경찰의 부패가 나타난다고 설명한다.
② 윌슨(Wilson)은 "미국 시카고 시민이 시카고 경찰을 부패시켰다."라고 주장하였는데 이는 시민사회의 부패가 경찰부패의 주원인이라고 보는 것으로 '전체사회 가설'에 해당한다.
③ 펠드버그(Feldberg)는 대부분의 경찰관들이 사소한 호의와 뇌물을 구별할 수 있으므로 '미끄러지기 쉬운 경사로 이론'은 비현실적이고, 더 나아가 경찰인의 지능에 대한 모독이라고 하였다.
④ 코헨(Cohen), 펠드버그(Feldberg)가 제시한 이론으로 신임경찰이 기존의 부패한 경찰로부터 부패의 사회화를 통하여 물들게 된다는 것은 '구조원인 가설'이다.

해설

공제회기본서(총론Ⅱ) 138,139
④ **구조원인가설은 니더호프, 로벅, 바커가 제시한 이론**이다.(구로바니)

정답 ④

007 경찰의 부정부패 사례와 그에 대한 원인분석을 설명하는 이론 중 가장 옳지 않은 것은? (2011경감)

① 지구대에 근무하는 경찰관 A는 순찰 도중 동네 슈퍼마켓 주인으로부터 음료수를 얻어 마시면서 친분을 유지하다가 나중에는 폭행사건처리 무마 청탁을 받고 큰돈까지 받게 되었다면 '미끄러지기 쉬운 경사로 이론'의 한 예로 볼 수 있다.
② 경제팀 수사관 A가 기소중지자의 신병인수차 출장을 가면서 사실은 1명이 갔으면서도 2명분의 출장비를 수령하였다면, 그 원인은 행정내부의 '법규 및 예산과 현실의 괴리' 때문이라고도 볼 수 있다.
③ 정직하고 청렴하였던 신임형사 A가 자신의 조장인 B로부터 관내 유흥업소 업자들을 소개받고, 이후 B와 함께 활동을 해가면서 B가 유흥업소 업자들로부터 월정금을 받는 것을 보고 점점 그 방식 등을 답습하였다면 '구조원인 가설'로 설명할 수 있다.
④ B지역은 과거부터 지역주민들이 관내 경찰관들과 어울려 도박을 일삼고, 부적절한 사건청탁을 하는 경우가 종종 있었으나 아무도 이를 문제화하지 않던 곳인데, 동 지역에 새로 발령받은 신임경찰관 A에게도 지역주민들이 접근하여 도박을 함께 하게 되는 경우는 '썩은 사과 가설'로 설명할 수 있다.

해설

공제회기본서(총론Ⅱ) 139
④는 '썩은 사과 가설'이 아니라 '전체사회 가설'로 설명할 수 있다.
➪ 전체사회 가설을 주창한 윌슨 '시카고 시민이 경찰을 부패시켰다'

정답 ④

제3절 부정청탁 및 금품 등 수수의 금지에 관한 법률

008 「부정청탁 및 금품등 수수의 금지에 관한 법률」 제8조 제3항은 수수를 금지하는 금품 등에 대한 예외사유를 규정하고 있다. 이에 대한 내용으로 가장 적절하지 않은 것은? (2018승진)

① 공직자등의 친족(「민법」 제777조에 따른 친족을 말한다)이 제공하는 금품등
② 상급 공직자등이 위로·격려·포상 등의 목적으로 하급 공직자등에게 제공하는 금품등
③ 특정 대상자에게 배포하기 위한 기념품 또는 홍보용품 등이나 경연·추첨을 통하여 받는 보상 또는 상품 등
④ 공직자등의 직무와 관련된 공식적인 행사에서 주최자가 참석자에게 통상적인 범위에서 일률적으로 제공하는 교통, 숙박, 음식물 등의 금품등

해설

공제회기본서(총론Ⅱ) 150
③ **불특정 대상자에게** 배포하기 위한 기념품 또는 홍보용품 등이나 경연·추첨을 통하여 받는 보상 또는 상품 등

> 법 제8조(금품등의 수수 금지) ③ 제10조의 외부강의 등에 관한 사례금 또는 다음 각 호의 어느 하나에 해당하는 금품등의 경우에는 제1항 또는 제2항에서 **수수를 금지하는 금품등에 해당하지 아니한다.**
> 1. 공공기관이 소속 공직자등이나 파견 공직자등에게 지급하거나 상급 공직자등이 위로·격려·포상 등의 목적으로 하급 공직자등에게 제공하는 금품등
> 2. 원활한 직무수행 또는 사교·의례 또는 부조의 목적으로 제공되는 음식물·경조사비·선물 등으로서 대통령령으로 정하는 가액 범위 안의 금품등
> 3. **사적 거래(증여는 제외한다)**로 인한 채무의 이행 등 정당한 권원(權原)에 의하여 제공되는 금품등
> 4. 공직자등의 **친족(「민법」 제777조에 따른 친족을 말한다)이 제공하는 금품등**
> 5. 공직자등과 관련된 직원상조회·동호인회·동창회·향우회·친목회·종교단체·사회단체 등이 정하는 기준에 따라 구성원에게 제공하는 금품등 및 그 소속 구성원 등 공직자등과 특별히 장기적·지속적인 친분관계를 맺고 있는 자가 질병·재난 등으로 어려운 처지에 있는 공직자등에게 제공하는 금품등
> 6. 공직자등의 직무와 관련된 공식적인 행사에서 주최자가 참석자에게 통상적인 범위에서 일률적으로 제공하는 교통, 숙박, 음식물 등의 금품등
> 7. **불특정 다수인에게 배포**하기 위한 기념품 또는 홍보용품 등이나 경연·추첨을 통하여 받는 보상 또는 상품 등
> 8. 그 밖에 다른 법령·기준 또는 사회상규에 따라 허용되는 금품등

정답 ③

009 「부정청탁 및 금품등 수수의 금지에 관한 법률」에 대한 설명으로 가장 적절한 것은? (2018경위)

① '공공기관'에는 국회, 법원, 헌법재판소, 감사원, 국가인권위원회, 중앙행정기관(대통령 소속 기관과 국무총리 소속 기관을 포함한다)과 그 소속 기관 및 지방자치단체를 포함한다. 단, 선거관리위원회는 '공공기관'에 해당하지 않는다.
② '공공기관'에는 「초·중등교육법」, 「고등교육법」, 「유아교육법」 및 그 밖의 다른 법령에 따라 설치된 각급 학교가 포함된다. 단, 「사립학교법」에 따른 학교법인은 '공공기관'에 해당하지 않는다.
③ '공직자등'에는 「언론중재 및 피해구제 등에 관한 법률」 제2조 제12호에 따른 언론사의 대표자와 그 임직원이 포함된다.
④ '공직자등'에는 「변호사법」 제4조에 따른 변호사 자격이 있는 자는 포함된다고 명시되어 있다.

해설

공제회기본서(총론Ⅱ) 147
① 선거관리위원회도 '공공기관'에 해당한다.
② 「사립학교법」에 따른 학교법인도 '공공기관'에 해당한다.
③ ○
④ '공직자등'에 변호사는 포함되어 있지 않다.

> **제2조(정의)** 이 법에서 사용하는 용어의 뜻은 다음과 같다.
> 1. "공공기관"이란 다음 각 목의 어느 하나에 해당하는 기관·단체를 말한다.
>   가. 국회, 법원, 헌법재판소, 선거관리위원회, 감사원, 국가인권위원회, 중앙행정기관(대통령 소속 기관과 국무총리 소속 기관을 포함한다)과 그 소속 기관 및 지방자치단체
>   나. 「공직자윤리법」 제3조의2에 따른 공직유관단체
>   다. 「공공기관의 운영에 관한 법률」 제4조에 따른 기관
>   라. 「초·중등교육법」, 「고등교육법」, 「유아교육법」 및 그 밖의 다른 법령에 따라 설치된 <u>각급 학교 및 「사립학교법」에 따른 학교법인</u>
>   마. 「언론중재 및 피해구제 등에 관한 법률」 제2조 제12호에 따른 <u>언론사</u>
> 2. "공직자등"이란 다음 각 목의 어느 하나에 해당하는 공직자 또는 공적 업무 종사자를 말한다.
>   가. 「국가공무원법」 또는 「지방공무원법」에 따른 공무원과 그 밖에 다른 법률에 따라 그 자격·임용·교육훈련·복무·보수·신분보장 등에 있어서 공무원으로 인정된 사람
>   나. 제1호 나목 및 다목에 따른 공직유관단체 및 기관의 장과 그 임직원
>   다. 제1호 라목에 따른 <u>각급 학교의 장과 교직원 및 학교법인의 임직원</u>
>   라. 제1호 마목에 따른 <u>언론사의 대표자와 그 임직원</u>
> 3. "금품등"이란 다음 각 목의 어느 하나에 해당하는 것을 말한다.
>   가. 금전, 유가증권, 부동산, 물품, 숙박권, 회원권, 입장권, 할인권, 초대권, 관람권, 부동산 등의 사용권 등 일체의 재산적 이익
>   나. 음식물·주류·골프 등의 접대·향응 또는 교통·숙박 등의 편의 제공
>   다. 채무 면제, 취업 제공, 이권(利權) 부여 등 그 밖의 유형·무형의 경제적 이익
> 4. "소속기관장"이란 공직자등이 소속된 공공기관의 장을 말한다.

정답 ③

010 「부정청탁 및 금품등 수수의 금지에 관한 법률」에 대한 설명으로 가장 적절하지 않은 것은?

(2019경감변형)

① 누구든지 부정청탁 및 금품등 수수의 금지에 관한 법률의 위반행위가 발생하였거나 발생하고 있다는 사실을 알게 된 경우에는 이 법의 위반행위가 발생한 공공기관 또는 그 감독기관, 감사원 또는 수사기관, 국민권익위원회에 신고할 수 있다.
② '공직자등'은 부정청탁을 받았을 때에는 부정청탁을 한 자에게 부정청탁임을 알리고 이를 거절하는 의사를 명확히 표시하여야 한다.
③ 부정청탁을 받은 '공직자등'이 그에 따라 직무를 수행한 경우 2년이하의 징역 또는 2천만원 이하의 벌금에 처한다.
④ '공직자등'은 사례금 수수여부에 상관없이 '외부강의등'을 할 때에는 대통령령으로 정하는 바에 따라 외부강의등의 요청 명세 등을 소속기관장에게 미리 서면으로 신고하여야 한다. 다만, 외부강의등을 요청한 자가 국가나 지방자치단체인 경우에는 그러하지 아니하다.

해설

공제회기본서(총론II) ①156 ②149 ③154 ④154
④ 공직자등은 사례금을 받는 외부강의등을 할 때에는 대통령령으로 정하는 바에 따라 외부강의등의 요청 명세 등을 소속기관장에게 그 외부강의등을 마친 날부터 10일 이내에 서면으로 신고하여야 한다. 다만, 외부강의등을 요청한 자가 국가나 지방자치단체인 경우에는 그러하지 아니하다.

정답 ④

011 「부정청탁 및 금품등 수수의 금지에 관한 법률」 제8조에서 규정하는 '금품등의 수수 금지'에 대한 설명으로 가장 적절하지 않은 것은?

(2019경위)

① 공직자등은 직무 관련 여부 및 기부 후원 증여 등 그 명목에 관계없이 동일인으로부터 1회에 100만원 또는 매 회계연도에 300만원을 초과하는 금품등을 받거나 요구 또는 약속해서는 아니 된다.
② 공직자등은 직무와 관련하여 대가성 여부를 불문하고 1회에 100만원 또는 매 회계연도에 300만원 이하의 금품등을 받거나 요구 또는 약속해서는 아니 된다.
③ 공직자등과 관련된 직원상조회·동호인회·동창회·향우회·친목회·종교단체·사회단체 등이 정하는 기준에 따라 구성원에게 제공 하는 금품등은 수수를 금지하는 금품등에 해당하지 아니한다.
④ 공직자등의 직무와 관련된 공식적인 행사에서 주최자가 참석자에게 통상적인 범위에서 일률적으로 제공하는 교통, 숙박, 음식물 등의 금품등은 수수를 금지하는 금품등에 해당한다.

> **해설**
>
> 공제회기본서(총론Ⅱ) ①149 ②149 ③150 ④150
> ④ 공직자등의 직무와 관련된 공식적인 행사에서 주최자가 참석자에게 통상적인 범위에서 일률적으로 제공하는 교통, 숙박, 음식물 등의 금품등은 수수를 금지하는 금품등에 <u>해당하지 아니한다</u>.
>
> **정답** ④

012 「부정청탁 및 금품등 수수의 금지에 관한 법률」에 대한 설명으로 가장 적절하지 않은 것은? (2020경감)

① 부정청탁을 받은 공직자등이 그에 따라 직무를 수행한 경우 2년 이하의 징역 또는 2천만원 이하의 벌금에 처한다.
② 공직자등은 직무 관련 여부 및 기부·후원·증여 등 그 명목에 관계없이 동일인으로부터 1회에 100만원 또는 매 회계연도에 300만원을 초과하는 금품등을 받거나 요구 또는 약속해서는 아니 된다.
③ 사적 거래(증여는 제외한다)로 인한 채무의 이행 등 정당한 권원에 의하여 제공되는 금품등은 동법 제8조(금품등의 수수 금지)에서 규정하는 수수가 금지된 금품등에 해당하지 않는다.
④ 공직자등과 관련된 직원상조회·동호인회·동창회·향우회·친목회·종교단체·사회단체 등이 정하는 기준에 따라 구성원에게 제공하는 금품등은 동법 제8조(금품등의 수수 금지)에서 규정하는 수수를 금지하는 금품등에 해당한다.

> **해설**
>
> 공제회기본서(총론Ⅱ) ①155 ②149 ③150 ④150
> ④ 공직자등과 관련된 직원상조회·동호인회·동창회·향우회·친목회·종교단체·사회단체 등이 정하는 기준에 따라 구성원에게 제공하는 금품등은 동법 제8조(금품등의 수수 금지)에서 규정하는 수수를 <u>금지하는 금품등에 해당하지 아니한다</u>.
>
> **정답** ④

제 4 절 경찰의 문화

013 경찰문화의 냉소주의를 극복하기 위한 방안에 대한 설명이다. ㉠부터 ㉤까지 ( ) 안에 들어갈 용어를 나열한 것으로 가장 적절한 것은?
(2018경감)

> 인간관 중 (㉠) 이론은 인간이 책임감 있고 정직하여 (㉡)적인 관리를 해야 한다는 이론이고, (㉢) 이론은 인간을 게으르고 부정직한 것으로 보아 (㉣)적으로 관리해야 한다는 이론으로, (㉤) 이론에 의한 관리가 냉소주의를 극복하는 방안이 된다.

① ㉠ X ㉡ 민주 ㉢ Y ㉣ 권위 ㉤ X
② ㉠ X ㉡ 권위 ㉢ Y ㉣ 민주 ㉤ Y
③ ㉠ Y ㉡ 민주 ㉢ X ㉣ 권위 ㉤ Y
④ ㉠ Y ㉡ 권위 ㉢ X ㉣ 민주 ㉤ X

[해설]

공제회기본서(총론Ⅱ) 158
③ 인간관 중 Y이론은 인간이 책임감 있고 정직하여 민주적인 관리를 해야 한다는 이론이고, X이론은 인간을 게으르고 부정직한 것으로 보아 권위적으로 관리해야 한다는 이론으로, Y이론에 의한 관리가 냉소주의를 극복하는 방안이 된다.

정답 ③

014 파출소에 근무하는 김 순경은 경찰청에서 새 제도를 시행하겠다고 발표하자 전시 행정이라고 비웃었다. 이와 같은 냉소주의의 가장 큰 원인으로 적절한 것은?
(2016경위)

① 외부로부터의 부당한 압력
② 경찰조직에 대한 신념의 결여
③ 과중한 업무와 스트레스
④ 동료간의 경쟁과 갈등

[해설]

공제회기본서(총론Ⅱ) 162
냉소주의의 가장 큰 원인은 경찰조직에 대한 신념의 결여이다.

정답 ②

제 5 절 경찰인의 윤리표준과 경찰윤리강령

015 경찰윤리에 대한 설명으로 가장 적절한 것은? (2019경감)

① 사회계약설로부터 도출되는 경찰활동의 기준으로 볼 때 경찰관이 사회의 일부분이 아닌 사회 전체의 이익을 염두에 두어야 한다는 것은 '냉정하고 객관적인 자세'에 해당한다.
② 경찰 전문직업화의 문제점으로 '소외'는 전문직이 되는 데 장기간의 교육이 필요하고 비용이 들어, 가난한 사람은 전문가가 되는 기회를 상실하는 것을 말한다.
③ 경찰청 공무원 행동강령 에 따라 공무원은 범죄수사규칙 제15조에 따른 경찰관서 내 수사 지휘에 대한 이의제기와 관련하여 행동강령책임관에게 상담을 요청하여야 한다.
④ 경찰윤리강령의 문제점으로 '비진정성의 조장'은 강령의 내용을 행위의 울타리로 삼아 강령에 제시된 바람직한 행위 그 이상의 자기희생을 하지 않으려는 경향을 의미한다.

해설

공제회기본서(총론Ⅱ) ①없음 ②120 ③181 ④167
① O
② 전문직이 되는 데 장기간의 교육이 필요하고 비용이 들어 가난한 사람은 전문가가 되는 기회를 상실하는 것은 '**차별**'이다.
③ 공무원은 「범죄수사규칙」 제15조에 따른 경찰관서 내 수사 지휘에 대한 이의제기와 관련하여 행동강령책임관에게 **상담을 요청할 수 있다**(경찰청 공무원 행동강령 제4조의2).
④ 경찰윤리강령의 내용을 행위의 울타리로 삼아 강령에 제시된 바람직한 행위 그 이상의 자기희생을 하지 않으려는 경향을 '**최소주의의 위험**'이라고 한다.

정답 ①

016 코헨과 펠드버그가 제시한 민주경찰이 지향해야 할 내용에 대한 설명으로 가장 옳지 않은 것은? (2011경위)

① 경찰 서비스에 대한 '공정한 접근'을 보장하기 위해 성별·종교 등에 의해 차별을 해서는 안 된다.
② 경찰관이 직무수행과정에서 적법절차를 준수하고, 필요 최소한의 물리력을 사용해야 하는 것은 '공공의 신뢰'를 확보하기 위한 것이다.
③ 생명과 재산의 안전이 사회계약의 목적이고, 법집행이 궁극적인 목적은 아니므로, 경찰의 법집행은 '생명과 재산의 안전'이라는 틀 안에서 수행되어야 한다.
④ 탈주범이 관내에 있다는 첩보를 입수할 경우, 형사과 직원이 동료직원들과 임무와 역할을 분담하여 검거작전에 나서는 것은 '협동'에 충실한 것이지만, 다른 행정기관과 협조하는 것에 대해서 코헨과 펠드버그는 설명하고 있지 않다.

> **해설**
>
> 공제회기본서(총론 Ⅱ) 171
> ④ 코헨과 펠드버그가 제시하는 역할한계와 팀워크에는 일반행정기관의 업무와의 역할한계 구분, 수사와 재판영역의 역할한계 구분, 경찰상하기관의 협조, 동등 경찰조직 간의 협조 등이 있다.(즉, 일반행정기관과의 역할한계와 팀워크까지 설명)
>
> **정답** ④

017 코헨과 펠드버그는 사회계약설적 접근을 통해 경찰활동이 지향해야 할 기준을 제시하였다. 이와 관련하여 가장 적절하지 않은 것은? (2014경위)

① 경찰활동(경찰서비스) 대상에 대한 불합리한 차별을 금지하여, 공정한 접근을 보장하여야 한다.
② 사회계약론에 의하면 개개인의 생명과 재산의 안전을 다소 희생하더라도 순수한 법집행 자체가 경찰활동의 궁극적 목적이 되어야 한다.
③ 시민의 신뢰에 합당한 방식으로 경찰력을 행사하여 공공의 신뢰를 확보해야 한다.
④ ~~사회 일부분이 아닌 사회 전체의 이익을 염두에 둔 경찰활동을 해야 한다.~~

> **해설**
>
> 공제회기본서(총론 Ⅱ) ①165 ②165 ③170 ④없음
> ② 사회계약론에 의하면 <u>개개인의 생명과 재산의 안전(보장)이 사회계약의 목적</u>이며 법집행 자체는 경찰활동의 수단이다.
>
> **정답** ②

018 경찰윤리강령에 관한 설명으로 가장 적절하지 않은 것은? (2016경감)

① 경찰윤리강령은 대외적으로 서비스 수준의 보장, 국민과의 신뢰관계 형성, 과도한 요구에 대한 책임 제한 등과 같은 기능을 한다.
② 경찰윤리강령은 대내적으로 경찰공무원 개인적 기준 설정, 경찰조직의 기준 제시, 경찰조직에 대한 소속감 고취, 경찰조직구성원에 대한 교육자료 제공 등의 기능을 한다.
③ 경찰윤리강령의 문제점으로 최소주의의 위험이란 강령 간 우선순위, 업무 간 우선순위를 제시하지 못하는 한계를 말한다.
④ 경찰윤리강령의 문제점으로 강제력의 부족이란 강령이나 훈령은 법적 강제력이 부족하여 그 이행을 보장하기 힘들다는 것을 말한다.

> **해설**
>
> 공제회기본서(총론 Ⅱ) ①167 ②167,176 ③167 ④167
> ③ 경찰윤리강령의 문제점으로 "<u>우선순위 미결정</u>"이란 강령 간 우선순위, 업무 간 우선순위를 제시하지 못하는 한계를 말한다.
>
> **정답** ③

019 경찰공무원 개개인의 자율적 행동요령을 제정하여 경찰공무원으로서의 공직윤리를 확보하기 위하여 제정된 강령으로 그 형식은 강령·윤리강령·헌장 등 다양하며 훈령·예규의 형태로도 발현되는 것을 경찰강령 또는 경찰윤리강령이라고 하는데 다음 설명 중 가장 적절하지 않은 것은? (2014경감)

① 경찰윤리강령은 대외적으로는 서비스 수준의 보장, 국민과의 신뢰관계 형성, 과도한 요구에 대한 책임 제한 등과 같은 기능을 하며, 대내적으로는 경찰공무원 개인적 기준 설정, 경찰조직의 기준 제시, 경찰조직에 대한 소속감 고취 등의 기능을 한다.

② 경찰윤리강령은 강제력의 부족, 냉소주의 조장, 최소주의의 위험, 우선순위 미결정 등의 문제점이 있다.

③ 우리나라의 경찰윤리강령은 새경찰신조(1966년) → 경찰윤리헌장(1980년) → 경찰헌장(1991년) → 경찰서비스헌장(1998년)순으로 제정되었다.

④ 경찰헌장에는 '친절한 경찰, 의로운 경찰, 공정한 경찰, 근면한 경찰, 깨끗한 경찰' 5개항을 목표로 제시하였다.

해설

공제회기본서(총론Ⅱ) ①167 ②167 ③178 ④177
③ 우리나라의 경찰윤리강령은 **경찰윤리헌장(1966년) ⇨ 새경찰신조(1980년) ⇨ 경찰헌장(1991년) ⇨ 경찰서비스헌장(1998년) 순으로 제정되었다.** (윤새헌서)

정답 ③

020 경찰윤리강령에 대한 설명 중 가장 적절한 것은? (2013경감변형)

① 경찰헌장에서는 '우리는 정의의 이름으로 진실을 추구하며, 어떠한 불의나 불법과도 타협하지 않는 공정한 경찰'이라고 하였다.

② 경찰윤리강령의 문제점 중 냉소주의 조장은 강령에 규정된 수준 이상의 근무를 하지 않으려 하는 근무수준의 최저화 경향을 말한다.

③ 경찰윤리강령은 경찰윤리헌장, 새경찰신조, 경찰서비스헌장, 경찰헌장 순으로 제정되었다.

④ 경찰청 공무원 행동강령 상 공무원은 자신, 배우자, 직계존속·비속(생계를 같이 하는 경우만 해당) 또는 특수관계사업자가 공무원 자신의 직무관련자 또는 직무관련공무원과 직접 금전을 빌리거나 빌려주는 행위를 하는 경우(무상인 경우를 포함)에는 서면으로 소속기관의 장에게 미리 신고하여야 한다.

해설

공제회기본서(총론Ⅱ) ①177 ②178 ③178 ④188
① 경찰헌장에서는 '우리는 정의의 이름으로 진실을 추구하며, 어떠한 불의나 불법과도 타협하지 않는 <u>의로운 경찰</u>'이라고 하였다.
② 윤리강령의 <u>최소주의의 위험</u>에 대한 내용이다. 냉소주의 조장은 윤리강령의 지나친 이상추구적 성격과 업무현실을 외면한 규정 탓에 경찰관이 경찰윤리강령에 대한 냉소적 태도를 보인다는 것을 의미한다.
③ 경찰윤리강령은 **경찰윤리헌장(1966), 새경찰신조(1980), 경찰헌장(1991), 경찰서비스헌장(1998) 순으로 제정되었다.**
④ ○

정답 ④

021 1991년 제정된 경찰헌장에서 제시하는 경찰상과 그 내용의 연결이 가장 적절하지 않은 것은?

(2015경감)

① 친절한 경찰 - 건전한 상식 위에 전문지식을 갈고 닦아 맡은 일을 성실하게 수행
② 의로운 경찰 - 정위의 이름으로 진실을 추구하며, 어떠한 불의나 불법과도 타협하지 않음
③ 공정한 경찰 - 국민의 신뢰를 바탕으로 오직 양심에 따라 법을 집행
④ 깨끗한 경찰 - 화합과 단결 속에 항상 규율을 지키며 검소하게 생활

해설

공제회기본서 177
① <u>근면한 경찰</u> - 건전한 상식 위에 전문지식을 갈고 닦아 맡은 일을 성실하게 수행

정답 ①

022 다음은 「경찰헌장」에서 제시된 경찰의 목표를 나열한 것이다. 가장 적절하게 연결된 것은? (2014경위)

| ㉠ 친절한 경찰 | ㉡ 의로운 경찰 |
| ㉢ 공정한 경찰 | ㉣ 깨끗한 경찰 |

ⓐ 모든 사람의 인격을 존중하고 누구에게나 따뜻하게 봉사하는 경찰
ⓑ 국민의 신뢰를 바탕으로 오직 양심에 따라 법을 집행하는 경찰
ⓒ 건전한 상식 위에 전문지식을 갈고 닦아 맡은 일을 성실하게 수행하는 경찰
ⓓ 정의의 이름으로 진실을 추구하며, 어떠한 불의나 불법과도 타협하지 않는 경찰

① ㉠-ⓒ   ② ㉡-ⓐ   ③ ㉢-ⓑ   ④ ㉣-ⓓ

해설

공제회기본서(총론Ⅱ) 177 (<u>친의공근깨</u>)
ⓐ 모든 사람의 <u>인</u>격을 존중하고 누구에게나 따뜻하게 <u>봉</u>사하는 - <u>친</u>절한 <u>경</u>찰(인봉친경)
ⓑ 국민의 <u>신</u>뢰를 바탕으로 오직 <u>양</u>심에 따라 법을 집행하는 - <u>공</u>정한 <u>경</u>찰(신양공경)
ⓒ 건전한 <u>상</u>식 위에 <u>전</u>문지식을 갈고 닦아 맡은 일을 성실하게 수행하는 - <u>근</u>면한 <u>경</u>찰(상전근경)
ⓓ <u>정</u>의의 이름으로 <u>진</u>실을 추구하며, 어떠한 불의나 불법과도 타협하지 않는 - <u>의</u>로운 <u>경</u>찰(정진의경)
※ <u>화</u>합과 <u>단</u>결 속에 항상 규율을 지키며 검소하게 생활하는 - <u>깨</u>끗한 <u>경</u>찰(화단깨경)

정답 ③

023 경찰헌장에 관한 설명으로 가장 적절하지 않은 것은? (2016경위)

① 우리는 모든 사람의 인격을 존중하고 누구에게나 따뜻하게 봉사하는 친절한 경찰이다.
② 우리는 국민의 신뢰를 바탕으로 오직 양심에 따라 법을 집행하는 공정한 경찰이다.
③ 우리는 건전한 상식 위에 전문지식을 갈고 닦아 맡은 일을 성실하게 수행하는 근면한 경찰이다.
④ 우리는 정의의 이름으로 진실을 추구하며, 어떠한 불의나 불법과도 타협하지 않는 깨끗한 경찰이다.

> **해설**
> 공제회기본서(총론Ⅱ) 177
> ④ 우리는 정의의 이름으로 진실을 추구하며, 어떠한 불의나 불법과도 타협하지 않는 <u>의로운 경찰</u>이다.
>
> **정답** ④

024 「경찰청 공무원 행동강령」에 대한 설명 중 가장 적절하지 않은 것은? (2020경위)

① 이 규칙은 경찰청 소속 공무원과 경찰청에 파견된 공무원에게 적용한다.
② 공무원은 상급자가 자기 또는 타인의 부당한 이익을 위하여 공정한 직무수행을 현저하게 해치는 지시를 하였을 때에는 그 사유를 상급자에게 소명하고 지시에 따르지 아니하거나, 행동강령책임관과 상담할 수 있다.
③ 위 ②와 관련 소명 후 지시를 이행하지 아니하였는데도 같은 지시가 반복될 때에는 즉시 행동강령책임관과 상담하여야 한다.
④ 위 ②, ③과 관련 상담 요청을 받은 행동강령책임관은 지시 내용을 확인하는 과정에서 부당한 지시를 한 상급자가 스스로 그 지시를 취소하거나 변경하였을 때에는 소속 기관의 장에게 보고하여야 한다.

> **해설**
> 공제회기본서(총론Ⅱ) ①없음 ②181 ③181 ④181
> ④ 상담 요청을 받은 행동강령책임관은 지시 내용을 확인하여 지시를 취소하거나 변경할 필요가 있다고 인정되면 소속 기관의 장에게 보고하여야 한다. 다만, 지시 내용을 확인하는 과정에서 <u>부당한 지시를 한 상급자가 스스로 그 지시를 취소하거나 변경하였을 때에는 소속 기관의 장에게 보고하지 아니할 수 있다</u>.
>
> **정답** ④

025 경찰청 소속 공무원이 준수하여야 할 행동기준을 규정하는 것을 목적으로 제정된 「경찰청 공무원 행동강령」에 관한 설명으로 가장 적절하지 않은 것은? (2014경감 변형)

① 상급자가 자기 또는 타인의 부당한 이익을 위하여 공정한 직무수행을 현저하게 해치는 지시를 하였을 때에는 그 사유를 그 상급자에게 소명하고 지시에 따르지 아니하거나 행동강령책임관과 상담할 수 있다.

② 공무원은 정치인이나 정당 등으로부터 부당한 직무수행을 강요받거나 청탁을 받은 경우에는 별지 제9호 서식 또는 전자우편 등의 방법으로 소속 기관의 장에게 보고하거나 행동강령책임관과 상담하여야 한다.

③ 공무원은 자신, 배우자, 직계존속·비속(생계를 같이 하는 경우만 해당) 또는 특수관계사업자가 공무원 자신의 직무관련자 또는 직무관련공무원과 직접 금전을 빌리거나 빌려주는 행위를 하는 경우(무상인 경우를 포함)에는 서면으로 소속 기관의 장에게 사후에 신고하여야 한다.

④ 직무를 수행함에 있어 지연·혈연·학연·종교 등을 이유로 특정인에게 특혜를 주어서는 아니 된다.

해설

공제회기본서(총론Ⅱ) ①181 ②183 ③188 ④183
③ 공무원은 자신, 배우자, 직계존속·비속(생계를 같이 하는 경우만 해당) 또는 특수관계사업자가 공무원 자신의 직무관련자 또는 직무관련공무원과 직접 금전을 빌리거나 빌려주는 행위를 하는 경우(무상인 경우를 포함)에는 서면으로 소속 기관의 장에게 <u>미리 신고하여야 한다</u>.

정답 ③

026 「경찰청 공무원 행동강령」 규정 내용으로 가장 적절한 것은? (2015경위변형)

① 공무원은 자신의 직무와 관련되거나 그 지위·직책 등에서 유래되는 사실상의 영향력을 통하여 요청받은 교육·홍보·토론회·세미나·공청회 또는 그 밖의 회의 등에서 한 강의·강연·기고 등(이하 "외부강의등"이라 한다)의 대가로서 별표 2에서 정하는 금액(직급 구분없이 40만원)을 초과하는 사례금을 받아서는 아니 된다.

② 공무원은 ①에 따른 금액을 초과하는 사례금을 받은 경우에는 그 사실을 안 날로부터 2일 이내에 별지 제13호서식으로 소속기관의 장에게 신고하여야 하며, 제공자에게 그 초과금액을 5일 이내에 반환하여야 한다.

③ 위 ②에 따른 신고를 받은 소속 기관의 장은 초과사례금을 반환하지 아니한 공무원에 대하여 신고사항을 확인한 후 5일 이내에 반환하여야 할 초과사례금의 액수를 산정하여 해당 공무원에게 통지하여야 한다.

④ 위 ③에 따라 통지를 받은 공무원은 2일 이내에 초과사례금(신고자가 초과사례금의 일부를 반환한 경우에는 그 차액으로 한정한다)을 제공자에게 반환하고 그 사실을 소속 기관의 장에게 알려야 한다.

해설

공제회기본서 188

① ○
② 공무원은 ①에 따른 금액을 초과하는 사례금을 받은 경우에는 그 사실을 안 날로부터 2일 이내에 별지 제13호서식으로 소속기관의 장에게 신고하여야 하며, 제공자에게 그 초과금액을 **지체 없이** 반환하여야 한다.
③ 위 ②에 따른 신고를 받은 소속 기관의 장은 초과사례금을 반환하지 아니한 공무원에 대하여 신고사항을 확인한 후 **7일 이내에** 반환하여야 할 초과사례금의 액수를 산정하여 해당 공무원에게 통지하여야 한다.
④ 위 ③에 따라 통지를 받은 공무원은 **지체 없이** 초과사례금(신고자가 초과사례금의 일부를 반환한 경우에는 그 차액으로 한정한다)을 제공자에게 반환하고 그 사실을 소속 기관의 장에게 알려야 한다.

정답 ①

027 「경찰청 공무원 행동강령」에 관한 설명으로 가장 적절하지 않은 것은? (2015경감변형)

① 공무원은 자신, 배우자, 직계존속·비속(생계를 같이 하는 경우만 해당) 또는 특수관계사업자가 공무원 자신의 직무관련자 또는 직무관련공무원과 직접 금전을 빌리거나 빌려주는 행위를 하는 경우(무상인 경우를 포함)에는 서면으로 소속 기관의 장에게 미리 신고하여야 한다.
② 「금융실명거래 및 비밀보장에 관한 법률」 제2조제1호에 따른 금융회사등으로부터 통상적인 조건으로 금전을 빌리는 행위 및 유가증권을 거래하는 행위는 ①의 신고 대상서 제외한다.
③ 공무원은 직무관련자나 직무관련공무원에게 경조사를 알려서는 아니 된다. 다만, 친족(민법 제767조에 따른 친족을 말한다)에게는 경조사를 알릴 수 있다.
④ 공무원은 직무관련자나 직무관련공무원에게 신문을 통하여 경조사를 알려서는 아니 된다.

해설

공제회기본서(총론Ⅱ) 188, 189

④ 신문, 방송 또는 직원에게만 열람이 허용되는 내부통신망 등을 통하여 알리는 경우는 허용된다.

제17조(경조사의 통지 제한) 공무원은 직무관련자나 직무관련공무원에게 경조사를 알려서는 아니 된다. 다만, 다음 각 호의 어느 하나에 해당하는 경우에는 경조사를 알릴 수 있다.
1. 친족(「민법」 제767조에 따른 친족을 말한다)에게 알리는 경우
2. 현재 근무하고 있거나 과거에 근무하였던 기관의 소속 직원에게 알리는 경우
3. 신문, 방송 또는 제2호에 따른 직원에게만 열람이 허용되는 내부통신망 등을 통하여 알리는 경우
4. 공무원 자신이 소속된 종교단체·친목단체 등의 회원에게 알리는 경우

정답 ④

02

POLICE SCIENCE

오함마 경찰실무종합 기출문제집

각론

CHAPTER 01 생활안전론
CHAPTER 02 범죄 수사
CHAPTER 03 경비경찰활동
CHAPTER 04 교통경찰활동
CHAPTER 05 정보경찰활동
CHAPTER 06 보안경찰활동
CHAPTER 07 외사경찰활동

CHAPTER 01 > 생활안전론

제 1 절 범죄의 개념 및 범죄원인론

001 범죄원인론에 대한 설명으로 가장 적절하지 않은 것은? (2019경위)
① 고전주의 범죄학에 따르면 범죄는 인간의 자유의지에 의한 것이 아니고, 외적요소에 의해 강요되는 것이다.
② 마짜(Matza)와 싸이크스(Sykes)는 청소년은 비행의 과정에서 합법적 전통적 관습, 규범, 가치관 등을 중화시킨다고 주장하였다.
③ 허쉬(Hirshi)는 범죄의 원인은 사회적인 유대가 약화되어 통제되지 않기 때문이라고 주장하였다.
④ 글레이저(Glaser)는 청소년들이 영화의 주인공을 모방하고 자신과 동일시하면서 범죄를 학습한다고 주장하였다.

> **해설**
> 공제회기본서(각론1) ①9 ②10 ③10 ④10
> ① 고전주의 범죄학은 범죄는 인간의 자유의지를 전제하여 범죄행동과 정상행동을 선택한다고 보는 이론이고, 실증주의범죄학은 범죄행동은 자유의지가 아닌 외적 요소에 의해 강요된 것으로 보는 이론이다.
> **정답** ①

002 범죄의 개념에 대한 설명 중 틀린 것은? (2010경감)
① J. F. Sheley가 주장한 범죄인의 입장에서 바라 본 범죄를 일으키는 필요조건은 범행의 동기, 사회적 제재로부터의 자유, 범행의 기술, 보호자의 부재이다.
② 중화기술이론은 중화의 기술로서 행위에 대한 책임의 회피, 행위로 인한 피해 발생의 부정, 피해자의 부정, 비난자에 대한 비난, 보다 높은 충성심에의 호소 등을 설정하였다.
③ G. M. Sykes는 범죄는 각 시대의 사회적, 문화적, 역사적 상황과 환경에 따라 다른 모습을 하게 되는 상대적 개념이라고 주장하였다.
④ 범행피해 리스크 수준을 결정하는 4가지 요소인 'VIVA 모델'은 가치(Value), 이동의 용이성(Inertia), 가시성(Visibility), 접근성(Access)으로 구성된다.

> **해설**
>
> 공제회기본서(각론1) ①8 ②10 ③12 ④19
> ① J. F. Sheley가 주장한 범죄인의 입장에서 바라 본 범죄를 일으키는 필요조건은 범행의 **동기**, 사회적 제재로부터의 **자유**, 범행의 **기술**, **범행의 기회**이다. (동자기기 / 조쎄리)
>
> 정답 ①

003 범죄원인론에서 J. F. Sheley가 주장한 범죄인의 입장에서 바라본 범죄를 일으키는 필요조건 4가지로 가장 적절하지 않은 것은? (2014경위)

① 범죄 피해자
② 범행의 동기
③ 사회적 제재로부터의 자유
④ 범행의 기술

> **해설**
>
> 공제회기본서(각론1) 8
> J. F. Sheley가 주장한 범죄인의 입장에서 바라본 범죄를 일으키는 필요조건 4가지는 범행의 **동기**, 사회적 제재로부터의 **자유**, 범행의 **기술**, 범행의 **기회**이다.(동자기기 / 조쎄리)
>
> 정답 ①

004 범죄원인에 관한 학설에 대한 설명 중 가장 적절하지 않은 것은? (2013경감)

① 심리학적 이론에 의하면 범죄원인은 정신이상, 낮은 지능, 모방학습에 기인한다고 한다.
② 문화갈등이론 중 시카고 학파에 의하면 각 지역사회의 문화적 갈등을 통해 범죄나 비행이 발생한다고 한다.
③ 사회학습이론 중 Burgess & Akers의 차별적 강화이론에 의하면 청소년들이 영화의 주인공을 모방하고 자신과 동일시하면서 범죄를 학습한다고 한다.
④ 사회통제이론 중 Reckless의 견제이론에 의하면 좋은 자아관념은 주변의 범죄적 환경에도 불구하고 비행행위에 가담하지 않도록 하는 중요한 요소라고 한다.

> **해설**
>
> 공제회기본서(각론1) ①9 ②10 ③10 ④10
> ③ 사회학습이론 중 **Glaser의 차별적 동일시이론**에 의하면 청소년들이 영화의 주인공을 모방하고 자신과 동일시하면서 범죄를 학습한다고 한다.
>
> 정답 ③

005 범죄원인이론에 대한 설명 중 가장 적절하지 않은 것은? (2020경감)

① Miller는 범죄는 하위문화의 가치와 규범이 정상적으로 반영된 것이라고 하였다.
② Cohen은 하류계층의 청소년들이 목표와 수단의 괴리로 인해 중류계층에 대한 저항으로 비행을 저지르며, 목표달성의 어려움을 극복하기 위해 자신들만의 하위문화를 만들게 되는데 범죄는 이러한 하위문화에 의해 저질러진다고 한다.
③ '사회해체론'과 '아노미이론'은 범죄의 원인을 사회적 구조의 특성에서 찾는 사회적 수준의 범죄원인이론이다.
④ Durkheim은 좋은 자아관념이 주변의 범죄적 환경에도 불구하고 비행행위에 가담하지 않도록 하는 중요한 요소라고 한다.

> **해설**
> 공제회기본서(각론1) ①10 ②10 ③9 ④10
> ④ Reckless의 견제이론은 좋은 자아관념이 주변의 범죄적 환경에도 불구하고 비행행위에 가담하지 않도록 하는 중요한 요소라고 한다.(견자렉카 - 견제이론/자아관념/렉클리스)
>
> **정답** ④

006 범죄원인에 관한 학설 중 다음에서 설명하고 있는 내용과 가장 관련이 깊은 이론은? (2013경위)

> 범죄유발의 외적압력(가난, 비행하위문화, 퇴폐환경, 차별적 기회구조 등), 범죄유발의 내적압력(좌절, 욕구, 분노, 열등감 등)을 설명하며, 좋은 자아관념은 주변의 범죄적 환경에도 불구하고 비행행위에 가담하지 않도록 하는 중요한 요소라 함

① Reckless - 견제이론
② Briar & Piliavin - 동조성전념이론
③ Hirshi - 사회유대이론
④ Burgess & Akers - 차별적강화이론

> **해설**
> 공제회기본서(각론1) 10
> 설문은 Reckless의 견제이론에 대한 내용이다.
>
> **정답** ①

제2절 범죄의 통제론

007 범죄이론과 범죄통제이론에 대한 설명으로 적절하지 않은 것을 모두 고른 것은? (2018경위)

> ㉠ 고전학파 범죄이론은 범죄에 대한 국가의 강력하고 확실한 처벌을 통해 범죄를 억제할 수 있다고 본다.
> ㉡ 생물학·심리학적 이론은 범죄자의 치료와 갱생을 통한 범죄통제를 주요내용으로 하며, 범죄자를 대상으로 하므로 일반예방효과에 한계가 있다는 비판이 존재한다.
> ㉢ 사회학적 이론은 범죄기회의 제거와 범죄행위의 이익을 감소시키는 것을 내용으로 한다.
> ㉣ 상황적 범죄예방이론은 사회발전을 통해 범죄의 근본적인 원인을 제거하고자 하나, 폭력과 같은 충동적인 범죄에는 적용하는 데 한계가 있다.

① ㉠,㉡　　② ㉠,㉢　　③ ㉡,㉢　　④ ㉢,㉣

해설

공제회기본서(각론1) ㉠11 ㉡17 ㉢17 ㉣17
㉢ 사회학적 이론은 사회발전을 통해 범죄의 근본적인 원인을 제거하고자 하는 이론이다.
㉣ 상황적 범죄예방이론은 범죄기회의 제거와 범죄행위의 이익을 감소시키는 것을 내용으로 한다. 폭력과 같은 충동적인 범죄에는 적용하는 데 한계가 있는 것은 억제이론이다.

정답 ④

008 범죄통제이론에 대한 설명 중 가장 적절하지 않은 것은? (2012경위)

① 합리적선택이론, 일상활동이론, 범죄패턴이론은 사회학적이론 중 사회발전이론에 속한 내용으로 분류된다.
② 일상활동이론은 범죄의 요소를 동기가 부여된 잠재적 범죄자, 적절한 대상, 보호자(감시자)의 부재 등 3가지로 규정하고 범죄발생의 요소를 고려하여 범죄에 대응하여야 한다는 입장이다.
③ 범죄패턴이론은 범죄에는 여가활동장소, 이동경로, 이동수단 등 일정한 장소적 패턴이 있다고 주장하며 지리적 프로파일링을 통한 범행지역의 예측활성화에 기여해야 한다는 입장이다.
④ 합리적 선택이론은 범죄행위는 비용과 이익을 고려하여 합리적으로 선택하는 것으로 범죄자의 입장에서 선택할 수 있는 기회를 미리 진단하여 예방하여야 한다는 입장이다.

해설

공제회기본서(각론1) ①17 ②11 ③11 ④11
① 합리적선택이론, 일상활동이론, 범죄패턴이론은 현대적 범죄예방이론(생태학적 이론)으로 분류된다.

정답 ①

009 범죄통제이론에 대한 설명으로 가장 적절하지 않은 것은? (2019경감)

① '억제이론'은 강력하고 확실한 처벌을 통하여 범죄를 억제할 수 있다고 보며, 범죄의 동기나 원인, 사회적 환경에는 관심이 없다.
② '일상활동이론'은 지역사회 구성원들이 범죄문제를 해결하기 위해 적극적으로 참여하는 것이 중요한 범죄예방의 열쇠라고 한다.
③ '합리적 선택이론'은 인간이 자유 의지를 가지고 있다고 가정하고 합리적인 인간관을 전제로 하므로 비결정론적 인간관에 바탕을 두고 있다.
④ '치료 및 갱생이론'은 비용이 많이 들고 범죄자를 대상으로 하므로 일반 예방효과에 한계가 있다는 비판이 존재한다.

해설

공제회기본서(각론1) ①14 ②11 ③11 ④17
② **집합효율성이론**은 지역사회 구성원들이 범죄문제를 해결하기 위해 적극적으로 참여하는 것이 중요한 범죄예방의 열쇠라고 한다.

정답 ②

010 최근 근린생활 지역 치안 확보를 위하여 CPTED(환경설계를 통한 범죄예방) 기법이 강조되고 있다. CPTED 기본 원리와 그 설명으로 가장 적절하지 않은 것은? (2015경감)

① 자연적 접근통제 – 일정한 지역에 접근하는 사람들을 정해진 공간으로 유도하거나 외부인의 출입을 통제하도록 설계함으로써 접근에 대한 심리적 부담을 증대시켜 범죄를 예방하는 원리
② 영역성 강화 – 처음 설계된 대로 혹은 개선한 의도대로 기능을 지속적으로 유지하도록 관리함으로써 범죄예방을 위한 환경설계의 장기적이고 지속적인 효과를 유지하는 원리
③ 자연적 감시 – 건축물이나 시설물의 가시권을 최대한 확보하여 외부 침입에 대한 감시기능을 확대함으로써 범죄행위의 발견 가능성을 증가시키고, 범죄기회를 감소시키는 원리
④ 활동의 활성화 – 지역사회의 설계시 주민들이 모여서 상호의견을 교환하고 유대감을 증대할 수 있는 공공장소를 설치하고 이용하도록 함으로써 '거리의 눈'을 활용한 자연적 감시와 접근통제의 기능을 확대하는 원리

해설

공제회기본서(각론1) 21
② **유지관리** – 처음 설계된 대로 혹은 개선한 의도대로 기능을 지속적으로 유지하도록 관리함으로써 범죄예방을 위한 환경설계의 장기적이고 지속적인 효과를 유지하는 원리

⟨CPTED 기본원리⟩

자연적 감시	① 시설물 설계시 가시권 최대 확보, 감시기능 확대로 범죄발견가능성 증대 ② 예 : 조명, 조경, 가시권 확보한 건물배치
자연적 접근통제	① 외부인 출입통제, 정해진 공간으로의 유도 등 외부접근의 심리부담 증대 ② 예 : 차단기, 방범창, 잠금장치, 통행로설계, 출입구 최소화
영역성의 강화	① 사적공간 경계표시로 주민들의 책임의식을 높이고 침입시 불법을 인식시킴 ② 예 : 사적·공적 공간의 분리, 울타리·펜스의 설치
활동성의 활성화	① 주민활동성 증가시킬 공공장소(공원·체육시설)를 설치·이용케 해서 '거리의 눈'을 활용한 자연적 감시와 접근통제 기능을 확대 ② 예 : 놀이터·공원 설치, 체육시설·정자·벤치의 접근성·이용성 증대
유지관리	① 의도된 기능을 지속적으로 유지·관리하여 환경설계의 효과 유지 ② 청결유지, 파손의 즉시보수, 조명·조경의 유지관리

정답 ②

011 환경설계를 통한 범죄예방(CPTED)에 대한 설명으로 가장 적절하지 않은 것은?   (2018경사)

① '자연적 감시'는 건축물이나 시설물의 설계 시 가시권을 최대 확보, 외부침입에 대한 감시기능을 확대함으로써 범죄 발각 위험을 증가시키고, 기회를 감소시킬 수 있다는 원리이다.
② '자연적 접근통제'는 사적 공간에 대한 경계를 표시하여 주민들의 책임의식과 소유의식을 강화시킴으로써 외부침입에 대한 불법사실을 인식시켜 범죄기회를 차단하는 원리이다.
③ '활동성의 활성화'는 지역사회의 설계 시 주민들이 모여서 상호의견을 교환하고 유대감을 증대할 수 있는 공공장소를 설치하고 이용하도록 함으로써 '거리의 눈'을 활용한 자연적 감시와 접근통제의 기능을 확대하는 원리이다.
④ '유지관리'는 처음 설계된 대로 혹은 개선한 의도대로 기능을 지속적으로 유지하도록 관리함으로써 범죄예방을 위한 환경설계의 장기적이고 지속적인 효과를 유지하는 원리이다.

해설

공제회기본서(각론1) 21
② 사적 공간에 대한 경계를 표시하여 주민들의 책임의식과 소유의식을 강화시킴으로써 외부침입에 대한 불법사실을 인식시켜 범죄기회를 차단하는 원리는 **"영역성의 강화"** 이다.

정답 ②

012 CPTED(환경설계를 통한 범죄예방)에 대한 설명으로 가장 적절하지 않은 것은?
(2018경위)

① 자연적 감시의 종류로는 조명, 조경, 가시권확대를 위한 건물의 배치 등이 있다.
② 자연적 접근통제의 종류로는 차단기, 방범창, 잠금장치, 통행로의 설계, 출입구의 최소화가 있다.
③ 영역성의 강화란 일정한 지역에 접근하는 사람들을 정해진 공간으로 유도하거나 외부인의 출입을 통제하도록 설계함으로써 접근에 대한 심리적 부담을 증대시켜 범죄를 예방하는 원리이다.
④ 활동의 활성화란 지역사회의 설계 시 주민들이 모여서 상호의견을 교환하고 유대감을 증대할 수 있는 공공장소를 설치하고 이용하도록 함으로써 '거리의 눈'을 활용한 자연적 감시와 접근통제의 기능을 확대하는 원리이다.

해설

공제회기본서(각론1) 21
③ 일정한 지역에 접근하는 사람들을 정해진 공간으로 유도하거나 외부인의 출입을 통제하도록 설계함으로써 접근에 대한 심리적 부담을 증대시켜 범죄를 예방하는 원리는 **자연적 접근통제**이다.

정답 ③

013 CPTED(환경설계를 통한 범죄예방)의 원리와 그 내용 및 종류에 대한 설명으로 가장 적절하지 않은 것은?
(2018경감)

① 건축물이나 시설물의 설계 시 가시권을 최대 확보, 외부침입에 대한 감시기능을 확대함으로써 범죄행위의 발견 가능성을 증가시키고, 기회를 감소시킬 수 있다는 원리를 '자연적 감시'라고 하고, 종류로는 조명·조경·가시권확대를 위한 건물의 배치 등이 있다.
② 사적공간에 대한 경계를 표시하여 주민들의 책임의식과 소유의식을 증대함으로써 사적공간에 대한 관리권과 권리를 강화시키고, 외부인들에게는 침입에 대한 불법사실을 인식시켜 범죄기회를 차단하는 원리를 '영역성의 강화'라고 하고, 종류로는 울타리·펜스의 설치, 사적·공적 공간의 구분이 있다.
③ 일정한 지역에 접근하는 사람들을 정해진 공간으로 유도하거나 외부인의 출입을 통제하도록 설계함으로써 접근에 대한 심리적 부담을 증대시켜 범죄를 예방하는 원리를 '자연적 접근통제'라고 하고, 종류로는 차단기·방범창 설치, 체육시설에의 접근성과 이용의 증대 등이 있다.
④ 처음 설계된 대로 혹은 개선한 의도대로 기능을 지속적으로 유지하도록 관리함으로써 범죄예방을 위한 환경설계의 장기적이고 지속적인 효과를 유지하는 원리를 '유지관리'라고 하고, 종류로는 파손의 즉시보수, 청결유지 등이 있다.

해설

공제회기본서(각론1) 21
③ 체육시설에의 접근성과 이용의 증대는 '활동성의 활성화'의 예에 해당한다.

정답 ③

014 환경설계를 통한 범죄예방의 기본 원리에 대한 설명 중 틀린 것은? (2010경감)
① 자연적 감시 - 건축물이나 시설물의 설계시 가시권을 최대한 확보하여 외부침입자에 대한 감시기능 확대
② 영역성의 강화 - 사적공간에 대한 경계선의 구분을 통해 거주자의 소유의식과 책임의식 증대
③ 자연적 접근통제 - 공공장소를 설치·이용함으로써 '거리의 눈'을 활용한 자연적 감시와 접근통제의 기능 확대
④ 유지관리 - 최초 환경설계의 취지가 유지되도록 지속적인 관리의 실천

> **해설**
> 공제회기본서(각론1) 21
> ③ '거리의 눈'을 활용한 자연적 감시와 접근통제의 기능 확대하는 것은 '활동성의 활성화의 원리'이다.
>
> **정답** ③

015 환경설계를 통한 범죄예방의 기본원리에 대한 설명 중 가장 적절한 것은? (2020경위)
① 자연적 감시의 종류에는 조명·조경·가시권 확대를 위한 건물의 배치가 있다.
② 영역성의 강화는 일정한 지역에 접근하는 사람들을 정해진 공간으로 유도하거나 외부인의 출입을 통제하도록 설계함으로써 접근에 대한 심리적 부담을 증대시켜 범죄를 예방하는 원리이다.
③ 자연적 접근통제는 지역사회의 설계 시 주민들이 모여서 상호의견을 교환하고 유대감을 증대할 수 있는 공공장소를 설치하고 이용하도록 함으로써 '거리의 눈'을 활용한 자연적 감시와 접근통제의 기능을 확대하는 원리이다.
④ 활동의 활성화의 종류에는 벤치·정자의 위치 및 활용성에 대한 설계, 출입구의 최소화가 있다.

> **해설**
> 공제회기본서(각론1) 21
> ① O
> ② **자연적 접근통제**는 일정한 지역에 접근하는 사람들을 정해진 공간으로 유도하거나 외부인의 출입을 통제하도록 설계함으로써 접근에 대한 심리적 부담을 증대시켜 범죄를 예방하는 원리이다.
> ③ **활동의 활성화**는 지역사회의 설계 시 주민들이 모여서 상호의견을 교환하고 유대감을 증대할 수 있는 공공장소를 설치하고 이용하도록 함으로써 '거리의 눈'을 활용한 자연적 감시와 접근통제의 기능을 확대하는 원리이다.
> ④ 활동의 활성화의 종류에는 벤치·정자의 위치 및 활용성에 대한 설계, 놀이터·공원의 접근성과 이용의 증대 등이 있다. ※ **출입구의 최소화는 '자연적 접근통제'**
>
> **정답** ①

016 기존의 경찰력에 의존해 왔던 범죄 예방과 범죄 진압이 한계에 이르렀고 범죄는 더욱 다양화·지능화·무동기화·흉포화 되어가고 있다. 이에 따라 보다 근본적이고 효과적인 범죄예방을 위한 방안으로 주거 및 도시지역의 물리적 환경 설계 또는 재설계를 통해 범죄기회를 차단하고자 하는 범죄예방 기법의 기본 원리 중 보기의 내용으로 가장 적절한 것은?
(2012경위)

> 지역사회의 설계시 주민들이 모여서 상호의견을 교환하고 유대감을 증대할 수 있는 공공장소를 설치하고 이용하도록 함으로써 '거리의 눈'을 활용한 자연적 감시와 접근통제의 기능을 확대하는 원리

① 활동성의 활성화 ② 유지관리
③ 자연적 접근통제 ④ 영역성의 강화

해설

공제회기본서(각론1) 21
설문은 활동성의 활성화에 대한 내용이다.

정답 ①

017 최근 범죄가 더욱 다양화·지능화·흉포화 됨에 따라 근본적이고 효과적인 범죄예방을 위한 방안으로 주거·도시지역의 물리적 환경 설계 또는 재설계를 통해 범죄기회를 차단하고자 하는 CPTED(환경설계를 통한 범죄예방)가 대두 되고 있다. 다음 설명과 관련이 있는 기본원리로 가장 적절한 것은?
(2016경위)

> 일정한 지역에 접근하는 사람들을 정해진 공간으로 유도하거나 외부인의 출입을 통제하도록 설계함으로써 접근에 대한 심리적 부담을 증대시켜 범죄를 예방

① 자연적 접근통제 ② 영역성의 강화
③ 활동의 활성화   ④ 유지관리

해설

공제회기본서(각론1) 21
설문은 자연적 접근통제에 대한 설명이다.

정답 ①

018 범죄통제 이론 중 현대적 범죄예방이론으로 가장 적절하지 않은 것은? (2012경감)

① '방어공간 이론'은 주거에 대한 영역성의 강화를 통해 주민들이 살고 있는 지역이나 장소를 자신들의 영역이라 생각하고 감시를 게을리 하지 않으면 어떤 지역이든 범죄로부터 안전할 수 있다고 주장한다.
② '집합효율성 이론'은 지역사회 구성원들이 범죄문제를 해결하기 위해 적극적으로 참여하는 것이 중요한 범죄예방의 열쇠임을 주장한다.
③ '치료 및 갱생이론'은 범죄자의 치료와 갱생·교정을 통한 범죄예방을 주장한다.
④ '깨진유리창 이론'은 무관용 정책과 집합효율성의 강화가 범죄를 예방하는데 중요한 기여를 한다고 주장한다.

해설

공제회기본서(각론1) ①11,20 ②11 ③11 ④11
③ '치료 및 갱생이론'은 현대적 범죄예방이론이 아니라 실증주의 범죄이론이다.

정답 ③

019 112신고 접수·지령 매뉴얼에 따른 신고 접수 및 지령시 유의사항으로 가장 적절하지 않은 것은? (2015경위)

① 신고자는 공포감 등으로 인해 당황·흥분된 상태이므로 경찰이 빨리 와주기를 바라는 마음에서 무엇이든 "예"라고 대답하는 경우가 많으므로 주의해야 한다.
② 법률용어 등 전문용어 사용은 지양하고 침착하면서도 명료하게 신고 접수한다.
③ 주소가 명확한 경우에는 건물의 층수, 정·후문 등 구체적으로 위치를 지령할 필요는 없다.
④ 현장 출동 경찰관이 상황 대비할 수 있도록 경찰장구 휴대를 지시한다.

해설

공제회기본서(각론1) ①24 ②24 ③25 ④25
③ 주소가 명확한 경우에도 건물의 층수, 정·후문 등 구체적으로 위치를 지령해야 한다.

정답 ③

020 112신고처리 업무와 관련한 측위기술에 대한 설명 중 가장 적절하지 않은 것은? ⟨2020경위⟩

① LBS란 Location Based Services의 약자로 휴대전화 등의 위치를 기반으로 한 서비스를 통칭하는 용어이며 일반적으로 휴대전화 위치추적의 의미로도 사용된다.
② Cell방식은 휴대전화가 접속한 기지국의 위치를 기반으로 위치를 판단하며 모든 휴대전화에 사용가능하나 위치오차가 크다.
③ GPS방식은 인공위성을 통해 휴대전화에 내장된 GPS의 위치를 측정하며 위치오차가 비교적 정확하지만 건물내부나 지하 등에서는 측위가 불가능한 경우가 발생한다.
④ Wi-Fi방식은 휴대전화의 Wi-Fi가 연결된 무선AP(무선인터넷 공유기)의 위치를 통한 측위를 나타내며 Cell방식과 비교하여 위치가 현격히 다른 경우 Wi-Fi값 위치를 신고자의 위치로 추정한다.

해설

공제회기본서(각론1) 26
④ Wi-Fi방식은 휴대전화의 Wi-Fi가 연결된 무선AP(무선인터넷 공유기)의 위치를 통한 측위를 나타내며 **Cell방식과 비교하여 위치가 현격히 다른 경우 Cell값 위치를 신고자의 위치로 추정한다.**

⟨측위기술의 종류 및 특징⟩

	측위 방식	특징(장점/단점)
Cell 방식 (C)	① 휴대전화 접속 기지국의 위치를 기반으로 측위 ② 수백m(도심지)~수km(개활지)의 오차 발생	① 모든 휴대전화에 대해 가능, 실내·지하에서도 측위 가능 ② 오차가 커 부정확
GPS 방식 (G)	① 인공위성을 통해 휴대전화 GPS로 측위 ② 수십m 오차로 가장 정확한 측위	① 가장 정확한 측위 ② GPS 미설치, 꺼놓은 경우, 건물내부나 지하 등에서는 측위 불가능
WiFi 방식 (W)	① WiFi가 연결된 무선AP(Access Point : 무선인터넷공유기)의 위치를 통해 측위 ② 수십m 오차(GPS방식보다는 떨어지나, Cell방식보다는 정확)	① 실내·지하에서도 측위 가능 ② AP가 많이 설치되지 않은 시외지역에서는 측위 곤란 ※ C값과 W값에 큰 차이가 있는 경우, C값을 신고자 위치로 추정(통신사 데이터베이스 갱신이 되지 않은 경우임)

정답 ④

021 「지역경찰의 조직 및 운영에 관한 규칙」에 규정된 '순찰근무'의 내용으로 가장 적절하지 않은 것은?

(2015경감)

① 각종 사건사고 발생시 초동조치 및 보고, 전파
② 범죄 예방 및 위험발생 방지 활동
③ 각종 현황, 통계, 자료, 부책 관리
④ 경찰사범의 단속 및 검거

해설

공제회기본서(각론1) 29
③ 각종 현황, 통계, 자료, 부책 관리는 <u>행정근무</u>에 해당한다.

〈지역경찰의 근무종류〉

행정근무 (문예부)	① <u>문</u>서의 접수 및 처리 ② <u>시설·장비의 관리 및 예산의 집행</u> ③ 각종 현황, 통계, 자료, <u>부책</u> 관리 ④ 기타 행정업무 및 지역경찰관서장이 지시한 업무
상황근무 (중요신작)	① <u>시설 및 장비의 작동여부 확인</u> ② 방문민원 및 각종 <u>신</u>고사건의 접수 및 처리 ③ <u>요</u>보호자/피의자에 대한 보호·감시 ④ <u>중</u>요 사건·사고 발생시 보고 및 전파 ⑤ 기타 필요한 문서의 작성
순찰근무	① 순찰근무는 수단에 따라 112 순찰, 방범오토바이 순찰, 자전거 순찰 및 도보 순찰 등으로 구분 ② <u>112 순찰근무 및 야간 순찰근무는 반드시 2인 이상 합동으로 지정</u>하여야 한다. 〈순찰근무자의 수행업무〉 ① 주민여론 및 범죄첩보 수집 ② <u>각종 사건사고 발생시 초동조치 및 보고, 전파</u> ③ 범죄 예방 및 위험발생 방지 활동 ④ 경찰사범의 단속 및 검거 ⑤ 경찰방문 및 방범진단 ⑥ 통행인 및 차량에 대한 검문검색 등
경계근무	① <u>경계근무는 반드시 2인 이상 합동으로 지정</u>하여야 한다. 〈경계근무자의 수행업무〉 ① 불순분자 및 범법자 등 색출을 위한 통행인 및 차량, 선박 등에 대한 검문검색 및 후속조치 ② 비상 및 작전사태 등 발생시 차량, 선박 등의 통행 통제
대기근무	① 대기근무의 장소는 지역경찰관서 및 치안센터 내로 한다. 단, 식사시간을 대기 근무로 지정한 경우에는 식사 장소를 대기 근무 장소로 지정할 수 있다. ② 대기근무를 지정받은 지역경찰은 지정된 장소에서 휴식을 취하되, 무전기를 청취하며 <u>10분 이내 출동이 가능한 상태를 유지</u>하여야 한다.
기타근무	치안상황에 효과적으로 대응하기 위하여 지역경찰 관리자가 지정하는 근무로써 위 근무에 해당하지 않는 형태의 근무

정답 ③

022 「지역경찰의 조직 및 운영에 관한 규칙」상 '순찰근무'에 대한 설명으로 가장 적절하지 않은 것은?

(2019경감)

① 각종 사건사고 발생시 초동조치 및 보고, 전파
② 비상 및 작전사태 등 발생시 차량, 선박 등의 통행 통제
③ 경찰사범의 단속 및 검거
④ 통행인 및 차량에 대한 검문검색 등

> **해설**
> 공제회기본서(각론1) 29,30
> ②는 **경계근무**에 해당한다.
>
> **정답** ②

023 현행 「지역경찰의 조직 및 운영에 관한 규칙」에 따른 근무내용 중 가장 적절하지 않은 것은?

(2012경감)

① 시설 및 장비의 작동여부를 확인하는 것도 상황근무의 내용이다.
② 방문민원 및 각종 신고사건의 접수 및 처리도 상황근무의 내용이다.
③ 경계근무는 반드시 2인 이상을 합동지정해야 하며, 근무자는 불순분자 및 범법자 등 색출을 위한 통행인 및 차량, 선박 등에 대한 검문검색 및 후속조치 등을 한다.
④ 대기근무란 치안상황에 효과적으로 대응하기 위하여 지역경찰 관리자가 근무 내용 및 방법을 정하여 지정하는 근무로써 행정근무·상황근무·순찰근무·경계근무에 해당하지 않는 형태의 근무를 말한다.

> **해설**
> 공제회기본서(각론1) 29,30
> ④ **기타근무**란 치안상황에 효과적으로 대응하기 위하여 지역경찰 관리자가 근무 내용 및 방법을 정하여 지정하는 근무로서 행정근무·상황근무·순찰근무·경계근무·대기근무에 해당하지 않는 형태의 근무를 말한다.
>
> **정답** ④

024 「지역경찰의 조직 및 운영에 관한 규칙」상 순찰팀장의 업무 내용에 관한 설명으로 가장 적절하지 않은 것은? (2016경감)

① 근무교대 시 주요 취급사항 및 장비 등의 인수인계 확인
② 문서의 접수 및 처리, 시설 및 장비의 관리, 예산의 집행 등 지역경찰관서의 행정업무
③ 관리팀원 및 순찰팀원에 대한 일일근무 지정 및 지휘·감독
④ 관내 중요 사건 발생 시 현장 지휘

해설

공제회기본서(각론1) 29
②는 지역경찰 근무의 종류 가운데 행정근무에 해당하는 내용이다.

정답 ②

---

025 지역경찰활동에 대한 설명으로 가장 적절한 것은? (2020경감)

① 「지역경찰의 조직 및 운영에 관한 규칙」상 관리팀원 및 순찰팀원에 대한 일일근무 지정 및 지휘·감독은 지역경찰관서장의 업무이다.
② 지역사회 경찰활동(community policing)은 주민의 경찰업무에의 협조도로 경찰업무의 효율성을 평가한다.
③ 「지역경찰의 조직 및 운영에 관한 규칙」상 비상 및 작전사태 등 발생시 차량, 선박 등의 통행 통제는 순찰근무에 해당한다.
④ 지역경찰관은 강제추행사건을 처리하는 경우 피해자에게 친고죄에 해당함을 설명하고, 피해자로부터 고소장을 제출받아 경찰서에 전달해야 한다.

해설

공제회기본서(각론1) ①29 ②31 ③30 ④33
① 「지역경찰의 조직 및 운영에 관한 규칙」상 관리팀원 및 순찰팀원에 대한 일일근무 지정 및 지휘·감독은 **순찰팀장**의 업무이다.
② O
③ 「지역경찰의 조직 및 운영에 관한 규칙」상 비상 및 작전사태 등 발생시 차량, 선박 등의 통행 통제는 **경계근무**에 해당한다.
④ **강제추행죄는 친고죄가 아니다.**

정답 ②

026 지역사회와 협력하여 방범활동을 하는 지역사회 경찰활동(community policing)과 관련된 내용으로 가장 적절하지 않은 것은? (2016경위)

① 지구대의 권한을 최소화하여 상급부서로 집중시킨다.
② 지역주민과의 유대관계를 긴밀하게 하여야 한다.
③ 지역특성에 맞는 조직과 활동이 이루어져야 한다.
④ 대민접점의 경찰관에게 많은 재량이 부여되어야 한다.

> **해설**
> 공제회기본서(각론1) 31
> ① 지역사회 경찰활동(community policing)은 지역사회 공동체와 협력하여 범죄발생을 예방하고 범죄로부터 피해를 줄이는 활동이다. 이런 활동을 위해 Skolnick은 <u>권한의 분산화와 일선경찰의 재량권 강화를 위한 경찰개혁을 강조</u>하였다.
>
> **정답** ①

---

027 경찰관의 주취자 처리요령으로 가장 옳지 않은 것은? (2011경감)

① 손님이 많은 음식점에서 몹시 거친 말 또는 행동으로 시끄럽게 하거나 술에 취하여 이유 없이 다른 사람에게 주정을 계속하더라도 경범죄에 해당할 뿐이므로 경찰관이 위 주취자를 현행범으로 체포할 여지는 전혀 없다.
② 위해 우려가 없더라도 만취자는 술에 취한 정도에 따라서 사망하는 사례도 있으므로 신속히 병원 등에 후송하여 구호조치하고 연고자 확인시 가족에게 인계한다.
③ 불시 공격, 장구 피탈 등 돌발상황에 대비하여 방어태세를 유지한다.
④ 주취 소란자는 연행 이전에 상처여부를 확인하고 상대방의 말을 경청, 입장을 이해하는 태도로 설득 후 동행한다.

> **해설**
> 공제회기본서(각론1) ①35 ②36 ③35 ④36
> ① <u>주거부정사유가 있으면 현행범 체포가 가능</u>하다.
>
> **정답** ①

028 지역경찰 근무 중 발생한 상황에 대한 각 경찰관들의 초동조치로 가장 적절하지 않은 것은? (2018경감)

① 경찰관 甲은 교통사고가 발생하자 부상자 구호 및 현장 표시를 한 후 전담 교통경찰에 인계하였다.
② 경찰관 乙은 도박행위에 대한 112신고를 접수하고 현상에서 도박용구 및 판돈 등 증거를 확보하고, 판돈은 행위자별로 액수를 확인한 후 구분하여 압수하였다.
③ 경찰관 丙은 강제추행사건이 발생하자 피해자에게 친고죄에 해당함을 설명하고, 피해자로부터 고소장을 제출받아 경찰서에 전달하였다.
④ 경찰관 丁은 주취자가 지역경찰관서 내에서 소란을 피우자 적법하게 채증하였고, 주취자가 丁의 제지에도 불구하고 소란행위를 계속하자 현행범으로 체포하였다.

해설

공제회기본서(각론1) ①33 ②34 ③33 ④35
③ 강제추행죄는 친고죄가 아니다.

정답 ③

029 경찰장구인 전자충격기(테이저)에 관한 설명으로 가장 적절하지 않은 것은? (2016경감)

① 임산부에 대하여 사용하여서는 아니 된다.
② 전극침은 상대방의 얼굴을 향하여 발사하여서는 아니 된다.
③ 14세 미만의 자에 대하여 사용하여서는 아니 된다.
④ 전자충격기(테이저)를 사용할 때에는 3회 이상의 투기명령을 한 뒤, 대상자를 제압해야만 한다.

해설

공제회기본서(각론1) 41,42
④ 전자충격기(테이저)는 경찰장구로서, 투기명령 없이 사용할 수 있다.

정답 ④

030 경찰장구인 전자충격기(일명 테이저건)에 대한 설명으로 가장 적절하지 않은 것은? (2015경위)

① 전극침을 발사하는 경우, 전면은 가슴 이하(허리 벨트선 상단과 심장 아래 쪽 사이)를 조준하고, 후면은 주로 근육이 분포되어 있고 상대적으로 넓은 등을 조준하는 것이 바람직하다.
② 전극침은 상대방의 얼굴을 향해 발사하여서는 안 된다.
③ 공무집행에 대한 항거를 제압하는 수단으로 사용할 수 없다.
④ 14세 미만의 자 및 임산부에 대하여 사용해서는 안 된다.

해설

공제회기본서(각론1) 41,42
③ 공무집행에 대한 항거를 제압하는 수단으로 사용할 수 있다.

정답 ③

---

031 「경비업법」 제2조 제1호에서 정의하고 있는 "경비업"의 내용을 설명한 것이다. 아래 ㉠부터 ㉣까지의 설명 중 옳은 것을 모두 고른 것은? (2017경감)

㉠ 특수경비업무는 공항(항공기 포함) 등 대통령령이 정하는 국가중요시설의 경비 및 도난·화재 그 밖의 위험발생을 방지하는 업무이다.
㉡ 신변보호업무는 사람의 생명이나 신체에 대한 위해의 발생을 방지하고 그 신변을 보호하는 업무이다.
㉢ 혼잡경비업무는 경비를 필요로 하는 시설 및 장소(이하 "경비대상시설"이라 한다)에서의 도난·화재 그 밖의 혼잡 등으로 인한 위험발생을 방지하는 업무이다.
㉣ 기계경비업무는 경비대상시설에 설치한 기기에 의하여 감지·송신된 정보를 그 경비대상시설장소에 설치한 관제시설의 기기로 수신하여 도난·화재 등 위험발생을 방지하는 업무이다.

① ㉠,㉡
② ㉠,㉡,㉢
③ ㉠,㉡,㉣
④ ㉠,㉡,㉢,㉣

해설

공제회기본서(각론1) 37
㉢ 경비를 필요로 하는 시설 및 장소(이하 "경비대상시설"이라 한다)에서의 도난·화재 그 밖의 혼잡 등으로 인한 위험발생을 방지하는 업무는 <u>시설경비업무</u>이다.
㉣ 기계경비업무는 경비대상시설에 설치한 기기에 의하여 감지·송신된 정보를 <u>그 경비대상시설 외의 장소에 설치한 관제시설</u>의 기기로 수신하여 도난·화재 등 위험발생을 방지하는 업무이다.

⟨경비업의 종류⟩

시설경비	경비를 필요로 하는 시설 및 장소(경비대상시설)에서의 도난·화재 그 밖의 혼잡 등으로 인한 위험발생을 방지하는 업무
호송경비	운반중에 있는 현금·유가증권·귀금속·상품 그 밖의 물건에 대하여 도난·화재 등 위험발생을 방지하는 업무
신변보호	사람의 생명이나 신체에 대한 위해의 발생을 방지하고 그 신변을 보호하는 업무
기계경비	경비대상시설에 설치한 기기에 의하여 감지·송신된 정보를 그 경비대상시설외의 장소에 설치한 관제시설의 기기로 수신하여 도난·화재 등 위험발생을 방지하는 업무
특수경비	공항(항공기를 포함) 등 대통령령이 정하는 국가중요시설의 경비 및 도난·화재 그 밖의 위험발생을 방지하는 업무

정답 ①

---

032 「경비업법」상 경비업무에 관한 설명으로 가장 적절하지 않은 것은? (2016경감)

① 시설경비업무 - 경비를 필요로 하는 시설 및 장소에서의 도난·화재 그 밖의 혼잡 등으로 인한 위험발생을 방지하는 업무
② 신변보호업무 - 사람의 생명이나 신체에 대한 위해의 발생을 방지하고 그 신변을 보호하는 업무
③ 호송경비업무 - 운반 중에 있는 현금·유가증권·귀금속·상품 그 밖의 물건에 대하여 도난·화재 등 위험발생을 방지하는 업무
④ 기계경비업무 - 공항(항공기를 포함) 등 대통령령이 정하는 국가중요시설의 경비 및 도난·화재 그 밖의 위험발생을 방지하는 업무

해설

공제회기본서(각론1) 37
④ **특수경비업무** - 공항(항공기를 포함) 등 대통령령이 정하는 국가중요시설의 경비 및 도난·화재 그 밖의 위험발생을 방지하는 업무

정답 ④

033 「경비업법」상 경비업의 업무에 해당하는 것으로 가장 적절하지 않은 것은? (2014경위)

① 특수경비업무
② 신변보호업무
③ 호송경비업무
④ 철거용역업무

공제회기본서(각론1) 37
④ 경비업법상 경비업의 종류 - <u>시신호송특기</u>(<u>시</u>설경비업무, <u>신</u>변보호업무, <u>호</u>송경비업무, <u>특</u>수경비업무, <u>기</u>계경비업무)

정답 ④

034 「경비업법」제2조 제1호에 규정된 경비업무의 내용 중 하나이다. 보기와 관련 있는 것으로 가장 적절한 것은? (2013경위)

> 운반중에 있는 현금·유가증권·귀금속·상품 그 밖의 물건에 대하여 도난·화재 등 위험 발생을 방지하는 업무

① 시설경비업무
② 호송경비업무
③ 기계경비업무
④ 특수경비업무

공제회기본서(각론1) 37
② 설문은 호송경비업무를 설명하고 있다.

정답 ②

035 경비업에 대한 설명 중 가장 적절하지 않은 것은? (2013경감)

① 민간경비업의 서비스는 경제재(經濟財)이므로 방범 서비스의 수요, 경제성 등의 요인에 의하여 공급이 결정된다.
② 경비업법 제2조는 시설경비업무를 '경비를 필요로 하는 시설 및 장소에서의 도난·화재 그 밖의 혼잡 등으로 인한 위험발생을 방지하는 업무'로 규정하고 있다.
③ 경비업법 제2조는 기계경비업무를 '경비대상시설에 설치한 기기에 의하여 감지·송신된 정보를 그 경비대상시설 장소에 설치한 관제시설의 기기로 수신하여 도난·화재 등 위험 발생을 방지하는 업무'로 규정하고 있다.
④ 경비업을 영위하고자 하는 법인은 도급받아 행하고자 하는 경비업무를 특정하여 그 법인의 주사무소의 소재지를 관할하는 지방경찰청장의 허가를 받아야 한다.

> **해설**
> 공제회기본서(각론1) ①270 ②37 ③37 ④38
> ③ 경비업법 제2조는 기계경비업무를 '경비대상시설에 설치한 기기에 의하여 감지·송신된 정보를 <u>그 경비대상시설 외의 장소에 설치한 관제시설</u>의 기기로 수신하여 도난·화재 등 위험발생을 방지하는 업무'로 규정하고 있다.
>
> **정답** ③

036 풍속업소 단속시 단속대상으로 가장 적절하지 않은 것은? (2015경위)

① 17세 여성을 접대부로 고용한 단란주점 업주
② 25세 남성에게 술을 판매한 유흥주점 업주
③ 18세 남성에게 술을 판매한 노래연습장 업주
④ 17세 여성을 접대부로 고용한 노래연습장 업주

> **해설**
> 공제회기본서(각론1) ①69 ②69,71 ③46 ④47
> ① 단란주점은 청소년(연19세미만) 출입·고용 금지(청소년보호법) ② 연19세 이상은 유흥주점 출입·고용 가능(청소년보호법), 연19세 이상은 주류제공 가능(청소년보호법) ③ 노래연습장은 주류 판매 금지(음악산업 진흥에 관한 법률) ④ 노래연습장은 접대부 고용 금지(음악산업 진흥에 관한 법률)
>
> **정답** ②

037 게임물 관련 사업자의 준수사항 내용으로 가장 적절하지 않은 것은? (2014경위)

① 게임물 및 컴퓨터 설비 등에 음란물 차단프로그램을 설치해야 한다.
② 어떤 경우에도 경품을 제공하여서는 안 된다.
③ 일반게임제공업을 영위하는 자는 게임장에 청소년을 출입시켜서는 안 된다.
④ 게임물을 이용한 도박행위를 하도록 내버려두어서는 안 된다.

> **해설**
> 공제회기본서(각론1) 48
> ② 게임물 관련업자는 경품 등을 제공하여 사행성을 조장해서는 안 된다. 다만 <u>청소년게임제공업의 전체이용가 게임물에 대하여 대통령령이 정하는 경품의 종류(완구류 및 문구류 등. 단 현금·상품권 및 유가증권 제외), 지급기준, 제공방법 등에 의한 경우는 예외로 한다</u>
>
> **정답** ②

038 총포·도검·화약류 등 단속관련 법령에 대한 설명 중 가장 적절하지 않은 것은? (2013경감)

① 전자충격기, 가스분사기, 석궁, 가스발사총, 구난구명총, 도살총의 소지는 주소지를 관할하는 경찰서장의 허가를 받아야 한다.
② 권총, 엽총, 어획총의 소지는 주소지를 관할하는 지방경찰청장의 허가를 받아야 한다.
③ 18세 미만인 사람은 총포 등을 취급해서는 안 되며 누구든지 그들에게 이를 취급하게 하여서도 안 된다. 단, 대한체육회장이나 특별시·광역시·도의 체육회장이 추천하는 선수 또는 후보자가 사격경기용 총·석궁을 소지하는 경우에는 예외이다.
④ 분사기에는 총포형·막대형·만년필형·기타 휴대형 분사기가 있다.

해설

공제회기본서(각론1) ①50 ②50 ③없음 ④없음
② 권총, 어획총의 소지는 주소지를 관할하는 지방경찰청장의 허가를 받아야 한다.
⇨ 엽총의 소지는 경찰서장의 허가

정답 ②

039 최근 「경범죄 처벌법」상 관공서에서 주취소란 행위를 처벌할 수 있는 근거가 마련되었다. 관공서에서 주취소란 행위의 법정형으로 가장 적절한 것은? (2016경위)

① 10만원 이하의 벌금, 구류 또는 과료
② 20만원 이하의 벌금, 구류 또는 과료
③ 50만원 이하의 벌금, 구류 또는 과료
④ 60만원 이하의 벌금, 구류 또는 과료

해설

공제회기본서(각론1) 55
관공서에서 주취소란 행위의 법정형은 60만원 이하의 벌금, 구류 또는 과료이다.
〈경범죄의 종류와 처벌〉 (방광암출 / 주거)

① 10만원 이하의 벌금, 구류 또는 과료의 형으로 처벌(40개 항목)
② 20만원 이하의 벌금, 구류 또는 과료의 형으로 처벌
  1. (출판물의 부당게재 등) 올바르지 아니한 이익을 얻을 목적으로 다른 사람 또는 단체의 사업이나 사사로운 일에 관하여 신문, 잡지, 그 밖의 출판물에 어떤 사항을 싣거나 싣지 아니할 것을 약속하고 돈이나 물건을 받은 사람
  2. (거짓 광고) 여러 사람에게 물품을 팔거나 나누어 주거나 일을 해주면서 다른 사람을 속이거나 잘못 알게 할 만한 사실을 들어 광고한 사람
  3. (업무방해) 못된 장난 등으로 다른 사람, 단체 또는 공무수행 중인 자의 업무를 방해한 사람
  4. (암표매매) 흥행장, 경기장, 역, 나루터, 정류장, 그 밖에 정하여진 요금을 받고 입장시키거나 승차 또는 승선시키는 곳에서 웃돈을 받고 입장권·승차권 또는 승선권을 다른 사람에게 되판 사람
③ 60만원 이하의 벌금, 구류 또는 과료의 형으로 처벌
  1. (관공서에서의 주취소란) 술에 취한 채로 관공서에서 몹시 거친 말과 행동으로 주정하거나 시끄럽게 한 사람

2. (거짓신고) 있지 아니한 범죄나 재해 사실을 공무원에게 거짓으로 신고한 사람
  ※ 위 2항목은 법정형이 60만원이하 벌금·구류·과료이므로 주거가 분명하더라도 현행범체포 가능함(형소법214조 - 다액 50만원 이하 벌금, 구류, 과료에 해당하는 죄의 현행범인에 대하여는 범인의 주거가 분명하지 아니한 때에 한하여 현행범체포 가능)

정답 ④

040 「경범죄 처벌법」상 경범죄를 범한 자의 주거가 분명한 경우라도 현행범인 체포가 가능한 경범죄의 종류로 가장 적절한 것은? (2020경감, 2018경위)

① 출판물의 부당게재 ② 거짓신고
③ 위험한 불씨 사용 ④ 암표매매

해설
공제회기본서(각론1) 55
② 50만원 이하의 벌금, 구류 또는 과료에 해당하는 죄의 현행범인에 대하여는 범인의 주거가 분명하지 아니한 때에 한하여 현행범으로 체포할 수 있다(형사소송법 제214조). 거짓신고, 관공서에서의 주취소란은 법정형이 60만원 이하의 벌금, 구류 또는 과료로 규정되어있으므로 주거가 분명한 경우라도 현행범체포가 가능하다.

정답 ②

041 다음은 파출소장 A가 소속 직원들에게 현행 「경범죄처벌법」에 대하여 교양한 내용이다. 가장 적절하지 않은 것은? (2014경감)

① 술에 취한 채로 관공서에서 몹시 거친 말과 행동으로 주정하거나 시끄럽게 한 사람에 대해서는 주거가 분명한 경우에도 현행범 체포가 가능하다.
② 있지 아니한 범죄나 재해 사실을 공무원에게 거짓으로 신고한 사람에 대해서는 주거가 분명한 경우 현행범 체포가 불가능하므로, 즉결심판 청구나 통고처분을 해야 한다.
③ 상대방의 명시적 의사에 반하여 지속적으로 접근을 시도하여 면회 또는 교제를 요구하거나 지켜보기, 따라다니기, 잠복하여 기다리기 등의 행위를 반복하여 하는 사람은 10만원 이하의 벌금, 구류 또는 과료의 형으로 처벌한다.
④ 여러 사람에게 물품을 팔거나 나누어 주거나 일을 해주면서 다른 사람을 속이거나 잘못 알게 할 만한 사실을 들어 광고한 사람은 20만원 이하의 벌금, 구류 또는 과료의 형으로 처벌한다.

해설
공제회기본서(각론1) ①55(관공서에서의 주취소란) ②55(거짓신고) ③55(지속적 괴롭힘) ④55(거짓광고)
② 있지 아니한 범죄나 재해 사실을 공무원에게 거짓으로 신고한 사람에 대해서는 주거가 분명한 경우에도 현행범 체포가 가능하므로, 반드시 즉결심판 청구나 통고처분을 해야 하는 것은 아니다.

정답 ②

042 「실종아동등의 보호 및 지원에 관한 법률」과 「실종아동등 및 가출인 업무처리 규칙」상 용어의 설명으로 가장 적절한 것은? (2014경위)

① 아동등 : 실종신고 당시 18세 미만의 아동은 법상 "아동등"에 해당한다.
② 장기실종아동등 : 보호자로부터 신고를 접수한지 24시간이 경과하도록 발견하지 못한 찾는 실종아동등을 말한다.
③ 가출인 : 신고 당시 보호자로부터 이탈된 19세 이상의 사람을 말한다.
④ 발견지 : 실종아동등 또는 가출인을 발견하여 보호 중인 장소를 말하며, 발견한 장소와 보호 중인 장소가 서로 다른 경우 보호 중인 장소를 말한다.

해설

공제회기본서(각론1) ①61 ②62 ③62 ④62
① 실종 당시 18세 미만의 아동은 법상 "아동등"에 해당한다.
② "장기실종아동등"이란, 보호자로부터 신고를 접수한지 <u>48시간</u>이 경과하도록 발견하지 못한 찾는 실종아동등을 말한다.
③ "가출인"이란 신고 당시 보호자로부터 이탈된 <u>18세 이상</u>의 사람을 말한다.
④ ○

〈실종아동등의 보호 및 지원에 관한 법률 & 실종아동등 및 가출인 업무처리 규칙〉

아동등 <u>(18장치)</u>	① 실종 당시 <u>18세</u> 미만인 아동 ② 「장애인복지법」상 지적장애인, 자폐성장애인 또는 정신장애인 ③ 「치매관리법」상 치매환자
실종아동등	약취·유인 또는 유기되거나 사고를 당하거나 가출하거나 길을 잃는 등의 사유로 인하여 보호자로부터 이탈된 아동등
보호자	친권자, 후견인이나 그 밖에 다른 법률에 따라 아동등을 보호하거나 부양할 의무가 있는 사람(다만, 보호시설의 장 또는 종사자는 제외)
보호시설	「사회복지사업법」 제2조제4호에 따른 사회복지시설 및 인가·신고 등이 없이 아동등을 보호하는 시설로서 사회복지시설에 준하는 시설
찾는 실종아동등	보호자가 찾고 있는 실종아동등
보호 실종아동등	보호자가 확인되지 않아 경찰관이 보호하고 있는 실종아동등
장기 실종아동등	보호자로부터 신고를 접수한 지(이탈한 지×) 48시간이 경과한 후에도 발견되지 않은 찾는실종아동등
가출인	<u>신고 당시(가출당시×)</u> 보호자로부터 이탈된 18세 이상의 사람
발생지	① 원칙 : 실종아동등 및 가출인이 실종·가출 전 최종적으로 목격되었거나 목격되었을 것으로 추정하여 신고자 등이 진술한 장소 ② 예외 : 신고자 등이 최종 목격 장소를 진술하지 못하거나, 목격되었을 것으로 추정되는 장소가 대중교통시설 등일 경우 또는 실종·가출 발생 후 1개월이 경과한 때에는 실종아동등 및 가출인의 실종 전 최종 주거지
발견지	① 실종아동등 또는 가출인을 발견하여 보호 중인 장소 ② 발견한 장소와 보호 중인 장소가 서로 다른 경우에는 보호 중인 장소
강력범죄	살인·강도·변사사건 등을 말하며, 약취·유인·체포·감금은 제외

정답 ④

043 현행 「실종아동등의 보호 및 지원에 관한 법률」, 「실종아동등·가출인 업무처리규칙」에 대한 설명 중 가장 적절하지 않은 것은?
(2012경감변형)

① 「실종아동등의 보호 및 지원에 관한 법률」상 실종아동등이란 약취·유인·유기·사고 또는 가출하거나 길을 잃는 등의 사유로 인하여 보호자로부터 이탈된 아동등을 말한다.
② 「실종아동등의 보호 및 지원에 관한 법률」상 업무·고용 등의 관계로 사실상 아동등을 보호·감독하는 자는 신고의무자에 해당하나, 보호시설의 종사자는 신고의무자에 해당하지 않는다.
③ 경찰청 생활안전국장은 법 제8조의2제1항에 따른 정보시스템으로 실종아동등 프로파일링시스템 및 실종아동찾기센터 홈페이지(이하 "인터넷 안전드림"이라 한다)를 운영한다.
④ 실종아동등 프로파일링시스템은 경찰관서 내에서만 사용할 수 있도록 제한하고, 인터넷 안전드림은 누구든 사용할 수 있도록 공개 하는 등 분리하여 운영한다. 다만, 자료의 전송 등을 위해 필요한 경우 상호 연계할 수 있다.

해설

공제회기본서(각론1) ①61 ②62 ③63 ④63
② 보호시설의 종사자도 신고의무자에 해당한다.

정답 ②

044 「실종아동등의 보호 및 지원에 관한 법률」상 실종아동 등의 수색에 대한 설명으로 가장 적절하지 않은 것은?
(2015경위)

① 경찰관서의 장은 실종아동등의 조속한 발견을 위하여 필요한 때에는 위치정보사업자에게 실종아동 등의 개인위치정보의 제공을 요청할 수 있다.
② 위 ①의 요청을 받은 위치정보사업자는 그 실종아동등의 동의 없이 개인위치정보를 수집할 수 없으며, 실종아동등의 동의가 없음을 이유로 경찰관서의 장의 요청을 거부할 수 있다.
③ 경찰관은 실종아동등을 찾기 위한 목적으로 제공받은 개인위치정보를 실종아동등을 찾기 위한 목적 외의 용도로 이용하여서는 아니 된다.
④ 경찰관서의 장은 실종아동등의 발생 신고를 접수하면 지체 없이 수색 또는 수사의 실시 여부를 결정하여야 한다.

해설

공제회기본서(각론1) ①65 ②65 ③65 ④65
② 위 ①의 요청을 받은 위치정보사업자는 그 실종아동 등의 동의 없이 개인위치정보를 수집할 수 있으며, 실종아동 등의 동의가 없음을 이유로 경찰관서의 장의 요청을 거부할 수 없다.

정답 ②

045 「실종아동등의 보호 및 지원에 관한 법률」과 「실종아동등 및 가출인 업무처리 규칙」상 규정된 용어에 대한 설명으로 가장 적절한 것은? (2017경감)

① 「실종아동등의 보호 및 지원에 관한 법률」상 "보호시설"이란 「사회복지사업법」 제2조 제4호에 따른 사회복지시설을 말하고, 인가·신고 등이 없이 아동등을 보호하는 시설로서 사회복지시설에 준하는 시설은 해당하지 아니한다.

② 「실종아동등 및 가출인 업무처리 규칙」상 "발생지"란 실종아동등 또는 가출인을 발견하여 보호 중인 장소를 말하며, 발견한 장소와 보호 중인 장소가 서로 다른 경우에는 보호 중인 장소를 말한다.

③ 「실종아동등의 보호 및 지원에 관한 법률」상 "실종아동등"이란 약취·유인 또는 유기되거나 사고를 당하거나 가출하거나 길을 잃는 등의 사유로 인하여 보호자로부터 이탈된 아동등을 말한다.

④ 「실종아동등의 보호 및 지원에 관한 법률」상 "아동등"은 신고 당시 18세 미만인 아동과 「장애인복지법」 제2조의 장애인 중 지적장애인·자폐성장애인 또는 정신장애인, 「치매관리법」 제2조 제2호의 치매환자를 말한다.

해설

공제회기본서(각론1) ①61 ②62 ③61 ④61

① '보호시설'이란 「사회복지사업법」 제2조 제4호에 따른 사회복지시설 **및 인가·신고 등이 없이 아동등을 보호하는 시설로서 사회복지시설에 준하는 시설**을 말한다.

② 「실종아동등 및 가출인 업무처리 규칙」상 **"발견지"**란 실종아동등 또는 가출인을 발견하여 보호 중인 장소를 말하며, 발견한 장소와 보호 중인 장소가 서로 다른 경우에는 보호 중인 장소를 말한다.

※ **"발생지"**란 실종아동등 및 가출인이 실종·가출 전 최종적으로 목격되었거나 목격되었을 것으로 추정하여 신고자 등이 진술한 장소를 말하며, 신고자 등이 최종 목격 장소를 진술하지 못하거나, 목격되었을 것으로 추정되는 장소가 대중교통시설 등일 경우 또는 실종·가출 발생 후 1개월이 경과한 때에는 실종아동등 및 가출인의 실종 전 최종 주거지를 말한다.

③ O

④ '아동등'이란 **실종 당시** 18세 미만인 아동, 「장애인복지법」 제2조의 장애인 중 지적장애인, 자폐성장애인 또는 정신장애인 또는 「치매관리법」 제2조 제2호의 치매환자를 말한다.

정답 ③

046 「실종아동등의 보호 및 지원에 관한 법률」과 「실종아동등 및 가출인 업무처리 규칙」에 규정된 용어의 설명으로 가장 적절하지 않은 것은? (2017경위)

① 「실종아동등의 보호 및 지원에 관한 법률」상 '실종아동등'이란 약취·유인 또는 유기되거나 사고를 당하거나 가출하거나 길을 잃는 등의 사유로 인하여 보호사로부터 이탈된 아동등을 말한다.
② 「실종아동등 및 가출인 업무처리 규칙」상 '장기실종아동등'이란 보호자로부터 신고를 접수한 지 48시간이 경과한 후에도 발견되지 않은 찾는실종아동등을 말한다.
③ 「실종아동등 및 가출인 업무처리 규칙」상 '발생지'란 실종아동등 및 가출인이 실종·가출 전 최종적으로 목격되었거나 목격되었을 것으로 추정하여 신고자 등이 진술한 장소를 말하며, 신고자 등이 최종 목격 장소를 진술하지 못하거나, 목격되었을 것으로 추정되는 장소가 대중교통시설 등일 경우 또는 실종·가출 발생 후 1개월이 경과한 때에는 실종아동등 및 가출인의 실종 전 최종 주거지를 말한다.
④ 「실종아동등 및 가출인 업무처리 규칙」상 '발견지'란 실종아동등 또는 가출인을 발견하여 보호 중인 장소를 말하며, 발견한 장소와 보호 중인 장소가 서로 다른 경우에는 발견한 장소를 말한다.

> **해설**
>
> 공제회기본서(각론1) ①61 ②62 ③62 ④62
> ④ '발견지'란 실종아동등 또는 가출인을 발견하여 보호 중인 장소를 말하며, 발견한 장소와 보호 중인 장소가 서로 다른 경우에는 **보호중인 장소**를 말한다.
>
> **정답** ④

047 「실종아동등의 보호 및 지원에 관한 법률」 및 「실종아동등 및 가출인 업무처리 규칙」에 대한 설명 중 가장 적절한 것은? (2020경위)

① 「실종아동등 및 가출인 업무처리 규칙」상 '장기실종아동등'이란 실종된 지 48시간이 경과한 후에도 발견되지 않은 찾는실종아동등을 말한다.
② 「실종아동등의 보호 및 지원에 관한 법률」상 「의료법」 제3조에 따른 의료기관의 장 또는 의료인은 신고의무자에 해당한다.
③ 「실종아동등 및 가출인 업무처리 규칙」 제7조 제2항에 따라 보호시설 무연고자는 실종아동등 프로파일링시스템에 입력하지 않을 수 있다.
④ 「실종아동등의 보호 및 지원에 관한 법률」상 '아동등'이란 약취·유인 또는 유기되거나 사고를 당하거나 길을 잃는 등의 사유로 인하여 보호자로부터 이탈된 아동등을 말한다.

해설

공제회기본서(각론1) ①62 ②62 ③64 ④61
① 「실종아동등 및 가출인 업무처리 규칙」상 '장기실종아동등'이란 <u>신고를 접수한지</u> 48시간이 경과한 후에도 발견되지 않은 찾는실종아동등을 말한다.
② O
③ 「실종아동등 및 가출인 업무처리 규칙」 제7조 제2항에 따라 보호시설 무연고자는 실종아동등 프로파일링시스템 <u>입력 대상</u>이다.
④ 「실종아동등의 보호 및 지원에 관한 법률」상 '<u>실종아동등</u>'이란 약취·유인 또는 유기되거나 사고를 당하거나 길을 잃는 등의 사유로 인하여 보호자로부터 이탈된 아동등을 말한다.

 ②

048 「실종아동등의 보호 및 지원에 관한 법률」과 「실종아동등 및 가출인 업무처리 규칙」상 용어에 대한 설명으로 가장 적절하지 않은 것은? (2018경사)

① '실종아동등'이란 약취·유인 또는 유기되거나 사고를 당하거나 가출하거나 길을 잃는 등의 사유로 인하여 보호자로부터 이탈된 아동등을 말한다.
② '보호시설'이란 「사회복지사업법」 제2조 4호에 따른 사회복지시설 및 인가·신고 등이 없이 아동등을 보호하는 시설로서 사회복지시설에 준하는 시설을 말한다.
③ '장기실종아동등'이란 보호자로부터 신고를 접수한 지 48시간이 경과한 후에도 발견되지 않은 찾는실종아동등을 말한다.
④ '발견지'란 실종아동등 및 가출인이 실종·가출 전 최종적으로 목격되었거나 목격되었을 것으로 추정하여 신고자 등이 진술한 장소를 말한다.

해설

공제회기본서(각론1) ①61 ②61 ③62 ④62
④ "<u>발생지</u>"란 실종아동등 및 가출인이 실종·가출 전 최종적으로 목격되었거나 목격되었을 것으로 추정하여 신고자 등이 진술한 장소를 말하며, 신고자 등이 최종 목격 장소를 진술하지 못하거나, 목격되었을 것으로 추정되는 장소가 대중교통시설 등일 경우 또는 실종·가출 발생 후 1개월이 경과한 때에는 실종아동등 및 가출인의 실종 전 최종 주거지를 말한다.
※ "발견지"란 실종아동등 또는 가출인을 발견하여 보호 중인 장소를 말하며, 발견한 장소와 보호 중인 장소가 서로 다른 경우에는 보호 중인 장소를 말한다.

 ④

049 「실종아동등의 보호 및 지원에 관한 법률」에 대한 설명으로 가장 적절한 것은? (2019경감)
① 경찰관서의 장은 실종아동등의 발생 신고를 접수하면 24시간 내에 수색 또는 수사의 실시 여부를 결정하여야 한다.
② 경찰관서의 장은 실종아동등(범죄로 인한 경우 포함)의 조속한 발견을 위하여 필요한 때에는 위치정보의 보호 및 이용 등에 관한 법률 에 따른 개인위치정보사업자에게 실종아동등의 개인위치정보의 제공을 요청할 수 있다.
③ 업무에 관계없이 아동을 보호하는 자는 신고의무자에 해당한다.
④ '아동등'은 실종 당시 18세 미만인 아동과 장애인복지법 제2조의 장애인 중 지적장애인, 자폐성장애인 또는 정신장애인, 치매 관리법 제2조 제2호의 치매환자를 말한다.

해설

공제회기본서(각론1) ①65 ②65 ③62 ④61
① 경찰관서의 장은 실종아동등의 발생 신고를 접수하면 **지체 없이** 수색 또는 수사의 실시 여부를 결정하여야 한다.
② 경찰관서의 장은 실종아동등(**범죄로 인한 경우 제외**)의 조속한 발견을 위하여 필요한 때에는 「위치정보의 보호 및 이용 등에 관한 법률」에 따른 개인위치정보사업자에게 실종아동등의 개인위치정보의 제공을 요청할 수 있다.
③ **업무·고용 등의 관계로** 사실상 아동등을 보호·감독하는 사람이 신고의무자에 해당한다.
④ O

정답 ④

050 「실종아동등의 보호 및 지원에 관한 법률」 및 「실종아동등 및 가출인 업무처리 규칙」에 대한 설명으로 가장 적절한 것은? (2019경위)
① 실종아동등 및 가출인 업무처리 규칙 상 '강력범죄'란 살인·강도·약취·변사사건 등을 말하며, 체포감금은 제외한다.
② 실종아동등의 보호 및 지원에 관한 법률 상 '보호자'란 친권자, 후견인, 보호시설의 장이나 그 밖에 다른 법률에 따라 아동등을 보호 또는 부양할 의무가 있는 자를 말한다.
③ 경찰관서의 장은 실종아동등(범죄로 인한 경우를 포함한다)의 조속한 발견을 위하여 필요한 때에는 개인위치정보사업자에게 실종아동등의 개인위치정보의 제공을 요청할 수 있다.
④ 보호시설의 장 또는 그 종사자는 그 직무를 수행하면서 실종 아동등임을 알게 되었을 때에는 경찰청장이 구축하여 운영하는 신고체계로 지체 없이 신고하여야 한다.

> **해설**
>
> 공제회 기본서(각론1) ①62 ②61 ③65 ④62
> ① "강력범죄"란 「경찰청 사무분장 규칙」 제24조에 따른 사건 중 살인·강도·변사사건 등을 말하며, **약취·유인·체포·감금은 제외**한다.
> ② "보호자"란 친권자, 후견인이나 그 밖에 다른 법률에 따라 아동등을 보호하거나 부양할 의무가 있는 사람을 말한다. 다만, 제4호의 **보호시설의 장 또는 종사자는 제외**한다.
> ③ 경찰서의 장은 실종아동등(**범죄로 인한 경우를 제외한다**)의 조속한 발견을 위하여 필요한 때에는 개인위치정보사업자에게 실종아동등의 개인위치정보의 제공을 요청할 수 있다.
> ④ ○
>
> **정답** ④

051 「실종아동등 및 가출인 업무처리 규칙」에 관한 설명 중 가장 적절하지 않은 것은? (2014경감)

① '보호시설 입소자 중 보호자가 확인되지 않는 사람'은 실종아동등 프로파일링시스템 입력 대상이다.
② 경찰관서의 장은 실종아동등 또는 가출인에 대한 신고를 접수한 후 신고대상자가 '보호자가 가출 시 동행한 실종아동등'에 해당하는 경우에는 신고 내용을 실종아동등 프로파일링시스템에 입력하지 않을 수 있다.
③ "장기실종아동등"이란 보호자로부터 신고를 접수한 지 48시간이 경과한 후에도 발견되지 않은 찾는 실종아동등을 말한다.
④ 실종아동등 신고는 전화, 서면, 구술 등의 방법으로 실종아동등 주거지 관할 경찰서에서만 접수할 수 있다.

> **해설**
>
> 공제회기본서(각론1) ①64 ②64 ③62 ④없음
> ④ 실종아동등 신고는 전화, 서면, 구술 등의 방법으로 관할에 관계없이 센타, 각 지방청 및 경찰서에서 접수한다.
>
> **정답** ④

052 다음 중 「청소년 보호법」상 청소년의 출입은 가능하나 고용이 청소년에게 유해한 것으로 인정되는 청소년고용금지업소는 모두 몇 개인가?(이 경우 업소의 구분은 그 업소가 영업을 할 때 다른 법령에 따라 요구되는 허가·인가·등록·신고 등의 여부와 관계없이 실제로 이루어지고 있는 영업행위를 기준으로 한다) (2014경감)

> ㉠ 「사행행위 등 규제 및 처벌 특례법」에 따른 사행행위영업
> ㉡ 「체육시설의 설치·이용에 관한 법률」에 따른 무도학원업
> ㉢ 「영화 및 비디오물의 진흥에 관한 법률」 제2조 제16호에 따른 비디오물감상실업
> ㉣ 회비 등을 받거나 유료로 만화를 빌려 주는 만화대여업

① 1개 ② 2개 ③ 3개 ④ 4개

해설

공제회기본서(각론1) 69
고용금지업소(청소년 출입은 가능하고 고용만 금지되는 업소)는 ㉣ 1개이다.
나머지는 출입 및 고용 금지 업소이다.

〈청소년 유해업소(고용·출입금지업소 vs 고용금지업소)〉

청소년 출입·고용 금지업소 (일복사단/노무비/전장성)	청소년 고용 금지업소 (청티숙목이/호소카비/만피유)
① 일반게임제공업, 복합유통게임제공업 ② 사행행위영업 ③ 단란주점영업, 유흥주점영업 ④ 노래연습장업 (단, 청소년실에 한정하여 출입허용) ⑤ 무도학원업, 무도장업 ⑥ 비디오물감상실업, 제한관람가비디오물소극장업, 복합영상물제공업 ⑦ 전화방, 화상전화방(전기통신설비를 갖추고 불특정한 사람들 사이의 음성대화 또는 화상대화를 매개하는 것을 주된 목적으로 하는 영업) ⑧ 한국마사회법에 따른 장외발매소 ⑨ 경륜·경정법에 따른 장외매장 ⑩ 성적 서비스 제공영업(청소년보호위원회 결정/여성가족부장관 고시 ⇨ 성기구취급업소, 키스방, 대딸방, 전립선마사지, 유리방, 성인PC방, 휴게텔, 인형체험방 등)	① 청소년게임제공업, 인터넷컴퓨터게임시설제공업 ② - 숙박업(관광진흥법상 휴양 콘도미니엄업, 농어촌정비법 또는 국제회의산업 육성에 관한 법률을 적용받는 숙박업은 제외) - 목욕장업 중 안마실을 설치하거나 개별실로 구획하여 하는 영업 - 이용업(취업이 금지되지 아니한 남자 청소년을 고용하는 경우는 제외) ③ - 호프·소주방·카페(일반음식점영업 중 주로 주류의 조리·판매를 목적으로 하는 형태의 영업) - 티켓다방(휴게음식점영업으로서 종업원에게 영업장을 벗어나 차 종류 등을 배달·판매하게 하면서 소요시간에 따라 대가를 받게 하는 형태의 영업) ④ 비디오물소극장업 ⑤ 만화대여업(회비 받거나 유료로 빌려 주는) ⑥ 유해화학물질영업 ⑦ 청소년보호위원회가 결정하고 여성가족부장관이 고시한 것

정답 ①

053 다음 중 「청소년 보호법」상 청소년의 출입과 고용이 청소년에게 유해한 것으로 인정되는 청소년 출입·고용금지업소를 모두 고른 것은?

(2019경감)

> ㉠ 사행행위 등 규제 및 처벌 특례법 에 따른 사행행위영업
> ㉡ 체육시설의 설치 이용에 관한 법률 에 따른 무도학원업 및 무도장업
> ㉢ 영화 및 비디오물의 진흥에 관한 법률 에 따른 비디오물소극장업
> ㉣ 회비 등을 받거나 유료로 만화를 빌려 주는 만화대여업

① ㉠,㉡ ② ㉠,㉢ ③ ㉡,㉢ ④ ㉡,㉣

해설

공제회기본서(각론1) 69
㉠,㉡이 출입·고용금지업소에 해당하고, ㉢,㉣은 고용금지업소에 해당한다.

정답 ①

054 「청소년 보호법」 제2조 제5호의 "청소년유해업소"란 청소년의 출입과 고용이 청소년에게 유해한 것으로 인정되는 청소년출입·고용금지업소와 청소년의 출입은 가능하나 고용이 청소년에게 유해한 것으로 인정되는 청소년고용금지업소를 말한다. 다음 중 옳지 않은 것은?(이 경우 업소의 구분은 그 업소가 영업을 할 때 다른 법령에 따라 요구되는 허가·인가·등록·신고 등의 여부와 관계없이 실제로 이루어지고 있는 영업행위를 기준으로 한다)

(2017경감)

	청소년출입·고용금지업소	청소년고용금지업소
①	「게임산업진흥에 관한 법률」에 따른 '일반게임제공업'	「게임산업진흥에 관한 법률」에 따른 '청소년게임제공업'
②	「영화 및 비디오물의 진흥에 관한 법률」에 따른 '비디오물소극장업'	「영화 및 비디오물의 진흥에 관한 법률」에 따른 '비디오물감상실업'
③	「사행행위 등 규제 및 처벌 특례법」에 따른 '사행행위영업'	「게임산업진흥에 관한 법률」에 따른 '인터넷컴퓨터게임시설제공업'
④	「체육시설의 설치·이용에 관한 법률」에 따른 '무도학원업'	회비 등을 받거나 유료로 만화를 빌려 주는 '만화대여업'

해설

공제회기본서(각론1) 69
「영화 및 비디오물의 진흥에 관한 법률」에 따른 '비디오물감상실업'은 출입·고용금지업소이고, '비디오물소극장업'이 고용금지업소에 해당한다.

정답 ②

055 청소년의 정의와 관련된 규정이 있는 다음 법률 중 청소년의 상한 연령이 가장 높은 것은? (2017경사)
① 청소년 보호법
② 아동·청소년의 성보호에 관한 법률
③ 청소년 기본법
④ 게임산업진흥에 관한 법률(단, 초·중등교육법은 고려하지 않음)

해설

공제회기본서(각론1) 67
① <u>청소년 보호법</u> 상 청소년 – '청소년'이란 <u>만 19세 미만</u>인 사람을 말한다. 다만, <u>만 19세가 되는 해의 1월 1일을 맞이한 사람은 제외</u>한다.
② <u>아동·청소년의 성보호에 관한 법률</u> 상 아동·청소년 – '아동·청소년'이란 <u>19세 미만</u>의 자를 말한다. 다만, <u>19세에 도달하는 연도의 1월 1일을 맞이한 자는 제외</u>한다.
③ <u>청소년 기본법</u> 상 청소년 – '청소년'이란 <u>9세 이상 24세 이하</u>인 사람을 말한다.
④ <u>게임산업진흥에 관한 법률</u> 상 청소년 – '청소년'이라 함은 <u>18세 미만</u>의 자를 말한다.

〈청소년의 연령 기준〉

청소년기본법(3조)	9세 이상 24세 이하
소년법(2조), 소년업무규칙(2조)	19세 미만
아동청소년의성보호에관한법률(2조) 청소년보호법(2조) 식품위생법, 성매법, 성폭법	19세 미만 (연 나이 : 19세가 되는 1월 1일을 맞이한 자를 제외)
아동복지법(3조)	18세 미만
게임산업진흥에관한법률(2조) 영화및비디오물의진흥에관한법률(2조) 음악산업진흥에관한법률(2조)	18세 미만(고등학생 포함)

〈근로기준법상 고용금지 : 식당/일반다방 등〉
① 15세미만인 자(중학교에 재학 중인 18세 미만 포함)는 근로자로 사용하지 못한다.
② 15세이상~18세미만 ⇨ 사용자는 연소자증명서와 친권자동의서를 사업장에 갖춰야 함
③ 13세이상~15세미만 ⇨ 고용노동부장관 발급 취직인허증을 지닌 소년만 근로자로 사용할 수 있음

정답 ③

056 「청소년보호법」과 관련된 판례에 대한 설명 중 가장 적절하지 않은 것은? (2012경감)

① 「청소년보호법」의 입법취지와 목적 및 규정 내용 등에 비추어 볼 때, 18세 미만의 청소년에게 술을 판매함에 있어서 가사 그의 민법상 법정대리인의 동의를 받았다고 하더라도 그러한 사정만으로 위 술 판매행위가 정당화 될 수는 없다.
② 「청소년보호법」상의 '청소년'에 해당하는지의 판단 기준은 가족관계부 등 공법상의 나이가 아니라 실제의 나이를 기준으로 하여야 할 것이다.
③ 청소년이 이른바 '티켓걸'로서 노래연습장 또는 유흥주점에서 손님들의 흥을 돋우어 주고 시간당 보수를 받은 사안에서, 시간제로 보수를 받고 근무하는 위와 같은 영업형태는 업소 주인이 청소년을 시간제 접대부로 고용한 것으로 보아 업소 주인에 대하여 「청소년보호법」 위반의 죄책을 묻는 것이 정당하다.
④ 일반음식점 허가를 받은 업소가 실제로는 주로 주류를 조리·판매하는 영업행위를 한 경우, 이는 「청소년보호법」상의 청소년 고용금지업소에 해당하며, 주간에는 주로 음식류를, 야간에는 주로 주류를 조리·판매하는 형태의 영업행위를 한 경우, 야간 영업형태의 청소년 보호를 위한 분리의 필요성으로 인하여 주·야간의 영업형태를 불문하고 「청소년보호법」상의 청소년 고용금지 업소에 해당한다.

해설

공제회기본서(각론1) ①72 ②72 ③72 ④72
④ 일반음식점 허가를 받은 업소가 실제로는 주로 주류를 조리·판매하는 영업행위를 한 경우, 이는 「청소년보호법」상의 청소년 고용금지업소에 해당하며, 주간에는 주로 음식류를, 야간에는 주로 주류를 조리·판매하는 형태의 영업행위를 한 경우, <u>야간의 영업형태에 있어서의 업소는 한정적으로</u> 청소년보호법상의 청소년 고용금지 업소에 해당한다.

정답 ④

057 「성매매알선 등 행위의 처벌에 관한 법률」에 규정된 '성매매알선 등 행위'로 가장 적절하지 않은 것은? (2015경감)

① 불특정인을 상대로 금품을 수수하고 하는 성교행위
② 성매매를 알선, 권유, 유인 또는 강요하는 행위
③ 성매매의 장소를 제공하는 행위
④ 성매매에 제공되는 사실을 알면서 자금, 토지 또는 건물을 제공하는 행위

해설

공제회기본서(각론1) 47
① 불특정인을 상대로 금품을 수수하고 하는 성교행위는 **성매매**의 정의에 해당한다.

> **성매매알선 등 행위의 처벌에 관한 법률 제2조(정의)**
> ① 이 법에서 사용하는 용어의 뜻은 다음과 같다.
>   1. "**성매매**"란 불특정인을 상대로 금품이나 그 밖의 재산상의 이익을 수수(收受)하거나 수수하기로 약속하고 다음 각 목의 어느 하나에 해당하는 행위를 하거나 그 상대방이 되는 것을 말한다.
>   가. 성교행위
>   나. 구강, 항문 등 신체의 일부 또는 도구를 이용한 유사 성교행위
>   2. "**성매매알선 등 행위**"란 다음 각 목의 어느 하나에 해당하는 행위를 하는 것을 말한다.
>   가. 성매매를 알선, 권유, 유인 또는 강요하는 행위
>   나. 성매매의 장소를 제공하는 행위
>   다. 성매매에 제공되는 사실을 알면서 자금, 토지 또는 건물을 제공하는 행위

정답 ①

058 「성매매알선 등 행위의 처벌에 관한 법률」상 '성매매알선 등 행위'의 태양으로 명시하고 있지 않은 것은?
(2018경위)

① 성매매의 장소를 제공하는 행위
② 성매매에 이용됨을 알면서 정보통신망을 제공하는 행위
③ 성매매를 알선, 권유, 유인 또는 강요하는 행위
④ 성매매에 제공되는 사실을 알면서 자금, 토지 또는 건물을 제공하는 행위

해설

공제회기본서(각론1) 47

정답 ②

059 「아동·청소년의 성보호에 관한 법률」에 대한 설명 중 옳지 않은 것은?
(2011경감)

① 아동·청소년의 성을 사는 행위의 상대방이 되도록 유인·권유한 자의 경우(동법 제11조 제3항)에 미수범도 처벌한다.
② 아동·청소년성착취물의 제작·배포행위는 동법에 의한 단속대상이 된다.
③ 동법 제2조에서 말하는 아동·청소년의 성을 사는 행위에는 신체의 일부를 접촉·노출하는 행위로서 일반인의 성적 수치심을 일으키는 행위도 포함된다.
④ 아동·청소년성착취물을 소지한 자도 동법에 의하여 처벌된다.

제1장 생활안전론 245

> **해설**
>
> 공제회기본서(각론1) ①77 ②76 ③75 ④없음
> ① 아동·청소년의 성을 사는 행위의 상대방이 되도록 유인·권유한 자의 경우에 <u>미수범 규정은 없다</u>.
>
> **〈아동·청소년 대상 성범죄의 유형〉**
>
> > ① 아동·청소년에 대한 강간·강제추행 등(유사강간 포함)(미수범처벌O)
> > ② 장애인인 아동·청소년에 대한 간음
> > ③ 강간 등 상해·치상
> > ④ 강간 등 살인·치사
> > ⑤ 아동·청소년성착취물 제작·배포 등(제작·수입·수출만 미수범처벌O)
> > ⑥ 아동·청소년 매매행위(미수범처벌O)
> > ⑦ 아동·청소년의 성을 사는 행위 등(유인·권유까지 처벌)
> > ⑧ 아동·청소년에 대한 강요행위(성을 사는 행위의 상대방이 되도록)(미수범처벌O)
> > ⑨ (아청의 성을 사는 행위의) 알선영업행위 등
>
> ※ 위 ①~⑨를 "아동·청소년 대상 성범죄", ① ~④를 "아동·청소년 대상 성폭력범죄"라 함
> ※ 아동·청소년 19세 미만(다만, 19세에 도달하는 연도의 1월 1일을 맞이한 자는 제외)
> ※ **미수범 처벌(강강착매)** : <u>강</u>간·강제추행, <u>강</u>요행위, 성<u>착</u>취물 제작수입수출, <u>매</u>매행위
> ※ 영리를 목적으로 청소년으로 하여금 손님과 함께 술을 마시거나 노래·춤 등으로 유흥을 돋구는 접객행위를 하게 하는 것은「아동·청소년의 성보호에 관한 법률」상 단속대상이다.(× ⇨ 청소년보호법 단속대상)
>
> **정답** ①

060「아동·청소년의 성보호에 관한 법률」의 적용으로 가장 옳은 것은?(단, 지문의 아동·청소년은 동법의 적용 대상으로 본다.)
(2011경위)

① 노래방을 운영하는 甲은 평소 알고 지내던 청소년 A가 놀러오자 손님방에 들어가 노래와 춤으로 손님의 유흥을 돋우게 하여 동법에 의하여 처벌 받았다.
② 영화관 주인 乙은 심야에 웃돈을 받고 아동 B가 나오는 음란물을 공연히 상영하려다 영사기 고장으로 미수에 그쳤으나, 동법에 의하여 처벌 받았다.
③ 말년 휴가를 나온 丙은 놀이터에서 놀고 있는 아동 C를 발견하고, 맛있는 것을 사준다며 근처 학교로 유인해 강제추행 하였으나, 피해자의 고소가 없어 동법에 의하여 공소가 제기되지 않았다.
④ 丁은 야간에 술을 마시고 근처에 있던 청소년 D의 성을 사려고 말을 걸었으나, 미수에 그쳐 동법에 의해 처벌되지 않았다.

> **해설**
>
> 공제회기본서(각론1) ①70 ②76 ③76 ④76
> ① 노래방을 운영하는 甲은 평소 알고 지내던 청소년 A가 놀러오자 손님방에 들어가 노래와 춤으로 손님의 유흥을 돋우게 한 경우 **청소년유해행위로서 청소년보호법의 적용**을 받는다.
> ② 아동·청소년성착취물에 대해서는 제작·수입·수출 행위만 미수범 처벌하므로, <u>사안과 같은 배포행위는 미수범을 처벌하지 아니한다</u>.

③ 강간·간제추행 등 성폭력범죄와 성범죄에 대해서 친고죄 규정 폐지되었으므로 **고소와 상관없이 처벌 가능하다.**
④ O (아동·청소년의 성을 사는 행위의 미수범은 처벌하지 아니한다)

정답 ④

061 현행 「아동·청소년의 성보호에 관한 법률」(이하 동법이라 함)의 적용 사례 중 가장 적절하지 않은 것은?(단, '청소년'은 동법의 적용대상임을 전제로 함) (2012경위)

① 회사원 A는 B가 청소년이 나오는 음란물을 제작할 것이라는 정황을 알면서 잘 알고 지내던 청소년 甲을 알선하려다 적발되어 미수에 그쳤으나 동법에 의해 처벌되었다.
② 비디오 가게를 운영하는 C는 돈을 벌 목적으로 청소년이 나오는 음란물을 수입하려다가 적발되어 미수에 그쳤으나 동법으로 처벌되었다.
③ 식당주인인 D는 업무상 위력으로 종업원인 청소년 乙을 간음하여 수사기관에 적발된 후 조사과정에서 청소년 乙이 처벌을 원치 않았으나 동법에 의해 처벌되었다.
④ 대학생 E는 모텔에서 돈을 주고 청소년 丙과 성교를 한 후 적발되었고 丙의 보호자는 처벌을 원하지 않았으나 동법에 의해 처벌되었다.

해설

공제회기본서(각론1) ①76 ②77 ③없음 ④없음
① 아동·청소년성착취물 제작·수입·수출 행위는 미수범도 처벌하지만, 이를 제작할 것이라는 정황을 알면서 청소년을 알선하려다 미수에 그친 **알선미수는 처벌규정이 없다.**

정답 ①

062 「아동·청소년 성보호에 관한 법률」상 아동·청소년의 성을 사는 행위에 해당하지 않는 것은? (2015경위)

① 성교행위
② 구강·항문 등 신체의 일부나 도구를 이용한 유사성교행위
③ 신체의 전부 또는 일부를 접촉·노출하는 행위로서 일반인의 성적 수치심이나 혐오감을 일으키는 행위
④ 노래와 춤 등으로 손님의 유흥을 돋구는 행위

해설

공제회기본서(각론1) 75
④ 노래와 춤 등으로 손님의 유흥을 돋구는 행위는 **「청소년보호법」**상 청소년유해행위의 한 형태로서 금지되는 것이다.

> **〈아동·청소년의 성보호에 관한 법률 상 "아동·청소년의 성을 사는 행위"〉**
> 4. "아동·청소년의 성을 사는 행위"란 아동·청소년, 아동·청소년의 성(性)을 사는 행위를 알선한 자 또는 아동·청소년을 실질적으로 보호·감독하는 자 등에게 금품이나 그 밖의 재산상 이익, 직무·편의제공 등 대가를 제공하거나 약속하고 다음 각 목의 어느 하나에 해당하는 행위를 아동·청소년을 대상으로 하거나 아동·청소년으로 하여금 하게 하는 것을 말한다.
>   가. 성교 행위
>   나. 구강·항문 등 신체의 일부나 도구를 이용한 유사 성교 행위
>   다. 신체의 전부 또는 일부를 접촉·노출하는 행위로서 일반인의 성적 수치심이나 혐오감을 일으키는 행위
>   라. 자위 행위
>
> **〈성매매알선 등 행위의 처벌에 관한 법률 상 "성매매"〉**
> 불특정인을 상대로 금품이나 그 밖의 재산상의 이익을 수수하거나 수수하기로 약속하고 다음 어느 하나에 해당하는 행위를 하거나 그 상대방이 되는 것을 말한다.
>   가. 성교행위
>   나. 구강, 항문 등 신체의 일부 또는 도구를 이용한 유사 성교행위

정답 ④

063 「아동·청소년의 성보호에 관한 법률」에 대한 설명 중 가장 적절하지 않은 것은? (2020경위)

① 아동·청소년성착취물을 제작한 자는 무기징역 또는 5년 이상의 유기징역에 처하며, 그 미수범처벌규정을 두고 있다.
② 법원은 아동·청소년대상 성범죄를 범한 「소년법」 제2조의 소년에 대하여 형의 선고를 유예하는 경우에는 반드시 보호관찰을 명하여야 한다.
③ '아동·청소년의 성을 사는 행위의 장소를 제공하는 행위를 업으로 하는 자'에 대한 처벌규정보다 '폭행이나 협박으로 아동·청소년대상 성범죄의 피해자를 상대로 합의를 강요한 자'에 대한 처벌규정이 중하다.
④ 노래와 춤 등으로 손님의 유흥을 돋구는 접객행위는 아동·청소년의 성을 사는 행위가 아니다.

해설

공제회기본서(각론1) ①77 ②77 ③75 ④74
③ 아동·청소년의 성을 사는 행위의 장소를 제공하는 행위를 업으로 하는 자는 **7년 이상의 유기징역**에 처한다. 폭행이나 협박으로 아동·청소년대상 성범죄의 피해자를 상대로 합의를 강요한 자는 **7년 이하의 유기징역**에 처한다.

정답 ③

064 「아동·청소년의 성보호에 관한 법률」에 대한 설명으로 가장 적절하지 않은 것은? (2018경사)

① 아동·청소년성착취물임을 알면서 이를 소지한 자에 대한 처벌규정을 두고 있다.
② 영업으로 아동·청소년을 아동·청소년의 성을 사는 행위의 상대방이 되도록 유인·권유한 자에 대한 미수범 처벌규정을 두고 있다.
③ 아동·청소년이용음란물을 제작·수입 또는 수출한 자에 대한 미수범 처벌규정을 두고 있다.
④ 아동·청소년성착취물을 배포·제공하거나 공연히 전시 또는 상영한 자에 대한 미수범 처벌규정을 두고 있다.

> **해설**
>
> 공제회기본서(각론1) ①없음 ②76,77 ③77 ④76,77
> ④ 미수범 처벌은 강강착매(강간·강제추행 / 강요행위 / 아동·청소년성착취물 제작·수입·수출 / 아동·청소년 매매행위)
> ⇨ 아동·청소년성착취물을 배포·제공하거나 공연히 전시 또는 상영한 행위에는 미수범 처벌하지 아니한다.
>
> **정답** ④

CHAPTER 02 > 범죄 수사

제1절 수사의 기본개념 등

001 경찰에 독자적 수사권을 부여하자는 논거로 가장 적절하지 않은 것은? (2015경위)
① 현실과 법규범과의 괴리
② 행정조직 원리에 위배
③ 수사는 공소제기와 불가분
④ 권한과 책임의 불일치

> **해설**
> 공제회기본서(각론1) 112
> ③ "수사는 공소제기와 불가분"은 반대론으로서 <u>검찰의 주장</u>이다.
>
> **정답** ③

002 다음 중 수사구조개혁 찬성 측에서 채택할 수 있는 논거로 가장 적절하지 않은 것은? (2020경감, 2020경위)
① 수사·기소 단계의 권한을 분산하여 견제와 균형을 이루고 있는 주요국과 달리 우리나라는 모든 권한이 검사에 집중되어 있어 각종 폐해가 발생하더라도 견제나 감시가 사실상 불가능하다.
② 수사와 기소의 분리, 형사사법 권한의 분산을 통해 경찰과 검찰이 각자 고유의 역할에 충실하도록 함으로써 형사사법 정의의 실현은 물론 국민 편익 제고가 가능하다.
③ 경찰은 수사의 책임성 제고를 위해 수사지휘 역량 및 수사 과정의 인권보장제도 강화와 수사 전문성 함양에 노력하고 있고, 경찰권을 분산하고 공정성을 높이기 위해 자치경찰 제도입, 국가수사본부 설치, 정보경찰 개혁 등 다양한 경찰개혁을 추진하고 있다.
④ 막강한 정보수집력을 가지고 있는 경찰에게 독자적 수사권을 부여할 경우 경찰에의 권력집중으로 인한 폐해가 발생할 수 있고, 경찰 수사에 대한 통제가 어렵게 된다.

> **해설**
> 공제회기본서(각론1) 112
> ④는 독자적 수사권 부여에 대한 <u>반대론</u>의 입장이다. ⇨ 검찰에의 권력집중은 수사구조개혁 찬성론의 견해임. 아무런 설명 없이 "권력집중"이라고 하면 찬성론과 반대론 모두에 사용할 수 있음에 주의해야 함
>
> **정답** ④

003 수사의 조건에 관한 설명으로 가장 적절하지 않은 것은? (2012경감)

① 수사기관이 범죄 수사를 개시함에 있어서는 주관적 혐의만으로도 족하다.
② 수사의 결과에 의한 이익과 수사로 인한 법익침해가 부당하게 균형을 잃는 것은 수사의 필요성을 결한 것이다.
③ 친고죄의 경우에는 고소의 의사표시가 없더라도 그 가능성이 있는 경우에는 수사가 허용된다고 보는 것이 판례의 입장이다.
④ 수사의 필요성은 강제수사 뿐만 아니라 임의수사의 경우에도 그 조건이 되며 수사의 필요성이 없음에도 불구하고 행하는 수사처분은 위법한 수사처분이다.

> **해설**
> 공제회기본서(각론1) ①110 ②110 ③110 ④110
> ② 수사의 결과에 의한 이익과 수사로 인한 법익침해가 부당하게 균형을 잃는 것은 <u>수사의 상당성(수사비례의 원칙)을 결한 것</u>이다.
>
> **정답** ②

004 「형사소송법」에 근거규정이 있는 수사의 단서로 가장 적절하지 않은 것은? (2016경감)

① 변사자 검시   ② 불심검문
③ 현행범인의 체포   ④ 고소

> **해설**
> 공제회기본서(각론1) 118
> ② <u>불심검문은 경찰관직무집행법에 규정</u>되어있다.
>
> **정답** ②

005 다음 중 범죄첩보의 특징을 설명한 것으로 가장 적절하지 않은 것은? (2014경위)

① 혼합성 – 범죄첩보는 여러 첩보가 서로 결합되어 이루어진다.
② 가치변화성 – 범죄첩보는 수사기관의 필요성에 따라 가치가 달라진다.
③ 시한성 – 범죄첩보는 시간이 경과함에 따라 가치가 감소한다.
④ 결과지향성 – 범죄첩보는 수사 후 현출되는 결과가 있어야 한다.

> **해설**
> 공제회기본서(각론1) 116
> ① <u>결합성</u> – 범죄첩보는 여러 첩보가 서로 결합되어 이루어진다.
>   ※ <u>혼합성(혼인)</u> – 범죄첩보는 그 속에 <u>원인</u>과 결과를 내포하고 있다(인과관계).
>   ※ <u>가치변화성(가필)</u> – 범죄첩보는 수사기관의 <u>필요성</u>에 따라 가치가 달라진다.
>
> **정답** ①

006 체포영장의 발부요건으로 가장 적절하지 않은 것은? (2014경위)

① 피의자가 정당한 이유 없이 출석에 불응하였는지 여부
② 피의자가 정당한 이유 없이 출석에 불응할 우려가 있는지 여부
③ 피의자가 죄를 범하였다고 의심할 만한 상당한 이유가 있는지 여부
④ 해당범죄가 사형, 무기 또는 장기 3년 이상의 징역이나 금고형에 해당하는지 여부

> **해설**
> 공제회기본서(각론1) 89, 130
> ④ 해당범죄가 사형, 무기 또는 장기 3년 이상의 징역이나 금고형에 해당하는지 여부는 **긴급체포의 요건**이다.
>
> **정답** ④

007 압수수색에서 영장주의 예외에 대한 설명으로 가장 적절하지 않은 것은? (2012경감)

① 살인 피의자 甲이 도주하면서 떨어뜨린 물건을 지나가던 행인 乙이 발견하여 경찰서에 제출한 경우 – 임의제출물의 압수
② 사람이 호프집에서 살해 되었다는 신고를 받고 현장에 출동하여 호프집에 대해서 압수수색을 하는 경우 – 범죄 현장에 대한 압수수색
③ 살인 피의자 甲이 친구 乙의 집에 숨어 있다는 첩보를 입수하여 체포영장에 의한 체포를 하기 위해서 친구 乙의 집을 수색하는 경우 – 체포·구속 목적 피의자 수색
④ 살인 피의자 甲을 긴급체포하면서 그 현장에서 甲이 소지하고 있는 장물을 압수하는 경우 – 긴급체포된 자가 소지·소유·보관하는 물건에 대한 압수

> **해설**
> 공제회기본서(각론1) 89
> ④ 살인 피의자 甲을 긴급체포하면서 그 현장에서 甲이 소지하고 있는 장물을 압수하는 경우 – **체포·구속 현장에서의 압수수색**에 의한 영장주의 예외 사유이다.
>
> **정답** ④

008 甲경찰관이 절도 신고를 접수하고 현장에 출동하였다. 이후 취할 수 있는 조치로 가장 적절하지 않은 것은? (2015경위)

① 범행 직후의 장소로 긴급을 요하여 법원판사의 영장을 받을 수 없는 경우에는 영장 없이 압수·수색·검증을 할 수 있다.
② 영장 없이 압수·수색·검증을 하는 데 있어 범인의 체포 또는 구속이 전제가 되는 것은 아니다.
③ 현장에 대하여 영장 없이 압수·수색·검증을 하기 위해서는 범인이 반드시 범행현장에 있을 것을 요한다.
④ 영장 없이 압수·수색·검증을 한 경우는 지체 없이 사후영장을 발부받아야 한다.

> **해설**
> 공제회기본서(각론1) 89
> ③ 현장에 대하여 영장 없이 압수·수색·검증을 하기 위해서는 <u>범인이 반드시 범행현장에 있을 것을 요하지 않는다.</u>
>
> 정답 ③

009 영장에 의하지 아니한 강제처분에 대한 설명으로 가장 적절하지 않은 것은? (2019경감)

① 현행범인을 체포하는 경우 필요한 때에는 영장 없이 체포현장에서의 압수, 수색, 검증을 할 수 있다.
② 범행 중 또는 범행직후의 범죄 장소에서 긴급을 요하여 법원판사의 영장을 받을 수 없는 때에는 영장 없이 압수, 수색 또는 검증을 할 수 있다. 이 경우에는 사후에 지체 없이 영장을 받아야 한다.
③ 긴급체포된 자가 소유 소지 또는 보관하는 물건에 대하여 긴급히 압수할 필요가 있는 경우에는 체포한 때부터 24시간 이내에 한하여 영장 없이 압수, 수색 또는 검증을 할 수 있다.
④ 위 ③에 따라 압수한 물건을 계속 압수할 필요가 있는 경우에는 지체 없이 압수수색영장을 청구하여야 한다. 이 경우 압수수색 영장의 청구는 체포한 때부터 36시간 이내에 하여야 한다.

> **해설**
> 공제회기본서(각론1) 89
> ④ 형사소송법 제217조 제1항에 의하여 압수한 물건을 계속 압수할 필요가 있는 경우에는 지체 없이 압수수색 영장을 청구하여야 한다. 이 경우 압수수색영장의 청구는 체포한 때부터 <u>48시간 이내</u>에 하여야 한다.
>
> 정답 ④

010 「디지털 증거의 처리 등에 관한 규칙」에 대한 설명으로 가장 적절하지 않은 것은? (2018경감변경)

① '복제본'이란 정보저장매체등에 저장된 전자정보 전부를 하드카피 또는 이미징 등의 기술적 방법으로 별도의 다른 정보저장매체에 저장한 것을 말한다.
② '디지털 증거분석 의뢰물'이란 범죄사실을 규명하기 위해 디지털 증거분석관에게 분석의뢰된 전자정보, 정보저장매체등 원본, 복제본을 말한다.
③ 수사관은 압수·수색·검증 현장에서 전자정보를 압수하는 경우에는 실체적 진실발견과 증거인멸 방지를 위해 정보저장매체 원본을 외부로 반출하는 방법으로 압수하는 것이 원칙이다.
④ 경찰관은 압수·수색·검증영장을 신청하는 때에는 전자정보와 정보저장매체등을 구분하여 판단하여야 한다.

해설

공제회기본서(각론1) 121, 122
③ 압수·수색·검증 현장에서 <u>전자정보를 압수하는 경우에는 범죄 혐의사실과 관련된 전자정보에 한하여 문서로 출력하거나 휴대한 정보저장매체에 해당 전자정보만을 복제하는 방식(이하 "선별압수"라 한다)으로 하여야 한다.</u>

〈전자정보 압수·수색의 방법〉 「디지털 증거의 처리 등에 관한 규칙」

제14조(전자정보 압수·수색·검증의 집행)
① 경찰관은 압수·수색·검증 현장에서 전자정보를 압수하는 경우에는 범죄 혐의사실과 관련된 전자정보에 한하여 문서로 출력하거나 휴대한 정보저장매체에 해당 전자정보만을 복제하는 방식(이하 "<u>선별압수</u>"라 한다)<u>으로 하여야 한다</u>. 이 경우 해시값 확인 등 디지털 증거의 동일성, 무결성을 담보할 수 있는 적절한 방법과 조치를 취하여야 한다.

제15조(복제본의 획득·반출)
① 경찰관은 다음 각 호의 사유로 인해 압수·수색·검증 현장에서 제14조제1항 전단에 따라 <u>선별압수 하는 방법이 불가능하거나 압수의 목적을 달성하기에 현저히 곤란한 경우에는 복제본을 획득하여 외부로 반출한 후 전자정보의 압수·수색·검증을 진행할 수 있다.</u>
1. 피압수자 등이 협조하지 않거나, 협조를 기대할 수 없는 경우
2. 혐의사실과 관련될 개연성이 있는 전자정보가 삭제·폐기된 정황이 발견되는 경우
3. 출력·복제에 의한 집행이 피압수자 등의 영업활동이나 사생활의 평온을 침해한다는 이유로 피압수자 등이 요청하는 경우
4. 그 밖에 위 각 호에 준하는 경우

② 경찰관은 제1항에 따라 획득한 복제본을 반출하는 경우에는 복제본의 해시값을 확인하고 피압수자 등에게 전자정보 탐색 및 출력·복제과정에 참여할 수 있음을 고지한 후 별지 제3호서식의 복제본 반출(획득) 확인서를 작성하여 피압수자 등의 확인·서명을 받아야 한다. 이 경우, 피압수자 등의 확인·서명을 받기 곤란한 경우에는 그 사유를 해당 확인서에 기재하고 기록에 편철한다.

제16조(정보저장매체등 원본 반출)
① 경찰관은 압수·수색·검증현장에서 다음 각 호의 사유로 인해 제15조제1항에 따라 <u>복제본을 획득·반출하는 방법이 불가능하거나 압수의 목적을 달성하기에 현저히 곤란한 경우에는 정보저장매체등 원본을 외부로 반출한 후 전자정보의 압수·수색·검증을 진행할 수 있다.</u>
1. 영장 집행현장에서 하드카피·이미징 등 복제본 획득이 물리적·기술적으로 불가능하거나 극히 곤란한 경우
2. 하드카피·이미징에 의한 집행이 피압수자 등의 영업활동이나 사생활의 평온을 침해한다는 이유로 피압수자 등이 요청하는 경우
3. 그 밖에 위 각 호에 준하는 경우

정답 ③

제 2 절 현장수사활동

011 유류품 수사시 착안점에 대한 다음 내용 중 〈보기1〉과 〈보기2〉의 연결이 적절하지 않은 것은?(2018경사)

〈보기 1〉
㉠ 동일성　㉡ 관련성　㉢ 기회성　㉣ 완전성

〈보기 2〉
ⓐ 범인이 현장에 갈 수 있었을 것
ⓑ 범인이 유류품 및 그의 일부라고 인정할 만한 것과 동종의 물건을 소유하거나 휴대하고 있었을 것
ⓒ 범인이 범행시각에 근접하여 현장 및 그 부근에 있었을 것
ⓓ 물건의 존재의 경과가 명확할 것
ⓔ 유류품이 범행 때와 같은 성질을 가지고 있을 것
ⓕ 흉기 등의 경우 상해부위와 합치될 것
ⓖ 물건의 특징이 합치될 것
ⓗ 유류품에 존재하는 사용버릇을 가지고 있는 인물일 것

① ㉠ - ⓓ,ⓕ　　② ㉡ - ⓑ,ⓗ
③ ㉢ - ⓐ,ⓒ　　④ ㉣ - ⓔ,ⓖ

해설

공제회기본서(각론1) 148
㉠ 동일성 - ⓓ,ⓕ,ⓖ　㉡ 관련성 - ⓑ,ⓗ　㉢ 기회성 - ⓐ,ⓒ　㉣ 완전성 - ⓔ

〈유류품 수사〉 (동행/연인/전시/회장)

의의	① 범죄현장이나 부근에 남아있는 흉기등 유류품을 수집·추적하여 범인을 색출하는 수사기법 ② 범인이 떨어뜨린 것을 중심으로 수사(피해자가 떨어뜨린×)
동일성	① 유류품과 범행과의 관계(유류품이 범행에 사용된 것인가) ② 물건의 존재의 경과가 명확할 것, 물건의 특징이 합치될 것, 유류상황과 진술이 합치될 것, 흉기등의 경우 상해부위와 합치될 것
관련성	① 유류품과 범인과의 관계(유류품이 범인의 물건이 확실한가) ② 범인이 유류품 및 그의 일부라고 인정할 만한 것과 동종의 물건을 소유하거나 휴대하고 있었을 것, 유류품에 존재하는 사용버릇을 가지고 있는 인물일 것
기회성	① 유류품과 범행현장과의 관계(범인이 현장에 유류할 기회가 있었는가) ② 범인이 현장에 갈 수 있었을 것, 유류의 기회가 있었을 것, 범인이 범행시각에 근접하여 현장이나 그 부근에 있었을 것
완전성	① 유류품과 범행시의 관계(유류품이 범행시와 동일한 상태로 보전되어 있는가) ② 유류품이 범행시와 같은 성질을 가지고 있을 것, 인수관계의 경과에 대하여 명확히 할 것

정답 ④

012 「전기통신사업법」상 통신자료에 해당하는 것은? (2015경감)

① 인터넷 로그 기록
② 가입자의 전기통신 일시
③ 이용자의 성명
④ 발신 기지국 위치

해설

공제회기본서 131, 132
③ 이용자의 성명은 통신자료. 나머지는 통신사실확인자료이다.

〈통신수사의 종류〉

	통신제한조치	통신사실확인자료	통신자료
근 거	통신비밀보호법	통신비밀보호법	전기통신사업법
성 격	강제수사	강제수사	임의수사
대 상	① 280개 대상범죄 ② 통화내용 : 우편물의 검열과 전기통신의 감청(송수신방해 포함)	① 모든 범죄 ② 통화내역 ③ 통신일시, 시간, 상대방 가입자번호, 사용도수, 로그기록자료, 접속지 추적자료, 접속 위치추적자료	① 모든 범죄 ② 이용자 인적사항(성명, 주민번호, 전화번호, 주소, 아이디, 가입/해지일) ③ 특정시간, 특정(유동)IP 사용자 정보
절 차	① 법원의 허가 ② 사후통지의무		① 경찰서장 명의 협조공문 ② 사후통지의무 ×

정답 ③

013 「통신비밀보호법」상 통신사실확인자료에 해당하지 않는 것은? (2018경위)

① 가입자의 전기통신일시
② 이용자의 가입일 또는 해지일
③ 사용도수
④ 발·착신 통신번호 등 상대방의 가입자번호

해설

공제회기본서(각론1) 131,132
② 이용자의 가입일 또는 해지일은 **통신자료**에 해당한다.

> **통신비밀 보호법 제2조(정의)**
> 11. "통신사실확인자료"라 함은 다음 각목의 어느 하나에 해당하는 전기통신사실에 관한 자료를 말한다.
>   가. 가입자의 전기통신일시
>   나. 전기통신개시·종료시간
>   다. 발·착신 통신번호 등 상대방의 가입자번호
>   라. 사용도수
>   마. 컴퓨터통신 또는 인터넷의 사용자가 전기통신역무를 이용한 사실에 관한 컴퓨터통신 또는 인터넷의 로그기록자료
>   바. 정보통신망에 접속된 정보통신기기의 위치를 확인할 수 있는 발신기지국의 위치추적자료
>   사. 컴퓨터통신 또는 인터넷의 사용자가 정보통신망에 접속하기 위하여 사용하는 정보통신기기의 위치를 확인할 수 있는 접속지의 추적자료

정답 ②

---

014 「통신비밀보호법」상 통신제한조치에 대한 설명으로 가장 적절하지 않은 것은? (2019경감)

① 사법경찰관은 범죄수사를 위한 통신제한조치의 허가요건이 구비된 경우에는 검사에 대하여 각 사건별로 통신제한조치에 대한 허가를 신청하고, 검사는 법원에 대하여 그 허가를 청구할 수 있다.
② 우편물 검열은 통신제한조치에 해당한다.
③ 사법경찰관은 긴급통신제한조치의 집행착수 후 지체없이 법원에 허가청구를 하여야 하며, 그 긴급통신제한조치를 한 때부터 36시간 이내에 법원의 허가를 받지 못한 때에는 즉시 이를 중지하여야 한다.
④ 사법경찰관이 긴급통신제한조치를 할 경우에는 미리 검사의 지휘를 받아야 한다. 다만, 특히 급속을 요하여 미리 지휘를 받을 수 없는 사유가 있는 경우에는 긴급통신제한조치의 집행 착수 후 지체없이 검사의 승인을 얻어야 한다.

해설

공제회기본서(각론1) ①134 ②92 ③136 ④136
① 사법경찰관은 범죄수사를 위한 통신제한조치의 허가요건이 구비된 경우에는 검사에 대하여 **각 피의자별 또는 각 피내사자별로** 통신제한조치에 대한 허가를 신청하고, 검사는 법원에 대하여 그 허가를 청구할 수 있다.

정답 ①

015 통신수사에 대한 설명 중 가장 적절하지 않은 것은? (2013경감)

① 전기통신기본법에서는 검사 또는 사법경찰관은 수사 또는 형의 집행을 위하여 필요한 경우 전기통신사업자에게 통신사실 확인자료의 제공을 요청할 수 있다고 규정하고 있다.
② 통신제한조치는 이를 청구 또는 신청한 검사, 사법경찰관이 집행하며 이 경우 체신관서 기타 관련기관 등에 그 집행을 위탁할 수 있다.
③ 통신제한조치는 피의자별, 피내사자별로 신청하고, 취득한 자료는 범죄예방을 위해 사용할 수 있다.
④ 사법경찰관이 긴급통신제한조치를 할 경우에는 미리 검사의 지휘를 받아야 한다. 다만, 특히 급속을 요하여 미리 지휘를 받을 수 없는 사유가 있는 경우에는 긴급통신제한조치의 집행착수 후 지체없이 검사의 승인을 얻어야 한다.

해설

공제회기본서(각론1) ①133 ②없음 ③134 ④136
① **통신비밀보호법**에서는 검사 또는 사법경찰관은 수사 또는 형의 집행을 위하여 필요한 경우 전기통신사업자에게 통신사실 확인자료의 제공을 요청할 수 있다고 규정하고 있다.

정답 ①

제3절 수사면담(조사)

016 수사서류 작성에 관한 설명 중 틀린 것은? (2010경위)

① 수사서류가 2매 이상인 때에는 서류의 연속성을 증명하기 위하여 작성자의 날인에 사용한 인장을 가지고 매엽마다 간인을 한다. 좌측 여백에 작성자가 날인하고 우측여백에 진술자가 날인한다.
② 죄명은 경합범인 경우에는 가나다순으로 하되, 형이 중하거나 공소시효가 장기인 순으로 한다.
③ 특별법 위반의 경우는 'ㅇㅇㅇ법위반'으로 표시한다. 교사, 미수는 'ㅇㅇㅇ법위반 교사' 또는 'ㅇㅇㅇ법위반 미수'로 표시한다.
④ 적용법조는 처벌법규를 먼저 기재하고, 행위법규를 나중에 기재한다.

해설

공제회기본서(각론1) ①94 ②95 ③95 ④95
③ 특별법 위반의 경우는 'ㅇㅇㅇ법위반'으로 표시한다. 특별법위반의 교사, 방조는 'ㅇㅇㅇ법위반 교사', 'ㅇㅇㅇ법위반 방조'로 표시한다. 다만, 특별법위반의 <u>미수에 관하여는 'ㅇㅇㅇ법위반'으로 표시</u>한다.

정답 ③

017 수사서류 작성방법에 대한 설명으로 옳지 않은 것은 모두 몇 개인가? (2011경위)

㉠ 죄명은 경합범인 경우 가나다순으로 하되, 형이 경하거나 공소시효 단기순으로 한다.
㉡ 형법범의 죄명은 대검찰청이 정한 죄명표에 의하고, 미수범·교사범·방조범은 죄명 다음에 미수·교사·방조라 표시한다.
㉢ 적용법조는 행위법규를 먼저 기재하고, 처벌법규를 나중에 기재한다.
㉣ 음주측정을 거부한 피의자에 대해서는 '도로교통법위반(음주측정거부)'로 표시한다.
㉤ 피의자 신문조서나 진술조서 작성 시 진술자가 외국인인 경우에도 날인 또는 무인하여야 한다.

① 1개   ② 2개   ③ 3개   ④ 4개

해설

공제회기본서(각론1) ㉠95 ㉡95 ㉢95 ㉣95,161 ㉤95
㉠ 죄명은 경합범인 경우 <u>형이 중하거나 공소시효 장기순으로</u> 한다.
㉡ O
㉢ 적용법조는 <u>처벌법규를 먼저 기재하고, 행위법규를 나중에 기재</u>한다.
㉣ O
㉤ 피의자 신문조서나 진술조서 작성 시 <u>진술자가 외국인인 경우에는 날인 또는 무인을 생략할 수 있다</u>.

정답 ③

제4절 수배제도

018 「범죄수사규칙」상 검거한 지명수배자에 대하여 지명수배가 여러 건인 경우에 인계받을 관서의 순서가 바르게 나열된 것은? (2018경위)

㉠ 검거관서와 거리 또는 교통상 가장 인접한 수배관서
㉡ 공소시효 만료 3개월 이내이거나 공범에 대한 수사 또는 재판이 진행 중인 수배관서
㉢ 법정형이 중한 죄명으로 지명수배한 수배관서
㉣ 검거관서와 동일한 지방검찰청 또는 지청의 관할구역에 있는 수배관서

① ㉠-㉡-㉢-㉣   ② ㉡-㉢-㉣-㉠
③ ㉠-㉣-㉡-㉢   ④ ㉡-㉣-㉠-㉢

> **해설**
>
> 공제회기본서(각론1) 152
>
> ② ㄴ-ㄷ-ㄹ-ㄱ
>
> **범죄수사규칙 제175조(지명수배자의 인수·호송 등) (3공/중동인)**
> ③ 경찰관은 검거한 지명수배자에 대하여 **지명수배가 여러 건인 경우**에는 다음 각호의 수배관서 순위에 따라 검거된 지명수배자를 인계받아 조사하여야 한다.
> 1. 공소시효 만료 <u>3개월</u> 이내이거나 <u>공범</u>에 대한 수사 또는 재판이 진행중인 수배관서
> 2. 법정형이 <u>중한</u> 죄명으로 지명수배한 수배관서
> 3. 검거관서와 <u>동일한</u> 지방검찰청 또는 지청의 관할구역에 있는 수배관서
> 4. 검거관서와 거리 또는 교통상 가장 <u>인접한</u> 수배관서
> ④ 검거관서와 수배관서의 경찰관은 지명수배자를 검거한 때로부터 구속영장 청구시한(체포한 때부터 48시간)을 경과하지 않도록 서로 협조하여야 한다.
>
> 정답 ②

019 지명수배자 검거시 지명수배가 여러 건인 경우 인계받아 조사할 수배관서의 순위를 순서대로 가장 적절하게 나열한 것은?

(2012경위)

> ㉠ 동일한 지방검찰청 또는 지청의 관할구역에 있는 수배관서
> ㉡ 법정형이 중한 죄명으로 지명수배한 수배관서
> ㉢ 검거관서와 거리 또는 교통상 가장 인접한 수배관서

① ㉠-㉡-㉢   ② ㉡-㉠-㉢
③ ㉡-㉢-㉠   ④ ㉠-㉢-㉡

> **해설**
>
> 공제회기본서(각론1) 152
>
> 정답 ②

제 5 절 유치장관리 등

020 「피의자 유치 및 호송 규칙」상 피의자 유치 등에 관한 다음 설명 중 가장 적절하지 않은 것은?

(2014경감)

① 19세 이상의 사람과 19세 미만의 사람은 유치실이 허용하는 범위 내에서 분리하여 유치하여야 한다.
② 동시에 3명 이상의 피의자를 입감시킬 때에는 경위 이상 경찰관이 입회하여 순차적으로 입감시켜야 한다.
③ 신체, 의류, 휴대품의 검사는 동성의 유치인보호관이 실시하여야 한다. 다만, 여성유치인보호관이 없을 경우에는 미리 지정하여 신체 등의 검사방법을 교양 받은 여성경찰관으로 하여금 대신하게 할 수 있다.
④ 죄질이 경미하고 동작과 언행에 특이사항이 없으며 위험물 등을 은닉하고 있지 않다고 판단되는 유치인에 대하여 신체 등의 외부를 눈으로 확인하고 손으로 가볍게 두드려 만져 검사하는 것을 "간이검사"라 한다.

해설

공제회기본서(각론1) ①98 ②98 ③98 ④98
④ 죄질이 경미하고 동작과 언행에 특이사항이 없으며 위험물 등을 은닉하고 있지 않다고 판단되는 유치인에 대하여 신체 등의 외부를 눈으로 확인하고 손으로 가볍게 두드려 만져 검사하는 것을 "**외표검사**"라 한다.

〈유치장 관리〉

관리 책임	경찰서장	경찰서장은 피의자의 유치 및 유치장의 관리에 전반적인 지휘·감독을 하여야 하며 그 책임을 져야 한다.
	유치인보호 주무자 (수사과장)	경찰서 주무과장(유치인보호 주무자)은 경찰서장을 보좌하여 유치인 보호 및 유치장 관리를 담당하는 경찰관(유치인보호관)을 지휘·감독하고 피의자의 유치 및 유치장의 관리에 관한 책임을 진다.(야간·공휴일에는 상황실장 또는 경찰서장이 지정하는 자)
	유치인 보호관	경찰서장이 지정하는 자는 유치인보호 주무자를 보조하여 피의자의 유치에 관한 사무를 수행하고 유치장을 적절히 관리하여야 한다.
피의자 유치	〈유치절차〉 입감·출감은 유치인보호 주무자가 발부하는 피의자입(출)감지휘서에 의하여야 하며 동시에 3명이상을 입감시킬 때에는 경위이상 경찰관이 입회하여 순차적으로 입감시켜야 한다. 〈분리유치〉 ①형사범과 구류처분자 ②19세 이상과 19세 미만 ③신체장애인 및 사건관련의 공범자 등은 유치실이 허용하는 범위 내에서 분리하여 유치하여야 하며, 신체장애인에 대하여는 신체장애를 고려한 처우를 하여야 한다.	

신체검사	외표검사	죄질이 경미하고 동작과 언행에 특이사항이 없으며 위험물 등을 은닉하고 있지 않다고 판단되는 유치인에 대하여는 신체 등의 외부를 눈으로 확인하고 손으로 가볍게 두드려 만져 검사한다.
	간이검사	일반적으로 유치인에 대하여는 탈의막 안에서 속옷은 벗지 않고 신체검사의를 착용(유치인 의사에 따름)하도록 한 상태에서 위험물 등의 은닉여부를 검사한다.
	정밀검사	살인, 강도, 절도, 강간, 방화, 마약류, 조직폭력 등 죄질이 중하거나 근무자 및 다른 유치인에 대한 위해 또는 자해할 우려가 있다고 판단되는 유치인에 대하여는 탈의막 안에서 속옷을 벗고 신체검사의로 갈아입도록 한 후 정밀하게 위험물 등의 은닉여부를 검사하여야 한다.

※ 신체 등의 검사는 **동성의 유치인보호관이 실시**하여야 한다. 다만, 여성유치인보호관이 없을 경우에는 미리 지정하여 신체 등의 검사방법을 교양 받은 여성경찰관으로 하여금 대신하게 할 수 있다.

정답 ④

021 경찰의 유치장 관리에 대한 설명 중 틀린 것은? (2010경감변형)

① 경찰서 유치장은 경찰관직무집행법 제9조에 근거하여 설치하고 있다.
② 유치장에는 구속된 피의자뿐만 아니라 즉결심판에관한절차법에 의해 판사로부터 구류판결을 받은 피고인도 수감할 수 있다.
③ 동시에 3인 이상의 피의자를 입감시킬 때에는 경위 이상 경찰관이 입회하여 순차적으로 입감시켜야 한다.
④ 유치인보호관은 경찰서장을 보좌하여 유치인 보호 및 유치장 관리를 담당하는 경찰관(유치인보호관)을 지휘·감독하고 피의자의 유치 및 유치장의 관리에 관한 책임을 진다.

해설

공제회기본서(각론1) ①97,총론(1)184 ②97 ③98 ④97
④ <u>유치인보호주무자(경찰서 주무과장)</u>는 경찰서장을 보좌하여 유치인 보호 및 유치장 관리를 담당하는 경찰관(유치인보호관)을 지휘·감독하고 피의자의 유치 및 유치장의 관리에 관한 책임을 진다.
※ 유치인보호관은 유치인보호주무자를 보조하여 피의자의 유치에 관한 사무를 수행하고 유치장을 적절히 관리하여야 한다.

정답 ④

022 「피의자 유치 및 호송 규칙」상 유치장 관리에 관한 설명으로 가장 적절하지 않은 것은? (2016경감)

① 경찰서장은 피의자의 유치 및 유치장의 관리에 전반적인 지휘·감독을 하여야 하며 그 책임을 져야 한다.
② 간이검사란 죄질이 경미하고 동작과 언행에 특이사항이 없으며 위험물 등을 은닉하고 있지 않다고 판단되는 유치인에 대하여 신체 등의 외부를 눈으로 확인하고 손으로 가볍게 두드려 만져 검사하는 것을 말한다.
③ 형사범과 구류 처분을 받은 자, 19세 이상의 사람과 19세 미만의 사람, 신체장애인 및 사건관련의 공범자 등은 유치실이 허용하는 범위 내에서 분리하여 유치하여야 한다.
④ 야간 또는 공휴일에는 상황실장 또는 경찰서장이 지정하는 자가 유치인보호주무자의 직무를 대리하여 그 책임을 진다.

> **해설**
>
> 공제회기본서(각론1) ①97 ②98 ③98 ④97
> ② **외표검사**란 죄질이 경미하고 동작과 언행에 특이사항이 없으며 위험물 등을 은닉하고 있지 않다고 판단되는 유치인에 대하여 신체 등의 외부를 눈으로 확인하고 손으로 가볍게 두드려 만져 검사하는 것을 말한다.

 ②

023 피의자 호송과 관련한 설명으로 가장 옳지 않은 것은? (2011경위)

① 피호송자 발병시 중증으로서 호송을 계속하기가 곤란하다고 인정될 때에 피호송자 및 그 서류와 금품을 발병지에서 가까운 경찰관서에 인도하여야 한다.
② 위① 지문에 따라 인수한 경찰관서는 즉시 질병을 치료하여야 하며, 질병의 상태를 호송관서 및 인수관서에 통지하고 질병이 치유된 때에는 호송관서에 통지함과 동시에 치료한 경찰관서에서 지체없이 호송하여야 한다. 다만, 진찰한 결과 24시간 이내 치유될 수 있다고 진단되었을 때는 치료 후 호송관서의 호송관이 호송을 계속하게 하여야 한다.
③ 피호송자가 사망하였거나 발병하였을 때의 비용은 인계받은 관서가 부담하여야 한다.
④ 피호송자가 도주하였을 때에는 호송관계서류 및 금품은 도주발생지 경찰관서에 보관하여야 한다.

> **해설**
>
> 공제회기본서(각론1) ①166 ②166 ③167 ④166
> ④ 피호송자가 도주하였을 때에는 호송관계서류 및 금품은 **호송관서에 보관**하여야 한다.

 ④

024 「피의자 유치 및 호송 규칙」에 대한 설명 중 가장 적절한 것은? (2013경위)
① 호송출발 전 반드시 호송주무관의 지휘에 따라 포박한 후 신체검사를 한다.
② 동시에 2인 이상의 피의자를 입감시킬 때에는 경위 이상 경찰관이 입회하여 순차적으로 입감시켜야 한다.
③ '비상호송'은 전시·사변 또는 이에 준하는 국가비상사태나 천재·지변에 있어서 피호송자를 다른 곳에 수용하기 위한 호송을 말한다.
④ 수인의 피호송자는 1명씩 수갑을 채우고 포승으로 포박한 후 2인 내지 6인을 1조로 상호 결박시켜 포송해야 한다.

해설

공제회기본서(각론1) ①165 ②164 ③164 ④164
① 호송관은 반드시 호송주무관의 지휘에 따라 <u>포박하기 전에</u> 피호송자에 대하여 안전호송에 필요한 신체검색을 실시하여야 한다.
② <u>동시에 3인 이상</u>의 피의자를 입감시킬 때에는 경위 이상 경찰관이 입회하여 순차적으로 입감시켜야 한다.
③ O
④ 수인의 피호송자는 1명씩 수갑을 채우고 포승으로 포박한 후 <u>2인 내지 5인을</u> 1조로 상호 결박시켜 포송해야 한다.

 정답 ③

025 「피의자 유치 및 호송규칙」에 대한 설명으로 가장 적절하지 않은 것은? (2018경감)
① 호송관은 반드시 호송주무관의 지휘에 따라 포박하기 전에 피호송자에 대하여 안전호송에 필요한 신체검색을 실시하여야 한다.
② 호송관은 피호송자가 2인 이상일 때에는 피호송자마다 수갑을 채우고 포승으로 포박한 후 호송수단에 따라 2인 내지 6인을 1조로 상호 연결시켜 포송해야 한다.
③ 호송수단은 경찰호송차, 기타 경찰이 보유하고 있는 차량에 의함을 원칙으로 한다.
④ 여자인 피호송자의 신체검색은 여자경찰관이 행하거나 성년의 여자를 참여시켜야 한다.

해설

공제회기본서(각론1) ①164 ②164 ③165 ④없음
② 호송관은 피호송자가 2인 이상일 때에는 피호송자마다 수갑을 채우고 포승으로 포박한 후 호송수단에 따라 <u>2인 내지 5인을 1조로</u> 상호 연결시켜 포송해야 한다.

 정답 ②

제6절 범죄감식

026 수사기법 중 보기의 내용으로 가장 적절한 것은? (2012경위)

> 범죄가 행해진 장소에 임장하여 거기에 유류된 제반자료를 기존의 과학적 지식과 장비를 활용하여 합리적·체계적인 방법으로 관찰한 후, 범인을 결부시킬 수 있는 증거자료와 피해자의 신원을 확인할 수 있는 자료 등을 수집, 이를 분석·검토한 결과를 가지고 수사에 적극 활용함으로써 범인과 범죄사실을 입증하는데 기여하게 되는 수사활동이다.

① 수법수사
② 장물수사
③ 감식수사
④ 유류품수사

해설

공제회기본서(각론1) 91
③ 설문은 **감식수사**에 대한 내용이다.

  ③

027 혈흔패턴분석에 대한 설명으로 가장 적절하지 않은 것은? (2018경감)

① 사람이 다쳐서 피를 흘리며 움직이면 혈흔궤적(trail)이 형성된다.
② 카펫과 같이 흡수성이 높은 표면에는 혈흔이 명확하게 남아있어 방향성 판단이 쉽다.
③ spine은 낙하혈에서 볼 수 있는 둥근 혈흔 주변의 가시 같은 모양의 혈흔이다.
④ 자혈흔은 비산혈에서 볼 수 있는 형태로 모혈흔에서 튀어서 생긴 작은 혈흔이다.

해설

공제회기본서(각론1) ①178 ②178 ③178 ④178
② 카펫같이 흡수성이 높거나 표면이 불규칙한 경우에는 **방향성 판단이 어렵다**.

  ②

028 지문에 대한 설명으로 가장 적절한 것은?   (2012경위)

① 정상지문 - 먼지 쌓인 물체, 연한 점토, 마르지 않은 도장면에 인상된 지문을 가리키는 것으로 이 경우 선의 고랑과 이랑이 반대로 현출되는 지문
② 역지문 - 인상된 그대로의 상태로는 육안으로 식별되지 않고 이화학적 가공을 하여야 비로소 가시상태로 되는 지문
③ 잠재지문 - 피의자 검거를 위하여 범죄현장 이외의 장소에서 채취한 지문
④ 관계자지문 - 현장지문 또는 준현장지문 중에서 범인 이외의 자가 남긴 것으로 추정되는 지문

해설

공제회기본서(각론1) 172
① 먼지 쌓인 물체, 연한 점토, 마르지 않은 도장면에 인상된 지문을 가리키는 것으로 이 경우 선의 고랑과 이랑이 반대로 현출되는 지문은 **역지문**이다.
② 인상된 그대로의 상태로는 육안으로 식별되지 않고 이화학적 가공을 하여야 비로소 가시상태로 되는 지문은 **잠재지문**이다.
③ 피의자 검거를 위하여 범죄현장 이외의 장소에서 채취한 지문은 **준현장지문**이다.
④ ○

〈지문의 종류와 채취방법〉

현장지문	의의		범죄현장에서 발견·채취한 지문
	현재지문	의의	가공하지 않아도 육안으로 식별되는 지문
		정상지문	손 끝에 묻은 혈액·잉크·먼지 등이 손가락에 묻은 후 피사체에 인상된 지문. 착색된 부분이 융선(이랑)이며 무인했을 때의 지문과 같음
		역지문	먼지쌓인 물체, 연한 점토 등에 인상되거나, 다량의 유동성 물질이 묻은 손가락을 강한 압력으로 물체에 밀착해 생긴 지문으로, 고랑과 이랑(융선)이 반대로 현출
	잠재지문		① 육안으로 식별되지 않아 가공·검출이 필요한 지문 ② 범죄현장의 대부분의 지문은 잠재지문
준현장지문			범인의 침입경로, 도주경로, 예비장소 등 범죄현장 이외의 장소에서 채취한 지문
관계자지문			현장지문 또는 준현장지문 가운데 범인 이외의 사람(피해자, 출입자)이 남긴 것으로 추정되는 지문
유류지문			현장지문 또는 준현장지문 가운데 관계자 지문을 제외하고 남은 지문(공범자의 지문도 유류지문에 해당함) ※ 유류지문은 범인의 지문일 가능성이 가장 높음
채취방법	현재지문		① 먼지지문 : 사진촬영, 전사법, 실리콘러버법 ② 혈액지문 : 사진촬영, 전사법
	잠재지문		고체법, 액체법, 기체법

정답 ④

029 변사사건에 있어 사망시점 판단은 범죄관련성 여부 판단에 매우 중요한 자료에 해당하여 시체의 초기현상과 후기현상의 구분은 수사경찰에게 필요한 전문지식으로 볼 수 있다. 시체의 후기현상에 관한 설명으로 가장 적절하지 않은 것은? (2016경위)

① 미라화는 고온·건조지대에서 시체의 건조가 부패·분해보다 빠를 때 생기는 현상을 말한다.
② 시체밀랍은 화학적 분해에 의해 고체 형태의 지방산 혹은 그 화합물로 변화한 상태, 비정형적 부패형태로 수중 또는 수분이 많은 지중에서 형성되는 경향이 있다.
③ 부패는 부패균의 작용에 의해 일어나는 질소화합물의 분해를 말한다.
④ 시체군음은 적혈구의 자체 중량에 의한 혈액침전현상으로 시체 하부의 피부가 암적갈색으로 변화하는 것을 말한다.

> **해설**
> 공제회기본서(각론1) ①175 ②175 ③175 ④173
> ④ **시체얼룩**은 적혈구의 자체 중량에 의한 혈액침전현상으로 시체 하부의 피부가 암적갈색으로 변화하는 것을 말하는 것으로서, **시체의 초기현상**이다.
>
> ④

030 시체의 후기현상에 대한 설명 중 가장 적절하지 않은 것은? (2013경위)

① 자가용해는 부패균의 작용에 의해 일어나는 질소화합물의 분해 현상을 말한다.
② 시체의 밀랍화는 화학적 분해에 의해 고체형태의 지방산 혹은 그 화합물로 변화한 상태를 말한다.
③ 백골화는 시체의 후기현상으로 뼈만 남는 상태를 말한다.
④ 미라화는 고온·건조지대에서 시체의 건조가 부패·분해보다 빠를 때 생기는 현상을 말한다.

> **해설**
> 공제회기본서(각론1) 175
> ① 자가용해는 사후에 미생물의 관여 없이도 세포 가운데의 **자가효소에 따라 분해**가 일어나 세포구성 성분이 분해되는 단계이다.
>
> ①

031 다음 중 시체의 초기현상 및 후기현상에 대한 설명 중 가장 적절한 것은? (2020경위)

① 시체는 사후에 일시 이완되었다가 시간이 경과하면서 점차 경직되고, 턱관절에서 경직되기 시작하여 사후 6시간 정도면 전신에 미친다.
② 자가융해는 세균의 작용으로 장기나 조직 등이 분해되어 가는 과정이다.
③ 아질산소다 중독인 경우 시체얼룩은 암갈색(황갈색)을 나타낸다.
④ 사이안화칼륨 중독인 경우 시체얼룩은 암적갈색을 나타낸다.

> **해설**
>
> 공제회기본서(각론1) ①173 ②175 ③174 ④174
> ① 시체는 사후에 일시 이완되었다가 시간이 경과하면서 점차 경직되고, 턱관절에서 경직되기 시작하여 **사후 12시간 정도면 전신에 미친다.**
> ② 자가융해는 세균의 작용과는 별도로 **자가효소에 의해** 장기나 조직 등이 분해되어 가는 과정이다.
> ③ O
> ④ 사이안화칼륨(청산가리) 중독인 경우 시체얼룩은 **선홍색**을 나타낸다.
>   ※ 홍익일지청(선홍색 : **익**사, 일산화탄소 중독, **저**체온사, **청**산가리 중독)
>   ※ 암걸려매(암갈색 : **염**소산칼륨 중독, **아**질산소다 중독)
>   ※ 녹황(녹갈색 : 황화수소가스 중독)
>
> **정답** ③

032 시체의 현상과 관련하여 다음 설명 중 가장 적절하지 않은 것은? (2014경위)

① 백골화는 일반적으로 소아의 경우는 사후 4~5년, 성인은 7~10년 후에 이루어진다.
② 시체얼룩은 혈액침전현상으로 주위의 온도가 높을수록 빠르다.
③ 시체의 체온은 시간이 경과할수록 떨어져 결국 주위의 온도와 같게 되며 수분이 증발하면서 주위의 온도보다 낮아지는 경우도 있다.
④ 시체 굳음은 일반적으로 손가락·발가락 → 팔다리 → 어깨관절 → 턱관절 순으로 진행한다.

> **해설**
>
> 공제회기본서 ①175 ②174 ③174 ④174
> ④ 시체 굳음은 일반적으로 "**턱관절 ⇨ 어깨관절 ⇨ 팔다리 ⇨ 손가락·발가락**" 순으로 진행한다.
>
> **정답** ④

033 시체의 후기현상으로 가장 적절하지 않은 것은? (2015경위)

① 시체얼룩
② 부패
③ 미라화
④ 백골화

해설

공제회기본서(각론1) 175
① 시체얼룩은 시체 초기 현상이다.
  ※ 시체의 후기현상 – <u>자백부시미</u>(<u>자</u>가용해, <u>백</u>골화, <u>부</u>패, <u>시</u>체밀랍, <u>미</u>라화)

정답 ①

---

034 과학수사에 대한 설명으로 옳은 것을 모두 고른 것은? (2020경감)

㉠ 유류품 수사시 착안점으로 동일성, 관련성, 기회성, 완전성을 들 수 있는바, 유류품이 범행시와 동일한 상태로 보전되어 있는가를 검사하는 것은 완전성과 관련된다.
㉡ 현장지문 또는 준현장지문 중에서 관계자지문을 제외하고 남은 지문은 범인지문으로 추정되는 지문으로서 이를 유류지문이라고 하며, 손가락으로 마르지 않은 진흙을 적당히 눌렀을 때 나타나는 지문은 역지문이다.
㉢ 각막의 혼탁은 사후 12시간 전후 흐려져서 24시간이 되면 현저하게 흐려지고, 48시간이 되면 불투명해진다.
㉣ 시체군음은 턱관절에서 경직되기 시작하여 사후 12시간 정도면 전신에 미친다.

① ㉠,㉢
② ㉠,㉡,㉣
③ ㉡,㉢,㉣
④ ㉠,㉡,㉢,㉣

해설

공제회기본서(각론1) ㉠148 ㉡172 ㉢173 ㉣173
모두 옳은 지문이다.

정답 ④

035 「디엔에이신원확인정보의 이용 및 보호에 관한 법률」에 대한 설명으로 가장 적절한 것은? (2019경감)

① 경찰청장은 수형인등으로부터 채취한 디엔에이감식시료로부터 취득한 디엔에이신원확인정보에 관한 사무를 총괄한다.
② 법원이 무죄판결을 하면서 치료감호를 선고하는 경우 디엔에이신원확인정보담당자는 구속피의자등에 대해 데이터베이스에 수록된 디엔에이신원확인정보를 삭제하여서는 아니 된다.
③ 채취한 디엔에이감식시료는 데이터베이스 수록 후에도 일정 기간 보관하여야 한다.
④ 사법경찰관은 살인죄를 범하여 구속된 피의자로부터 디엔에이감식시료를 채취할 수 없다.

> **해설**
>
> 공제회기본서(각론1) ①176 ②177 ③176 ④176
> ① **검찰총장은** 수형인등으로부터 채취한 디엔에이감식시료로부터 취득한 디엔에이신원확인정보에 관한 사무를 총괄하고, **경찰청장은** 범죄현장등에서 채취한 디엔에이감식시료와 구속피의자등으로부터 채취한 디엔에이감식시료로부터 취득한 디엔에이신원확인정보에 관한 사무를 총괄한다.
> ② ○
> ③ 디엔에이신원확인정보담당자가 디엔에이신원확인정보를 데이터베이스에 수록한 때에는 채취된 디엔에이감식시료와 그로부터 추출한 디엔에이를 **지체 없이 폐기하여야 한다.**
> ④ 사법경찰관은 살인죄를 범하여 구속된 피의자로부터 디엔에이감식시료를 **채취할 수 있다.**
>
> 정답 ②

제 7 절 가정폭력 / 아동학대 / 학교폭력

036 경찰관은 가정폭력 범죄를 수사함에 있어서 보호처분 또는 형사처분의 심리를 위한 특별자료를 제공할 것을 염두에 두어야 하며, 가정폭력 범죄로 파괴된 가정의 평화와 안정을 회복하고 건강한 가정을 가꾸며 피해자와 가족구성원의 인권을 보호하려는 자세로 임하여야 한다. 가정폭력범죄 수사에 대한 설명으로 가장 적절하지 않은 것은? (2012경감)

① 가정폭력범죄를 수사함에 있어서는 범죄의 원인 및 동기와 행위자의 성격·행상·경력·교육정도·가정상황 기타 환경 등을 상세히 조사하여 환경조사서를 작성하여야 한다.
② 형법상 가정폭력범죄는 상해, 폭행, 유기, 학대, 아동혹사, 체포, 감금, 협박, 명예훼손, 모욕, 주거·신체수색, 강요, 공갈, 재물손괴 등이다.
③ 「가정폭력범죄의 처벌 등에 관한 특례법」상 동거하는 친족관계에 있었던 자는 가정구성원에 해당하나, 사실상 혼인관계에 있었던 자는 해당하지 않는다.
④ 누구든지 가정폭력범죄를 알았을 때는 수사기관에 신고할 수 있다.

> **해설**
>
> 공제회기본서(각론1) ①184 ②183 ③182 ④183
> ③ 친족관계에 있었던 자는 가정구성원에 해당하지 않으나 사실상 혼인관계에 있는 자나 사실상 혼인관계에 있었던 자는 가정구성원에 해당한다.
>
> **정답** ③

037 「가정폭력범죄의 처벌 등에 관한 특례법」상 임시조치 및 긴급임시조치에 관한 내용으로 가장 적절하지 않은 것은?

(2015경감)

① 사법경찰관은 제5조에 따른 응급조치에도 불구하고 가정폭력범죄가 재발될 우려가 있고, 긴급을 요하여 법원의 임시조치 결정을 받을 수 없을 때에는 직권 또는 피해자나 그 법정 대리인의 신청에 의하여 긴급임시조치를 할 수 있다.
② 사법경찰관은 긴급임시조치를 한 경우에는 즉시 긴급임시조치결정서를 작성하여야 한다.
③ 긴급임시조치결정서에는 범죄사실의 요지, 긴급임시조치가 필요한 사유 등을 기재하여야 한다.
④ 긴급임시조치를 통해 가정폭력행위자를 피해자 또는 가정구성원의 주거로부터 퇴거시킬 수는 없다.

> **해설**
>
> 공제회기본서(각론1) ①184 ②184 ③184 ④185
> ④ 긴급임시조치로 "**퇴거 등 격리**", "주거, 직장 등에서 100미터 이내의 접근 금지", "전기통신을 이용한 접근 금지"의 어느 하나에 해당하는 조치를 할 수 있다.
>
> **〈가정폭력범죄〉** (제보의통 / 격백통 / 격백통요구)
>
> | | |
> |---|---|
> | **응급조치(사경관리)** | ①제지/분리/수사 ②상담소/보호시설 인도(동의필요) ③의료기관 인도 ④임시조치 신청할 수 있음을 통보 |
> | **긴급임시조치(사경관)** | ①퇴거등격리 ②100m이내 접근금지 ③전기통신이용 접근금지 |
> | **임시조치(판사)** | ①퇴거등격리 ②100m이내 접근금지 ③전기통신이용 접근금지 ④요양소위탁 ⑤구치소유치 |
>
> ※ 긴급임시조치한 경우 **지체 없이** 검사에게 임시조치를 신청한다.(사경)
> ※ 긴급임시조치한 경우 **48시간 이내** 임시조치 청구하여야 한다.(검사)
>
> **〈아동학대범죄〉** (제격보의 / 객백통 / 격백통친교요구)
>
> | | |
> |---|---|
> | **응급조치(사경관리+아전공)** | ①제지 ②격리 ③보호시설인도(아동의견존중) ④의료기관인도 |
> | **긴급임시조치(사경관)** | ①퇴거등격리 ②100m이내 접근금지 ③전기통신이용 접근금지 |
> | **임시조치(판사)** | ①퇴거등격리 ②100m이내 접근금지 ③전기통신이용 접근금지 ④친권 제한/정지 ⑤상담/교육 위탁 ⑥요양시설위탁 ⑦구치소유치 |
>
> ※ 응급조치, 긴급임시조치 한 경우 **지체 없이** 검사에게 임시조치 청구를 신청하여야 한다.(사경)
> ※ 응급조치한 경우 **72시간이내**, 긴급임시조치한 경우 **48시간이내** 임시조치 청구하여야 한다.(검사)
>
> **정답** ④

038 가정폭력범죄 사건 처리에 대한 다음 설명 중 가장 적절하지 않은 것은? (2014경위)

① 긴급임시조치결정서에는 범죄사실의 요지, 긴급임시조치가 필요한 사유 등을 기재하여야 한다.
② 사법경찰관은 응급조치에도 불구하고 재발 우려 및 긴급한 경우에도 법원의 결정 없이는 긴급임시조치를 할 수 없다.
③ 피해자를 가정폭력 관련 상담소 또는 보호시설로 인도한다.(피해자가 동의한 경우)
④ 긴급치료가 필요한 피해자를 의료기관에 인도한다.

> **해설**
> 공제회기본서(각론1) ①184 ②184 ③184 ④184
> ② 사법경찰관은 응급조치에도 불구하고 재발 우려 및 긴급한 경우에는 <u>직권 또는 피해자의 신청에 따라 (법원의 결정 없이도) 긴급임시조치를 할 수 있다.</u>
>
> **정답** ②

039 「가정폭력범죄의 처벌 등에 관한 특례법」에 대한 설명 중 가장 적절하지 않은 것은? (2013경위)

① 가정폭력이란 가정구성원 사이의 신체적, 정신적 또는 재산상 피해를 수반하는 행위를 말한다.
② 가정구성원이란 배우자(사실상 혼인관계에 있는 사람 포함), 직계존비속, 동거하는 친족 등이 해당하며, 배우자였던 사람은 가정구성원에서 제외된다.
③ 피해자는 가정폭력행위자가 자기 또는 배우자의 직계존속인 경우에도 고소할 수 있다.
④ 피해자에게 고소할 법정대리인이나 친족이 없는 경우에 이해관계인이 신청하면 검사는 10일 이내에 고소할 수 있는 사람을 지정하여야 한다.

> **해설**
> 공제회기본서(각론1) ①81 ②182 ③183 ④183
> ② 배우자였던 사람도 가정구성원에 포함된다.
>
> **정답** ②

040 「가정폭력범죄의 처벌 등에 관한 특례법」상 가정구성원에 관한 설명으로 가장 적절하지 않은 것은?

(2016경감)

① 배우자(사실상 혼인관계에 있는 사람 제외) 또는 배우자였던 사람
② 자기 또는 배우자의 직계존비속관계(사실상의 양친자관계를 포함)에 있거나 있었던 사람
③ 계부모와 자녀의 관계 또는 적모와 서자의 관계에 있거나 있었던 사람
④ 동거하는 친족

> **해설**
> 공제회기본서(각론1) 182
> ① 배우자(사실상 혼인관계에 있는 사람 포함) 또는 배우자였던 사람
>
> 정답 ①

041 가정폭력범죄의 처벌 등에 관한 특례법에 대한 설명 중 가장 적절하지 않은 것은?

(2013경감)

① 동법상 가정구성원 중 배우자는 사실상 혼인관계에 있는 사람을 포함한다.
② 동법상 가정폭력이란 가정구성원 사이의 신체적, 정신적 피해를 수반하는 행위를 말하고 재산상 피해를 수반하는 행위는 포함되지 않는다.
③ 형법상 체포·감금죄, 명예훼손죄, 주거·신체 수색죄, 재물손괴죄는 가정폭력범죄에 해당한다.
④ 피해자의 법정대리인이 가정폭력행위자인 경우 또는 가정폭력행위자와 공동으로 가정폭력범죄를 범한 경우에는 피해자의 친족이 고소할 수 있다.

> **해설**
> 공제회기본서(각론1) ①182 ②81 ③183 ④183
> ② 재산상 피해를 수반하는 행위도 포함된다.
>
> 정답 ②

042 「가정폭력범죄의 처벌 등에 관한 특례법」에 대한 설명으로 가장 적절한 것은? (2018경사)

① 가정구성원 사이의 신체적, 정신적 또는 재산상 피해를 수반하는 행위로서 「형법」제257조(상해)의 죄를 범한 자가 피해자와 사실혼관계에 있는 경우 민법 소정의 친족이라 할 수 없어 「가정폭력범죄의 처벌 등에 관한 특례법」상 가정구성원에 해당하지 않는다.

② 피해자는 자기 또는 배우자의 직계존속이 가정폭력행위자인 경우 이를 고소할 수 없다. 다만, 피해자의 법정대리인이 가정폭력행위자인 경우 또는 가정폭력행위자와 공동으로 가정폭력범죄를 범한 경우에는 피해자의 친족이 고소할 수 있다.

③ 사법경찰관은 응급조치에도 불구하고 가정폭력범죄가 재발될 우려가 있고, 긴급을 요하여 법원의 임시조치 결정을 받을 수 없을 때에는 직권 또는 피해자나 그 법정대리인의 신청에 의하여 긴급임시조치를 할 수 있다.

④ 이때의 긴급임시조치는 '폭력행위의 제지, 가정폭력행위자·피해자의 분리 및 범죄수사', '피해자를 가정폭력 관련 상담소 또는 보호시설로 인도', '긴급치료가 필요한 피해자를 의료기관으로 인도', '폭력행위 재발 시 제8조에 따라 임시조치를 신청할 수 있음을 통보'를 그 내용으로 한다.

해설

공제회기본서(각론1) ①182,183 ②183 ③184 ④81,185
① 사실상 혼인관계에 있는 사람도 가정구성원에 해당한다.
② 폭력행위자가 자기 또는 배우자의 직계존속인 경우에도 고소할 수 있다. 피해자의 법정대리인이 폭력행위자인 경우 또는 폭력행위자와 공동하여 가정폭력범죄를 범한 경우에는 피해자의 친족이 고소할 수 있다.
③ ○
④ 긴급임시조치로 "퇴거 등 격리", "주거, 직장 등에서 100미터 이내의 접근 금지", "전기통신을 이용한 접근 금지"의 어느 하나에 해당하는 조치를 할 수 있다.

정답 ③

043 「가정폭력범죄의 처벌 등에 관한 특례법」상 응급조치 내용으로 가장 적절하지 않은 것은? (2015경위)

① 폭력행위의 제지, 가정폭력행위자·피해자의 분리 및 범죄수사
② 피해자를 가정폭력 관련 상담소 또는 보호시설로 인도(피해자가 동의하지 않는 경우도 해당한다)
③ 긴급치료가 필요한 피해자를 의료기관으로 인도
④ 폭력행위 재발시 「가정폭력범죄의 처벌 등에 관한 특례법」 제8조에 따라 임시조치를 신청할 수 있음을 통보

해설

공제회기본서(각론1) ①80 ②80,184 ③80,184 ④80
② 피해자가 동의한 경우에만 해당한다.

정답 ②

044 「가정폭력범죄의 처벌 등에 관한 특례법」에 관한 다음 설명 중 가장 적절한 것은? (2014경감)
① 계부모와 자녀의 관계 또는 적모와 서자의 관계에 있었던 사람은 가족 구성원에 해당하지 않는다.
② 진행 중인 가정폭력범죄에 대하여 신고를 받은 사법경찰관리는 즉시 현장에 나가서 피해자가 동의하지 않는 경우에도 피해자를 가정폭력 관련 상담소 또는 보호시설로 인도할 수 있다.
③ 누구든지 가정폭력범죄를 알게 된 경우에는 수사기관에 신고할 수 있다.
④ 피해자는 행위자가 자기 또는 배우자의 직계존속인 경우 「형사소송법」 제224조 규정에 의하여 직계존속을 고소할 수 없다.

> **해설**
> 공제회기본서(각론1) ①182 ②184 ③183 ④183
> ① 계부모와 자녀의 관계 또는 적모와 서자의 관계에 있었던 사람도 **가족 구성원에 해당**한다.
> ② 진행 중인 가정폭력범죄에 대하여 신고를 받은 사법경찰관리는 즉시 현장에 나가서 **피해자가 동의한 경우에** 피해자를 가정폭력 관련 상담소 또는 보호시설로 인도할 수 있다.
> ③ O
> ④ **폭력행위자가 자기 또는 배우자의 직계존속인 경우에도 고소할 수 있다.**
>
> **정답** ③

045 「가정폭력범죄의 처벌 등에 관한 특례법」에 대한 설명으로 가장 적절하지 않은 것은? (2019경위)
① 주거침입죄(형법 제319조)는 '가정폭력범죄'에 해당한다
② 진행 중인 가정폭력범죄에 대하여 신고를 받은 사법경찰관리는 즉시 현장에 나가서 폭력행위의 제지, 가정폭력행위자 피해자의 분리 및 범죄수사의 조치를 하여야 한다.
③ 사법경찰관이 긴급임시조치를 한 때에는 지체 없이 검사에게 임시조치를 신청하고, 신청받은 검사는 법원에 임시조치를 청구하여야 한다. 이 경우 임시조치의 청구는 긴급임시조치를 한 때부터 48시간 이내에 청구하여야 하며, 긴급임시조치결정서를 첨부하여야 한다.
④ 자기 또는 배우자와 직계존비속관계(사실상의 양친자관계를 포함)에 있거나 있었던 사람은 '가정구성원'에 해당한다.

> **해설**
> 공제회기본서(각론1) ①183 ②80 ③186 ④182
> ① **주거침입죄는 가정폭력범죄에 해당하지 않는다.**
>
> **정답** ①

046 다음 중 신고를 받고 출동한 지역경찰관이 「가정폭력 범죄의 처벌 등에 관한 특례법」상 가정폭력 사건으로 처리할 수 있는 경우는? (2019경감)

① 甲과 사실혼 관계에 있는 사람이 甲에게 사기죄를 범한 경우
② 乙의 시어머니가 乙의 아들을 약취한 경우
③ 丙과 같이 살고 있는 사촌동생이 丙의 명예를 훼손한 경우
④ 丁의 배우자의 지인이 丁의 재물을 손괴한 경우

> **해설**
>
> 공제회기본서(각론1) 182,183
> ① 甲과 사실혼 관계에 있는 사람(가정구성원 O), 사기(가정폭력범죄 X)
> ② 乙의 시어머니(가정구성원 O), 약취(가정폭력범죄 X)
> ③ 丙과 같이 살고 있는 사촌동생(가정구성원 O), 명예훼손(가정폭력범죄 O)
> ④ 丁의 배우자의 지인(가족구성원 X), 손괴(가정폭력범죄 O)
>
> 〈가폭범죄가 아닌 죄〉 (살강절 / 사횡배 / 약방주인 / 중특손 / 치사상)
> 살인/강도/절도, 사기/횡령/배임, 약취유인/권리행사방해/업무방해/공무집행방해/주거침입(퇴거불응)/인질강요, 중손괴/특수손괴, 상해치사/폭행치사상/유기치사상/감금치사상
> ※ 단, 재물손괴, 강간(강간등 살인/치사/상해/치상 포함)은 가폭범죄임
>
> **정답** ③

047 「가정폭력범죄의 처벌 등에 관한 특례법」상 가정폭력범죄에 해당되지 않는 것은? (2018경위)

① 상해치사　　② 협박
③ 특수공갈　　④ 출판물등에 의한 명예훼손

> **해설**
>
> 공제회기본서(각론1) 183
> ① 상해는 가정폭력범죄에 해당하지만, 상해치사는 가정폭력범죄에 해당하지 않는다.
>
> **정답** ①

048 「가정폭력범죄의 처벌 등에 관한 특례법」상 가정폭력범죄에 해당되지 않는 것은? (2015경위)

① 공무집행방해　　② 재물손괴
③ 폭행　　　　　　④ 명예훼손

> **해설**
>
> 공제회기본서(각론1) 183
> ① 공무집행방해는 가정폭력범죄에 해당하지 않는다.
>
> **정답** ①

049 아동학대 사건에 대한 설명으로 가장 적절한 것은? (2020경감)

① 응급학대범죄의 신고를 받아 현장에 출동하거나 아동학대범죄 현장을 발견한 사법경찰관리가 피해아동의 보호를 위하여 즉시 행하는 조치를 임시조치라 한다.
② 응급조치상 격리란 학대행위자를 48시간을 기한으로 피해아동으로부터 공간적으로 분리하는 조치를 의미한다.
③ 임시조치는 아동학대범죄의 원활한 조사·심리 또는 피해아동 보호를 위하여 필요하다고 인정되어 판사의 결정으로 학대행위자의 권한 또는 자유를 일정기간동안 제한하는 조치이다.
④ 긴급임시조치에는 피해아동 또는 가정구성원의 주거로부터 퇴거 등 격리, 피해아동 또는 가정구성원의 주거, 학교 또는 보호시설 등에서 100미터 이내의 접근 금지, 경찰관서의 유치장 또는 구치소에의 유치 등이 있다.

> **해설**
> 공제회기본서(각론1) ①186 ②187 ③188 ④187
> ① 응급학대범죄의 신고를 받아 현장에 출동하거나 아동학대범죄 현장을 발견한 사법경찰관리가 피해아동의 보호를 위하여 즉시 행하는 조치를 **응급조치**라 한다.
> ② 응급조치상 격리란 학대행위자를 **72시간을 기한으로** 피해아동으로부터 공간적으로 분리하는 조치를 의미한다.
> ③ O
> ④ 긴급임시조치에는 피해아동 또는 가정구성원의 주거로부터 퇴거 등 격리, 피해아동 또는 가정구성원의 주거, 학교 또는 보호시설 등에서 100미터 이내의 접근 금지, **피해아동등 또는 가정구성원에 대한 「전기통신기본법」 제2조제1호의 전기통신을 이용한 접근 금지** 등이 있다.
> ※ "경찰관서의 유치장 또는 구치소에의 유치"는 긴급임시조치가 아닌 임시조치의 내용이다.
>
> **정답** ③

050 「아동학대범죄의 처벌 등에 관한 특례법」에 대한 설명 중 가장 적절하지 않은 것은? (2020경위)

① 아동학대범죄에 대하여는 이 법을 우선 적용한다. 다만, 「성폭력범죄의 처벌 등에 관한 특례법」, 「아동·청소년의 성보호에 관한 법률」에서 가중처벌되는 경우에는 그 법에서 정한 바에 따른다.
② 아동학대범죄 신고를 접수한 사법경찰관리나 아동학대전담공무원은 지체 없이 아동학대범죄의 현장에 출동하여야 한다.
③ 현장에 출동하거나 아동학대범죄 현장을 발견한 경우 또는 학대현장 이외의 장소에서 학대피해가 확인되고 재학대의 위험이 급박·현저한 경우, 사법경찰관리 또는 아동학대전담공무원은 피해아동등의 보호를 위하여 즉시 응급조치를 하여야 한다.
④ 피해아동에 대한 응급조치의 내용 중 '피해아동등을 아동학대 관련 보호시설로 인도'하는 조치를 하는 때에는 피해아동 및 보호자의 동의를 받아야 한다.

> **해설**
>
> 공제회기본서(각론1) ①186 ②186 ③186 ④187
> ④ 피해아동에 대한 응급조치의 내용 중 '피해아동을 아동학대 관련 보호시설로 인도'하는 조치를 하는 때에는 피해아동등의 이익을 최우선으로 고려하여야 하며, 피해아동등을 보호하여야 할 필요가 있는 등 특별한 사정이 있는 경우를 제외하고는 피해아동등의 의사를 존중하여야 한다.
>
> 정답 ④

051 「아동학대범죄의 처벌 등에 관한 특례법」에 대한 설명으로 가장 적절하지 않은 것은? (2018경감변형)

① 응급조치상의 격리란 아동학대행위자를 72시간(단, 검사가 법원에 임시조치를 청구한 경우에는 법원의 임시조치 결정 시까지 연장)을 기한으로 하여 피해아동으로부터 장소적으로 분리하는 조치를 의미한다.

② 응급조치에도 불구하고 아동학대범죄가 재발될 우려가 있고, 긴급을 요하여 법원의 임시조치 결정을 받을 수 없을 때 사법경찰관은 직권이나 피해아동등, 그 법정대리인(아동학대행위자를 제외한다), 변호사, 시·도지사, 시장·군수·구청장 또는 아동보호전문기관의 장의 신청에 따라 의 신청에 따라 긴급임시조치를 할 수 있다.

③ 사법경찰관이 응급조치 또는 긴급임시조치를 하였거나 시·도지사 또는 시장·군수·구청장으로부터 응급조치가 행하여졌다는 통지를 받은 때에는 지체 없이 검사에게 제19주에 따른 임시조치의 청구를 신청하여야 한다.

④ 임시조치 청구의 신청을 받은 검사는 임시조치를 청구하는 때에는 응급조치가 있었던 때부터 48시간 이내에, 긴급임시조치가 있었던 때부터 24시간 이내에 하여야 한다.

> **해설**
>
> 공제회기본서(각론1) ①없음 ②187 ③187 ④187
> ④ 임시조치 청구의 신청을 받은 검사는 임시조치를 청구하는 때에는 응급조치가 있었던 때부터 <u>72시간 이내</u>에, 긴급임시조치가 있었던 때부터 <u>48시간 이내</u>에 하여야 한다.
>
> 정답 ①

052 「아동학대범죄의 처벌 등에 관한 특례법」상 아동학대행위자에 대한 임시조치로 가장 적절하지 않은 것은? (2019경감)

① 피해아동등 또는 가정구성원의 주거, 학교 또는 보호시설 등에서 100미터 이내의 접근금지

② 피해아동등을 아동학대 관련 보호시설로 인도

③ 아동보호전문기관 등에의 상담 및 교육 위탁

④ 친권 또는 후견인 권한 행사의 제한 또는 정지

> **해설**
>
> 공제회기본서(각론1) 188
> ② "피해아동등을 아동학대 관련 보호시설로 인도"는 <u>응급조치</u>에 해당한다.
>
> 정답 ②

053 「학교폭력예방 및 대책에 관한 법률」에 규정된 가해학생에 대한 조치로 가장 적절하지 않은 것은? (2017경위)

① 피해학생에 대한 구두사과
② 피해학생 및 신고·고발 학생에 대한 접촉, 협박 및 보복행위의 금지
③ 사회봉사
④ 학급교체

> **해설**
>
> 공제회기본서(각론1) 189
> **〈가해학생에 대한 조치〉**(학교폭력예방 및 대책에 관한 법률 제17조 제1항)
> 1. 피해학생에 대한 서면<u>사</u>과
> 2. 피해학생 및 신고·고발 학생에 대한 접촉, 협박 및 보복행위의 <u>금</u>지
> 3. 학교에서의 <u>봉</u>사
> 4. 사회<u>봉</u>사
> 5. 학내외 전문가에 의한 특별 <u>교</u>육이수 또는 심리치료
> 6. <u>출</u>석정지
> 7. 학급교체
> 8. <u>전</u>학
> 9. <u>퇴</u>학처분 (사금봉봉교/출급전퇴)
>
> 정답 ①

054 경찰청 현장매뉴얼에 규정된 학교폭력사건 처리절차에 대한 설명으로 가장 적절한 것은? (2015경위)

① 학교폭력 처리에 있어 학교폭력의 위험성에 대한 경각심을 일깨울 수 있도록 수업 중 또는 다수가 보는 앞에서 가해학생을 연행한다.
② 피해학생의 안전을 위해 반드시 경찰관서로 동행하여 진술서를 작성하도록 한다.
③ 교내 학교폭력 관련 신고 출동시 학교장에게 사전 통지하고 학교장과 협조, 초동조치를 수행한다.
④ 폭력이 진행 중인 경우 출동 경찰관은 피해학생 보호보다는 가해학생 검거를 우선해야 한다.

> **해설**
>
> 공제회기본서(각론1) 66
> ① 수업 중 또는 다수가 보는 앞에서 가해학생을 연행하여서는 안 된다.
> ② 피해학생이 동행을 거부하는 경우 학생이 원하는 장소에서 진술서를 작성한다.
> ③ O
> ④ 폭력이 진행 중인 경우에 피해학생 보호를 우선해야 한다.
>
> 정답 ③

제8절 성폭력범죄의 처벌 등에 관한 특례법

055 「성폭력범죄의 처벌 등에 관한 특례법」에 관한 설명으로 가장 적절하지 않은 것은? (2015경감)

① 성폭력범죄의 피해자가 19세 미만이거나 신체적인 또는 정신적인 장애로 사물을 변별하거나 의사를 결정할 능력이 미약한 경우에는 피해자의 진술 내용과 조사 과정을 비디오녹화기 등 영상물 녹화장치로 촬영·보존하여야 한다.
② ①에 따른 영상물 녹화는 피해자 또는 법정대리인이 이를 원하지 아니하는 의사를 표시한 경우에는 촬영을 하여서는 아니 된다. 다만, 가해자가 친권자 중 일방인 경우는 그러하지 아니하다.
③ 촬영한 영상물에 수록된 피해자의 진술은 공판기일에 피해자의 진술에 의하여 그 성립의 진정함이 인정된 경우에만 증거로 할 수 있다.
④ 경찰청장은 각 경찰서장으로 하여금 성폭력범죄 전담 사법경찰관을 지정하도록 하여 특별한 사정이 없으면 이들로 하여금 피해자를 조사하게 하여야 한다.

> **해설**
>
> 공제회기본서(각론1) ①179 ②179 ③103 ④104
> ③ 촬영한 영상물에 수록된 피해자의 진술은 공판준비기일 또는 공판기일에 피해자나 조사 과정에 동석하였던 신뢰관계에 있는 사람 또는 진술조력인의 진술에 의하여 그 성립의 진정함이 인정된 경우에 증거로 할 수 있다.
>
> 정답 ③

056 「성폭력범죄의 처벌 등에 관한 특례법」에 대한 설명으로 가장 적절하지 않은 것은? (2017경위)

① 성폭력범죄의 피해자가 19세 미만이거나 신체적인 또는 정신적인 장애로 사물을 변별하거나 의사를 결정할 능력이 미약한 경우에는 피해자의 진술 내용과 조사 과정을 비디오녹화기 등 영상물 녹화장치로 촬영·보존하여야 한다.
② 위의 "①"에 따른 영상물 녹화는 피해자 또는 법정대리인이 이를 원하지 아니하는 의사를 표시한 경우에는 촬영을 하여서는 아니 된다. 다만, 가해자가 친권자 중 일방인 경우는 그러하지 아니하다.
③ 위의 "①"에 따라 촬영한 영상물에 수록된 피해자의 진술은 공판준비기일 또는 공판기일에 피해자나 조사 과정에 동석하였던 신뢰관계에 있는 사람 또는 진술조력인의 진술에 의하여 그 성립의 진정함이 인정된 경우에 증거로 하여야 한다.
④ 경찰청장은 각 경찰서장으로 하여금 성폭력범죄 전담 사법경찰관을 지정하도록 하여 특별한 사정이 없으면 이들로 하여금 피해자를 조사하게 하여야 한다.

해설

공제회기본서(각론1) ①179 ②179 ③103 ④104
③ 촬영한 영상물에 수록된 피해자의 진술은 공판준비기일 또는 공판기일에 피해자나 조사 과정에 동석하였던 신뢰관계에 있는 사람 또는 진술조력인의 진술에 의하여 그 성립의 진정함이 인정된 경우에 **증거로 할 수 있다.**

정답 ③

057 「성폭력범죄의 처벌 등에 관한 특례법」에 대한 설명으로 가장 적절한 것은? (2019경위)

① 카메라등이용촬영죄는 디엔에이(DNA)증거 등 그 죄를 증명할 수 있는 과학적인 증거가 있는 때에는 공소시효가 10년 연장된다.
② 경찰청장은 각 경찰서장으로 하여금 성폭력범죄 전담 사법경찰관을 지정하도록 하여 특별한 사정이 없으면 이들로 하여금 피의자를 조사하게 하여야 한다.
③ 13세인 사람에 대하여 강간죄를 범한 경우에는 공소시효를 적용하지 아니한다.
④ 신체적인 장애가 있는 사람에 대하여 강제추행죄를 범한 경우에는 공소시효를 적용하지 아니한다.

해설

공제회기본서(각론1) ①104 ②104 ③104 ④104
① 카메라등이용촬영죄는 공소시효가 10년 연장되는 범죄에 해당되지 않는다.
② 경찰청장은 각 경찰서장으로 하여금 성폭력범죄 전담 사법경찰관을 지정하도록 하여 특별한 사정이 없으면 이들로 하여금 **피해자를** 조사하게 하여야 한다.
③ **13세 미만**의 사람 및 신체적인 또는 정신적인 장애가 있는 사람에 대하여 강간·강제추행 등 일정한 죄를 범한 경우에는 공소시효를 적용하지 아니한다.
④ ○

정답 ④

제9절 마약류사범 수사

058 마약류에 대한 설명 중 가장 적절하지 않은 것은? (2013경위)

① 마약의 분류 중 반합성 마약으로는 헤로인, 옥시코돈, 하이드로폰 등이 있다.
② 향정신성의약품 중 페이요트, 사일로사이빈은 환각제로 분류된다.
③ 향정신성의약품 중 L.S.D.는 곡물의 곰팡이, 보리 맥각에서 추출한 물질을 인공합성시켜 만든 것으로 무색, 무취, 무미한 특징이 있다.
④ 향정신성의약품 중 덱스트로 메트로판은 강한 중추신경 억제성 진해작용이 있으며 의존성과 독성이 강하다.

> **해설**
>
> 공제회기본서(각론1) ①106 ②106 ③107 ④107
> ④ 덱스트로 메트로판은 <u>의존성과 독성이 없어</u> 코데인 대용으로 시판된다.
>
> **정답** ④

059 마약류 관리에 관한 법률에서 규제하는 마약류에 관한 설명 중 가장 적절하지 않은 것은? (2013경감)

① 한외마약이란 일반약품에 마약성분을 미세하게 혼합한 약물로 신체적·정신적 의존성을 일으킬 염려가 없어 감기약 등으로 판매되는 합법의약품으로서 코데날, 세코날, 인산코데인정 등이 있다.
② 야바(YABA)는 카페인, 에페드린, 밀가루 등에 필로폰을 혼합한 것으로 순도가 20~30% 정도로 낮고, 원재료가 화공약품인 관계로 헤로인과 달리 안정적인 밀조가 가능하다.
③ L.S.D.는 곡물의 곰팡이·보리 맥각에서 추출한 물질을 인공합성시켜 만든 것으로, 무색·무취·무미하며, 캡슐·정제·액체 형태로 사용된다.
④ G.H.B.는 무색·무취의 짠맛이 나는 액체로 소다수 등의 음료에 타서 복용하며, 특히 미국, 유럽 등지에서 성범죄용으로 악용되어 '정글 쥬스'라고도 불린다.

> **해설**
>
> 공제회기본서(각론1) ①106 ②107 ③107 ④107
> ④ G.H.B.는 무색·무취의 짠맛이 나는 액체로 소다수 등의 음료에 타서 복용하며, 특히 미국, 유럽 등지에서 성범죄용으로 악용되어 <u>'데이트 강간 약물(물뽕)'</u>라고도 불린다. ※ <u>정글쥬스는 덱스트로 메트로판(러미라)의 별칭</u>이다.
>
> **정답** ④

060 마약류 관리에 관한 법률에서 규제하는 마약류에 관한 설명 중 틀린 것은? (2010경위)

① 한외마약이란 일반약품에 마약성분을 미세하게 혼합한 약물로 신체적·정신적 의존성을 일으킬 염려가 없어 감기약 등으로 판매되는 합법의약품으로서 코데잘, 유코데, 테바인 등이 있다.
② 향정신성의약품의 분류에서 메스암페타민(히로뽕), 암페타민류는 각성제에 해당한다.
③ L.S.D.는 곡물의 곰팡이, 보리 맥각에서 추출한 물질을 인공합성시켜 만든 것으로 무색, 무취, 무미하며 환각제 중 가장 강력한 효과를 나타낸다.
④ GHB는 무색무취의 짠맛이 나는 액체로 소다수 등의 음료에 타서 복용하며 특히 미국, 유럽 등지에서 성범죄용으로 악용되어 '데이트 강간 약물'이라고도 불린다.

해설

공제회기본서(각론1) ①106 ②106 ③107 ④107
① **테바인**은 한외마약이 아니라 천연마약 가운데 하나이다.

정답 ①

061 마약에 관한 다음 설명 중 가장 적절한 것은? (2014경위)

① 반합성마약이란 일반약품에 마약성분을 미세하게 혼합한 약물로 신체적·정신적 의존성을 일으킬 염려가 없어 감기약 등으로 판매되는 합법의약품이다.
② 러미라는 금단증상으로 온몸이 뻣뻣해지고 뒤틀리며 혀 꼬부라지는 소리 등을 하게한다.
③ 성범죄용으로 악용되어 '데이트 강간약물'이라고도 불리는 것은 GHB를 말한다.
④ LSD는 각성제 중 가장 강력한 효과를 나타낸다.

해설

공제회기본서(각론1) ①106 ②107 ③107 ④107
① **한외마약**이란 일반약품에 마약성분을 미세하게 혼합한 약물로 신체적·정신적 의존성을 일으킬 염려가 없어 감기약 등으로 판매되는 합법의약품이다.
② **카리소프로돌(S정)**은 금단증상으로 온몸이 뻣뻣해지고 뒤틀리며 혀 꼬부라지는 소리 등을 하게한다.
③ O
④ LSD는 **환각제** 중 가장 강력한 효과를 나타낸다.

정답 ③

062 마약류에 대한 설명으로 가장 적절한 것은? (2020경감)

① 한외마약이란 일반약품에 마약성분을 미세하게 혼합한 약물로 신체적·정신적 의존성을 일으킬 염려가 없어 감기약 등으로 판매되는 합법의약품이다.
② 향정신성의약품 중 덱스트로 메트로판은 강한 중추신경 억제성 진해작용이 있으며 의존성과 독성이 강하다.
③ 마약의 분류 중 합성 마약으로는 헤로인, 옥시코돈, 하이드로폰 등이 있다.
④ GHB는 무색·무취의 짠맛이 나는 액체로 소다수 등의 음료에 타서 복용하며, 특히 미국, 유럽 등지에서 성범죄용으로 악용되어 '정글 주스'라고도 불린다.

[해설]

공제회기본서(각론1) ①106 ②107 ③106 ④107
① ○
② 향정신성의약품 중 덱스트로 메트로판은 강한 중추신경 억제성 진해작용이 있으며 <u>의존성과 독성은 없다</u>.
③ 마약의 분류 중 <u>반합성 마약</u>으로는 헤로인, 옥시코돈, 하이드로폰 등이 있다.
④ '정글 주스'라고도 불리는 것은 덱스트로 메트로판(러미라)이다.

정답 ①

---

063 L.S.D.에 관한 설명 중 틀린 것은 모두 몇 개인가? (2010경감)

㉠ 곡물의 곰팡이, 보리 맥각에서 추출하여 이를 분리·가공·합성한 것이다.
㉡ 무색, 무취의 짠맛이 나는 액체로 소다수 등의 음료에 타서 복용한다.
㉢ 청소년들이 소주에 타서 마시기도 하는데, 이를 '정글쥬스'라고도 한다.
㉣ 강한 각성작용으로 의식이 뚜렷해지고 잠이 오지 않으며 피로감이 없어진다.
㉤ 금단증상으로는 온몸이 뻣뻣해지고 뒤틀리며 혀 꼬부라지는 소리 등을 하게 된다.

① 2개　　② 3개　　③ 4개　　④ 5개

[해설]

공제회기본서(각론1) 106,107
㉠ ○
㉡ <u>무색, 무취, 무미</u>하다. ※ <u>GHB</u> - 무색, 무취의 짠맛이 나는 액체로 소다수 등의 음료에 타서 복용한다.
㉢ <u>덱스트로 메트로판(러미라)</u> - 청소년들이 소주에 타서 마시기도 하는데, 이를 '정글쥬스'라고도 한다.
㉣ <u>메스암페타민(필로폰)</u> - 강한 각성작용으로 의식이 뚜렷해지고 잠이 오지 않으며 피로감이 없어진다.
㉤ <u>카리소프로돌(S정)</u> - 금단증상으로는 온몸이 뻣뻣해지고 뒤틀리며 혀 꼬부라지는 소리 등을 하게 된다.

정답 ③

064 다음 설명에 해당하는 마약류로 가장 적절한 것은? (2016경감)

> ㉠ 곡물의 곰팡이, 보리맥각에서 추출한 물질을 인공합성시켜 만든 것으로 무색, 무취, 무미함.
> ㉡ 환각제 중 가장 강력한 효과를 나타내며 캡슐, 정제, 액체 형태로 사용됨.
> ㉢ 미량을 유당·각설탕·과자·빵 등에 첨가시켜 먹거나 우편·종이 등의 표면에 묻혔다가 뜯어서 입에 넣는 방법으로 복용하기도 함.

① LSD
② 야바(YABA)
③ 엑스터시(MDMA)
④ GHB(일명 물뽕)

해설

공제회기본서(각론1) 107
① 설문은 <u>LSD</u>에 대한 내용이다.

정답 ①

---

065 신종마약류 중 보기의 설명에 해당하는 것으로 가장 적절한 것은? (2012경위)

> ㉠ 중추신경에 작용하여 골격근 이완의 효과가 있는 근골격계 질환 치료제
> ㉡ 과다복용시 치명적으로 인사불성, 혼수쇼크, 호흡저하를 가져오며 사망까지 이를 수 있음
> ㉢ 금단증상으로 온몸이 뻣뻣해지고 뒤틀리며 혀가 꼬부라지는 소리 등을 하게 됨.

① 덱스트로메트로판(일명 러미나)
② L.S.D
③ 카리소프로돌(일명 S정)
④ GHB(일명 물뽕)

해설

공제회기본서(각론1) 107
③ 설문은 <u>카리소프로돌(일명 S정)</u>에 대한 설명이다.

정답 ③

066 「대기환경보전법」의 내용으로 가장 적절한 것은?

(2018경위)

① '기후·생태계 변화유발물질'이란 지구 온난화 등으로 생태계의 변화를 가져올 수 있는 모든 물질로서 온실가스와 대통령령으로 정하는 것을 말한다.
② '온실가스'란 적외선 복사열을 흡수하거나 다시 방출하여 온실효과를 유발하는 대기 중의 가스상태 물질로서 이산화탄소, 메탄, 아산화질소, 수소불화탄소, 과불화탄소, 육불화황을 말한다.
③ '입자상물질'이란 물질이 파쇄·선별·퇴적·이적(移積)될 때, 그 밖에 기계적으로 처리되거나 연소·합성·분해될 때에 발생하는 기체상의 미세한 물질을 말한다.
④ '특정대기유해물질'이란 유해성대기감시물질 중 제7조에 따른 심사·평가 결과 저농도에서도 장기적인 섭취나 노출에 의하여 사람의 건강이나 동식물의 생육에 직접 또는 간접으로 위해를 끼칠 수 있어 대기 배출에 대한 관리가 필요하다고 인정된 물질로서 대통령령으로 정하는 것을 말한다.

해설

공제회기본서(각론1) 196

① "기후·생태계 변화유발물질"이란 지구 온난화 등으로 생태계의 변화를 가져올 수 있는 **기체상물질로서** 온실가스와 **환경부령**으로 정하는 것을 말한다.
② O
③ "입자상물질"이란 물질이 파쇄·선별·퇴적·이적될 때, 그 밖에 기계적으로 처리되거나 연소·합성·분해될 때에 발생하는 **고체상 또는 액체상**의 미세한 물질을 말한다.
④ "특정대기유해물질"이란 유해성대기감시물질 중 제7조에 따른 심사·평가 결과 저농도에서도 장기적인 섭취나 노출에 의하여 사람의 건강이나 동식물의 생육에 직접 또는 간접으로 위해를 끼칠 수 있어 대기 배출에 대한 관리가 필요하다고 인정된 물질로서 **환경부령**으로 정하는 것을 말한다.

정답 ②

CHAPTER 03 경비경찰활동

제 1 절 경비경찰의 의의 및 특징

001 경비경찰은 사회공공의 안녕과 질서를 파괴하는 국가 비상사태, 긴급한 주요사태 등이 발생하거나 발생할 우려가 있는 경우 이러한 상황이나 범죄를 예방·경계·진압하는 사회안전유지 측면의 중요한 경찰활동이라고 할 수 있다. 경비경찰의 특징을 설명한 내용 중 가장 적절하지 않은 것은? (2012경감)

① 즉시적(즉응적) 활동 – 경비활동은 정태적·소극적인 질서유지가 아닌 새로운 변화와 발전을 보장하기 위한 동태적·적극적인 의미의 유지작용이다.
② 현상유지적 활동 – 경비활동은 기본적으로 현재의 질서상태를 보존하는 것에 가치를 둔다고 할 수 있다.
③ 조직적 부대활동 – 경비경찰은 경비사태 발생시 조직적이고 집단적인 대응이 요구되므로 조직적 부대활동에 중점을 둔 체계적인 부대편성, 관리, 운영이 필요하다.
④ 사회전반적 안녕목적의 활동 – 공공의 안녕과 질서를 유지하는 것을 목적으로 하므로 결과적으로 사회전체의 질서를 파괴하는 범죄를 대상으로 작용한다는 점에서 경비경찰의 임무는 국가목적적 치안의 수행이다.

해설
공제회기본서(각론1) 198
① <u>현상유지적 활동</u> – 경비활동은 정태적·소극적인 질서유지가 아닌 새로운 변화와 발전을 보장하기 위한 동태적·적극적인 의미의 유지작용이다.

정답 ①

002 경비경찰의 특징 중 다음 설명에 해당하는 것으로 가장 적절한 것은? (2016경감)

> 경비경찰의 활동대상은 공공의 안녕과 질서를 유지하는 것을 목적으로 하므로 결과적으로 사회 전체의 질서를 파괴하는 범죄를 대상으로 작용한다는 점에서 경비경찰의 임무는 국가목적적 치안의 수행이다.

① 복합기능적 활동
② 조직적 부대활동
③ 사회전반적 안녕목적의 활동
④ 현상유지적 활동

해설
공제회기본서(각론1) 198
③ 설문은 <u>사회전반적 안녕목적의 활동</u>에 대한 설명이다.

정답 ③

003 경비경찰의 특징에 대한 설명으로 가장 적절하지 않은 것은? (2019경감)

① 복합기능적 활동 - 경비사태가 발생한 후의 진압뿐만 아니라 특정한 사태가 발생하기 전의 경계 예방의 역할을 수행한다.
② 현상유지적 활동 - 경비활동은 기본적으로 현재의 질서상태를 보존하는 것에 가치를 둔다고 할 수 있다. 그러나 정태적 소극적인 질서유지가 아닌 새로운 변화와 발전을 보장하기 위한 동태적 적극적인 의미의 유지작용이다.
③ 즉시적(즉응적) 활동 - 경비상황은 국가적으로나 사회적으로 중대한 영향을 미치므로 신속한 처리가 요구된다. 따라서 경비사태에 대한 기한을 정하여 진압할 수 없으며 즉시 출동하여 신속하게 조기에 제압한다.
④ 하향적 명령에 의한 활동 - 긴급하고 신속한 경비업무의 효율적인 처리를 위하여 지휘관을 한 사람만 두어야 한다는 의미로 폭동의 진압과 같은 긴급한 상황에서는 지휘관의 신속한 결단과 명확한 지침이 필요하다.

해설

공제회기본서(각론1) 215
④ 긴급하고 신속한 경비업무의 효율적인 처리를 위하여 지휘관을 한 사람만 두어야 한다는 것은 **조직운영의 원리** 중 '**지휘관단일성의 원칙**'이다.

정답 ④

제 2 절 경비경찰의 근거와 한계

004 경비경찰권 행사의 근거가 될 수 있는 「헌법」 제37조 제2항(국민의 자유와 권리의 존중·제한)에 관한 설명으로 가장 적절하지 않은 것은? (2014경위)

① 국민의 모든 자유와 권리는 국가안전보장, 질서유지, 공공의 복리를 위하여 필요한 경우에 제한할 수 있다.
② 필요에 의해 제한할 경우 반드시 법령으로 제한하여야 한다.
③ 위와 같은 헌법의 규정은 경비경찰의 활동을 제한하는 성격도 아울러 가졌다.
④ 필요에 의해 제한할 때에도 자유와 권리의 본질적인 내용은 침해할 수 없다.

해설

공제회기본서(각론1) 217
② 필요에 의해 제한할 경우 반드시 **법률로** 제한하여야 한다.

정답 ②

제3절 경비경찰의 조직 및 수단

005 경비경찰 조직운영의 원리에 관한 설명으로 가장 적절하지 않은 것은? (2016경위)
① 부대활동 시에 반드시 지휘관이 있어야 한다.
② 주민의 협력을 전혀 받지 않고 효과적으로 목적을 달성한다.
③ 책임과 임무의 분담을 명확히 부여하여 명령과 복종체계가 통일되어야 한다.
④ 경비경찰 업무의 성격상 개인적 활동보다는 부대단위로 이루어진다.

해설

공제회기본서(각론1) 221
② 주민의 협력을 얻어 효과적으로 목적을 달성한다(치안협력성의 원칙).

정답 ②

006 경비경찰의 수단에 대한 설명 중 가장 적절하지 않은 것은? (2013경감)
① 한정의 원칙 – 상황과 대상에 따라 주력부대와 예비부대를 적절하게 활용하여 한정된 경력으로 최대한의 성과를 거양하는 것이다.
② 위치의 원칙 – 실력행사시 상대하는 군중보다 유리한 지점과 위치를 확보하여 작전수행이나 진압을 실시하는 것이다.
③ 적시의 원칙 – 가장 적절한 시기에 실력행사를 하는 것으로 상대의 허약한 시점을 포착하여 실력행사를 하는 것이다.
④ 안전의 원칙 – 작전시 변수의 발생은 사회적으로 큰 파장을 미칠 수 있으므로 사고없는 안전한 진압을 하는 것이다.

해설

공제회기본서(각론1) 223
① 균형의 원칙 – 상황과 대상에 따라 주력부대와 예비부대를 적절하게 활용하여 한정된 경력으로 최대한의 성과를 거양하는 것이다.

〈경비수단의 원칙〉 (균위시안)

균형의 원칙	균형있는 경력운용으로 상황에 따라 주력부대와 예비대를 적절하게 활용하여 한정된 경력으로 최대의 성과를 올린다는 원칙
위치의 원칙	실력행사 시 상대군중보다 유리한 지점과 위치를 확보하여야 한다는 원칙
시점의 원칙	실력행사 시 상대의 허약한 시점을 포착하여 적절한 실력행사를 해야 함
안전의 원칙	진압과정에서 경찰이나 시민의 사고가 없어야 함(작전시 변수방지 의미)

정답 ①

007 경비경찰의 수단에 대한 설명 중 가장 적절하지 않은 것은? (2014경위)

① 안전의 원칙 – 작전할 때 변수의 발생은 사회적으로 큰 파장을 미칠 수 있으므로 사고없는 안전한 진압을 하는 것이다.
② 적시의 원칙 – 가장 적절한 시기에 실력행사를 하는 것으로 상대의 허약한 시점을 포착하여 실력행사를 하는 것이다.
③ 위치의 원칙 – 실력행사 때 상대하는 군중보다 유리한 지점과 위치를 확보하여 작전수행이나 진압을 실시하는 것이다.
④ 한정의 원칙 – 상황과 대상에 따라 주력부대와 예비부대를 적절하게 활용하여 한정된 경력으로 최대한의 성과를 거양하는 것이다.

해설
공제회기본서(각론1) 223
④ **균형의 원칙** – 상황과 대상에 따라 주력부대와 예비부대를 적절하게 활용하여 한정된 경력으로 최대한의 성과를 거양하는 것이다.

정답 ④

008 경비수단에 관한 설명 중 틀린 것은? (2010경위)

① 경비수단의 원칙 중 위치의 원칙이란 실력행사시 상대 군중보다 유리한 지점과 위치를 선점하는 것을 말한다.
② 경비수단은 경고, 제지, 체포로 구분할 수 있으며 실력행사에는 정해진 순서가 없다.
③ 제지는 세력분산, 주동자의 격리 등을 실시하는 직접적 실력행사로 경찰관직무집행법 제6조에 근거한 행정상 강제집행행위이다.
④ 경고는 임의처분이기는 하나, 경찰권의 행사는 필요성과 상당성을 조건으로 필요최소한도에 그쳐야 한다는 경찰비례의 원칙은 적용된다.

해설
공제회기본서(각론1) ①223 ②224 ③224 ④224(후단은 없지만 당연)
③ 제지는 세력분산, 주동자의 격리 등을 실시하는 직접적 실력행사로 경찰관직무집행법 제6조에 근거한 **행정상 즉시강제**이다.

정답 ③

제4절 행사안전경비(혼잡경비)

009 군중정리의 원칙에 대한 설명 중 틀린 것은? (2010경감)

① 밀도의 희박화 – 많은 사람이 모이면 충돌과 혼잡이 야기되므로 제한된 장소에 가급적 많은 사람이 모이는 것을 회피하게 한다.
② 이동의 일정화 – 대규모 군중이 모이는 장소는 사전에 블록화하고, 일정 방향과 속도로 이동시켜 주위의 상황을 파악할 수 있는 여건을 조성한다.
③ 경쟁적 사태의 해소 – 남보다 먼저 가려는 심리상태를 억제하는 것으로 차분한 목소리로 안내방송을 하는 것도 한 방법이다.
④ 지시의 철저 – 사태가 혼잡할 경우 계속적이고도 자세한 안내방송으로 지시를 철저히 해서 혼잡한 사태를 정리하고 사고를 미연에 방지할 수 있다.

해설

공제회기본서(각론1) 226

② 대규모 군중이 모이는 장소를 사전에 블록화하는 것은 <u>밀도의 희박화</u>이다.

〈군중정리의 원칙〉

밀도의 희박화	① 제한된 면적에 많은 사람이 모이면 충돌/혼잡 야기 ⇨ 가급적 많은 사람의 밀집 방지 ② 대규모 군중이 모이는 장소는 사전에 블록화하여야 함
이동의 일정화	위치와 방향을 모를 때 불안감을 가지므로, 일정방향으로 이동시켜 안정감 형성
경쟁적 행동의 지양	질서를 지키면 손해보는 현상을 목격하면 서로 먼저 가려고 하는 심리가 형성되어 혼란상태를 일으킬 수 있으므로, 질서있는 행동의 이익을 납득시켜 경쟁적 사태를 해소해야 함
지시의 철저	혼잡한 사태일수록 안내방송의 반복적이고 자세한 지시·설명이 사고방지에 도움

정답 ②

010 「공연법」 및 「동법 시행령」의 내용으로 가장 적절하지 않은 것은? (2018경위)

① 공연장운영자는 화재나 그 밖의 재해를 예방하기 위하여 그 공연장 종업원의 임무·배치 등 재해대처계획을 수립하여 매년 관할 특별자치시장·특별자치도지사·시장·군수·구청장에게 신고하여야 한다. 이 경우 특별자치시장·특별자치도지사·시장·군수·구청장은 신고받은 재해대처계획을 관할 소방서장에게 통보하여야 한다.
② 재해대처계획에는 비상시 하여야 할 조치 및 연락처에 관한 사항이 포함되어야 한다.
③ 공연장 외의 시설이나 장소에서 1천명 이상의 관람이 예상되는 공연을 하려는 자가 신고한 재해대처계획의 사항을 변경하려는 경우에는 해당 공연 7일 전까지 변경신고를 하여야 한다.
④ 재해대처계획을 신고하지 아니한 자는 1천만원 이하의 과태료를 부과한다.

> **해설**
>
> 공제회기본서(각론1) ①228 ②없음 ③229 ④227
> ④ 재해대처계획을 신고하지 아니한 자는 **2천만원** 이하의 과태료를 부과한다.
>
> **정답** ④

011 행사안전경비에 대한 설명으로 가장 적절하지 않은 것은? (2019경위)

① 행사안전경비의 근거법령으로는 경찰법, 경찰관 직무집행법, 경비업법 시행령 등이 있다.
② 공연법 제11조에 의하면 공연장운영자는 재해대처계획을 관할소방서장에게 신고하여야 한다.
③ 공연법에는 공연장운영자가 재해대처계획을 신고하지 않는 경우 과태료를 부과하는 규정이 있다.
④ 관중석에 배치되는 예비대는 통로 주변에 배치하는 것이 효과적이다.

> **해설**
>
> 공제회기본서(각론1) ①204,228 ②228 ③227 ④230
> ② 공연법 제11조 제항 공연장운영자는 화재나 그 밖의 재해를 예방하기 위하여 그 공연장 종업원의 임무·배치 등 재해대처계획을 수립하여 매년 **관할 특별자치시장·특별자치도지사·시장·군수·구청장에게 신고하여야 한다.** 이 경우 특별자치시장·특별자치도지사·시장·군수·구청장은 신고받은 재해대처계획을 관할 소방서장에게 통보하여야 한다.
>
> **정답** ②

제5절 선거경비

012 선거경비에 대한 설명 중 가장 적절하지 않은 것은? (2020경위)

① 대통령 선거기간은 23일이며, 국회의원 및 지방자치단체 의원 선거기간은 14일이다.
② 개표소 경비관련 3선 개념에 의하면 제1선은 개표소 내부, 제2선은 울타리 내곽, 제3선은 울타리 외곽으로 구분한다.
③ 대통령 선거, 국회의원선거, 지방자치단체의 의회의원 및 장의 선거기간은 후보자등록 마감일의 다음날부터 선거일까지이다.
④ 대통령선거, 국회의원선거, 지방선거 모두 선거일 06:00부터 개표 종료시까지 갑호비상이 원칙이다.

해설

공제회기본서(각론1) 233
③ 대통령 선거는 후보자 등록 마감일의 다음 날부터 선거일까지이며, <u>국회의원선거, 지방자치단체의 의회의원 및 장의 선거기간은 후보자 등록 마감일 후 6일부터 선거일까지</u>이다.

선거기간	① 선거별 선거기간 　1. 대통령선거는 23일 　2. 국회의원선거와 지방자치단체의 의회의원 및 장의 선거는 14일 ② "선거기간"이란 다음 기간을 말함 　1. 대통령선거 : 후보자등록마감일의 다음 날부터 선거일까지 　2. 국회의원/지방자치단체장/지방의원 선거 : 후보자등록마감일 후 6일부터 선거일까지
선거운동 기간	선거운동은 선거기간개시일부터 **선거일 전일**까지에 한하여 할 수 있음

정답 ③

013 A경찰서 경비계장은 지방선거를 앞두고 개표소 경비대책을 수립하였다. ㉠부터 ㉣까지의 내용 중 적절하지 않은 것을 모두 고른 것은?　　　　　　　　　　　　　　　　　　　　　　　(2018경감)

> ㉠ 제1선(개표소 내부)은 선거관리위원회위원장의 책임하에 질서를 유지한다.
> ㉡ 「공직선거법」상 누구든지 개표소 안에서 무기 등을 지닐 수 없으므로 선거관리위원회위원장의 원조요구가 있더라도 개표소 안으로 투입되는 경찰관에게 무기를 휴대할 수 없도록 한다.
> ㉢ 제2선(울타리 내곽)에서는 선거관리위원회와 합동으로 출입자를 통제하며, 2선의 출입문은 수개로 하는 것이 원칙이므로 정문과 후문을 개방한다.
> ㉣ 우발사태에 대비하여 개표소별로 예비대를 확보하고 소방·한전 등 관계요원을 대기시켜 자가발전시설이나 예비조명기구를 확보하여 화재·정전사고 등에 대비한다.

① ㉠,㉡　　② ㉠,㉢　　③ ㉡,㉢　　④ ㉢,㉣

해설

공제회 기본서(각론1) ㉠205 ㉡232 ㉢231 ㉣230(후단 없음)
㉡ 선거관리위원회위원장이나 위원이 개표소의 질서유지를 위하여 정복을 한 경찰공무원 또는 경찰관서장에게 원조를 요구한 경우를 제외하고는 누구든지 개표소 안에서 무기나 흉기 또는 폭발물을 지닐 수 없다. ⇒ 즉, 위 요구에 따라서 개표소 안에 들어간 경찰공무원 또는 경찰관서장에 한하여 무기나 흉기 또는 폭발물을 지닐 수 있다.
㉢ 출입문은 되도록 정문만을 사용하고 기타 출입문은 시정한다.

정답 ③

014 선거경비란 각종 선거시 후보자에 대한 완벽한 신변보호와 유세장 및 투·개표장 등에서 선거와 관련된 폭력, 난동, 테러 등 선거방해 요소를 사전에 예방·경계·제거함으로써 평온한 선거가 실시되도록 치안질서를 유지하는 것이다. 선거경비는 행사안전경비, 특수경비, 경호경비, 다중범죄진압 등 종합적인 경비활동이 요구되는 경비활동이다. 선거경비에 대한 설명 중 가장 적절하지 않은 것은?　　　(2012경감변형)

① 대통령선거 후보자의 신변보호(을호 경호대상)는 후보자등록시부터 당선확정시까지 실시하며, 대통령으로 당선이 확정된 자는 갑호 경호의 대상이다.
② 선관위와 협조하여 선관위에서 보안안전팀을 운영하여 개표소 내·외곽에 대한 사전 안전검측을 실시, 안전을 유지한다.
③ 개표소 경비 중 제1선(개표소 내부)에 질서문란행위가 발생한 경우 선거관리위원회 위원장 또는 선거관리위원의 요청이 있는 경우에만 경찰력을 투입하고, 개표소 내부의 질서가 회복되거나 선거관리위원장의 요구가 있을 때는 퇴거한다.
④ 개표소별로 예비대를 확보하고 소방·한전 등 관계요원을 대기시켜 자가발전시설이나 예비 조명기구를 확보하여 화재·정전사고 등에 대비한다.

> **해설**
> 공제회기본서(각론1) ①232,233 ②234 ③232 ④230(후단 없음)
> ② 선거관리위원회 요청시 <u>경찰은 소방·한전 등 유관기관과 협조하여 개표소 내·외곽에 대한 사전 안전검측을 실시</u>한다. <u>보안안전팀은 경찰에서 운영</u>한다.
>
> 정답 ②

015 선거경비에 대한 설명으로 가장 적절하지 않은 것은? (2015경위)

① 개표소 경비 관련 3선 개념에 의하면 제1선은 개표소 내부, 제2선은 울타리 내곽, 제3선은 울타리 외곽으로 구분한다.
② 제1선 개표소 내부에서 질서문란행위가 발생한 경우 선거관리위원회위원장 또는 선거관리위원회위원의 요구가 없더라도 경찰 자체판단으로 경찰력을 투입하여야 한다.
③ 제3선 울타리 외곽은 검문조·순찰조를 운영하여 위해(危害) 기도자 접근을 차단한다.
④ 개표소별로 충분한 예비대를 확보, 운영한다.

> **해설**
> 공제회기본서(각론1) ①233 ②232 ③231 ④230
> ② 제1선 개표소 내부에서 질서문란행위가 발생한 경우 <u>선거관리위원회위원장 또는 선거관리위원회위원의 요구가 있을 때에만</u> 경찰력을 투입하여야 한다.
>
> 정답 ②

제6절 집회시위의 관리 : 다중범죄진압경비(치안경비)

016 다중범죄의 특징 중 확신적 행동성에 관한 설명으로 가장 적절한 것은? (2016경감)

① 다중범죄를 발생시키는 주동자나 참여하는 자들은 자신의 사고가 정의라는 확신을 가지고 행동하므로 과감하고 전투적인 경우가 많다. 점거농성 때 투신이나 분신자살 등이 그 대표적인 예이다.
② 다중범죄의 발생은 군중심리의 영향을 많이 받아 일단 발생하면 부화뇌동으로 인하여 갑자기 확대될 수도 있다. 조직도 상호 연계되어 있으므로 어느 한 곳에서 시위사태가 발생하면 같은 상황이 전국으로 파급되기 쉽다.
③ 시위군중은 행동에 대한 의혹이나 불안을 갖지 않고 과격·단순하게 행동하며 비이성적인 경우가 많아 주장내용이 편협하고 타협, 설득이 어렵다.
④ 현대사회의 문제는 전국적으로 공통성이 있으며 조직도 전국적으로 연계된 경우가 많다. 다중범죄는 특정한 조직에 기반을 두고 뚜렷한 목적의식을 가지고 있으므로 소속되어 있는 단체의 설치목적이나 활동방침을 분명하게 파악하는 것이 사태의 진상파악에 도움이 된다.

해설

공제회기본서(각론1) 234
① 확신적 행동성에 관한 설명이다.
② 부화뇌동적 파급성에 관한 설명이다.
③ 비이성적 단순성에 관한 설명이다.
④ 조직적 연계성에 관한 설명이다.

정답 ①

017 다음 설명과 관련이 있는 다중범죄의 정책적 치료법으로 가장 적절한 것은? (2016경위)

> 특정사안의 불만집단에 대한 정보활동을 강화하여 사전에 불만 및 분쟁요인을 찾아내어 해소해 주는 방법

① 전이법　　　　　　　　　② 선수승화법
③ 경쟁행위법　　　　　　　④ 지연정화법

해설

공제회기본서(각론1) 235
② 설문은 선수승화법에 대한 내용이다.

⟨다중범죄의 정책적 해결법⟩

선수승화법	특정 불만집단에 대한 정보활동 강화로 사전에 불만·분쟁 요인을 찾아 해소시키는 방법
전이법	다중범죄 징후가 있을 때 관심을 집중시킬 수 있는 경이적인 사건을 폭로하거나 대규모 행사를 개최함으로써 원래 이슈를 약화시키는 방법(다른 이슈의 제기)
지연정화법	시간을 끌어 고조된 집단불만에 이성적 사고의 기회를 주고 흥분을 가라앉히는 방법
경쟁행위법	불만집단과 반대되는 대중의견을 부각시켜 불만집단 스스로 위압·해산·분산되게 하는 방법

정답 ②

---

018 다중범죄에 대한 설명으로 가장 적절한 것은? (2017경사)

① 정책적 치료법 중 '경쟁행위법'은 특정사안의 불만집단에 대한 정보활동을 강화하여 사전에 불만 및 분쟁요인을 찾아내어 해소해 주는 방법이다.
② 다중범죄의 특징 중 '조직적 연계성'이란 다중범죄를 발생시키는 주동자나 참여하는 자들은 자신의 사고가 정의라는 확신을 가지고 행동하므로 과감하고 전투적인 경우가 많고, 점거 농성할 때 투신이나 분신자살 등이 그 대표적인 예이다.
③ 다중범죄의 특징 중 '비이성적 단순성'이란 다중범죄의 발생은 군중심리의 영향을 많이 받아 일단 발생하면 갑자기 확대될 수도 있고, 조직도 상호 연계되어 있으므로 어느 한 곳에서 시위사태가 발생하면 같은 상황이 전국적으로 파급되기 쉽다는 것이다.
④ 정책적 치료법 중 '전이법'이란 다중범죄의 발생 징후나 이슈가 있을 때 집단이나 국민들의 관심을 집중시킬 수 있는 경이적인 사건을 폭로하거나 규모가 큰 행사를 개최함으로써 원래의 이슈가 상대적으로 약화되도록 하는 방법이다.

해설

공제회기본서(각론1) 235
① 특정사안의 불만집단에 대한 정보활동을 강화하여 사전에 불만 및 분쟁요인을 찾아내어 해소해 주는 방법은 **선수승화법**이다.
② 다중범죄를 발생시키는 주동자나 참여하는 자들은 자신의 사고가 정의라는 확신을 가지고 행동하므로 과감하고 전투적인 경우가 많고, 점거 농성할 때 투신이나 분신자살 등이 대표적인 예에 해당하는 것은 **확신적 행동성**이다.
③ 다중범죄의 발생은 군중심리의 영향을 많이 받아 일단 발생하면 갑자기 확대될 수도 있고, 조직도 상호 연계되어 있으므로 어느 한 곳에서 시위사태가 발생하면 같은 상황이 전국적으로 파급되기 쉽다는 것은 **부화뇌동적 파급성**이다.
④ O

정답 ④

019 다중범죄는 어느 정도 조직된 다수에 의한 불법집단행동으로 최근 발생하는 다중범죄는 발생장소의 다양화, 각종 욕구의 다양성, 다중행태의 예측불가능성, 공권력의 무력화 시도 등의 양상을 띠고 있으며 확신적 행동, 조직적 연계성, 부화뇌동적 파급성, 비이성적 단순성 등을 특징으로 한다. 다중범죄의 정책적 치료법 중 보기의 내용으로 가장 적절한 것은? (2012경위)

> 다중범죄의 발생 징후나 이슈가 있을 때 집단이나 국민들의 관심을 집중시킬 수 있는 경이적인 사건을 폭로하거나 규모가 큰 행사를 개최함으로써 원래의 이슈가 약화되도록 유도

① 선수승화법 ② 전이법
③ 지연정화법 ④ 경쟁행위법

해설

공제회기본서(각론1) 235
② 설문은 <u>전이법</u>에 대한 내용이다.

정답 ②

---

020 다중범죄의 정책적 치료법 중 다음과 가장 관련이 깊은 것은? (2014경감)

> 불만집단에 반대하는 대중의견을 크게 부각시키고, 이에 불만집단이 위압되어 자진해산 및 분산되도록 하는 방법

① 경쟁행위법 ② 지연정화법
③ 전이법   ④ 선수승화법

해설

공제회기본서(각론1) 235
① 설문은 <u>경쟁행위법</u>에 대한 내용이다.

정답 ①

021 다중범죄에 대한 설명 중 가장 적절하지 않은 것은? (2013경위)

① 다중범죄는 어느 정도 조직된 다수에 의한 불법집단행동을 말한다.
② 정책적 치료법 중 경쟁행위법은 특정사안의 불만집단에 대한 정보활동을 강화하여 사전에 불만 및 분쟁요인을 해소하는 것을 말한다.
③ 진압의 3대 원칙으로 신속한 해산, 주모자 체포, 재집결 방지를 들 수 있다.
④ 최근 발생하는 다중범죄는 확신적 행동, 조직적 연계성, 부화뇌동적 파급성, 비이성적 단순성 등을 특징으로 한다.

> **해설**
>
> 공제회기본서(각론1) ①206 ②235 ③207 ④235
> ② 정책적 치료법 중 <u>선수승화법</u>은 특정사안의 불만집단에 대한 정보활동을 강화하여 사전에 불만 및 분쟁요인을 해소하는 것을 말한다.
>
> **정답** ②

022 다중범죄에 대한 설명 중 가장 적절하지 않은 것은? (2013경감)

① 다중범죄는 일정한 조직에 기반을 두고 뚜렷한 목적의식을 가지고 있다는데 특징이 있다.
② 진압의 기본원칙 중 차단·배제는 사전에 진압부대가 선점하거나 바리케이드 등으로 봉쇄하는 방어조치로 충돌없이 효과적으로 무산시키는 방법이다.
③ 다중범죄 발생시 현장조치의 단계별 실력행사는 위력시위 대형공격 가스공격이다.
④ 다중범죄의 정책적 치료법 중 시간을 지연함으로써 불만집단의 고조된 주장을 이성적으로 사고할 수 있는 기회를 부여하고 정서적으로 감정을 둔화시켜서 흥분을 가라앉게 하는 방법은 지연정화법이다.

> **해설**
>
> 공제회기본서(각론1) ①235 ②236 ③없음 ④236
> ② 진압의 기본원칙 중 **봉쇄·방어**는 사전에 진압부대가 선점하거나 바리케이드 등으로 봉쇄하는 방어조치로 충돌없이 효과적으로 무산시키는 방법이다.
>
> **정답** ②

제 7 절 재난경비

023 「경찰 재난관리 규칙」상 재난관리 단계로 가장 적절하지 않은 것은? (2016경감)

① 관심 단계
② 주의 단계
③ 경계 단계
④ 안정 단계

해설

공제회기본서(각론1) 251
④ 안정단계는 없다.
〈재난관리 4단계〉(경찰 재난관리 규칙) (관주경심 / 소경농확실)

관심단계	일부지역 기상특보 발령 등 재난발생 징후와 관련된 현상이 나타나고 있으나 그 활동수준이 낮아서 재난으로 발전할 가능성이 적은(少) 상태
주의단계	전국적 기상특보 발령 등 재난발생 징후의 활동이 비교적 활발하여 재난으로 발전할 수 있는 일정수준의 경향이 나타나는 상태
경계단계	전국적 기상특보 발령 등 재난발생 징후의 활동이 활발하여 재난으로 발전할 가능성이 농후한 상태
심각단계	재난이 발생하였거나 재난의 발생이 확실시되는 상태

정답 ④

024 재난상황실의 설치 및 운용에 관한 설명으로 가장 적절하지 않은 것은? (2015경위)

① 재난은 발생 가능 정도에 따라 관심, 주의, 경계, 심각 4단계로 구분하여 관리한다.
② 심각단계에는 반드시 재난상황실을 설치·운영한다. 다만, 그 밖의 단계에는 경비국장이 필요하다고 판단한 경우에 설치·운영할 수 있다
③ 주의단계는 전국적 기상특보 발령 등 재난발생 징후의 활동이 비교적 활발하여 재난으로 발전할 수 있는 일정 수준의 경향이 나타나는 상태를 말한다.
④ 관심단계는 재난이 발생하였거나 재난의 발생이 확실시 되는 상태를 말한다.

해설

공제회기본서(각론1) ①251 ②251 ③251 ④251
④ <u>심각단계</u>는 재난이 발생하였거나 재난의 발생이 확실시 되는 상태를 말한다.

정답 ④

025 재난경비에 관한 설명으로 가장 적절하지 않은 것은? (2015경감변형)

① 재난의 발생 가능 정도에 따라 재난관리 단계를 "관심 – 주의 – 경계 – 심각" 4단계로 구분하여 관리한다.
② 경찰은 재난 때 긴급구조지원기관으로서의 임무를 수행하고, 지역통제단장은 시·도는 지방경찰청장, 시·군·구는 경찰서장이 맡는다.
③ 재난 4단계 중 주의단계는 전국적 기상특보 발령 등 재난발생 징후의 활동이 비교적 활발하여 재난으로 발전할 수 있는 일정 수준의 경향이 나타나는 상태이다.
④ 재난 지역에서의 긴급차량 출동로 확보는 교통 기능에서 수행한다.

해설

공제회기본서(각론1) ①251 ②249 ③251 ④250
② 경찰은 재난 때 긴급구조지원기관으로서의 임무를 수행하고, 지역통제단장은 시·도는 **소방본부장**, 시·군·구는 **소방서장**이 맡는다.

 ②

026 「경찰 재난관리 규칙」에 대한 설명으로 가장 적절한 것은? (2019경감)

① 경찰관서 피해복구 업무 및 자체 경비는 경비국의 업무이다.
② 재난의 발생 가능 정도에 따라 재난관리 단계를 관심단계, 주의단계, 경계단계, 심각단계로 구분하여 관리하며, 경계단계부터는 반드시 재난상황실을 설치 운영한다.
③ 경비국장은 재난이 발생하였거나 재난이 발생할 우려가 있을 때 위기관리센터에 재난상황실을 설치 운영할 수 있으며, 재난상황실은 총괄반, 대책반, 지원반, 홍보반, 연락반으로 근무반을 편성한다.
④ '주의단계'는 전국적 기상특보 발령 등 재난발생 징후의 활동이 활발하여 재난으로 발전할 가능성이 농후한 상태를 말한다.

해설

공제회기본서(각론1) ①250 ②251 ③251 ④251
① **경무인사기획관**(재난 관련 경찰관 안전사고 예방 및 사고시 업무처리, 재난지역 경찰 장비, 물자, 수송지원 등 대민지원 업무, 경찰관서 피해복구 업무 및 자체 경비)의 업무이다.
② 재난의 발생 가능 정도에 따라 재난관리 단계를 관심단계·주의단계·경계단계·심각단계로 구분하여 관리하며, **심각단계**에는 반드시 재난상황실을 설치·운영한다. 다만, 그 밖의 단계에는 경비국장이 필요하다고 판단한 경우에 설치·운영할 수 있다.
③ O
④ '주의단계'는 전국적 기상특보 발령 등 재난발생 징후의 활동이 <u>비교적 활발하여 재난으로 발전할 수 있는 일정수준의 경향이 나타나는 상태</u>를 말한다.

 ③

027 대형백화점이 붕괴되어 현장지휘본부가 설치되자 관할경찰서장 甲은 각 기능별 임무에 대하여 지시하고 있다. 甲의 지시 중 가장 옳지 않은 것은? (2011경감)

① 생활안전 기능에서는 유류품의 접수 및 인계, 사상자 소지품의 약탈방지 등의 임무를 수행하도록 지시하였다.
② 경비 기능에서는 동원경력·장비의 확보, 비상소집, 비상출동로의 사전지정 및 관리를 수행하도록 지시하였다.
③ 수사 기능에서는 피해자의 신원확인, 사고원인 및 범죄관련 여부의 수사 등을 수행하도록 지시하였다.
④ 정보 기능에서는 피해자 가족의 동향 파악 등을 수행하도록 지시하였다.

해설

공제회기본서(각론1) 252
② "비상출동로의 사전지정 및 관리"는 <u>교통 기능</u>에서 담당한다.

정답 ②

제 8 절 경찰작전(통합방위작전/국가중요시설경비/경찰비상업무)

028 경찰작전에 대한 설명 중 가장 적절하지 않은 것은? (2013경감)

① 통합방위법상 을종사태란 일부 또는 수개 지역에서 적의 침투 및 도발로 인하여 단기간 내에 치안회복이 어려워 지역군사령관의 지휘·통제하에 통합방위작전을 수행하여야 할 사태를 말한다.
② 상황발생시 상황보고·통보 및 하달은 1순위로 직접 행동을 취할 기관 및 부대, 2순위로 협조 및 지원을 요하는 기관 및 부대, 3순위로 지휘계통에 보고, 4순위로 기타 필요한 기관 및 부대 순이다.
③ 경찰비상업무는 경찰비상업무규칙에 의하여 수행하며, 비상근무·비상소집·지휘본부의 운영·연락체계의 유지 등에 대하여 규정하고 있다.
④ 통합방위법상 병종사태란 일정한 조직체계를 갖춘 적의 대규모 병력 침투 또는 대량살상무기 공격 등의 도발로 발생한 비상사태로서 통합방위본부장 또는 지역군사령관의 지휘·통제 하에 통합방위작전을 수행하여야 할 사태를 말한다.

해설

공제회기본서(각론1) ①208 ②없음 ③209 ④208
④ 통합방위법상 <u>갑종사태</u>란 일정한 조직체계를 갖춘 적의 대규모 병력 침투 또는 대량살상무기 공격 등의 도발로 발생한 비상사태로서 통합방위본부장 또는 지역군사령관의 지휘·통제 하에 통합방위작전을 수행하여야 할 사태를 말한다.

정답 ④

029 「통합방위법」에 대한 설명으로 가장 적절하지 않은 것은?　　　　　　　　　　　　　(2019경감)

① '갑종사태'란 일정한 조직체계를 갖춘 적의 대규모 병력 침투 또는 대량살상무기 공격 등의 도발로 발생한 비상사태로서 통합 방위본부장 또는 지역군사령관의 지휘 통제 하에 통합방위작전을 수행하여야 할 사태를 말한다.
② 행정안전부장관 또는 국방부장관은 을종사태에 해당하는 상황이 발생하였을 때 즉시 국무총리를 거쳐 대통령에게 통합방위사태의 선포를 건의하여야 한다.
③ 중앙 통합방위협의회의 의장은 국무총리가 되고 통합방위본부장은 합동참모의장이 된다.
④ 시·도지사 또는 시장·군수·구청장은 통합방위사태가 선포된 때에는 인명·신체에 대한 위해를 방지하기 위하여 즉시 작전지역에 있는 주민이나 체류 중인 사람에게 대피할 것을 명할 수 있다.

해설

공제회기본서(각론1) ①208 ②255 ③254 ④256
② **지방경찰청장, 지역군사령관 또는 함대사령관**은 **을종사태나 병종사태**에 해당하는 상황이 발생한 때에는 즉시 **시·도지사에게** 통합방위사태의 선포를 건의하여야 한다.

정답 ②

---

030 「통합방위법」에 대한 설명으로 가장 적절하지 않은 것은?　　　　　　　　　　　　　(2020경감)

① 지방경찰청장, 지역군사령관 또는 함대사령관은 을종사태나 병종사태에 해당하는 상황이 발생한 때에는 즉시 시·도지사에게 통합방위사태의 선포를 건의하여야 한다.
② 시·도지사는 위①에 따른 건의를 받은 때에는 중앙협의회의 심의를 거쳐 을종사태 또는 병종사태를 선포할 수 있다.
③ 「통합방위법」상 통합방위본부장은 합동참모의장, 부본부장은 합동참모본부 합동작전본부장이 되고, 지역 통합방위협의회 의장은 시·도지사이며, 중앙 통합방위협의회 의장은 국무총리이다.
④ 국방부장관은 둘 이상의 시·도에 걸쳐 을종사태에 해당하는 상황이 발생하였을 때 즉시 국무총리를 거쳐 대통령에게 통합방위사태의 선포를 건의하여야 한다.

해설

공제회기본서(각론1) 257
② 시·도지사는 위①에 따른 건의를 받은 때에는 **시·도 협의회의 심의를 거쳐** 을종사태 또는 병종사태를 선포할 수 있다.

정답 ②

031 「통합방위법」상 통합방위사태 및 국가중요시설에 관한 설명 중 가장 적절하지 않은 것은? (2014경감)

① "국가중요시설"이란 공공기관, 공항·항만, 주요 산업시설 등 적에 의하여 점령 또는 파괴되거나 기능이 마비될 경우 국가안보와 국민생활에 심각한 영향을 주게 되는 시설을 말한다.
② 국가중요시설은 국가정보원장이 관계 행정기관의 장 및 국방부장관과 협의하여 지정한다.
③ "을종사태"란 일부 또는 여러 지역에서 적이 침투·도발하여 단기간 내에 치안이 회복되기 어려워 지역군사령관의 지휘·통제 하에 통합방위작전을 수행하여야 할 사태를 말한다.
④ "병종사태"란 적의 침투·도발 위협이 예상되거나 소규모의 적이 침투하였을 때에 지방경찰청장, 지역군사령관 또는 함대사령관의 지휘·통제 하에 통합방위작전을 수행하여 단기간 내에 치안이 회복될 수 있는 사태를 말한다.

해설

공제회기본서(각론1) ①258 ②258 ③208 ④208
② 국가중요시설은 <u>국방부장관이</u> 관계 행정기관의 장 및 <u>국가정보원장과</u> 협의하여 지정한다.

정답 ②

032 국가중요시설에 대한 설명 중 틀린 것은? (2010경감)

① 국가중요시설이란 공공기관, 공항·항만, 주요산업시설 등 적에 의하여 점령 또는 파괴되거나 기능이 마비될 경우 국가안보 및 국민생활에 심대한 영향을 미치는 시설을 말한다.
② 국가중요시설은 국방부장관이 관계행정기관의 장 및 국가정보원장과 협의하여 지정한다.
③ 국가중요시설은 시설의 기능, 역할의 중요성과 가치의 정도에 따라서 가, 나, 다급으로 분류한다.
④ 적에 의하여 파괴되거나 기능마비시 제한된 지역에서 단기간 통합방위작전 수행이 요구되고 국민생활에 상당한 영향을 미칠 수 있는 시설은 나급에 해당한다.

해설

공제회기본서(각론1) ①258 ②258 ③257 ④없음
④ 적에 의하여 파괴되거나 기능마비시 제한된 지역에서 단기간 통합방위작전 수행이 요구되고 국민생활에 상당한 영향을 미칠 수 있는 시설은 '<u>다</u>'<u>급에 해당한다</u>.
※ 국가중요시설의 가나다 분류는 공제회기본서에 없으나, 테러취약시설 가운데 다중이용건축물등의 분류 (ABC)가 아래와 완전히 똑같으므로 숙지하여야 함

⟨국가중요시설의 분류⟩ ※ 분류기준 : 시설의 기능·역할의 중요성과 가치의 정도

가급	적에 의하여 점령 또는 파괴되거나 기능 마비시 광범위한 지역의 통합방위작전수행이 요구되고, 국민생활에 <u>결정적인</u> 영향을 미칠 수 있는 시설
나급	적에 의하여 점령 또는 파괴되거나 기능 마비시 일부 지역의 통합방위작전수행이 요구되고, 국민생활에 <u>중대한</u> 영향을 미칠 수 있는 시설
다급	적에 의하여 점령 또는 파괴되거나 기능 마비시 <u>제한된</u> 지역에서 <u>단기간</u>(장기간X) 통합방위작전수행이 요구되고, 국민생활에 <u>상당한</u> 영향을 미칠 수 있는 시설 (가결 / 나중 / 다제단상)

정답 ④

---

033 「경찰 비상업무 규칙」에 관한 설명으로 가장 적절하지 않은 것은? (2015경감)

① 가용경력이라 함은 휴가·출장·교육·파견 등을 포함한 총원을 의미한다.
② 정위치 근무는 감독순시·현장근무 및 사무실 대기 등 관할구역 내에 위치하는 것을 말한다.
③ 지휘선상 위치 근무라 함은 비상연락체계를 유지하며 유사시 1시간 이내에 현장지휘 및 현장근무가 가능한 장소에 위치하는 것을 말한다.
④ 비상업무의 대상 기능이 경비·작전·정보·수사·교통업무 등 2개 이상의 기능과 관련되는 경우에는 경비비상으로 통합·단일화하여 실시한다.

해설

공제회기본서(각론1) ①259 ②259 ③259 ④없음
① 가용경력이라 함은 휴가·출장·교육·파견 등을 <u>제외한</u> 총원을 의미한다.

지휘선상 위치근무	비상연락체계를 유지하며 유사시 1시간 이내에 현장지휘 및 현장근무가 가능한 장소에 위치하는 것
정위치근무	감독순시·현장근무 및 사무실 대기 등 관할구역 내에 위치하는 것
정착근무	사무실 또는 상황과 관련된 현장에 위치하는 것
필수요원	"전 경찰관 및 일반직공무원" 중 경찰기관의 장이 지정한 자로 비상소집시 1시간 이내에 응소하여야 할 자
일반요원	필수요원을 제외한 경찰관 등으로 비상소집시 2시간 이내에 응소하여야 할 자
가용경력	총원에서 휴가·출장·교육·파견 등을 **제외**하고 실제 동원될 수 있는 모든 인원

정답 ①

034 「경찰 비상업무 규칙」에 대한 설명으로 가장 적절한 것은?
(2018경위)

① '지휘선상 위치 근무'라 함은 비상연락체계를 유지하며 유사시 2시간 이내에 현장지휘 및 현장근무가 가능한 장소에 위치하는 것을 말한다.
② '정착근무'라 함은 감독순시·현장근무 및 사무실 대기 등 관할구역 내에 위치하는 것을 말한다.
③ '가용경력'이라 함은 총원에서 휴가·출장·교육·파견 등을 포함한 실제 동원될 수 있는 모든 인원을 말한다.
④ 비상근무의 종류에는 경비비상, 작전비상, 정보비상, 수사비상, 교통비상이 있다.

해설

공제회기본서(각론1) ①259 ②259 ③259 ④260
① "지휘선상 위치 근무"라 함은 비상연락체계를 유지하며 유사시 **1시간** 이내에 현장지휘 및 현장근무가 가능한 장소에 위치하는 것을 말한다.
② **"정착근무"라 함은 사무실 또는 상황과 관련된 현장에 위치**하는 것을 말한다.
   ※ '정위치근무'라 함은 감독순시·현장근무 및 사무실 대기 등 관할구역 내에 위치하는 것을 말한다.
③ "가용경력"이라 함은 총원에서 휴가·출장·교육·파견 등을 **제외하고** 실제 동원될 수 있는 모든 인원을 말한다.
④ ○

정답 ④

035 「경찰 비상업무 규칙」상 비상근무에 관한 설명으로 가장 적절하지 않은 것은?
(2016경감)

① 기능별 상황의 긴급성 및 중요도에 따라 비상등급은 갑호비상, 을호비상, 병호비상, 경계강화, 작전준비태세(작전비상시 적용)가 있다.
② 갑호비상 시 지휘관과 참모는 정착근무를 원칙으로 한다.
③ 을호비상 시 연가를 중지하고 가용경력 100%까지 동원해야 한다.
④ 경계강화 시 지휘관과 참모는 지휘선상 위치 근무를 원칙으로 한다.

해설

공제회기본서(각론1) ①260 ②261 ③261,262 ④261,262
③ 을호비상 시 연가를 중지하고 **가용경력 50%까지** 동원해야 한다.

⟨비상근무의 종류⟩	
갑호 비상	① 연가를 중지하고 가용경력 100%까지 동원할 수 있다. ② 지휘관(지구대장/파출소장은 지휘관에 준함. 이하같음)과 참모는 정착 근무 원칙
을호 비상	① 연기를 중지하고 가용경력 50%까지 동원할 수 있다. ② 지휘관과 참모는 정위치 근무 원칙
병호 비상	① 부득이한 경우를 제외하고는 연가를 억제하고 가용경력 30%까지 동원할 수 있다. ② 지휘관과 참모는 정위치 근무 또는 지휘선상 위치 근무 원칙
경계 강화	① 별도의 경력동원 없이 특정분야의 근무를 강화한다. ② 전 경찰관은 비상연락체계를 유지하고 경찰작전부대는 상황발생시 즉각 출동이 가능하도록 출동대기태세를 유지한다. ③ 지휘관과 참모는 지휘선상 위치 근무 원칙
작전준비태세 (작전비상시 적용)	① 별도의 경력동원 없이 지휘관 및 참모의 비상연락망을 구축하고 신속한 응소체제를 유지한다. ② 경찰작전부대는 상황발생시 즉각 출동이 가능하도록 출동태세 점검을 실시한다. ③ 유관기관과의 긴밀한 연락체계를 유지하고, 필요시 작전상황반을 유지한다.

정답 ③

036 「경찰 비상업무 규칙」상 용어의 정의로 가장 적절하지 않은 것은? (2019경위)

① '가용경력'이라 함은 총원에서 휴가·출장·교육·파견 등을 제외하고 실제 동원될 수 있는 모든 인원을 말한다.
② '지휘선상 위치 근무'라 함은 비상연락체계를 유지하며 유사시 1시간 이내에 현장지휘 및 현장근무가 가능한 장소에 위치하는 것을 말한다.
③ '필수요원'이라 함은 전 경찰관 및 일반직공무원 중 경찰기관의 장이 지정한 자로 비상소집시 1시간 이내에 응소하여야 할 자를 말한다.
④ '작전준비태세'라 함은 '경계강화' 단계를 발령하기 이전에 별도의 경력을 동원하여 경찰작전부대의 출동태세 점검, 지휘관 및 참모의 비상연락망 구축 및 신속한 응소체제를 유지하며, 작전상황반을 운영하는 등 필요한 작전사항을 미리 조치하는 것을 말한다.

해설

공제회기본서(각론1) 259
④ "작전준비태세"라 함은 '경계강화' 단계를 발령하기 이전에 **별도의 경력동원 없이** 경찰작전부대의 출동태세 점검, 지휘관 및 참모의 비상연락망 구축 및 신속한 응소체제를 유지하며, 작전상황반을 운영하는 등 필요한 작전사항을 미리 조치하는 것을 말한다.

정답 ④

037 「경찰 비상업무 규칙」에 대한 설명 중 가장 적절한 것은? (2020경위)

① 병호비상 시 연가를 중지하고 가용경력 30%까지 동원할 수 있다.
② 경계강화 시 지휘관과 참모는 비상연락망을 구축하고 신속한 응소체제를 유지한다.
③ '가용경력'이라 함은 총원에서 휴가·출장·교육·파견 등을 포함한 실제 동원될 수 있는 모든 인원을 말한다.
④ 비상근무 유형에 따른 분류에는 경비비상, 작전비상, 정보비상, 수사비상, 교통비상이 있다.

해설

공제회기본서(각론1) ①261 ②261 ③259 ④260
① 병호비상 시 <u>연가를 억제하고</u> 가용경력 30%까지 동원할 수 있다.
② 경계강화 시 지휘관과 참모는 <u>지휘선상 위치 근무</u>를 원칙으로 한다.
③ '가용경력'이라 함은 총원에서 휴가·출장·교육·파견 등을 <u>제외한</u> 실제 동원될 수 있는 모든 인원을 말한다.
④ ○

정답 ④

---

038 「경찰 비상업무 규칙」상 비상근무의 종류별 정황에 대한 설명으로 연결이 가장 적절한 것은? (2020경감)

① 정보비상 을호 – 간첩 또는 정보사범 색출을 위한 경계지역 내 검문검색 필요 시
② 작전비상 을호 – 대규모 적정이 발생하였거나 발생 징후가 현저한 경우
③ 수사비상 을호 – 사회이목을 집중시킬만한 중대범죄 발생 시
④ 경비비상 을호 – 대규모 집단사태·테러·재난 등의 발생으로 치안질서가 혼란하게 되었거나 그 징후가 예견되는 경우

해설

공제회기본서(각론1) 260
① 정보비상 **갑호** – 간첩 또는 정보사범 색출을 위한 경계지역 내 검문검색 필요 시
② 작전비상 **갑호** – 대규모 적정이 발생하였거나 발생 징후가 현저한 경우
③ 수사비상 **갑호** – 사회이목을 집중시킬만한 중대범죄 발생 시
④ ○

정답 ④

제9절 대테러경비(특수경비)

039 「국민보호와 공공안전을 위한 테러방지법」에 대한 설명으로 가장 적절하지 않은 것은? (2018경위)

① '테러단체'란 국가정보원이 지정한 테러단체를 말한다.
② 관계기관의 장은 외국인테러전투원으로 출국하려 한다고 의심할 만한 상당한 이유가 있는 내국인·외국인에 대하여 일시 출국금지를 법무부장관에게 요청할 수 있다.
③ 위 '②'에 따른 일시 출국금지 기간은 90일로 한다. 다만, 출국금지를 계속할 필요가 있다고 판단할 상당한 이유가 있는 경우에 관계기관의 장은 그 사유를 명시하여 연장을 요청할 수 있다.
④ 국가정보원장은 대테러활동에 필요한 정보나 자료를 수집하기 위하여 대테러조사 및 테러위험인물에 대한 추적을 할 수 있다. 이 경우 사전 또는 사후에 국가테러대책위원회 위원장에게 보고하여야 한다.

해설

공제회기본서(각론1) ①264 ②264 ③264 ④264
① '테러단체'란 UN(국제연합)이 지정한 테러단체를 말한다.

정답 ①

040 최근 국제사회 내 테러단체의 위험성이 증대됨에 따라 대테러 업무의 중요성이 더욱 강조되고 있다. 「테러취약시설 안전활동에 관한 규칙」상 다중이용시설의 분류와 지도·점검에 관한 내용으로 가장 적절하지 않은 것은?(단, 테러경보 상향이 없는 것으로 간주) (2016경위)

① 다중이용시설은 시설의 기능·역할의 중요성과 가치의 정도에 따라 A급, B급, C급으로 구분한다.
② A급 다중이용시설의 경우 관할 경찰서장은 분기 1회 이상 지도·점검을 실시하여야 한다.
③ B급 다중이용시설의 경우 관할 경찰서장은 반기 1회 이상 지도·점검을 실시하여야 한다.
④ C급 다중이용시설의 경우 관할 경찰서장은 연 1회 이상 지도·점검을 실시하여야 한다.

해설

공제회기본서(각론1) 266
④ C급 다중이용시설의 경우 관할 경찰서장은 반기 1회 이상 지도·점검을 실시하여야 한다.

정답 ④

041 경찰의 대테러 업무에 대한 설명 중 옳은 것을 모두 고른 것은? (2020경위)

㉠ 「테러취약시설 안전활동에 관한 규칙」에 의하면 'B'급 다중이용건축물등의 경우 테러에 의해 파괴되거나 기능 마비시 일부 지역의 대테러진압작전이 요구되고, 국민 생활에 중대한 영향을 미칠 수 있는 건축물 또는 시설이며, 관할 경찰서장은 분기 1회 이상 지도·점검을 실시해야 한다.
㉡ 「테러취약시설 안전활동에 관한 규칙」에 의하면 'C'급 다중이용건축물등의 경우 테러에 의하여 파괴되거나 기능 마비시 제한된 지역의 대테러진압작전이 요구되고, 국민생활에 상당한 영향을 미칠 수 있는 건축물 또는 시설이며, 관할 경찰서장은 반기 1회 이상 지도·점검을 실시해야한다.
㉢ '리마증후군'이란 인질범이 인질에게 일체감을 느끼게 되고 인질의 입장을 이해하여 호의를 베푸는 등 인질범이 인질에게 동화되는 현상이다.
㉣ 테러단체 구성죄는 미수범, 예비·음모 모두 처벌한다.

① ㉠,㉢
② ㉡,㉢
③ ㉡,㉢,㉣
④ ㉠,㉡,㉣

해설

공제회기본서(각론1) ㉠266 ㉡266 ㉢267 ㉣264
㉠ 「테러취약시설 안전활동에 관한 규칙」에 의하면 'B'급 다중이용건축물등의 경우 테러에 의해 파괴되거나 기능 마비시 일부 지역의 대테러진압작전이 요구되고, 국민 생활에 중대한 영향을 미칠 수 있는 건축물 또는 시설이며, 관할 경찰서장은 **반기 1회 이상** 지도·점검을 실시해야 한다.

정답 ③

042 「테러취약시설 안전활동에 관한 규칙」에 대한 설명으로 가장 적절하지 않은 것은? (2017경위)

① 경찰서장은 관할 내에 있는 A급 다중이용시설에 대하여 반기 1회 이상 지도·점검을 실시하여야 한다.
② B급 다중이용시설이란 테러에 의하여 파괴되거나 기능 마비시 일부 지역의 대테러진압작전이 요구되고, 국민생활에 중대한 영향을 미칠 수 있는 시설을 말한다.
③ C급 다중이용시설이란 테러에 의하여 파괴되거나 기능 마비시 제한된 지역에서 단기간 대테러진압작전이 요구되고, 국민생활에 상당한 영향을 미칠 수 있는 시설을 말한다.
④ 테러취약시설 심의위원회는 위기관리센터에 비상설로 두며 위원장은 경찰청 경비국장으로 한다.

해설

공제회기본서(각론1) ①266 ②266 ③266 ④266(중단 없음)
① 경찰서장은 관할 내에 있는 A급 다중이용시설에 대하여 **분기 1회 이상** 지도·점검을 실시하여야 한다.

정답 ①

043 인질사건 발생시 나타날 수 있는 증상 중 보기에 해당하는 것으로 가장 적절한 것은? (2012경위)

> 독재자들이 즐겨 사용하는 방법으로 공포의 독재를 통한 강렬한 카리스마를 형성시킨 다음에 아주 사소한 배려에도 국민들은 쉽게 감동을 받는 경우를 말하고 심리학에서는 오귀인 효과라고 하며 두려운 상황의 생리적 흥분이 사랑의 감정과 비슷하기 때문에 두려움에서 오는 근육의 긴장, 호흡의 가속화 등 생리적 현상을 사랑으로 착각하게 되는 현상이다.

① 리마 증후군
② 말판 증후군
③ 갠서 증후군
④ 스톡홀름 증후군

해설

공제회기본서(각론1) 267
④ 설문은 스톡홀름 증후군에 관한 내용이다.

정답 ④

044 인질사건이 발생한 때 나타날 수 있는 스톡홀름 신드롬(Stockholm Syndrome)에 대한 설명으로 가장 적절한 것은? (2018경감)

① 인질범이 인질에 동화되는 현상
② 인질이 인질범에 동화되는 현상
③ 인질범이 인질에 대해 적개심을 갖는 현상
④ 인질이 인질범에 대해 적개심을 갖는 현상

해설

공제회기본서(각론1) 267
스톡홀름 신드롬 – 인질이 인질범에 동화되는 현상
리마 신드롬 – 인질범이 인질에게 동화되는 현상

정답 ②

제10절 청원경찰

045 민간경비에 대한 설명 중 틀린 것은 모두 몇 개인가? (2010경감변형)

> ㉠ 민간경비는 대가의 유무, 많고 적음에 따라 서비스 제공이 달라지는 비경합적 서비스이다.
> ㉡ 청원경찰은 경비구역 내에서 청원경찰법에 의하여 직무를 수행한다.
> ㉢ 지방경찰청장은 청원경찰이 직무를 수행하기 위하여 필요하다고 인정할 때에는 청원주의 신청을 받아 관할 경찰서장으로 하여금 무기를 대여하여 지니게 할 수 있다.
> ㉣ 청원경찰법 제3조는 청원경찰의 직무감독권자로 청원주와 경찰서장을 규정하고 있다.
> ㉤ 청원경찰에 대한 징계는 파면, 정직, 견책으로 한다.

① 2개 ② 3개 ③ 4개 ④ 5개

해설

공제회기본서(각론1) ㉠270 ㉡272 ㉢271 ㉣271 ㉤271
㉠ 민간경비는 대가의 유무, 많고 적음에 따라 서비스 제공이 달라지는 **경합적 서비스**이다.
㉡ 청원경찰은 경비구역 내에서 **경찰관직무집행법**에 의하여 직무를 수행한다.
㉢ O
㉣ O
㉤ 청원경찰에 대한 징계는 **파면, 해임, 정직, 감봉, 견책**으로 한다.

감독	①청원경찰은 청원주와 관할 경찰서장의 감독을 받아 직무를 수행한다. ②청원주는 항상 소속 청원경찰의 근무 상황을 감독하고, 근무 수행에 필요한 교육을 하여야 한다.
감독상 명령	지방경찰청장은 청원경찰의 효율적인 운영을 위하여 청원주를 지도하며 감독상 필요한 명령을 할 수 있다.
제복착용	청원경찰은 근무 중 제복을 착용하여야 한다.
무기휴대	지방경찰청장은 청원경찰이 직무를 수행하기 위하여 필요하다고 인정하면 청원주 신청을 받아 관할 경찰서장으로 하여금 청원경찰에게 무기를 대여하여 지니게 할 수 있다.
징계권자	청원주는 징계사유에 해당하는 경우 징계절차를 거쳐 징계를 하여야 한다. 관할 경찰서장은 청원주에게 해당 청원경찰에 대하여 징계처분을 하도록 요청할 수 있다.
징계종류	파면, 해임, 정직, 감봉, 견책
벌칙적용	청원경찰 업무에 종사하는 사람은 형법이나 그 밖의 법령에 따른 벌칙을 적용할 때에는 공무원으로 본다.

정답 ②

046 「청원경찰법」상 청원경찰에 대한 설명으로 가장 적절하지 않은 것은? (2017경감변형)

① 지방경찰청장은 청원경찰 배치가 필요하다고 인정하는 기관의 장 또는 시설·사업장의 경영자에게 청원경찰을 배치할 것을 요청할 수 있다.
② 청원경찰은 근무 중 제복을 착용하여야 한다.
③ 청원경찰의 임용자격은 19세 이상인 사람이며, 남자의 경우에는 군복무를 마쳤거나 군복무가 면제된 사람으로 한정한다.
④ 청원경찰은 청원경찰의 배치 결정을 받은 자와 배치된 기관·시설 또는 사업장 등의 구역을 관할하는 경찰서장의 감독을 받아 그 경비구역만의 경비를 목적으로 필요한 범위에서 「경찰관 직무집행법」에 따른 경찰관의 직무를 수행한다.

해설

공제회기본서(각론1) ①272 ②272 ③ ④272
③ 청원경찰의 임용자격은 **18세 이상**인 사람이며, 남자의 경우에는 군복무를 마쳤거나 군복무가 면제된 사람으로 한정한다.

정답 ③

---

047 청원경찰에 대한 설명으로 가장 적절한 것은? (2019경위)

① 청원경찰을 배치받으려는 자는 대통령령으로 정하는 바에 따라 관할 경찰서장에게 청원경찰 배치를 신청하여야 한다.
② 청원경찰은 청원주의 신청에 따라 지방경찰청장이 임용한다.
③ 청원경찰에 대한 징계의 종류는 파면, 해임, 정직, 감봉 및 견책으로 구분한다.
④ 청원경찰의 '근무 중 제복 착용 의무'가 법률에 명시적으로 규정 되어 있지는 않다.

해설

공제회기본서(각론1) 270
① 청원경찰을 배치받으려는 자는 대통령령으로 정하는 바에 따라 **관할 지방경찰청장에게** 청원경찰 배치를 신청하여야 한다.
② 청원경찰은 **청원주가 임용하되**, 임용을 할 때에는 **미리 지방경찰청장의 승인을 받아야** 한다.
③ O
④ 청원경찰은 근무 중 제복을 **착용하여야 한다**.(청원경찰법 제8조①)

정답 ③

제11절 경호경비

048 행사장 경호경비의 요령으로 가장 옳지 않은 것은? (2011경위)

① 제1선(안전구역 : 내부)은 절대안전 확보구역으로 MD설치 운용, 비표확인 및 출입자 감시가 이루어진다.
② 제1선(안전구역 : 내부)은 승·하차장, 동선 등의 취약개소로 피경호자에게 직접적으로 위해를 가할 수 있는 거리 내의 지역을 말한다.
③ 제2선(경비구역 : 내곽)에 대한 경호책임은 경찰이 담당하고 군부대 內일 경우에도 마찬가지이다.
④ 제3선(경계구역 : 외곽)은 조기경보지역으로 주변 동향파악과 직시고층건물 및 감제고지에 대한 안전을 확보한다.

해설

공제회기본서(각론1) 213
③ 제2선(경비구역-내곽)에 대한 경호책임은 경찰이 담당하고 <u>군부대 內일 경우에는 군이 책임</u>을 진다.

〈제1선(안전구역 : 내부) - 절대안전확보구역〉

의 의	① 옥내일 경우 건물자체, 옥외일 경우 통상 본부석 ② 요인의 승하차장, 동선 등 취약개소로 피경호자에게 직접적으로 위해를 가할 수 있는 거리내의 지역
경호책임	주관 및 책임은 대통령경호처(경찰은 경호처의 요청시 경력 및 장비 지원)
경호활동	① MD 설치·운용 ② 출입자 통제관리 ③ 비표확인 및 출입자감시

〈제2선(경비구역 : 내곽) - 주경비지역〉

의 의	제1선을 제외한 행사장 중심으로 소총유효사거리 지역
경호책임	경호책임은 **경찰**(군부대 내일 경우 군)
경호활동	① 바리케이트 등 장애물 설치 ② 돌발사태 대비하여 예비대 운영, 구급차·소방차 대기

〈제3선(경계구역 : 외곽) - 조기경보지역〉

의 의	① 행사장 중심으로 적의 접근을 조기에 경보·차단하기 위해 설정한 선 ② 원거리로부터 불심자 및 집단사태를 적발·차단하고, 경호상황본부에 상황전파하여 1선·2선에 배치한 경력이 대처할 시간을 확보
경호책임	통상 경호책임은 **경찰**
경호활동	① 감시조 운영 ② 도보 등 원거리 기동**순찰조** 운영 ③ **원거리** 불심자 검문·차단

정답 ③

049 경호경비에 관한 설명 중 틀린 것은? (2010경위)

① 행사장 경호에 있어 제3선 경계구역에서는 바리케이드 등 장애물을 설치하고 돌발사태를 대비하여 예비대를 운용한다.
② 경호의 4대 원칙 중 '목표물 보존의 원칙'이란 암살기도자 또는 위해를 가할 가능성이 있는 불순분자로부터 피경호자를 떼어놓는 원칙을 말한다.
③ 행사장 경호에 있어 제1선은 안전구역으로서 MD를 설치 운용하고 비표확인 및 출입자 감시가 이루어진다.
④ 경호의 4대 원칙 중 '하나의 통제된 지점을 통한 접근의 원칙'이란 피경호자와 접근할 수 있는 통로는 경호상 통제된 유일한 통로여야 한다는 것을 말한다.

> **해설**
>
> 공제회기본서(각론1) ①213 ②213 ③213 ④213
> ① 행사장 경호에 있어 **제2선 경비구역**에서는 바리케이드 등 장애물을 설치하고 돌발사태를 대비하여 예비대를 운용한다.
>
> **정답** ①

050 경호경비업무를 수행함에 있어 행사장 경호는 3선(1선 안전구역, 2선 경비구역, 3선 경계구역) 개념의 경력을 배치, 운영을 하고 있다. 1선 안전구역 근무자의 임무에 관한 설명으로 가장 적절한 것은? (2016경위)

① 행사장 입장자에 대한 비표 확인 및 신원 불심자에 대하여 검문을 실시
② 행사장 접근로에 바리케이드를 설치
③ 돌발사태에 대비하여 예비대 및 비상통로, 소방차, 구급차 등을 확보
④ 원거리부터 불심자 및 집단사태를 적발·차단하고 경호상황본부에 상황전파로 경력이 대처할 시간을 제공

> **해설**
>
> 공제회기본서(각론1) 213
> ① ○
> ② 행사장 접근로에 바리케이드를 설치 ⇨ **제2선**
> ③ 돌발사태에 대비하여 예비대 및 비상통로, 소방차, 구급차 등을 확보 ⇨ **제2선**
> ④ 원거리부터 불심자 및 집단사태를 적발·차단하고 경호상황본부에 상황전파로 경력이 대처할 시간을 제공 ⇨ **제3선**
>
> **정답** ①

CHAPTER 04 > 교통경찰활동

제1절 교통지도단속

001 교통경찰활동에 대한 설명 중 틀린 것은? (2010경감)

① 궤도에 의한 철도교통이나 항공교통은 해당 전문기관에서 취급하므로 교통경찰의 영역에서 제외된다.
② ~~도로의 표면이 포장되지 않아 횡단보도를 표시할 수 없는 때에는 횡단보도표지판을 설치한다. 이 경우 그 횡단보도표지판에 횡단보도의 너비를 표시하는 보조표지를 설치하여야 한다.~~
③ 어린이보호구역 안에서 지방경찰청장 또는 경찰서장이 취할 수 있는 조치사항으로 자동차의 통행을 금지하거나 제한하는 것, 자동차의 정차나 주차를 금지하는 것, 자동차의 운행속도를 매시 30km 이내로 제한하는 것 등이 있다.
④ 고속도로에서 버스전용차로를 통행하였을 때 6인이 승차한 9인승 승합자동차는 단속할 수 있는 차량에 해당한다.

> **해설**
> 공제회기본서(각론Ⅱ) ①20 ②없음 ③23 ④26
> ④ 9인승 이상 12인승 이하는 6명 이상이 승차한 경우에 한하여 고속도로 버스전용차로 통행이 가능하고, 13인승 이상은 승차인원에 상관없이 통행이 가능하다. 따라서, <u>6인이 승차한 9인승 승합차는 통행가능하므로 단속할 수 없다.</u>
>
> 정답 ④

002 교통경찰의 활동에 대한 설명 중 적절한 것은 모두 몇 개인가?(다툼이 있는 경우 판례에 의함)

(2013경감)

> ㉠ 특별한 이유없이 호흡측정을 거부하는 운전자라도 경찰공무원은 혈액채취에 의한 측정방법이 있음을 고지하고 그 선택여부를 물어야 할 의무가 있다.
> ㉡ 보행자용 신호기의 신호를 위반하여 교통사고를 야기한 경우 신호위반의 책임을 물을 수 있다.
> ㉢ 신호위반으로 교통사고를 야기한 자가 신호위반의 범칙금을 납부하였다면 업무상과실치상죄로 처벌하는 것은 이중처벌에 해당한다.
> ㉣ 차마는 길가의 건물이나 주차장 등에서 도로에 들어가려고 하는 때에는 일단 서행하면서 안전여부를 확인하여야 한다.
> ㉤ 운전면허 행정처분에 대해서는 형법상 공소시효 등이 적용되지 않으므로 행정처분 사유가 객관적으로 증명될 경우 행정처분을 할 수 있다.

① 없음 ② 1개 ③ 2개 ④ 3개

해설

공제회기본서(각론Ⅱ) ㉠56 ㉡없음 ㉢66 ㉣34 ㉤없음
㉠ 특별한 이유없이 호흡측정을 거부하는 운전자에게 경찰공무원은 <u>혈액채취에 의한 측정방법이 있음을 고지하고 그 선택여부를 물어야 할 의무는 없다.</u>
㉡ 보행자용 신호기의 신호를 위반하여 교통사고를 야기한 경우 <u>신호위반의 책임을 물을 수 없다.</u>
㉢ 신호위반으로 교통사고를 야기한 자가 신호위반의 <u>범칙금을 납부하였다고 하더라도 업무상과실치상죄로 처벌할 수 있다.</u>
  ※ 통고처분을 받게 된 범칙행위와 「교통사고처리 특례법」 제3조 제1항 위반죄는 그 행위의 성격 및 내용이나 죄질, 피해법익 등에 현저한 차이가 있어 동일성이 인정되지 않는 별개의 범죄행위라고 보아야 할 것이므로, 통고처분을 받아 범칙금을 납부하였다고 하더라도 업무상과실치상죄로 처벌하는 것이 이중처벌에 해당한다고 볼 수 없다(대판2006도4322).
㉣ 차마는 길가의 건물이나 주차장 등에서 도로에 들어가려고 하는 때에는 <u>일단 정지</u>한 후 서행하면서 안전여부를 확인하여야
㉤ ○

정답 ②

003 무인교통단속장비로 단속된 법규위반차량 중 이의신청에 의한 과태료처분 제외대상에 해당하지 않는 것은? (2013경감)

① 위반차량이 도난당한 경우
② 운전자가 당해 위반행위로 통고처분을 받은 경우
③ 대상자가 이사하여 과태료납부고지서가 반송된 경우
④ 범죄의 예방, 진압 기타 긴급한 사건사고의 조사를 위한 경우

> **해설**
> 공제회기본서(각론Ⅱ) 33
> ③ 대상자가 <u>이사하여 과태료납부고지서가 반송된 경우</u> 과태료처분 제외대상이 아니다.
>
> 정답 ③

004 다음 중 교통안전표지의 종류로 가장 적절한 것은? (2014경위)

① 주의, 규제, 안내, 경고, 보조 표지(표시)
② 주의, 규제, 지시, 경고, 노면 표지(표시)
③ 주의, 규제, 지시, 보조, 노면 표지(표시)
④ 규제, 지시, 안내, 보조, 노면 표지(표시)

> **해설**
> 공제회기본서(각론Ⅱ) 33
> ③ 교통안전표지의 종류는 <u>주의표지, 규제표지, 지시표지, 보조표지, 노면표시</u>이다.
>
> 정답 ③

005 안전표지 중 다음 설명에 해당하는 것으로 가장 적절한 것은? (2016경감)

| 도로의 통행방법·통행구분 등 도로교통의 안전을 위하여 필요한 지시를 하는 경우에 도로사용자가 이에 따르도록 알리는 표지 |

① 주의표지   ② 보조표지
③ 규제표지   ④ 지시표지

> **해설**
> 공제회기본서(각론Ⅱ) 33
> ④ 설문은 <u>지시표지</u>에 대한 내용이다.
>
> 정답 ④

006 다음 설명 중 가장 적절하지 않은 것은?(단, 다툼이 있으면 판례에 의함) (2014경위)

① 교차로 직전의 횡단보도에 따로 차량보조등이 설치되어 있지 아니한 경우, 교차로 차량 신호등이 적색이고 횡단보도 보행등이 녹색인 상태에서 횡단보도를 지나 우회전하다가 사람을 다치게 한 경우 교통사고처리특례법 상 특례조항인 신호위반에 해당한다.
② 신호위반으로 교통사고를 야기한 자가 신호위반의 범칙금을 납부하였다면, 교통사고처리특례법 상 신호위반으로 인한 업무상과실치상죄의 죄책을 물을 수 없다.
③ 부득이한 사정으로 중앙선을 침범하여 교통사고를 야기한 경우 중앙선침범에 해당되지 않는다.
④ 횡단보도의 신호가 적색인 상태에서 반대차선에 정지 중인 차량 뒤에서 보행자가 건너올 것까지 예상하여 주의의무를 다하여야 한다고 할 수 없다.

> **해설**
> 공제회기본서(각론Ⅱ) ①67 ②66 ③66 ④68
> ② 신호위반으로 교통사고를 야기한 자가 신호위반의 <u>범칙금을 납부하였다고 하더라도 업무상과실치상죄로 처벌할 수 있다.</u>
>
> **정답** ②

007 교통의 관리 및 단속에 관한 설명 중 틀린 것은? (2010경위)

① 교통안전표지의 종류로는 주의, 규제, 지시, 보조, 노면표지가 있다.
② 2년간 벌점·누산점수가 201점 이상이 되면 면허가 취소된다.
③ 국제운전면허증을 외국에서 발급받은 사람은 발급받은 날로부터 1년의 기간에 한하여 국내에서 그 국제운전면허증으로 자동차 등을 운전할 수 있다.
④ 생명이 위급한 환자나 부상자를 운반 중인 자동차는 긴급자동차에 준하는 자동차로 인정된다.

> **해설**
> 공제회기본서(각론Ⅱ) ①33 ②없음 ③38 ④없음
> ③ 국제운전면허증을 외국에서 발급받은 사람은 <u>입국일로부터 1년의 기간에 한하여</u> 국내에서 그 국제운전면허증으로 자동차등을 운전할 수 있다.
>
> **정답** ③

008 「도로교통법」상 보행자 및 차마의 통행방법 등에 관한 설명 중 가장 적절하지 않은 것은? (2014경감)

① 자전거의 운전자는 안전표지로 통행이 허용된 경우를 제외하고는 2대 이상이 나란히 차도를 통행하여서는 아니 된다.
② 보행자는 보도와 차도가 구분된 도로에서는 언제나 보도로 통행하여야 한다. 다만, 차도를 횡단하는 경우, 도로공사 등으로 보도의 통행이 금지된 경우나 그 밖의 부득이한 경우에는 그러하지 아니하다.
③ 차마의 운전자는 길가의 건물이나 주차장 등에서 도로에 들어갈 때에는 일단 서행하면서 안전 여부를 확인하여야 한다.
④ 보행자는 모든 차의 바로 앞이나 뒤로 횡단하여서는 아니 된다. 다만, 횡단보도를 횡단하거나 신호기 또는 경찰공무원등의 신호나 지시에 따라 도로를 횡단하는 경우에는 그러하지 아니하다.

> **해설**
> 공제회기본서(각론 Ⅱ) ①28 ②없음 ③34 ④없음
> ③ 차마의 운전자는 길가의 건물이나 주차장 등에서 도로에 들어갈 때에는 **일단 정지**한 후 안전 여부를 확인하여야 한다.
>
> **정답** ③

009 「도로교통법」에 규정된 '어린이통학버스'에 대한 설명으로 가장 적절하지 않은 것은? (2018경위)

① 어린이라 함은 13세 미만인 사람을 말한다.
② 어린이통학버스가 도로에 정차하여 어린이나 영유아가 타고 내리는 중임을 표시하는 점멸등 등의 장치를 작동 중일 때에는 어린이통학버스가 정차한 차로와 그 차로의 바로 옆 차로로 통행하는 차의 운전자는 어린이통학버스에 이르기 전에 일시정지하여 안전을 확인한 후 서행하여야 한다.
③ 위 '②'의 경우 중앙선이 설치되지 아니한 도로와 편도 1차로인 도로에서는 반대방향에서 진행하는 차의 운전자도 어린이통학버스에 이르기 전에 일시정지하여 안전을 확인한 후 서행하여야 한다.
④ 모든 차의 운전자는 어린이나 영유아를 태우고 있다는 표시를 한 상태로 도로를 통행하는 어린이통학버스를 앞지를 때 과도하게 속도를 올리는 등 행위를 자제하여야 한다.

> **해설**
> 공제회기본서(각론 Ⅱ) ①24 ②23 ③23 ④24
> ④ 모든 차의 운전자는 어린이나 영유아를 태우고 있다는 표시를 한 상태로 도로를 통행하는 어린이통학버스를 **앞지르지 못한다**.
>
> **정답** ④

010 경찰관이 해당 운전자를 적발하여도 단속할 수 없는 경우는 무엇인가? (2015경위)

① 유료주차장 내에서 음주운전을 하다가 적발된 경우
② 대학교 구내에서 마약을 과다복용하고 운전을 하다가 적발된 경우
③ 아파트 지하주차장상에서 보행자를 충격하여 다치게 한 후 적절한 조치 없이 현장을 이탈하였다가 적발된 경우
④ 학교 운동장에서 운전면허를 취득하기 위해 운전연습을 하다가 신고를 통해 적발된 경우

해설

공제회기본서(각론Ⅱ) ①15 ②15 ③15 ④21
① 음주운전 시 형벌규정은 도로가 아닌 주차장에서의 운전에도 적용된다.
② 약물운전 시 형벌규정은 도로 아닌 대학 구내에서의 운전에도 적용된다.
③ 뺑소니에 적용되는 형벌규정은 도로가 아닌 주차장에서의 운전에도 적용된다.
④ 면허없이 운전하는 **무면허 규정은 도로가 전제된다.** 따라서 <u>도로가 아닌 학교운동장에서 면허 없이 연습한 행위는 무면허로 처벌되지 않는다.</u>

정답 ④

---

011 다음 중 주·정차 금지구역에 해당하지 않은 것은? (2020경위)

① 도로공사를 하고 있는 경우 그 공사 구역의 양쪽 가장자리로부터 5m 이내인 곳
② 교차로의 가장자리나 도로의 모퉁이로부터 5m 이내인 곳
③ 건널목의 가장자리 또는 횡단보도로부터 10m 이내인 곳
④ 안전지대가 설치된 도로에서는 그 안전지대의 사방으로부터 각각 10m 이내인 곳

해설

공제회기본서(각론Ⅱ) 31
① 도로공사를 하고 있는 경우 그 공사 구역의 양쪽 가장자리로부터 5m 이내인 곳은 **주차금지 구역**에 해당한다.
※ 주차 금지 - <u>다</u>터/<u>다중공사</u>5미터(다리위,터널안/다중이용업소,도로공사 5미터)
※ 주·정차 금지 - <u>교</u>도소5/<u>안</u>전<u>횡</u><u>건</u>10(교차로,도로모퉁이,소방 5미터 / 안전지대,정류지,횡단보도,건널목 10미터)

정답 ①

제2절 운전면허

012 운전면허에 관한 설명 중 틀린 것은? (2010경위)

① 제1종 특수면허로 운전할 수 있는 차량은 레커, 트레일러, 적재중량 4톤 이하의 화물자동차이다.
② 제1종 보통면허로 승차정원 15인 이하의 승합자동차와 적재중량 12톤 미만의 화물자동차를 운전할 수 있다.
③ 제2종 보통면허로 승차정원 10인 이하의 승합자동차를 운전할 수 있다.
④ 제1종 소형면허로 3륜화물자동차, 3륜승용자동차, 배기량 125cc 초과인 오토바이를 운전할 수 있다.

해설

공제회기본서(각론Ⅱ) 37(①에서 "레커, 트레일러"는 공제회기본서에 없음)
④ 제1종 소형면허로 배기량 125cc 초과인 오토바이는 운전할 수 없다. 제2종 소형면허가 있어야 한다.

종별	구분		운전할 수 있는 차량
제1종	대형면허		① 승용자동차 / 승합자동차 / 화물자동차 ② 건설기계 　가. 덤프트럭, 아스팔트살포기, 노상안정기 　나. 콘크리트믹서트럭, 콘크리트펌프, 천공기(트럭 적재식) 　다. 콘크리트믹서트레일러, 아스팔트콘크리트재생기 　라. 도로보수트럭, 3톤 미만의 지게차 ③ 특수자동차[대형견인차, 소형견인차 및 구난차("구난차등")는 제외] ④ 원동기장치자전거
	특수면허	대형견인차	① 견인형 특수자동차 ② 제2종 보통면허로 운전할 수 있는 차량
		소형견인차	① 총중량 3.5톤 이하의 견인형 특수자동차 ② 제2종 보통면허로 운전할 수 있는 차량
		구난차	① 구난형 특수자동차 ② 제2종 보통면허로 운전할 수 있는 차량
	보통면허		① 승용자동차 ② 승합자동차(승차정원 15명 이하) ③ 화물자동차(적재중량 12톤 미만) ④ 건설기계(도로를 운행하는 3톤 미만의 지게차로 한정) ⑤ 특수자동차(총중량 10톤 미만) ⑥ 원동기장치자전거
	소형면허		① 3륜화물자동차 ② 3륜승용자동차 ③ 원동기장치자전거

제2종	보통면허	① 승용자동차 ② 승용자동차(승차정원 10명 이하) ③ 화물자동차(적재중량 4톤 이하) ④ 특수자동차(총중량 3.5톤 이하)(구난차등은 제외) ⑤ 원동기장치자전거
	소형면허	① 이륜자동차(배기량 125cc 초과, 측차부를 포함) ② 원동기장치자전거
	원동기장치 자전거면허	원동기장치자전거

정답 ④

013 「도로교통법 시행규칙」에 규정된 운전면허를 받은 사람이 운전할 수 있는 자동차 등의 종류에 대한 설명으로 가장 적절하지 않은 것은? (2017경위)

① 제1종 보통면허로 적재중량 12톤 미만의 화물자동차를 운전할 수 있다.
② 제1종 소형면허로 3륜화물자동차를 운전할 수 있다.
③ 제2종 소형면허로 원동기장치자전거를 운전할 수 있다.
④ 제2종 보통면허로 승차정원 12명인 승합자동차를 운전할 수 있다.

해설

공제회기본서(각론Ⅱ) 37
④ 제2종 보통면허로 **승차정원 10명 이하 승합자동차**를 운전할 수 있다.

정답 ④

014 다음 중 「도로교통법」 및 동법 시행규칙 상 '제2종 보통면허'만을 받은 사람이 운전할 수 있는 것은 모두 몇 개인가? (2014경감)

㉠ 승용자동차	㉡ 승차정원 12인승의 승합자동차
㉢ 적재중량 1.5톤의 화물자동차	㉣ 원동기장치자전거

① 1개 ② 2개 ③ 3개 ④ 4개

해설

공제회기본서(각론Ⅱ) 37
③ 제2종 보통면허로 운전할 수 있는 것은 ㉠,㉢,㉣ 3개이다.
※ 승용 / 승합(10명이하) / 화물(4톤이하) / 특수(3.5톤이하) / 원자

정답 ③

제4장 교통경찰활동

015 「도로교통법」상 제2종 보통면허로 운전할 수 없는 것은? (2016경위)

① 승용자동차
② 승차정원 10인 이하의 승합자동차
③ 적재중량 4톤 이하의 화물자동차
④ 3톤 미만의 지게차

해설

공제회기본서(각론Ⅱ) 37
④ 3톤 미만의 지게차는 제1종보통 또는 1종대형면허가 있어야 운전이 가능하다.

정답 ④

016 각종 운전면허로 운전할 수 있는 차종에 대한 설명이다. ㉠부터 ㉣까지 ( )안에 들어갈 용어를 나열한 것으로 가장 적절한 것은? (2018경감)

운전면허	운전할 수 있는 차의 종류
제1종 보통면허	• 승용자동차 • 승차정원 15명 (㉠)의 승합자동차 • 적재중량 12톤 (㉡)의 화물자동차
제2종 보통면허	• 승용자동차 • 승차정원 10명 (㉢)의 승합자동차 • 적재중량 4톤 (㉣)의 화물자동차

① ㉠ 이하 ㉡ 미만 ㉢ 미만 ㉣ 미만
② ㉠ 이하 ㉡ 미만 ㉢ 이하 ㉣ 미만
③ ㉠ 미만 ㉡ 이하 ㉢ 미만 ㉣ 이하
④ ㉠ 이하 ㉡ 미만 ㉢ 이하 ㉣ 이하

해설

공제회기본서(각론Ⅱ) 37
㉠ 이하 ㉡ 미만 ㉢ 이하 ㉣ 이하

정답 ④

017 「도로교통법」 및 동법 시행규칙상 운전면허에 대한 설명 중 가장 적절하지 않은 것은? (2020경위)

① 제1종 보통면허로는 승차정원 15명 이하의 승합자동차, 적재중량 12톤 미만의 화물자동차를 운전할 수 있다.
② 제2종 보통면허로는 승차정원 10명 이하의 승합자동차, 적재중량 4톤 이하의 화물자동차를 운전할 수 있다.
③ 운전면허증 소지자가 면허증의 반납사유가 발생하면 그 사유가 발생한 날부터 7일 이내에 반납하여야 한다.
④ 무면허운전 금지를 3회 위반하여 자동차등을 운전한 경우 위반한 날부터 3년간 운전면허 시험응시가 제한된다.

해설

공제회기본서(각론Ⅱ) ①37 ②37 ③38 ④40
④ 무면허운전 금지를 3회 위반하여 자동차등을 운전한 경우 취소(위반)된 날부터 <u>2년간</u> 운전면허 시험응시가 제한된다.

정답 ④

018 운전면허에 대한 설명 중 틀린 것은? (2010경감변형)

① 도로교통법상 운전면허의 효력은 운전면허 시험에 합격한 자가 운전면허증을 본인 또는 그 대리인이 교부받은 때부터 발생한다.
② 임시운전증명서는 「도로교통법」 제91조 및 시행규칙 제88조에 의거 적성검사, 면허증 갱신, 운전면허 취소·정지처분 대상이 된 때 본인의 희망에 따라 발급한다.
③ 국제운전면허증을 발급받은 자라도 운전시 이를 소지하지 않으면 무면허운전으로 처벌된다.
④ 다른 사람을 위하여 운전면허시험에 대리 응시한 때에는 운전면허가 취소된 날부터 1년간 면허시험 볼 기간을 제한한다.

해설

공제회기본서(각론Ⅱ) ①61 ②38 ③40 ④40
④ 다른 사람을 위하여 운전면허시험에 대리 응시한 때에는 운전면허가 취소된 날부터 <u>2년간</u> 면허시험 볼 기간을 제한한다.

정답 ④

019 운전면허에 대한 설명으로 가장 적절하지 않은 것은? (2020경감)

① 제2종 보통면허로는 승차정원 10명 이하의 승합자동차, 적재중량 4톤 이하의 화물자동차, 총중량 3.5톤 이하의 특수자동차(구난차등은 제외한다) 등을 운전할 수 있다.
② 임시운전증명서의 유효기간은 20일 이내로 하되, 운전면허의 취소 또는 정지처분 대상자의 경우 40일 이내로 할 수 있다. 다만, 지방경찰청장이 필요하다고 인정하는 경우 그 유효기간을 1회에 한하여 20일의 범위 이내에서 연장할 수 있다.
③ 제1종 특수면허 중 소형견인차 면허를 가지고 총중량 3.5톤 이하의 견인형 특수자동차를 운전할 수 있다.
④ 국제운전면허증을 발급받은 사람은 국내에 입국한 날부터 1년 동안만 그 국제운전면허증으로 자동차 등을 운전할 수 있다.

> **해설**
>
> 공제회기본서(각론Ⅱ) ①37 ②38 ③37 ④42
> ② 임시운전증명서의 유효기간은 20일 이내로 하되, 운전면허의 취소 또는 정지처분 대상자의 경우 40일 이내로 할 수 있다. 다만, **경찰서장**이 필요하다고 인정하는 경우 그 유효기간을 1회에 한하여 20일의 범위 이내에서 연장할 수 있다.
>
> **정답** ②

020 다음은 「도로교통법」 제96조 국제운전면허증에 의한 자동차 등의 운전에 관한 설명이다. 빈칸의 내용을 가장 적절하게 연결한 것은?　　　　　　　　　　　　　　　　　　　　　(2016경위)

> 외국의 권한 있는 기관에서 도로교통에 관한 협약에 따른 국제운전면허증을 발급받은 사람은 제80조 제1항에도 불구하고 국내에 (㉠)부터 (㉡)동안만 그 국제운전면허증으로 자동차 등을 운전할 수 있다.

① ㉠ 입국한 날 ㉡ 1년　　　　② ㉠ 입국한 날 ㉡ 2년
③ ㉠ 발행한 날 ㉡ 1년　　　　④ ㉠ 발행한 날 ㉡ 2년

> **해설**
>
> 공제회기본서(각론Ⅱ) 42
> 외국의 권한 있는 기관에서 도로교통에 관한 협약에 따른 국제운전면허증을 발급받은 사람은 제80조 제1항에도 불구하고 국내에 (입국한 날)부터 (1년)동안만 그 국제운전면허증으로 자동차 등을 운전할 수 있다.
>
> **정답** ①

021 보기의 괄호 안에 들어갈 숫자를 순서대로 나열한 것 중 가장 적절한 것은?　(2012경위)

> ㉠ 운전면허증 재교부 신청시, 정기 적성검사(면허증 갱신 포함)와 수시 적성검사 신청시 발급되는 임시운전증명서의 유효기간은 ( )일 이내로 하되, 운전면허 취소·정지처분 대상자에게 교부되는 임시운전 증명서의 유효기간은 ( )일 이내로 할 수 있다. 다만, 경찰서장은 필요하다고 인정되는 경우 유효기간을 1회에 한하여 20일의 범위에서 연장할 수 있다.
> ㉡ 도로교통협약의 규정에 의한 운전면허증을 외국에서 발급받은 사람은 도로교통법 제80조 제1항의 규정에도 불구하고 입국한 날로부터 ( )년 동안만 국내에서 그 국제운전면허증으로 자동차 등을 운전할 수 있다.

① 40, 20, 1　　　　② 40, 40, 2
③ 20, 40, 1　　　　④ 20, 20, 1

해설

공제회기본서(각론II) ㉠38 ㉡42

㉠ 임시운전 증명서의 유효기간은 (20)일 이내로 하되, 운전면허 취소·정지처분 대상자에게 교부되는 임시운전 증명서의 유효기간은 (40)일 이내로 할 수 있다. 다만, 경찰서장은 필요하다고 인정되는 경우 유효기간을 1회에 한하여 20일의 범위에서 연장할 수 있다.

㉡ 도로교통협약의 규정에 의한 운전면허증을 외국에서 발급받은 사람은 도로교통법 제80조 제1항의 규정에도 불구하고 입국한 날로부터 (1)년 동안만 국내에서 그 국제운전면허증으로 자동차 등을 운전할 수 있다.

정답 ③

022 운전면허에 대한 설명으로 가장 적절하지 않은 것은? (2019경위)

① 외국 발행의 국제운전면허증은 입국일로부터 1년간 유효하다.
② 임시운전증명서는 유효기간 중 운전면허증과 동일한 효력이 있다.
③ 국제운전면허증을 외국에서 발급받은 사람은 여객자동차 운수사업법에 따른 사업용 자동차를 운전할 수 없다(단, 여객 자동차 운수사업법에 따른 대여사업용 자동차를 임차하여 운전하는 경우는 제외).
④ 연습운전면허를 발급받은 사람은 여객자동차 운수사업법 또는 화물자동차 운수사업법에 따른 사업용 자동차를 운전할 수 있다.

해설

공제회기본서(각론II) ①42 ②38 ③38 ④41

도로교통법 시행규칙 제55조(연습운전면허를 받은 사람의 준수사항)
1. 운전면허(연습하고자 하는 자동차를 운전할 수 있는 운전면허에 한한다)를 받은 날부터 <u>2년이 경과된 사람</u>(소지하고 있는 운전면허의 효력이 정지기간 중인 사람을 제외한다)과 함께 승차하여 그 사람의 지도를 받아야 한다.
2. 「여객자동차 운수사업법」 또는 「화물자동차 운수사업법」에 따른 <u>사업용 자동차를 운전하는 등 주행연습 외의 목적으로 운전하여서는 아니된다.</u>
3. 주행연습 중이라는 사실을 다른 차의 운전자가 알 수 있도록 연습 중인 자동차에 별표 21의 표지를 붙여야 한다.

정답 ④

023 다음 설명과 가장 관련이 깊은 제도는 무엇인가? (2015경감)

> ㉠ 교통법규 준수의 자발적 실천을 유도하여 교통사고 및 교통법규 위반을 운전자 스스로 줄이고자 하는 제도
> ㉡ 무위반·무사고 서약을 하고 1년간 실천하면 운전면허 벌점을 공제할 수 있는 10점의 특혜점수를 부여하는 제도

① 착한운전마일리지 제도
② 임시운전증명서 제도
③ 국제운전면허 제도
④ 특별교통안전교육 제도

해설

공제회기본서(각론Ⅱ) 43
① 설문은 <u>착한운전마일리지 제도</u>에 대한 내용이다.

정답 ①

---

024 착한운전마일리지에 대한 설명으로 가장 적절하지 않은 것은? (2015경위)

① 무위반·무사고 서약을 하여야 한다.
② 1년간 무위반·무사고 서약을 실천하여야 한다.
③ 위 ①, ②를 실천한 경우 1년을 기준으로 운전면허 특혜점수 10점을 부여한다.
④ 부여된 10점의 운전면허 특혜점수는 1년 이내에 사용하지 않으면 모두 소멸된다.

해설

공제회기본서(각론Ⅱ) 43
④ 부여된 10점의 운전면허 특혜점수는 <u>기간에 관계 없이 정지처분 받게 될 경우 누산점수에서 공제</u>한다.

정답 ④

025 운전면허 행정처분 결과에 따른 결격 대상자 중 결격기간이 나머지와 다른 것은 무엇인가? (2013경위)
① 2회 이상 음주운전 또는 2회 이상 측정거부로 운전면허가 취소된 경우
② 다른 사람이 부정하게 운전면허를 받도록 하기 위하여 운전면허 시험에 대리응시한 경우
③ 허위·부정한 수단으로 운전면허를 받거나, 정지기간 중 운전면허증을 교부받은 경우
④ 자동차 등을 이용하여 범죄행위를 하거나 다른 사람의 자동차를 절취 또는 빼앗은 사람이 무면허로 운전한 경우

해설

공제회기본서(각론Ⅱ) 40
① 2회 이상 음주운전 또는 2회 이상 측정거부로 운전면허가 취소된 경우 - 2년
② 다른 사람이 부정하게 운전면허를 받도록 하기 위하여 운전면허 시험에 대리응시한 경우 - 2년
③ 허위·부정한 수단으로 운전면허를 받거나, 정지기간 중 운전면허증을 교부받은 경우 - 2년
④ 자동차 등을 이용하여 범죄행위를 하거나 다른 사람의 자동차를 절취 또는 빼앗은 사람이 무면허로 운전한 경우 - 3년

〈면허취득 제한기간〉

```
5년(5글자): 과음무공(뺑), 음주운전(사)
4년(4글자): 나머지뺑
3년(3글자): 음2교(음주운전으로 2회이상 교통사고)
            범죄무(자동차이용범죄/자동차강절도 + 무면허)
2년(2글자): 공2, 음2, 무3, 음교, 부정, 강절
1년: ㉠ 그 외 사유(예: 무면허운전, 자동차이용범죄 등)
     ㉡ 공동위험행위로 취소된 자가 원자면허 받으려는 경우
6개월: "2~5년 제한사유 이외 사유로 면허취소된 자"가 원자면허 받으려는 경우
즉시가능: ㉠ 적성검사를 받지 아니하거나 적성검사에 불합격하여 면허취소된 경우
          ㉡ 제1종 적성기준 불합격으로 제2종면허 받으려는 경우
```

정답 ④

제 3 절 주취운전 및 난폭운전

026 음주운전 단속 및 처벌에 대한 설명으로 가장 적절하지 않은 것은?(다툼이 있으면 판례에 의함)

(2020경감)

① 음주측정 시에 사용하는 불대는 1회 1개 사용함을 원칙으로 한다.
② 호흡측정기에 의한 음주측정치와 혈액검사에 의한 음주측정치가 불일치할 경우 혈액검사에 의한 음주측정치가 우선한다.
③ 음주로 인한 특정범죄가중처벌 등에 관한 법률 위반(위험운전치사상)죄와 도로교통법 위반(음주운전)죄는 실체적 경합관계에 있다.
④ 음주운전 최초 위반 시 혈중알코올농도가 0.15퍼센트인 경우 2년 이상 5년 이하의 징역이나 1천만원 이상 2천만원 이하의 벌금에 처한다.

해설

공제회기본서(각론Ⅱ) ①46 ②47 ③49 ④16
④ 음주운전 최초 위반 시 혈중알코올농도가 <u>0.2퍼센트 이상인 경우</u> 2년 이상 5년 이하의 징역이나 1천만원 이상 2천만원 이하의 벌금에 처한다.

정답 ④

027 음주운전으로 운전면허 취소처분 또는 정지처분을 받았을 때 일정 요건을 갖춘 경우 면허행정처분을 감경하는 경우가 있다. 이때 「도로교통법 시행규칙」상 감경 제외 사유로 규정된 것이 아닌 것은?

(2020경위)

① 혈중알코올농도 0.1퍼센트를 초과하여 운전한 경우
② 음주운전 중 인적피해 교통사고를 일으킨 경우
③ 과거 3년 이내에 3회 이상의 인적피해 교통사고의 전력이 있는 경우
④ 과거 5년 이내에 음주운전 전력이 있는 경우

해설

공제회기본서(각론Ⅱ) 39
③ 과거 <u>5년 이내에 3회 이상의 인적피해 교통사고</u>의 전력이 있는 경우

정답 ③

028 음주운전 또는 교통사고에 대한 판례의 태도로 가장 적절하지 않은 것은? (2019경위)

① 아파트 단지 내 통행로가 왕복 4차선의 외부도로와 직접 연결되어 있고, 외부차량의 통행에 제한이 없으며, 별도의 주차 관리인이 없다면 도로교통법 상 도로에 해당한다.
② 교통사고의 결과가 피해자의 구호 및 교통질서의 회복을 위한 조치가 필요한 상황인 이상 교통사고 발생 시의 구호조치의무 및 신고의무는 교통사고를 발생시킨 당해 차량의 운전자에게 그 사고 발생에 있어서 고의·과실 혹은 유책·위법의 유무에 관계없이 부과된 의무라고 해석함이 타당하고, 당해 사고의 발생에 귀책사유가 없는 경우에도 위 의무가 없다고 할 수 없다.
③ 신호위반으로 교통사고를 야기한 자가 통고처분을 받아 신호 위반의 범칙금을 납부하였다고 하더라도, 교통사고처리 특례법 상 신호위반으로 인한 업무상과실치상죄로 처벌하는 것이 이중처벌에 해당한다고 볼 수 없다.
④ 약물 등의 영향으로 정상적으로 운전하지 못할 우려가 있는 상태에서 자동차 등을 운전하였다고 인정하려면, 약물 등의 영향으로 인하여 현실적으로 '정상적으로 운전하지 못할 상태'에 이르러야만 한다.

> **해설**
>
> 공제회 기본서(각론 II) ①63 ②57 ③66 ④63
> ④ 약물 등의 영향으로 정상적으로 운전하지 못할 우려가 있는 상태에서 자동차 등을 운전하였다고 인정하려면, **약물 등의 영향으로 인하여 '정상적으로 운전하지 못할 우려가 있는 상태'에서 운전을 하면 바로 성립하고, 현실적으로 '정상적으로 운전하지 못할 상태'에 이르러야만 하는 것은 아니다.** (2010도11272)
>
> **정답** ④

029 판례에 대한 설명 중 가장 적절하지 않은 것은? (2012경감)

① 약물 등의 영향으로 정상적으로 운전하지 못할 우려가 있는 상태에서 자동차 등을 운전하였다고 인정하려면, 약물 등의 영향으로 인하여 '정상적으로 운전하지 못할 우려가 있는 상태'에서 운전을 하면 바로 성립하고, 현실적으로 '정상적으로 운전하지 못할 상태'에 이르러야만 하는 것은 아니다.
② 음주감지기에서 음주반응이 나온 경우, 그것만으로 술에 취한 상태에 있다고 인정할 만한 상당한 이유가 있다고 볼 수 없다.
③ 술에 취한 피고인이 자동차 안에서 잠을 자다가 추위를 느껴 히터를 가동하기 위하여 시동을 걸었고, 실수로 제동장치 등을 건드렸다고 하더라도 자동차가 움직였으면 음주운전에 해당된다.
④ 물로 입안을 헹굴 기회를 달라는 요구를 무시한 채 호흡측정기로 혈중알콜농도를 측정하여 음주운전 단속수치가 나왔다고 하더라도 음주운전을 하였다고 단정할 수 없다.

> **해설**
>
> 공제회기본서(각론Ⅱ) ①63 ②49 ③49 ④49
> ③ '운전'이라 함은 도로에서 차를 그 본래의 사용방법에 따라 사용하는 것으로, 운전의 개념은 '목적적 요소를 포함'하는 것이므로 고의의 운전행위만을 의미하고 **자동차 안에 있는 사람의 의지나 관여 없이 자동차가 움직인 경우에는 운전에 해당하지 않는다.**
>
> **정답** ③

제4절 교통사고

030 교통사고현장에 나타나는 현상에 관한 설명으로 가장 적절한 것은? (2015경감)

① 요마크(Yaw Mark) – 급격한 속도증가로 바퀴가 제자리에서 회전할 때 주로 나타나며 오직 구동바퀴에서만 발생하는 것이 특징이다.
② 스키드마크(Skid Mark) – 자동차가 급제동하면서 바퀴가 구르지 않고 미끄러질 때 나타나며 좌·우측 타이어의 흔적이 대체로 동등하게 나타나는 것이 특징이다.
③ 가속스커프(Acceleration Scuff) – 마치 호미로 노면을 판 것 같이 짧고 깊게 패인 가우지 마크로서 차량 간의 최대 접속시 만들어진다.
④ 칩(Chip) – 급핸들 조향으로 바퀴는 회전을 계속하면서 차축과 평행하게 옆으로 미끄러진 타이어 흔적을 말하며 주로 빗살무늬 흔적의 형태를 보인다.

> **해설**
>
> 공제회기본서(각론Ⅱ) 54,55
> ① 가속스커프(Acceleration Scuff)에 대한 설명임
> ② ○
> ③ 칩(Chip)에 대한 설명임
> ④ 요마크(Yaw Mark)에 대한 설명임
>
> **정답** ②

031 다음은 안전거리에 관한 설명이다. 빈칸에 들어갈 용어가 가장 적절하게 연결된 것은? (2015경감)

> 운전자가 위험을 느끼고 브레이크를 밟았을 때 자동차가 제동되기 시작하기까지의 사이에 주행하는 거리를 (㉠)라 하고, 자동차가 실제로 제동되기 시작하여 정지하기까지의 거리를 (㉡)라 하며, 이 둘을 더한 거리를 (㉢)라 한다.

① ㉠ 공주거리 ㉡ 제동거리 ㉢ 정지거리
② ㉠ 제동거리 ㉡ 정지거리 ㉢ 공주거리
③ ㉠ 정지거리 ㉡ 제동거리 ㉢ 공주거리
④ ㉠ 공주거리 ㉡ 정지거리 ㉢ 제동거리

해설

공제회기본서(각론Ⅱ) 54
① 운전자가 위험을 느끼고 브레이크를 밟았을 때 자동차가 제동되기 시작하기까지의 사이에 주행하는 거리를 <u>공주거리</u>라 하고, 자동차가 실제로 제동되기 시작하여 정지하기까지의 거리를 <u>제동거리</u>라 하며, 이 둘을 더한 거리를 <u>정지거리</u>라 한다.

정답 ①

032 「교통사고처리 특례법」에 관한 설명으로 가장 적절하지 않은 것은? (2016경감)

① 업무상과실 또는 중대한 과실로 교통사고를 일으킨 운전자에 관한 형사처벌의 특례를 정하고 있다.
② 교통사고로 인한 피해의 신속한 회복을 촉진하는 데 그 목적이 있다.
③ 국민생활의 편익을 증진하는 데 그 목적이 있다.
④ 가해 운전자의 형사처벌을 면제하는 데 그 목적이 있다.

해설

공제회기본서(각론Ⅱ) 52
④ <u>가해 운전자의 형사처벌을 면제하는 것에 목적이 있지 않다.</u>
※ 「교통사고처리 특례법」 제1조 "업무상과실 또는 중대한 과실로 교통사고를 일으킨 운전자에 대한 형사처벌의 특례를 정함으로써 교통사고로 인한 피해의 신속한 회복을 촉진하고 국민생활의 편익을 증진함을 목적으로 한다."

정답 ④

033 「교통사고처리 특례법」 제3조 제2항 단서의 '처벌특례 항목'에 해당하지 않는 것을 모두 고른 것은?

(2017경감)

> ㉠ 중앙선을 침범한 경우
> ㉡ 제한속도를 시속 10킬로미터 초과하여 운전한 경우
> ㉢ 고속도로에서의 끼어들기 방법을 위반하여 운전한 경우
> ㉣ 철길건널목 통과방법을 위반하여 운전한 경우
> ㉤ 횡단보도에서의 보행자 보호의무를 위반하여 운전한 경우
> ㉥ 정지선을 침범한 경우
> ㉦ 보도 횡단방법을 위반하여 운전한 경우

① ㉠, ㉡, ㉣
② ㉡, ㉢, ㉥
③ ㉢, ㉣, ㉥
④ ㉤, ㉥, ㉦

해설

공제회기본서(각론Ⅱ) 18

㉡, ㉢, ㉥은 '특례12개 항목'에 해당하지 않는다.(교통사고처리 특례법 제3조 제2항 단서)

「교통사고처리 특례법」 제3조 제2항 단서의 '처벌특례 항목'

(철길앞횡단어린이/신중무음속보/추추)

1. 신호기가 표시하는 신호 또는 교통정리를 하는 경찰공무원등의 신호를 위반하거나 통행금지 또는 일시정지를 내용으로 하는 안전표지가 표시하는 지시를 위반하여 운전한 경우
2. 중앙선을 침범하거나 같은 법 제62조를 위반하여 횡단, 유턴 또는 후진한 경우
3. 제한속도를 시속 20킬로미터 초과하여 운전한 경우
4. 앞지르기의 방법·금지시기·금지장소 또는 끼어들기의 금지를 위반하거나 고속도로에서의 앞지르기 방법을 위반하여 운전한 경우
5. 철길건널목 통과방법을 위반하여 운전한 경우
6. 횡단보도에서의 보행자 보호의무를 위반하여 운전한 경우
7. 운전면허 또는 건설기계조종사면허를 받지 아니하거나 국제운전면허증을 소지하지 아니하고 운전한 경우(무면허)
8. 술에 취한 상태에서 운전을 하거나 약물의 영향으로 정상적으로 운전하지 못할 우려가 있는 상태에서 운전한 경우(음주운전)
9. 보도가 설치된 도로의 보도를 침범하거나 보도 횡단방법을 위반하여 운전한 경우
10. 승객의 추락 방지의무를 위반하여 운전한 경우
11. 어린이 보호구역에서 어린이의 안전에 유의하면서 운전하여야 할 의무를 위반하여 어린이의 신체를 상해에 이르게 한 경우
12. 자동차의 화물이 떨어지지 아니하도록 필요한 조치를 하지 아니하고 운전한 경우(화물추락방지)

정답 ②

034 「교통사고처리특례법」 제3조에 규정된 처벌의 특례 12개 조항에 해당하지 않는 것은? (2015경감)

① 신호위반으로 인한 사고
② 무면허 운전으로 인한 사고
③ 횡단보도 보행자보호의무 위반으로 인한 사고
④ 안전거리 미확보로 인한 사고

> **해설**
> 공제회기본서(각론Ⅱ) 18
> ④ 안전거리 미확보로 인한 사고는 특례 12개 조항이 아니다.
>
> **정답** ④

035 「교통사고처리특례법」 제3조(처벌의 특례) 제2항 각호에 규정된 12개 예외 항목에 해당하지 않는 것은? (2018경위)

① 일시정지를 내용으로 하는 안전표지가 표시하는 지시를 위반하여 운전한 경우
② 교차로 통행방법을 위반하여 운전한 경우
③ 횡단보도에서의 보행자 보호의무를 위반하여 운전한 경우
④ 승객의 추락 방지의무를 위반하여 운전한 경우

> **해설**
> 공제회기본서(각론Ⅱ)18
> ② 교차로 통행방법 위반은 처벌특례조항(12개)이 아니다.
>
> **정답** ②

036 「교통사고조사규칙」상 교통사고처리에 관한 설명 중 가장 적절하지 않은 것은? (2014경감)

① 사람을 사망하게 한 교통사고의 가해자는 「교통사고처리특례법」 제3조 제1항을 적용하여 기소의견으로 송치한다.
② 교통사고를 야기한 차의 운전자가 피해자를 구호하는 등 「도로교통법」 제54조 제1항의 규정에 따른 조치를 취하지 아니하고 도주한 사고 중, 인피사고는 「도로교통법」 제148조를 적용하여 기소의견으로 송치한다.
③ 사람을 다치게 한 교통사고로써 피해자가 가해자에 대하여 처벌을 희망하지 아니하는 의사표시가 없거나 「교통사고처리특례법」 제3조 제2항 단서에 해당하는 경우에는 「교통사고처리특례법」 제3조 제1항을 적용하여 기소의견으로 송치한다.
④ 1,000만원의 피해가 발생한 물피사고 중 피해자가 가해자에 대하여 처벌을 희망하지 아니하는 의사표시가 없거나 보험 등에 가입되지 아니한 경우에는 「도로교통법」 제151조를 적용하여 기소의견으로 송치한다.

> **해설**

공제회 기본서(각론 II) ①17 ②18 ③17 ④없음
② 교통사고를 야기한 차의 운전자가 피해자를 구호하는 등 「도로교통법」 제54조 제1항의 규정에 따른 조치를 취하지 아니하고 도주한 사고 중, 인피사고는 **특가법 제5조의 3을 적용**하여 기소의견으로 송치한다.

정답 ②

037 교통사고와 관련된 내용으로 가장 적절하지 않은 것은?(다툼이 있으면 판례에 의함) (2020경감)

① 교통사고로 인한 물적 피해가 경미하고 파편이 도로상에 비산되지도 않았다고 하더라도, 가해차량이 즉시 정차하는 등 필요한 조치를 취하지 아니한 채 그대로 도주한 경우에는 「도로교통법」 제54조 제1항 위반죄가 성립한다.
② 보행자가 횡단보도 보행신호등의 녹색등화의 점멸신호 전에 횡단을 시작하였다면, 보행신호등의 녹색등화가 점멸하고 있는 동안에 횡단보도를 통행하고 있다 해도 횡단보도에서의 보행자 보호의무의 대상이 되지 않는다.
③ 교통조사관은 「교통사고조사규칙」에 따라 차대차 사고로서 당사자 간의 과실이 동일한 경우 피해가 경한 당사자를 선순위로 지정한다.
④ 택시 운전자인 甲이 교차로에서 적색등화에 우회전하다가 신호에 따라 진행하던 乙의 승용차를 충격하여 乙에게 상해를 입혔다면, 당해 사고는 「교통사고처리 특례법」 제3조 제2항 단서 제1호에서 정한 '신호위반'으로 인한 사고에 해당하지 아니한다.

> **해설**

공제회 기본서(각론 II) ①59 ②63 ③64 ④67
② 보행신호등의 **녹색등화의 점멸신호 전에 횡단을 시작하였는지 여부를 가리지 아니하고 보행신호등의 녹색등화가 점멸하고 있는 동안에 횡단보도를 통행하는 모든 보행자는 횡단보도에서의 보행자 보호의무의 대상이 된다**(대판2007도9598).

정답 ②

038 교통과에 근무하는 경찰관 甲이 교통사고를 처리할 때 각 유형별 법률 적용이 가장 적절하지 않은 것은?(단, 교통사고처리 특례법, 도로교통법, 특정범죄가중처벌 등에 관한 법률 이외의 법률적용은 논외로 하고 자동차 보험 등에 가입되어 있음을 전제함) (2012경위)

① 운전자 A가 치사사고를 발생시켰을 경우 교통사고처리특례법을 적용하여 형사입건 처리하였다.
② 운전자 B가 치상사고를 발생시켜 피해자가 중상해를 입은 경우 피해자와 합의가 되지 않아 교통사고처리특례법을 적용하여 형사입건 처리하였다.
③ 운전자 C가 필로폰을 복용하여 정상적인 운전이 곤란한 상태에서 자동차를 운전하여 사람을 상해한 경우 특정범죄가중처벌 등에 관한 법률을 적용하여 형사입건 처리하였다.
④ 운전자 D가 단순 물적피해를 야기한 경우라도 도주하였다가 검거된 경우에는 특정범죄가중처벌 등에 관한 법률을 적용하여 형사입건 처리하였다.

해설

공제회기본서(각론Ⅱ) ①17 ②18 ③18 ④18
④ 단순 물적피해를 야기하고 도주한 경우에는 <u>도로교통법 제148조를 적용</u>하여 형사입건 처리.

정답 ④

039 교통사고와 관련된 내용으로 가장 적절하지 않은 것은?(다툼이 있으면 판례에 의함) (2017경감)

① 신호위반으로 교통사고를 일으킨 사람이 통고처분을 받아 신호위반의 범칙금을 납부하였다면, 「교통사고처리 특례법」상 신호위반으로 인한 업무상과실치상죄의 죄책을 물을 수 없다.
② 교차로와 횡단보도가 연접하여 설치되어 있고 차량용 신호기는 교차로에만 설치된 경우, 교차로의 차량신호등이 적색이고 교차로에 연접한 횡단보도 보행등이 녹색인 경우에 차량 운전자가 위 횡단보도 앞에서 정지하지 아니하고 횡단보도를 지나 우회전하던 중 업무상과실치상의 결과가 발생하면 「교통사고처리 특례법」 제3조 제1항, 제2항 단서 제1호의 '신호위반'에 해당한다.
③ 「특정범죄 가중처벌 등에 관한 법률」 제5조의3 도주차량운전자에 대한 가중처벌규정과 관련하여, 차의 교통으로 인한 업무상과실치사상의 사고는 「도로교통법」이 정하는 도로에서의 교통사고로 제한되지 않는다.
④ 「교통사고조사규칙」에 따라 차대차 사고로서 당사자 간의 과실이 동일한 경우 피해가 경한 당사자를 선순위로 지정한다.

해설

공제회기본서(각론Ⅱ) ①66 ②67 ③62 ④64
① 신호위반이라는 범칙행위와 별개인 형사범죄행위에 대하여 죄책을 물어도 <u>이중처벌이나 일사부재리원칙에 위배되지 않는다</u>.

정답 ①

040 교통사고에 대한 판례의 태도로 가장 적절하지 않은 것은?(다툼이 있는 경우 판례에 의함) (2018경감)

① 음주로 인한 특정범죄가중처벌 등에 관한 법률 위반(위험운전치사상)죄와 도로교통법 위반(음주운전)죄가 모두 성립하는 경우 두 죄는 실체적 경합관계에 있다.
② 택시 운전자인 甲이 교차로에서 적색등화에 우회전하다가 신호에 따라 진행하던 乙의 승용차를 충격하여 乙에게 상해를 입혔다면 「교통사고처리 특례법」 제3조 제2항 단서 제1호에서 정한 '신호위반'으로 인한 사고에 해당한다.
③ 「특정범죄 가중처벌 등에 관한 법률」 제5조의3 도주차량죄의 교통사고는 「도로교통법」이 정하는 도로에서의 교통사고에 제한되지 않는다.
④ 보행자가 횡단보도 보행신호등의 녹색등화의 점멸신호 전에 횡단을 시작하였는지 여부를 가리지 아니하고 보행신호등의 녹색등화가 점멸하고 있는 동안에 횡단보도를 통행하는 모든 보행자는 횡단보도에서의 보행자 보호의무의 대상이 된다.

[해설]

공제회기본서(각론Ⅱ) ①49 ②67 ③62 ④63
② 신호위반에 해당하지 않는다.

정답 ②

---

041 다음 설명 중 가장 적절하지 않은 것은?(다툼이 있으면 판례에 의함) (2015경위)

① 화물차를 주차한 상태에서 적재된 상자 일부가 떨어지면서 지나가던 피해자에게 상해를 입힌 경우, 교통사고로 볼 수 없다.
② 연속된 교통사고로 피해자가 사망한 경우 후행 교통사고 운전자에게 책임을 물으려면 후행 교통사고를 일으킨 사람이 주의의무를 게을리 하지 않았다면 피해자가 사망에 이르지 않았을 것이라는 사실이 증명되어야 한다.
③ 「특정범죄 가중처벌 등에 관한 법률」 제5조의3 도주차량죄의 교통사고는 도로교통법이 정하는 도로에서의 교통사고로 제한하여야 한다.
④ 아파트 단지 내 통행로가 왕복 4차선의 외부도로와 직접 연결되어 있고, 외부차량의 통행에 제한이 없으며, 별도의 주차관리인이 없다면 도로교통법상 도로에 해당된다.

[해설]

공제회기본서(각론Ⅱ) ①59 ②65 ③62 ④63
③ 「특정범죄 가중처벌 등에 관한 법률」 제5조의3 도주차량죄의 교통사고는 도로교통법이 정하는 도로에서의 교통사고로 제한되지 않는다.

정답 ③

042 교통사고와 관련된 판례의 입장으로 가장 옳지 않은 것은? (2011경감)

① 신호위반으로 교통사고를 야기한 자가 이미 신호위반의 범칙금을 납부하였다면, 「교통사고처리특례법」상 신호위반으로 인한 업무상과실치상죄의 죄책을 묻는 것은 이중처벌에 해당된다.
② 횡단보도 내에서 택시를 잡기 위하여 앉아 있는 사람을 충격한 운전자의 경우에는 보행자 보호의무 불이행의 책임을 물을 수 없다.
③ 고속도로를 운행하는 자동차의 운전자로서는 일반적인 경우에 고속도로를 횡단하는 보행자가 있을 것까지 예견하여 보행자와의 충돌사고를 예방하기 위하여 급정차 등의 조치를 취할 수 있도록 대비하면서 운전할 주의의무가 없다.
④ 횡단보행자용 신호기의 신호가 보행자 통행신호인 녹색으로 되었을 때 차량운전자가 그 신호를 따라 횡단보도 위를 보행하는 자를 충격하였을 경우에는 「교통사고처리특례법」상 신호위반의 책임을 물을 수 없다.(단, 차량의 운행용 신호기는 고려치 않음)

> **해설**
>
> 공제회기본서(각론Ⅱ) ①66 ②52(유사한 예시) ③66 ④없음
> ① "통고처분을 받게 된 범칙행위와 교통사고처리특례법 제3조 제1항 위반죄는 그 행위의 성격 및 내용이나 죄질, 피해법익 등에 현저한 차이가 있어 동일성이 인정되지 않는 별개의 범죄행위라고 보아야 할 것이므로, 통고처분을 받아 <u>범칙금을 납부하였다고 하더라도 업무상과실치상죄로 처벌하는 것이 이중처벌에 해당한다고 볼 수 없다.</u>"(대판 2006도4322)
>
> **정답** ①

043 교통사고에 대한 판례의 태도로 가장 적절하지 않은 것은? (2019경감)

① 신호위반으로 교통사고를 일으킨 사람이 통고처분을 받아 신호 위반의 범칙금을 납부하였다고 하더라도, 교통사고처리 특례법 상 신호위반으로 인한 업무상과실치상죄로 처벌하는 것이 이중처벌에 해당한다고 볼 수 없다.
② 교통사고 피해자가 2주간의 치료를 요하는 경미한 상해를 입었다는 사정만으로 사고 당시 피해자를 구호할 필요가 없었다고 단정 지을 수 없다.
③ 음주로 인한 특정범죄가중처벌 등에 관한 법률 위반(위험운전치사상)죄와 도로교통법 위반(음주운전)죄가 모두 성립하는 경우 두 죄는 실체적 경합관계에 있다.
④ 특정범죄 가중처벌 등에 관한 법률 제5조의3 도주차량 운전자의 가중처벌 규정과 관련하여, 차의 교통으로 인한 업무상과실치사상의 사고는 도로교통법이 정하는 도로에서의 교통사고로 한정된다.

> **해설**
>
> 공제회기본서(각론Ⅱ) ①66 ②59 ③49 ④62
> ④ 특정범죄가중처벌등에관한법률 제5조의3 소정의 도주차량운전자에 대한 가중처벌규정은 입법취지에 비추어 볼 때 여기에서 말하는 차의 교통으로 인한 업무상과실치사상의 사고를 도로교통법이 정하는 <u>도로에서의 교통사고의 경우로 제한하여 새겨야 할 아무런 근거가 없다.</u>(대판 2004도3600)
>
> **정답** ④

CHAPTER 05 정보경찰활동

제 1 절 경찰정보활동의 이해

001 경찰정보활동에 대한 설명으로 가장 적절하지 않은 것은? (2019경위)

① '견문'이란 경찰관이 공 사생활을 통하여 보고 들은 국내외의 정치·경제·사회·문화 등 제 분야에 관한 각종 보고자료를 말한다.
② '정보상황보고'란 매일 전국의 사회갈등이나 집회시위 상황을 정리하여 그 다음 날 아침에 경찰 내부와 정부 각 기관에 전파하는 보고서이다.
③ '정보판단(대책)서'란 신고된 집회계획 또는 정보관들이 입수한 미신고 집회 개최계획 등을 파악하고 이 중 경찰력을 필요로 하는 중요 집회에 대해 미리 작성하여 경비·수사 등 관련기능에 전파하는 보고서이다.
④ '정책정보보고서'란 정부 정책의 문제점을 파악하고 그 개선책을 보고하는 데 주안점을 두는 정보보고이며, '예방적 상황정보'라고 볼 수 있다.

해설

공제회기본서(각론Ⅱ) ①75 ②75 ③75 ④76
② '정보상황보고'란 일반적으로 '상황속보' 또는 '속보'로 불리며 집회·시위 등 공공의 갈등 상황 및 갈등이 우려되는 사안에 대해 경찰 내부 또는 필요 시 경찰 외부에까지 전파하는 보고(서)를 말한다.
※ 매일 전국의 사회갈등이나 집회시위 상황을 정리하여 그 다음 날 아침에 경찰 내부와 정부 각 기관에 전파하는 보고서는 **중요상황보고서**이다.

정답 ②

002 상황정보에 관한 설명으로 가장 적절하지 않은 것은? (2016경감)

① 속보는 사회갈등이나 집회시위와 관련한 경우가 대부분이다.
② 정확한 보고를 위해 반드시 형식을 갖춘 보고서에 의한다.
③ 본질상 제1보, 제2보 등의 형식을 취하는 경우가 많다.
④ 필요시 경찰 외부에도 전파하는 시스템으로 운용되고 있다.

해설

공제회기본서(각론Ⅱ) 100,101
② 반드시 형식을 갖춘 보고서에 의할 필요는 없다.(속보의 생명은 신속성이기 때문에 보고 형식 자체가 중요하다 할 수는 없지만 6하원칙에 맞춰 보고하는 것이 원칙이다.)

정답 ②

003 정보의 분류에 대한 설명 중 가장 적절하지 않은 것은? (2013경위)

① 사용목적에 따른 분류 : 적극정보, 소극(보안)정보
② 분석형태에 따른 분류 : 기본정보, 현용정보, 판단정보
③ 정보출처에 따른 분류 : 정치정보, 경제정보, 사회정보, 군사정보, 과학정보
④ 수집활동에 따른 분류 : 인간정보, 기술정보

해설

공제회기본서(각론Ⅱ) 84
③ <u>정보요소에 따른 분류</u> : 정치정보, 경제정보, 사회정보, 군사정보, 과학정보
〈정보의 분류〉 (수략술/분기현판/목적소/활인기)

사용<u>수</u>준에 따라	전략정보(국가정보), 전술정보(부문정보) ※ 성질에 따라 - 전략, 전술, 방첩
<u>분</u>석형태(기능)에 따라	<u>기</u>본정보, <u>현</u>용정보, <u>판</u>단정보
사용<u>목</u>적(대상)에 따라	<u>적</u>극정보, <u>소</u>극정보(보안정보)
수집활동에 따라	<u>인</u>간정보, <u>기</u>술정보
요소에 따라	정치정보, 경제정보, 사회정보, 군사정보, 과학정보, 산업정보
입수형태에 따라	직접정보, 간접정보
정보출처에 따라	공개여부(공개/비밀) 입수단계(근본/부차) 주기성(정기/우연)

정답 ③

---

004 정보의 분류에 대한 다음 설명 중 가장 적절하지 않은 것은? (2014경위)

① 정보요소에 따른 분류 : 정치정보, 경제정보, 사회정보, 군사정보, 과학정보
② 정보출처에 따른 분류 : 근본-부차적 출처, 정기-우연 출처, 비밀-공개 출처
③ 사용목적에 따른 분류 : 전략정보, 전술정보
④ 분석형태에 따른 분류 : 기본정보, 현용정보, 판단정보

해설

공제회기본서(각론Ⅱ) 84
③ <u>사용수준에 따른 분류</u> : 전략정보, 전술정보

정답 ③

005 셔먼 켄트(Sherman Kent)는 정보의 사용자가 과거, 현재, 미래의 사항에 관심을 가지고 있다는 이론에 근거하여 정보를 3가지로 분류하였다. 이중 다음 보기와 가장 관련이 깊은 정보는? (2014경감)

> 과거와 현재를 바탕으로 하여 미래의 가능성을 예측한 평가정보로서 정책결정자에게 정책의 결정에 필요한 사전적인 지식을 제공하는 기능을 한다.

① 기본정보 ② 현용정보
③ 보안정보 ④ 판단정보

해설

공제회기본서(각론Ⅱ) 86
④ 설문은 **판단정보**에 대한 내용이다.
※ 켄트는 정보의 사용자가 과거, 현재, 미래의 사항에 관심을 가지고 있다는 이론에 근거하여 정보를 기본정보, 현용정보, 판단정보로 분류한다.

정답 ④

---

006 정보를 출처에 따라 분류할 때 그 설명 중 가장 적절한 것은? (2020경위)

① 근본출처정보는 정보출처에 대한 별다른 보호조치가 없더라도 상시적으로 정보를 획득할 것으로 기대되는 출처로부터 얻어진 정보이다.
② 비밀출처정보란 정보관이 의도한 정보입수의 시점과는 무관하게 얻어지는 정보이다.
③ 정기출처정보는 정기적으로 정보를 획득할 수 있는 출처로부터 얻은 정보로 일반적으로 우연출처정보에 비해 출처의 신빙성과 내용의 신뢰성 면에서 우위를 점한다고 볼 수 없다.
④ 간접정보란 중간매체가 있는 경우의 정보로 정보관은 이들 매체를 통해 정보를 감지하게 되지만 사실은 그 내용에 해당 매체의 주관이나 편견이 개입될 소지가 있다는 면에서 직접정보에 비해 출처의 신빙성과 내용의 신뢰성이 낮게 평가될 여지가 있다.

해설

공제회기본서(각론Ⅱ) 85
① **공개출처정보**는 정보출처에 대한 별다른 보호조치가 없더라도 상시적으로 정보를 획득할 것으로 기대되는 출처로부터 얻어진 정보이다.
② **우연출처정보**란 정보관이 의도한 정보입수의 시점과는 무관하게 얻어지는 정보이다.
③ **정기출처정보**는 정기적으로 정보를 획득할 수 있는 출처로부터 얻은 정보로 일반적으로 우연출처정보에 비해 출처의 신빙성과 내용의 신뢰성 면에서 우위를 점한다고 볼 수 있다.
④ ○

〈출처에 따른 정보의 분류〉

㉠ <u>근본출처정보(직접정보)</u> - 정보를 수집하는 데 있어서 중간매체가 개입되지 않는 경우의 정보(정보관이 직접 체험한 정보)로 부차적 출처정보(간접정보)에 비해 출처의 신빙성과 내용의 신뢰성 면에서 우위를 점한다고 볼 수 있다.

㉡ <u>부차적 출처정보(간접정보)</u> - 중간매체가 있는 경우의 정보(TV, 라디오, 신문 등의 공개출처정보들이 대표적)로 정보관은 이들 매체를 통해 정보를 감지하게 되지만 사실은 그 내용에 해당 매체의 주관이나 편견이 개입될 소지가 있다는 면에서 근본출처정보에 비해 출처의 신빙성과 내용의 신뢰성이 낮게 평가될 여지가 있다.

㉠ <u>정기출처정보</u> - 정기적으로 정보를 획득할 수 있는 출처로부터 얻은 정보(정보입수의 시간적 간격이 일정하거나 정보입수의 시점을 정보관이 통제하고 있는 경우)로 정기간행물, 일간신문, 정시뉴스 등은 공개출처정보인 경우이고, 정기적으로 정보를 제공하는 형태로 운용되는 공작원(agent) 또는 협조자 등은 비밀출처정보의 경우이다. 일반적으로 정기출처정보가 우연출처정보에 비해 출처의 신빙성과 내용의 신뢰성 면에서 우위를 점한다고 볼 수 있다.

㉡ <u>우연출처정보</u> - 정보관(Intelligence Officer)이 의도한 정보입수의 시점과는 무관하게 부정기적으로 얻어지는 정보를 일컫는 개념이다

㉠ <u>비밀출처정보</u> - 그 출처가 외부에 노출될 경우 출처로서의 기능을 상실하게 되는 것은 물론이고 출처의 입장이 난처해질 우려가 있기 때문에 외부로부터 강력히 보호를 받아야 하는 출처를 말한다. 예를 들어 국가정보기관과 부문정보기관에서 정보의 수집과 생산 등에 종사하는 정보관이 대표적이다(국가정보기능이라는 관점에서 정보관도 하나의 출처임) 보안 이를 성보관에 비밀리에 권리히는 공작원이나 협조자, 귀순자 등은 물론 외교관, 주재관 등이 비밀출처에 포함된다.

㉡ <u>공개출처정보</u> - 정보출처에 대한 별다른 보호조치가 없더라도 상시적으로 정보를 획득할 것으로 기대되는 출처로부터 얻어진 정보를 의미한다.

※ 공개출처정보가 얻어지는 출처의 예로는 신문, 방송, 여행객, 전화번호부, 연구기관의 보고서, 기타 공개된 자료 등을 들 수 있다.
※ 비밀출처라고 해서 반드시 공개출처에 비해 신뢰성이 높거나 그 반대의 경우인 것은 아니다. 일반적으로는 비밀출처정보의 획득비용이 공개출처정보의 경우에 비해 높은 것으로 평가되는 만큼 우선 공개출처정보의 획득가능성을 평가함으로써 정부기관의 자원의 낭비를 예방할 수 있을 것이다.

정답 ④

007 경찰 정보에 대한 설명 중 틀린 것은? (2010경위변형)

① 분석형태에 따라 기본·현용·판단정보로 나뉘고, 사용목적에 따라 적극·소극정보로 나뉜다.
② 정보의 순환과정에서 각 단계의 순서가 바뀔 수도 있고 여러 단계가 동시에 이루어질 수도 있다.
③ 정보의 생산과정은 선택-기록-분석-평가-종합-해석 순으로 이루어진다.
④ 브리핑은 긴급을 요하는 경우에 주로 사용하는데 서면보고에 비해 완전성이나 책임성은 떨어진다고 볼 수 있다.

해설

공제회기본서(각론Ⅱ) ①84 ②88 ③88 ④97
③ 정보의 생산과정은 "선택(분류)-기록-**평가·분석**-종합-해석" 순으로 이루어진다.(**선기/평분종해**)

정답 ③

008 정보요구의 방법 중 SRI(특별첩보요구)에 관한 설명으로 가장 적절한 것은? (2015경감)

① 국가안전보장이나 정책에 관련되는 국가정보목표물의 우선순위를 뜻한다.
② 계속적, 반복적으로 전체적 지역에 걸쳐 수집할 것을 지시하는 요구사항을 뜻한다.
③ 어떤 수시적 돌발상황의 해결에 필요한 한도 내에서 임시적·단편적·지역적인 특수사건을 단기에 해결하기 위하여 필요한 경우에 요구되는 첩보를 말한다.
④ 급변하는 정세 변화에 따라 정책상 수정이 필요하거나 또는 이를 위한 자료가 요구될 때 이를 충족시키기 위한 정보요구이다.

해설

공제회기본서(각론Ⅱ) 89
① PNIO(국가정보목표우선순위)   ② EEI(첩보기본요소)
③ SRI(특별첩보요구)   ④ OIR(기타정보요구)

정답 ③

009 정보요구의 방법 중 첩보기본요소(EEI)에 대한 설명으로 가장 적절하지 않은 것은? (2019경감)

① 정보기관의 활동은 주로 첩보기본요소(EEI)에 의한다.
② 사전에 반드시 첩보수집계획서를 작성한다.
③ 전체적인 의미를 가진 일반적인 내용으로 계속적 반복적으로 수집할 사항이다.
④ 우선적으로 필요로 하는 가장 기본적인 사항으로 첩보수집계획서의 핵심이다.

해설

공제회기본서(각론Ⅱ) 89
① 정보기관의 활동은 주로 SRI에 의한다.(정보사용자들은 필요 시 수시로 SRI를 활용하여 정보를 요구한다.)

정답 ①

---

010 정보의 배포수단에 대한 설명 중 가장 적절하게 연결된 것은? (2017경사)

> ㉠ 통상 개인적인 대화의 형태로 이루어지며, 질문에 대한 답변이나 토의 형태로 직접 전달하는 방법이다.
> ㉡ 정보사용자 또는 다수 인원에게 신속히 전달하는 경우에 이용되는 방법으로 강연식이나 문답식으로 진행되며, 현용정보의 배포수단으로 많이 이용된다.
> ㉢ 정보분석관이 가장 많이 활용하는 방법으로 정기간행물에 포함시키는 것이 적절하지 못한 긴급한 정보를 전달하는 데 주로 사용되며, 신속성이 중요하다.
> ㉣ 매일 24시간에 걸친 정치, 경제, 사회, 문화 등 제반 정세의 변화를 중점적으로 망라한 보고서로 사전에 고안된 양식에 의해 매일 작성되며, 제한된 범위에서 배포된다.

① ㉠ 비공식적 방법 ㉡ 브리핑 ㉢ 메모 ㉣ 일일정보보고서
② ㉠ 비공식적 방법 ㉡ 브리핑 ㉢ 전신 ㉣ 특별보고서
③ ㉠ 브리핑 ㉡ 비공식적 방법 ㉢ 메모 ㉣ 특별보고서
④ ㉠ 브리핑 ㉡ 비공식적 방법 ㉢ 전신 ㉣ 일일정보보고서

해설

공제회기본서(각론Ⅱ) ㉠없음 ㉡99 ㉢99 ㉣99
① ㉠ 비공식적 방법 ㉡ 브리핑 ㉢ 메모 ㉣ 일일정보보고서

〈정보배포의 수단〉

브리핑	① 개인 또는 다수에게 정보내용을 요약·설명하는 것으로, 통상 강연식 또는 문답식으로 진행되며 시간을 절약할 수 있어 현용정보 배포수단으로 많이 이용됨 ② 치밀한 사전준비와 구술능력이 요구되고, 시각적 보조자료 활용하는 것이 효과적
메모	① 정보분석관이 가장 많이 활용하는 방법으로, 정기간행물에 포함시킬 수 없는 정보(특히 현용정보)를 배포하는 수단으로 많이 이용되며, 신속성이 중요시됨 ② 분석내용에 대한 요약·결론만을 언급하므로 다른 수단에 비하여 정확성은 낮음
일일정보 보고서	① 매일 24시간에 걸친 경제·사회·문화 등 제반 정세의 변화를 중점적으로 망라한 보고서로, 대부분 현용정보가 중심이 되므로 신속성이 중요시됨 ② 매일 전국의 사회갈등이나 집회시위 상황을 정리하여 그 다음날 아침에 경찰내부와 정부 각 기관에 전파하는 보고서(일명 중요상황정보) ③ 사전에 고안된 양식에 의하여 작성되며 제한된 범위 내에서 배포됨
특별 보고서	① 축적된 정보가 다수의 사람이나 기관에 이해관계(사용가치)가 있을 때 활용 ② 부정기적 생산 ⇨ 일일정보보고서나 정기간행물과의 차이

정답 ①

011 정보의 배포수단 중 브리핑에 관한 설명으로 가장 적절하지 않은 것은? (2016경감)

① 정보사용자 개인 또는 다수에 대하여 정보분석관이 정보의 내용을 요약하여 구두로 설명하는 방법이다.
② 매일 24시간에 걸친 정치·경제·사회·문화 등 제반 정세의 변화를 중점적으로 망라한 보고서이다.
③ 통상 강연식이나 문답식으로 진행되는데 시간을 절약할 수 있어 현용정보의 배포수단으로 많이 이용한다.
④ 치밀한 사전준비와 구술능력을 요구하며 시각적인 보조자료를 적절히 활용하는 것이 효과적이다.

해설

공제회기본서(각론Ⅱ) 99
② 매일 24시간에 걸친 정치·경제·사회·문화 등 제반 정세의 변화를 중점적으로 망라한 보고서는 <u>일일정보보고서</u>이다.

정답 ②

012 정보의 배포수단에 관한 설명으로 가장 적절하지 않은 것은? (2016경위)

① 브리핑은 정보분석관이 가장 많이 활용하는 방법이다.
② 일일 정보보고서는 사전에 고안된 양식에 의해 매일 작성되며 제한된 범위에서 배포된다.
③ 메모는 정기간행물에 포함하는 것이 적절하지 못한 긴급한 정보, 즉 현용정보를 전달하는데 주로 사용되며 신속성이 중요시된다.
④ 특별보고서는 축적된 정보가 다수의 사람이나 기관이 이해관계 또는 가치를 가지는 것일 때 발행한다.

해설

공제회기본서(각론Ⅱ) 99
① <u>메모</u>는 정보분석관이 가장 많이 활용하는 방법이다.

정답 ①

013 정보의 배포 단계 중 보안조치에 대한 설명으로 가장 적절하지 않은 것은? (2018경감)

① 통신보안조치 – 컴퓨터 네트워크에 대한 보안조치는 오늘날 통신보안의 가장 중요한 분야에 해당한다.
② 인사보안조치 – 민감한 정보를 취급할 가능성이 있는 공무원을 채용·관리하는 데 있어서 해당 정보들이 공무원이 될 자 또는 공무원에 의해 유출될 가능성을 차단하는 것을 말한다.
③ 정보의 분류조치 – 주요문서와 같은 정보들을 여러 등급으로 분류하여 각각의 관리방법과 열람자격 등을 규정함으로써 정보의 유출을 막는 일련의 조치를 말한다.
④ 물리적 보안조치 – 문서에 비밀임을 표시하거나 관련 정보나 문서를 열람하는 자격을 제한하는 등의 조치, 관련 문서의 배포범위를 제한하거나 폐기 대상인 문서를 파기하는 등의 관리방법을 말한다.

해설

공제회기본서(각론Ⅱ) 98
④ 문서에 비밀임을 표시하거나 관련 정보나 문서를 열람하는 자격을 제한하는 등의 조치, 관련 문서의 배포범위를 제한하거나 폐기 대상인 문서를 파기하는 등의 관리방법은 **정보의 분류조치**에 해당한다.
※ 물리적 보안조치는 보호가치 있는 정보를 보관하는 보호구역을 지정하여 관리하고 그 시설에 대한 보안조치를 실시하는 방안들을 총칭한다.

정답 ④

014 정보경찰활동에 대한 설명으로 가장 적절하지 않은 것은? (2020경감)

① 관련 문서의 배포범위를 제한하거나 폐기 대상인 문서를 파기하는 등의 관리방법은 물리적 보안조치에 해당한다.
② 정보배포의 원칙으로 필요성, ~~적당성~~, 보안성, 적시성, 계속성이 있다.
③ 어떤 수시적 돌발상황의 해결에 필요한 한도 내에서 임시적, 단편적, 지역적 특수사건을 단기에 해결하기 위하여 필요한 경우 요구되는 첩보를 SRI(특별첩보요구)라고 한다.
④ 정보배포의 원칙 중 계속성은 특정 정보가 필요한 정보사용자에게 배포되었다면 그 정보의 내용이 계속 변화되었거나 관련 내용이 추가적으로 입수되었거나 할 경우 정보는 계속적으로 사용자에게 배포되어야 한다는 원칙이다.

해설

공제회기본서(각론Ⅱ) ①98 ②97(금년판 일부삭제) ③89 ④97
① 관련 문서의 배포범위를 제한하거나 폐기 대상인 문서를 파기하는 등의 관리방법은 **정보의 분류조치**에 해당한다.

정답 ①

015 다음 설명과 가장 관련이 깊은 것은 무엇인가? (2016경감)

> 2003년 6월 미국 뉴욕에서 시작된 시위 형태로 '불특정 다수가 휴대 전화나 전자 우편을 이용해 이미 정해진 시간과 장소에 모여 현장에서 주어진 행동을 짧은 시간에 하고 곧바로 흩어지는 새로운 시위형태'를 말한다.

① 우발집회 ② 산개투쟁
③ 플래시몹(Flashmob) ④ 긴급집회

해설

공제회기본서(각론Ⅱ) 109
③ 설문은 **플래시몹(Flashmob)**에 대한 것이다.

정답 ③

제 2 절 경찰정보활동의 실제

016 정보경찰의 보고서의 경우 정례화되어 어떠한 판단을 나타내는 특수한 용어가 있는데, 그 용어와 사용례의 연결이 가장 적절한 것은? (2013경위)

① 예상됨 – 어떤 징후가 나타나거나 상황이 전개될 것이 거의 확실시되는 근거가 있는 경우
② 전망됨 – 과거의 움직임이나 현재 동향, 미래의 계획 등으로 미루어 장기적으로 활동의 윤곽이 어떠하리라는 예측을 할 경우
③ 우려됨 – 구체적인 근거는 없이 현재 나타난 동향의 원인·배경 등을 다소 막연히 추측할 때
④ 추정됨 – 구체적인 징후는 없으나 전혀 그 가능성을 배제하기 곤란하여 최소한의 대비가 필요한 때

해설

공제회기본서(각론Ⅱ) 101
① **판단됨** – 어떤 징후가 나타나거나 상황이 전개될 것이 거의 확실시되는 근거가 있는 경우
② ○
③ **추정됨** – 구체적인 근거는 없이 현재 나타난 동향의 원인·배경 등을 다소 막연히 추측할 때
④ **우려됨** – 구체적인 징후는 없으나 전혀 그 가능성을 배제하기 곤란하여 최소한의 대비가 필요한 때

〈정보보고서 작성시 판단을 나타내는 용어〉 (판예전추우/거비장막대)

판단됨	어떤 징후가 나타나거나 상황이 전개될 것이 거의 확실시 되는 근거가 있는 경우
예상됨	첩보 등을 분석한 결과 단기적으로 어떤 상황이 전개될 것이 비교적 확실한 경우
전망됨	과거의 움직임이나 현재동향, 미래의 계획 등으로 미루어 장기적으로 활동이 윤곽이 어떠하리라는 예측을 할 경우
추정됨	구체적인 근거는 없이 현재 나타난 동향의 원인·배경 등을 다소 막연히 추측할 때
우려됨	구체적인 징후는 없으나 전혀 그 가능성을 배제하기 곤란하여 최소한의 대비가 필요한 때

정답 ②

017 신원조사란 보안업무규정 등에 의거하여 보안의 대상이 되는 인원, 즉 국가안전에 관련되는 임무에 종사하거나 이에 관련되는 행위를 하는 자 및 그 예정자에 대하여 실시하는 대인정보활동을 말한다. 신원조사에 대한 설명 중 가장 적절하지 않은 것은? (2012년경감변형)

① 신원조사는 보안의 대상이 되는 인원의 국가에 대한 충성심·성실성·신뢰성을 조사하여 국가의 안전보장을 확보하는 것을 그 목적으로 한다.
② 신원조사는 국가정보원장이 직권으로 하거나 관계 기관의 장의 요청에 따라 한다.
③ 임명할 때 정부의 승인이나 동의가 필요한 공공기관의 임직원은 신원조사의 대상이다.
④ 국가보안시설·보호장비를 관리하는 기관 등의 장(해당 국가보안시설 등의 관리 업무를 수행하는 소속 직원을 포함한다)은 신원조사의 대상이다.

해설

공제회기본서(각론Ⅱ) 103
③ 임명할 때 정부의 승인이나 동의가 필요한 공공기관의 임원은 신원조사의 대상이다.

〈보안업무규정 상 신원조사〉

제36조(신원조사)
① 국가정보원장은 국가보안을 위하여 국가에 대한 충성심·성실성 및 신뢰성을 조사하기 위하여 신원조사를 한다.
② 신원조사는 국가정보원장이 직권으로 하거나 관계 기관의 장의 요청에 따라 한다.
③ 신원조사의 대상이 되는 사람은 다음 각 호와 같다.(공비/보장직/동공임)
1. 공무원 임용 예정자
2. 비밀취급 인가 예정자
3. 삭제
4. 국가보안시설·보호장비를 관리하는 기관 등의 장(해당 국가보안시설 등의 관리 업무를 수행하는 소속 직원을 포함한다)
5. 임명할 때 정부의 승인이나 동의가 필요한 공공기관의 임원
6. 그 밖에 다른 법령에서 정하는 사람이나 각급기관의 장이 국가보안상 필요하다고 인정하는 사람

제37조(신원조사 결과의 처리)
① 국가정보원장은 신원조사 결과 국가안전보장에 해를 끼칠 정보가 있음이 확인된 사람에 대해서는 관계 기관의 장에게 그 사실을 통보하여야 한다.
② 제1항에 따라 통보를 받은 관계 기관의 장은 신원조사 결과에 따라 필요한 보안대책을 마련하여야 한다.

정답 ③

018 「보안업무규정」상 신원조사에 대한 설명으로 가장 적절하지 않은 것은? (2018경위변형)

① 국가정보원장은 국가보안을 위하여 국가에 대한 충성심·성실성 및 신뢰성을 조사하기 위하여 신원조사를 한다.
② 신원조사는 국가정보원장이 직권으로 하거나 관계 기관의 장의 요청에 따라 한다.
③ 국가정보원장은 신원조사 결과 국가안전보장에 해를 끼칠 정보가 있음이 확인된 사람에 대해서는 관계 기관의 장에게 그 사실을 통보할 수 있다.
④ 통보를 받은 관계기관의 장은 신원조사 결과에 따라 필요한 보안대책을 마련하여야 한다.

해설
공제회기본서(각론Ⅱ) 103
③ 국가정보원장은 신원조사 결과 국가안전보장에 해를 끼칠 정보가 있음이 확인된 사람에 대해서는 관계 기관의 장에게 그 사실을 **통보하여야 한다**.

정답 ③

제3절 집회 및 시위에 관한 법률

019 집회 및 시위에 관한 법률에 대한 설명 중 가장 적절하지 않은 것은? (2013경감)

① 집회 및 시위에 관한 법률상 '시위'란 여러 사람이 공동의 목적을 가지고 도로·광장·공원 등 일반인이 자유로이 통행할 수 있는 장소를 행진하거나 위력 또는 기세를 보여, 불특정한 여러 사람의 의견에 영향을 주거나 제압을 가하는 행위를 말한다.
② 집회 또는 시위의 주최자는 집회 또는 시위의 질서 유지에 관하여 자신을 보좌하도록 18세 이상의 사람을 질서유지인으로 임명하여야 한다.
③ 금지통고를 받은 주최자는 금지통고를 받은 날로부터 10일 이내에 당해 경찰서의 직근 상급 경찰관서의 장에게 이의를 신청할 수 있다.
④ 질서유지선의 설정은 서면으로 고지하여야 하나 상황에 따라 새로이 설정하거나 변경하는 경우에는 집회 또는 시위의 장소에 있는 경찰관이 구두로 고지할 수 있다.

해설
공제회기본서(각론Ⅱ) ①108 ②112 ③126 ④128
② 집회 또는 시위의 주최자는 집회 또는 시위의 질서 유지에 관하여 자신을 보좌하도록 18세 이상의 사람을 질서유지인으로 **임명할 수 있다**.

정답 ②

020 「집회 및 시위에 관한 법률」에 대한 설명으로 가장 적절한 것은? (2019경감)

① '집회'란 여러 사람이 공동의 목적을 가지고 도로, 광장, 공원 등 일반인이 자유로이 통행할 수 있는 장소를 행진하거나 위력 또는 기세를 보여, 불특정한 여러 사람의 의견에 영향을 주거나 제압을 가하는 행위를 말한다.
② 집회 시위의 신고를 받은 관할경찰관서장은 집회 시위의 보호와 공공의 질서 유지를 위해 최대한의 범위를 정하여 질서유지선을 설정할 수 있다.
③ 신고장소가 다른 사람의 주거지역이나 이와 유사한 장소 또는 학교 및 군사시설, 상가밀집지역의 주변지역에서의 집회나 시위의 경우 그 거주자나 관리자가 시설이나 장소의 보호를 요청하는 경우에는 집회나 시위의 금지 또는 제한을 통고할 수 있다.
④ 관할경찰관서장은 옥외집회 및 시위 신고서의 기재 사항에 미비한 점을 발견하면 접수증을 교부한 때부터 12시간 이내에 주최자에게 24시간을 기한으로 그 기재 사항을 보완할 것을 통고할 수 있다.

> **해설**
>
> 공제회기본서(각론Ⅱ) ①108 ②128 ③125 ④118
> ① "<u>시위</u>"란 여러 사람이 공동의 목적을 가지고 도로, 광장, 공원 등 일반인이 자유로이 통행할 수 있는 장소를 행진하거나 위력 또는 기세를 보여, 불특정한 여러 사람의 의견에 영향을 주거나 제압을 가하는 행위를 말한다.
> ② 관할경찰관서장은 집회 및 시위의 보호와 공공의 질서 유지를 위하여 필요하다고 인정하면 <u>최소한의 범위를 정하여</u> 질서유지선을 설정할 수 있다.
> ③ <u>상가밀집지역은 해당하지 아니한다.</u>
> ④ O
>
> **정답** ④

---

021 「집회 및 시위에 관한 법률」에 대한 설명으로 가장 적절하지 않은 것은? (2017경위변형)

① "질서유지인"이란 주최자가 자신을 보좌하여 집회 또는 시위의 질서를 유지하게 할 목적으로 임명한 자를 말한다.
② "질서유지선"이란 관할 경찰서장이나 지방경찰청장이 적법한 집회 및 시위를 보호하고 질서유지나 원활한 교통 소통을 위하여 집회 또는 시위의 장소나 행진 구간을 일정하게 구획하여 설정한 띠, 방책, 차선 등의 경계 표지를 말한다.
③ 집회 또는 시위의 주최자는 평화적인 집회 또는 시위가 방해받을 염려가 있다고 인정되면 관할 경찰관서에 그 사실을 알려 보호를 요청할 수 있다. 이 경우 관할 경찰관서의 장은 정당한 사유 없이 보호 요청을 거절하여서는 안 된다.
④ 누구든지 헌법재판소의 경계 지점으로부터 200미터 이내의 장소에서는 옥외집회 또는 시위를 하여서는 아니된다. 다만, 대규모 집회 또는 시위로 확산될 우려가 없는 경우로서 헌법재판소의 기능이나 안녕을 침해할 우려가 없다고 인정되는 때에는 그러하지 아니하다.

> **해설**

공제회기본서(각론 II) ①112 ②129 ③111 ④127
④ 누구든지 헌법재판소의 경계 지점으로부터 **100미터** 이내의 장소에서는 옥외집회 또는 시위를 하여서는 아니 된다. 다만, 재판관의 직무상 독립이나 구체적 사건의 재판에 영향을 미칠 우려가 없는 경우 또는 대규모 집회 또는 시위로 확산될 우려가 없는 경우로서 헌법재판소의 기능이나 안녕을 침해할 우려가 없다고 인정되는 때에는 그러하지 아니하다.

정답 ④

022 「집회 및 시위에 관한 법률」에 대한 설명 중 가장 적절한 것은? (2014경위)

① 관할 경찰관서장은 신고내용을 검토하여 보완 또는 금지통고의 사유가 없는 경우에는 별도의 통지를 하지 않는다.
② 관할 경찰관서장은 신고서의 기재사항에 미비점을 발견하면 접수증을 교부한 때부터 24시간 이내에 주최자에게 12시간을 기한으로 그 기재 사항을 보완할 것을 통고할 수 있다.
③ 제한·금지통고서 및 보완통고서는 주최자 또는 연락책임자에게 직접 송달하여야 하고, 대리송달은 허용되지 아니한다.
④ 타인의 주거지역이나 이와 유사한 장소 또는 학교·군사시설, 상가밀집지역의 주변지역에서의 집회 또는 시위의 경우 그 거주자 또는 관리자가 시설이나 장소의 보호를 요청하는 때에는 집회 또는 시위의 금지 또는 제한을 통고할 수 있다.

> **해설**

공제회기본서(각론 II) ①117 ②118 ③120 ④125
① O
② 관할 경찰관서장은 신고서의 기재사항에 미비점을 발견하면 접수증을 교부한 때부터 **12시간 이내에** 주최자에게 **24시간을 기한으로** 그 기재 사항을 보완할 것을 통고할 수 있다.
③ 제한·금지통고서 및 보완통고서를 직접 송달할 수 없는 경우 **대리송달도 가능하다**(대리인이나 직원, 건물 관리인이나 건물 소재지 통장·반장에게 전달할 수 있다.)
④ **상가밀집지역은 해당하지 아니한다**.

정답 ①

023 「집회 및 시위에 관한 법률」상 다음 ( )안에 들어갈 숫자를 가장 적절하게 나열한 것은? (2014경감)

> 1. 옥외집회나 시위를 주최하려는 자는 그에 관한 신고서를 옥외집회나 시위를 시작하기 (㉠)시간 전부터 (㉡)시간 전에 관할 경찰서장에게 제출하여야 한다.
> 2. 집회 또는 시위의 주최자는 금지 통고를 받은 날부터 (㉢)일 이내에 해당 경찰관서의 바로 위의 상급경찰관서의 장에게 이의를 신청할 수 있다.

① ㉠720, ㉡48, ㉢10 ② ㉠720, ㉡48, ㉢20
③ ㉠720, ㉡24, ㉢10 ④ ㉠720, ㉡24, ㉢20

해설

공제회기본서(각론Ⅱ) 113, 126
1. 옥외집회나 시위를 주최하려는 자는 그에 관한 신고서를 옥외집회나 시위를 시작하기 **720시간** 전부터 **48시간** 전에 관할 경찰서장에게 제출하여야 한다.
2. 집회 또는 시위의 주최자는 금지 통고를 받은 날부터 **10일** 이내에 해당 경찰관서의 바로 위의 상급경찰관서의 장에게 이의를 신청할 수 있다.

정답 ①

---

024 「집회 및 시위에 관한 법률」의 규정에서 일부를 발췌한 것이다. ㉠부터 ㉣까지 괄호 안에 들어갈 숫자를 가장 적절하게 나열한 것은? (2018경위)

> 제6조(옥외집회 및 시위의 신고 등) 제1항
> 옥외집회나 시위를 주최하려는 자는 그에 관한 다음 각 호의 사항 모두를 적은 신고서를 옥외집회나 시위를 시작하기 (㉠)시간 전부터 (㉡)시간 전에 관할 경찰서장에게 제출하여야 한다.
>
> 제7조(신고서의 보완 등) 제1항
> 관할경찰관서장은 제6조 제1항에 따른 신고서의 기재 사항에 미비한 점을 발견하면 접수증을 교부한 때부터 (㉢)시간 이내에 주최자에게 (㉣)시간을 기한으로 그 기재 사항을 보완할 것을 통고할 수 있다.

① ㉠360 ㉡48 ㉢12 ㉣24 ② ㉠360 ㉡24 ㉢24 ㉣12
③ ㉠720 ㉡48 ㉢12 ㉣24 ④ ㉠720 ㉡48 ㉢12 ㉣48

해설

공제회기본서(각론Ⅱ) 113, 118

정답 ③

025 「집회 및 시위에 관한 법률」상 집회신고에 관한 설명이다. ㉠부터 ㉤까지의 숫자가 순서대로 바르게 나열된 것은?
(2017경감)

> ㉮ 옥외집회나 시위를 주최하려는 자는 목적, 일시, 장소, 주최자·연락책임자·질서유지인(주소, 성명, 직업, 연락처), 참가 예정인 단체와 인원, 시위의 경우 그 방법 등의 기재사항 모두를 적은 신고서를 옥외집회나 시위를 시작하기 (㉠)시간 전부터 (㉡)시간 전에 관할 경찰서장에게 제출하여야 한다.
> ㉯ 주최자는 ㉮에 따라 신고한 옥외집회 또는 시위를 하지 아니하게 된 경우에는 신고서에 적힌 집회 일시 (㉢)시간 전에 그 철회사유 등을 적은 철회신고서를 관할경찰관서장에게 제출하여야 한다.
> ㉰ 관할경찰관서장은 ㉮에 따른 신고서의 기재 사항에 미비한 점을 발견하면 접수증을 교부한 때부터 (㉣)시간 이내에 주최자에게 (㉤)시간을 기한으로 그 기재 사항을 보완할 것을 통고할 수 있다.

① ㉠ 720 ㉡ 36 ㉢ 24 ㉣ 12 ㉤ 24
② ㉠ 720 ㉡ 48 ㉢ 24 ㉣ 12 ㉤ 24
③ ㉠ 720 ㉡ 36 ㉢ 12 ㉣ 24 ㉤ 12
④ ㉠ 720 ㉡ 48 ㉢ 12 ㉣ 24 ㉤ 12

해설

공제회기본서(각론Ⅱ) ㉮113 ㉯122 ㉰118
㉮ 옥외집회나 시위를 주최하려는 자는 목적, 일시, 장소, 주최자·연락책임자·질서유지인(주소, 성명, 직업, 연락처), 참가 예정인 단체와 인원, 시위의 경우 그 방법 등의 기재사항 모두를 적은 신고서를 옥외집회나 시위를 시작하기 (㉠720)시간 전부터 (㉡48)시간 전에 관할 경찰서장에게 제출하여야 한다.
㉯ 주최자는 ㉮에 따라 신고한 옥외집회 또는 시위를 하지 아니하게 된 경우에는 신고서에 적힌 집회 일시 (㉢24)시간 전에 그 철회사유 등을 적은 철회신고서를 관할경찰관서장에게 제출하여야 한다.
㉰ 관할경찰관서장은 ㉮에 따른 신고서의 기재 사항에 미비한 점을 발견하면 접수증을 교부한 때부터 (㉣12)시간 이내에 주최자에게 (㉤24)시간을 기한으로 그 기재 사항을 보완할 것을 통고할 수 있다.

정답 ②

026 「집회 및 시위에 관한 법률」에 대한 설명으로 가장 적절한 것은?(다툼이 있는 경우 판례에 의함)
(2018경감)

① 甲단체가 A공원(전북군산경찰서 관할)에서 옥외집회를 갖고, B광장(충남서산경찰서 관할)까지 행진을 하려는 경우 甲단체의 대표자이자 주최자인 乙은 경찰청장에게 집회신고서를 제출하여야 한다.
② 경찰서장은 집회신고에 대해 집회신고서의 형식적인 미비점뿐만 아니라 내용에 대해서도 보완통고를 할 수 있다.
③ 주최자는 신고한 옥외집회 또는 시위를 하지 아니하게 된 경우에는 신고서에 적힌 집회 일시 24시간 전에 관할경찰관서장에게 철회신고서를 제출하여야 한다.
④ 정당한 사유 없이 철회신고서를 관할경찰관서장에게 제출하지 아니한 모든 옥외집회 또는 시위의 주최자에 대해서는 100만원 이하의 과태료를 부과한다.

해설

공제회기본서(각론Ⅱ) ①121 ②124 ③122 ④122

① 甲단체가 A공원(전북군산경찰서 관할)에서 옥외집회를 갖고, B광장(충남서산경찰서 관할)까지 행진을 하려는 경우 甲단체의 대표자이자 주최자인 乙은 **주최지 관할 지방청장인 전북지방경찰청장에게 집회신고서를 제출하여야** 한다.
② 경찰서장은 집회신고에 대해 집회신고서의 **형식적인 미비점에 대해서만** 보완통고를 할 수 있다.
③ O
④ 뒤에 접수된 옥외집회 또는 시위가 금지 통고된 경우 먼저 신고된 옥외집회 또는 시위의 주최자가 정당한 사유 없이 철회신고서를 제출하지 아니한 때에만 100만원 이하의 과태료를 부과한다.

정답 ③

027 「집회 및 시위에 관한 법률」에 대한 설명으로 가장 적절한 것은? (2019경위)

① 옥외집회나 시위를 주최하려는 자는 신고서를 옥외집회나 시위를 시작하기 720시간 전부터 24시간 전에 관할 경찰서장에게 제출하여야 한다. 다만, 옥외집회 또는 시위 장소가 두 곳 이상의 경찰서의 관할에 속하는 경우에는 관할 지방경찰청장에게 제출하여야 하고, 두 곳 이상의 지방경찰청 관할에 속하는 경우에는 주최지를 관할하는 지방경찰청장에게 제출하여야 한다.
② 관할 경찰서장 또는 지방경찰청장은 집회 및 시위에 관한 법률 제6조 제1항에 따른 신고서를 접수하면 신고자에게 접수 일시를 적은 접수증을 12시간 이내에 내주어야 한다.
③ 관할경찰관서장은 신고서의 기재 사항에 미비한 점을 발견하면 접수증을 교부한 때부터 12시간 이내에 주최자에게 24시간을 기한으로 그 기재 사항을 보완할 것을 통고할 수 있다.
④ 주최자는 신고한 옥외집회 또는 시위를 하지 아니하게 된 경우에는 신고서에 적힌 집회 일시 12시간 전에 그 철회사유 등을 적은 철회신고서를 관할경찰관서장에게 제출하여야 한다.

해설

공제회기본서(각론Ⅱ) ①113,121 ②123 ③118 ④121

① 옥외집회나 시위를 주최하려는 자는 그에 관한 다음 각 호의 사항 모두를 적은 신고서를 옥외집회나 시위를 시작하기 720시간 전부터 **48시간** 전에 관할 경찰서장에게 제출하여야 한다. 다만, 옥외집회 또는 시위 장소가 두 곳 이상의 경찰서의 관할에 속하는 경우에는 관할 지방경찰청장에게 제출하여야 하고, 두 곳 이상의 지방경찰청 관할에 속하는 경우에는 주최지를 관할하는 지방경찰청장에게 제출하여야 한다.
② 관할 경찰서장 또는 지방경찰청장(이하 "관할경찰관서장"이라 한다)은 제1항에 따른 신고서를 접수하면 신고자에게 접수 일시를 적은 접수증을 **즉시** 내주어야 한다.
③ O
④ 주최자는 신고한 옥외집회 또는 시위를 하지 아니하게 된 경우에는 신고서에 적힌 집회 일시 **24시간 전**에 그 철회사유 등을 적은 철회신고서를 관할경찰관서장에게 제출하여야 한다.

정답 ③

028 집회 및 시위에 대한 설명 중 틀린 것은? (2010경감)

① 현행법상 학문·예술 등에 관한 집회는 신고대상이 아니므로 소음제한규정이 적용되지 않는다.
② 집회·시위 신고서의 기재사항에 미비점이 있는 경우에 관할 경찰서장은 접수증을 교부한 때로부터 12시간 이내에 보완할 사항을 명시하여 주최자에게 서면으로 송달해야 한다.
③ 집회 또는 시위의 금지통고를 받은 주최자는 금지통고를 받은 날로부터 10일 이내에 당해 경찰관서의 직근상급 경찰관서의 장에게 이의를 신청할 수 있다.
④ 주최자는 신고한 집회·시위를 개최하지 아니할 경우 집회일시 24시간 전까지 관할 경찰관서장에게 그 사실을 통지하여야 한다.

해설

공제회기본서(각론Ⅱ) ①112 ②118 ③126 ④121
① 학문·예술 등에 관한 집회는 물론, 신고대상이 아닌 경우와 신고를 결략한 집회를 포함한 <u>모든 집회 또는 시위에 대하여 소음제한 규정이 적용</u>된다.

정답 ①

---

029 「집회 및 시위에 관한 법률」에 대한 설명으로 가장 적절하지 않은 것은? (2020경감)

① 옥외집회와 시위의 장소가 두 곳 이상의 지방경찰청의 관할에 속하는 경우 주최지를 관할하는 지방경찰청장에게 집회신고서를 제출해야 한다.
② 관할경찰관서장은 신고서의 기재 사항에 미비한 점을 발견하면 접수증을 교부한 때부터 12시간 이내에 주최자에게 24시간을 기한으로 그 기재 사항을 보완할 것을 통고할 수 있다.
③ 주최자는 신고한 옥외집회 또는 시위를 하지 아니하게 된 경우에는 신고서에 적힌 집회일시 12시간 전에 관할경찰관서장에게 철회신고서를 제출해야 한다.
④ 옥외집회나 시위를 주최하려는 자는 신고서를 옥외집회나 시위를 시작하기 720시간 전부터 48시간 전에 관할 경찰서장에게 제출해야 한다.

해설

공제회기본서(각론Ⅱ) ①113 ②118 ③121 ④113
③ 주최자는 신고한 옥외집회 또는 시위를 하지 아니하게 된 경우에는 신고서에 적힌 집회일시 <u>24시간 전에</u> 관할경찰관서장에게 철회신고서를 제출해야 한다.

정답 ③

030 현행 집회 및 시위에 관한 법령에 대한 설명 중 가장 적절하지 않은 것은?(다툼이 있는 경우 판례에 의함)
(2012경위변형)

① 관할 경찰관서장은 「집회 및 시위에 관한 법률」제6조 제1항에 따른 신고서의 기재 사항에 미비한 점을 발견하면 접수증을 교부한 때부터 12시간 이내에 주최자에게 24시간을 기한으로 그 기재 사항을 보완할 것을 통고할 수 있다.
② 금지통고를 받은 주최자는 금지통고를 받은 날로부터 10일 이내에 당해 경찰관서의 직근 상급 경찰관서의 장에게 이의를 신청할 수 있다.
③ 주최자라 함은 자기 명의로 자기 책임 아래 집회 또는 시위를 개최하는 사람 또는 단체를 말한다. 주최자는 질서유지인을 따로 두어 집회 또는 시위의 실행을 맡아 관리하도록 위임할 수 있다.
④ 사전에 아무 계획이나 조직한 바 없이 즉흥적으로 현장에 모인 사람들과 함께 구호와 노래를 제창한 것에 불과한 자는 주최자로 볼 수 없다.

> **[해설]**
>
> 공제회기본서(각론Ⅱ) ①118 ②126 ③110 ④110
> ③ 주최자라 함은 자기 명의로 자기 책임 아래 집회 또는 시위를 개최하는 사람 또는 단체를 말한다. 주최자는 주관자를 따로 두어 집회 또는 시위의 실행을 맡아 관리하도록 위임할 수 있다.
>
> **정답** ③

031 「집회 및 시위에 관한 법률」 및 동법 시행령에 대한 설명 중 가장 적절한 것은?
(2020경위)

① 관할경찰관서장은 「집회 및 시위에 관한 법률」제6조 제1항에 따른 신고서의 기재 사항에 미비한 점을 발견하면 접수증을 교부한 때부터 12시간 이내에 주최자 또는 질서유지인에게 24시간을 기한으로 그 기재 사항을 보완할 것을 통고할 수 있다.
② 위 ①에 따른 보완통고는 보완할 사항을 분명히 밝혀 서면 또는 구두로 주최자 또는 연락책임자에게 송달하여야 한다.
③ 「집회 및 시위에 관한 법률」제6조 제1항에 따른 신고를 받은 관할경찰관서장이 집회 및 시위의 보호와 공공의 질서 유지를 위하여 필요하다고 인정하여 질서유지선을 설정할 때에는 주최자 또는 연락책임자에게 이를 알려야 한다.
④ 집회 또는 시위 장소의 상황에 따라 질서유지선을 새로 설정하거나 변경하는 경우 반드시 서면으로 통지해야 한다.

> **해설**
>
> 공제회기본서(각론Ⅱ) ①118 ②118 ③128 ④128
> ① 관할경찰관서장은 「집회 및 시위에 관한 법률」 제6조 제1항에 따른 신고서의 기재 사항에 미비한 점을 발견하면 접수증을 교부한 때부터 12시간 이내에 <u>주최자 또는 연락책임자에게</u> 24시간을 기한으로 그 기재 사항을 보완할 것을 통고할 수 있다.
> ② 위 ①에 따른 보완통고는 보완할 사항을 분명히 밝혀 <u>서면으로</u> 주최자 또는 연락책임자에게 송달하여야 한다.
> ③ O
> ④ 집회 또는 시위 장소의 상황에 따라 질서유지선을 새로 설정하거나 변경하는 경우에는 집회 또는 시위의 장소에 있는 국가경찰공무원이 <u>구두로 알릴 수 있다.</u>
>
> **정답** ③

032 「집회 및 시위에 관한 법률」에 규정된 '청사 또는 저택의 경계 지점으로부터 100m 이내의 옥외집회 또는 시위 금지 장소'로 가장 적절하지 않은 것은? (2015경감)

① 국회의사당　　　　　　　　　② 헌법재판소
③ 대통령 관저　　　　　　　　　④ 검찰청

> **해설**
>
> 공제회기본서(각론Ⅱ) 127
> ④ 검찰청은 해당 안 됨
>
> > **제11조(옥외집회와 시위의 금지 장소)** 누구든지 다음 각 호의 어느 하나에 해당하는 청사 또는 저택의 경계 지점으로부터 100미터 이내의 장소에서는 옥외집회 또는 시위를 하여서는 아니 된다.
> > 1. **국회의사당.** 다만, 다음 각 목의 어느 하나에 해당하는 경우로서 국회의 기능이나 안녕을 침해할 우려가 없다고 인정되는 때에는 그러하지 아니하다.
> >   가. 국회의 활동을 방해할 우려가 없는 경우
> >   나. 대규모 집회 또는 시위로 확산될 우려가 없는 경우
> > 2. **각급 법원, 헌법재판소.** 다만, 다음 각 목의 어느 하나에 해당하는 경우로서 각급 법원, 헌법재판소의 기능이나 안녕을 침해할 우려가 없다고 인정되는 때에는 그러하지 아니하다.
> >   가. 법관이나 재판관의 직무상 독립이나 구체적 사건의 재판에 영향을 미칠 우려가 없는 경우
> >   나. 대규모 집회 또는 시위로 확산될 우려가 없는 경우
> > 3. <u>대통령 관저, 국회의장 공관, 대법원장 공관, 헌법재판소장 공관</u>
> > 4. **국무총리 공관.** 다만, 다음 각 목의 어느 하나에 해당하는 경우로서 국무총리 공관의 기능이나 안녕을 침해할 우려가 없다고 인정되는 때에는 그러하지 아니하다.
> >   가. 국무총리를 대상으로 하지 아니하는 경우
> >   나. 대규모 집회 또는 시위로 확산될 우려가 없는 경우
> > 5. **국내 주재 외국의 외교기관이나 외교사절의 숙소.** 다만, 다음 각 목의 어느 하나에 해당하는 경우로서 외교기관 또는 외교사절 숙소의 기능이나 안녕을 침해할 우려가 없다고 인정되는 때에는 그러하지 아니하다.
> >   가. 해당 외교기관 또는 외교사절의 숙소를 대상으로 하지 아니하는 경우
> >   나. 대규모 집회 또는 시위로 확산될 우려가 없는 경우
> >   다. <u>외교기관의 업무가 없는 휴일에 개최하는 경우</u>
>
> **정답** ④

033 「집회 및 시위에 관한 법률」에 규정된 질서유지선에 관한 설명으로 가장 적절하지 않은 것은?

(2015경감)

① 집회 시위의 보호와 공공의 질서유지를 위해 띠·줄·방책 등으로 설치할 수 있다.
② 경찰관서장은 질서유지선을 설정할 때에는 주최자 또는 연락책임자에게 이를 알려야 한다.
③ 일단 설정·고지된 질서유지선은 변경할 수 없다.
④ 질서유지선을 손괴할 경우 처벌할 수 있다.

> **해설**
>
> 공제회기본서(각론Ⅱ) ①117 ②128 ③128 ④129
> ③ 일단 설정·고지된 질서유지선도 <u>상황에 따라 새로 설정하거나 변경할 수 있다</u>.
>
> 정답 ③

034 집회 관리의 패러다임이 '준법보호 불법예방'으로 전환됨에 따라 집회 관리에 있어서 질서유지선의 역할과 중요성이 더욱 증대되고 있다. 질서유지선에 관한 설명으로 가장 적절하지 않은 것은? (2016경위)

① 적법한 집회·시위를 보호하고 질서유지 등을 목적으로 한다.
② 관할 경찰관서장은 집회 및 시위의 보호와 공공의 질서 유지를 위하여 필요하다고 인정하면 최소한의 범위를 정하여 질서유지선을 설정할 수 있다.
③ 경찰관서장이 질서유지선을 설정할 때에는 주최자 또는 연락책임자에게 이를 알려야 한다.
④ 질서유지선은 상징적 의미만 있을 뿐 손괴하더라도 이를 처벌하는 규정은 없다.

> **해설**
>
> 공제회기본서(각론Ⅱ) 129
> ④ 질서유지선을 경찰관의 경고에도 불구하고 정당한 사유 없이 상당 시간 침범하거나 손괴·은닉·이동 또는 제거하거나 그 밖의 방법으로 그 효용을 해친 자는 <u>6개월 이하의 징역 또는 50만 원 이하의 벌금·구류 또는 과료에 처한다</u>.
>
> 정답 ④

035 집회 현장 소음 관리에 관한 설명으로 가장 적절한 것은? (2015경감변형)

① 「집회 및 시위에 관한 법률 시행령」상 소음기준은 주간(해뜬 후 해지기 전)과 야간(해진 후 해뜨기 전)으로 구분하여 규정하고 있다.
② 소음을 측정할 때는 소음으로 인한 피해자가 위치한 건물 등이 주거지역, 학교, 종합병원, 공공도서관의 경우와 그 밖의 지역일 경우의 두 종류로 구분하여 기준치를 적용한다.
③ 등가소음도는 10분간(소음 발생 시간이 10분 이내인 경우에는 그 발생 시간 동안을 말한다) 측정한다.
④ 동일한 집회·시위에서 측정된 등가소음도가 1시간 내에 3회 이상 소음기준표의 등가소음도 기준을 초과한 경우 소음기준을 위반한 것으로 본다.

해설

공제회기본서(각론Ⅱ) 130, 131

① 「집회 및 시위에 관한 법률 시행령」상 소음기준은 <u>주간(07:00 ~ 해지기 전)과 야간(해진 후 ~ 24:00), 심야(00:00 ~ 07:00)</u>로 구분하여 규정하고 있다.
② 소음을 측정할 때는 소음으로 인한 피해자가 위치한 건물 등이 <u>(1) 주거지역, 학교, 종합병원인 경우, (2) 공공도서관의 경우, (3) 그 밖의 지역일 경우의 세 종류로 구분하여 기준치를 적용</u>한다.
③ O
④ 동일한 집회·시위에서 측정된 <u>최고소음도</u>가 1시간 내에 3회 이상 소음기준표의 <u>최고소음도</u> 기준을 초과한 경우 소음기준을 위반한 것으로 본다.

〈확성기 등의 소음 기준〉

소음도 구분		대상지역	시간대		
			주간 (07:00 ~ 해지기 전)	야간 (해진 후 ~ 24:00)	심야 (00:00 ~ 07:00)
대상 소음도	등가 소음도 (Leq)	주거지역, 학교, 종합병원	65 이하	60 이하	55 이하
		공공도서관	65 이하	60 이하	
		그 밖의 지역	75 이하	65 이하	
	최고 소음도 (Lmax)	주거지역, 학교, 종합병원	85 이하	80 이하	75 이하
		공공도서관	85 이하	80 이하	
		그 밖의 지역	95 이하		

※ 다음 각 목에 해당하는 행사(중앙행정기관이 개최하는 행사만 해당)의 진행에 영향을 미치는 소음에 대해서는 그 행사의 개최시간에 한정하여 위 표의 <u>주거지역의 소음기준을 적용</u>한다.
  가. 「국경일에 관한 법률」 제2조에 따른 국경일의 행사
  나. 「각종 기념일 등에 관한 규정」 별표에 따른 각종 기념일 중 주관 부처가 국가보훈처인 기념일의 행사

정답 ④

036 집회 및 시위의 해산에 대한 설명으로 가장 적절하지 않은 것은? (2012경위)

① 관할 경찰서장은 해산사유에 해당하는 집회 또는 시위에 대하여는 상당한 시간 이내에 자진해산할 것을 요청하고 이에 따르지 아니하면 해산을 명할 수 있으며 해산명령을 받은 모든 집회 또는 시위 참가자는 지체없이 해산하여야 한다.
② 관할 경찰관서장 또는 관할 경찰관서장으로부터 권한을 부여받은 국가경찰공무원이 집회 또는 시위를 해산시키려는 때에는 종결선언의 요청 → 자진해산의 요청 → 해산명령 및 직접 해산의 순서를 따라야 한다.
③ 종결선언은 주최자에게 요청하되, 주최자의 소재를 알 수 없는 경우에는 주관자·연락책임자 또는 질서유지인에게 하여야 하며 종결선언의 요청은 필요적 절차로 생략할 수 없다.
④ 자진해산 요청에 따르지 아니하는 경우에는 세 번 이상 자진해산할 것을 명령하고, 참가자들이 해산명령에도 불구하고 해산하지 아니하면 직접 해산시킬 수 있다.

> **해설**
> 공제회기본서(각론Ⅱ) ①135 ②132 ③132 ④132
> ③ 종결선언은 주최자에게 요청하되, 주최자의 소재를 알 수 없는 경우에는 주관자·연락책임자 또는 질서유지인에게 하여야 하되, 이들이 집회 또는 시위의 장소에 없는 경우에는 **종결선언의 요청을 생략할 수 있다.**
>
> **정답** ③

037 집회 및 시위의 해산에 대한 설명으로 가장 적절하지 않은 것은? (2015경위)

① 해산명령은 경찰관서장만이 할 수 있으므로 경찰관서장으로부터 권한을 부여받은 경비과장은 할 수 없다.
② 일반적으로 종결선언 요청 → 자진해산 요청 → 해산명령 → 직접해산의 순서로 진행한다.
③ 종결선언은 주최자에게 요청하되, 주최자의 소재를 알 수 없는 경우에는 주관자·연락책임자 또는 질서유지인을 통하여 종결선언을 요청할 수 있다.
④ 해산명령은 참가자들이 해산할 수 있는 시간적 여유를 두면서 3회 이상 발령하여야 한다.

> **해설**
> 공제회기본서(각론Ⅱ) ①134 ②132 ③132 ④132
> ① 해산명령은 경찰관서장 뿐만 아니라, **경찰관서장으로부터 권한을 부여받은 국가경찰공무원도 할 수 있다.**
>
> **정답** ①

038 「집회 및 시위에 관한 법률」 및 동법 시행령 상 집회시위의 해산절차로 가장 적절한 것은?

(2015경감, 2016경감)

① 자진해산의 요청 → 종결선언의 요청 → 3회 이상 해산명령 → 직접해산
② 종결선언의 요청 → 자진해산의 요청 → 3회 이상 해산명령 → 직접해산
③ 종결선언의 요청 → 3회 이상 해산명령 → 자진해산의 요청 → 직접해산
④ 3회 이상 해산명령 → 자진해산의 요청 → 종결선언의 요청 → 직접해산

> **해설**
>
> 공제회기본서(각론Ⅱ) 132
> ② 집회시위의 해산절차는 "<u>종결선언의 요청 ⇨ 자진해산의 요청 ⇨ 3회 이상 해산명령 ⇨ 직접해산</u>" 순서로 진행된다. (<u>종자명직</u>)
>
> **정답** ②

---

039 집회 및 시위에 관한 다음 설명 중 가장 적절하지 않은 것은?(단, 다툼이 있으면 판례에 의함)

(2014경감)

① 행진시위의 참가자들이 일부 구간에서 감행한 전차선 점거행진, 도로점거 연좌시위 등의 행위는 당초 신고된 범위를 현저히 일탈하거나 구 「집회 및 시위에 관한 법률」 제12조의 규정에 의한 조건을 중대하게 위반한 것으로서 그로 인하여 도로의 통행이 불가능하게 되거나 현저하게 곤란하게 된 이상 「형법」 제185조 소정의 일반교통방해죄에 해당한다고 할 것이다.

② 「집회 및 시위에 관한 법률」 제20조 제1항과 「집회 및 시위에 관한 법률 시행령」이 해산명령을 할 때 그 사유를 구체적으로 고지하도록 명시적으로 규정하고 있지 아니하므로, 해산명령을 할 때에는 해산 사유가 「집회 및 시위에 관한 법률」 제20조 제1항 각 호 중 어느 사유에 해당하는지에 관하여 구체적으로 고지하여야 하는 것은 아니다.

③ 구 「집회 및 시위에 관한 법률」에 의하여 금지되어 그 주최 또는 참가행위가 형사처벌의 대상이 되는 위법한 집회·시위가 장차 특정지역에서 개최될 것이 예상된다고 하더라도, 이와 시간적·장소적으로 근접하지 않은 다른 지역에서 그 집회·시위에 참가하기 위하여 출발 또는 이동하는 행위를 함부로 제지하는 것은 「경찰관직무집행법」 제6조 제1항의 행정상 즉시강제인 경찰관의 제지의 범위를 명백히 넘어 허용될 수 없다.

④ 「집회 및 시위에 관한 법률」 제20조 제1항 제2호가 미신고 옥외집회 또는 시위를 해산명령 대상으로 하면서 별도의 해산 요건을 정하고 있지 않더라도, 그 옥외집회 또는 시위로 인하여 타인의 법익이나 공공의 안녕질서에 대한 직접적인 위험이 명백하게 초래된 경우에 한하여 위 조항에 기하여 해산을 명할 수 있고, 이러한 요건을 갖춘 해산명령에 불응하는 경우에만 「집회 및 시위에 관한 법률」 제24조 제5호에 의하여 처벌할 수 있다.

> **해설**

공제회기본서(각론Ⅱ) ①없음 ②133 ③각론(1)41 ④135
② 「집회 및 시위에 관한 법률」제20조 제1항과 「집회 및 시위에 관한 법률 시행령」이 해산명령을 할 때 그 사유를 구체적으로 고지하도록 명시적으로 규정하고 있지 아니하나, 해산명령을 할 때에는 해산 사유가 「집회 및 시위에 관한 법률」제20조 제1항 각 호 중 어느 사유에 해당하는지에 관하여 **구체적으로 고지하여야 한다.**

정답 ②

040 「집회 및 시위에 관한 법률」에 대한 판례의 태도로 가장 적절하지 않은 것은?   (2019경위)

① 해산명령 이전에 자진해산할 것을 요청할 때, 반드시 '자진해산'이라는 용어를 사용하여 요청할 필요는 없고, 해산을 요청하는 언행 중에 스스로 해산하도록 청하는 취지가 포함되어 있으면 된다.
② 사전 금지 또는 제한된 집회라 하더라도 실제 이루어진 집회가 당초 신고 내용과 달리 평화롭게 개최되거나 집회 규모를 축소하여 이루어지는 등 타인의 법익 침해나 기타 공공의 안녕질서에 대하여 직접적이고 명백한 위험을 초래하지 않은 경우에는 이에 대하여 사전 금지 또는 제한을 위반하여 집회를 한 점을 들어 처벌하는 것 이외에 더 나아가 이에 대한 해산을 명하고 이에 불응하였다 하여 처벌할 수는 없다.
③ 당초 옥외집회를 개최하겠다고 신고하였지만 그 신고 내용과 달리 아예 옥외집회는 개최하지 아니한 채 신고한 장소와 인접한 건물 등에서 옥내집회만을 개최한 경우, 신고한 옥외 집회를 개최하는 과정에서 그 신고범위를 일탈한 행위로 보아 이를 집회 및 시위에 관한 법률 위반으로 처벌할 수 있다.
④ 타인이 관리하는 건조물에서 옥내집회를 개최하는 경우에도 타인의 법익 침해나 기타 공공의 안녕질서에 대하여 직접적이고 명백한 위험을 초래하는 때에는 해산명령의 대상이 된다.

> **해설**

공제회기본서(각론Ⅱ) ①134 ②135 ③117 ④134
③ 집시법은 옥외집회나 시위에 대하여는 사전신고를 요구하고 나아가 그 신고범위의 일탈행위를 처벌하고 있지만, 옥내집회에 대하여는 신고하도록 하는 규정 자체를 두지 않고 있다. 따라서 당초 옥외집회를 개최하겠다고 신고하였지만 신고 내용과 달리 아예 옥외집회는 개최하지 아니한 채 신고한 장소와 인접한 건물 등에서 옥내집회만을 개최한 경우에는, 그것이 건조물침입죄 등 다른 범죄를 구성함은 별론으로 하고, 신고한 옥외집회를 개최하는 과정에서 그 신고범위를 일탈한 행위를 한 데 대한 집시법 위반죄로 **처벌할 수는 없다.**(대판2010도14545)

정답 ③

CHAPTER 06 보안경찰활동

제1절 보안경찰의 의의와 특색

제2절 공산주의 이론

001 공산주의 철학이론에 대한 설명 중 가장 적절하지 않은 것은? (2013경감)

① 헤겔이 정식화한 세가지 법칙에는 양의 질화 및 그 역의 법칙, 대립물 통일의 법칙, 부정의 부정 법칙이 있다.
② 유물사관의 입장에서 역사 발전의 원동력은 변증법적 유물론에서 비롯되므로 우리들이 맞이할 사회는 물질적인 생산양식(생산력과 생산관계)에 의해 결정된다고 주장한다.
③ 변증법적 유물사관에 의하면 사회(공산)주의 사회는 合의 개념에, 원시공동 사회는 正의 개념에 해당한다.
④ 폭력혁명론에 따르면 혁명은 자본주의가 고도로 발달하여 완전히 성숙했을 때만 일어난다고 본다.

> **해설**
> 공제회기본서(각론 II) ①142 ②142 ③없음 ④143,172
> ④ 폭력혁명론은 공산주의 철학이론이 아니라 공산주의 정치이론이다.
>
> **정답** ④

제3절 북한의 대남전략전술과 국내 안보위해세력

002 북한의 대남공작부서 중 보기의 설명과 가장 관련이 깊은 것은? (2013경위)

> 무장공비 양성·남파·요인암살·파괴·납치 등 게릴라 활동 및 군사정보수집, 1983년 미얀마 아웅산 암살폭파사건 자행

① 문화교류국(舊 225국)
② 통일전선부
③ 정찰총국 2국(정찰국)
④ 정찰총국 5국(해외정보국, 舊 35호실)

해설

공제회기본서(각론Ⅱ) 146
③ 설문은 **정찰총국 2국(정찰국)**에 대한 내용이다.

정답 ③

제4절 방첩활동

003 방첩활동에 대한 설명 중 가장 옳은 것은? (2010경감변형)

① 방첩의 수단 중 적극적 수단으로는 허위정보 유포, 양동간계시위, 유언비어 유포 등을 들 수 있다.
② 계속접촉의 유지는 탐지, 주시, 판명, 이용, 검거(타진)의 단계로 이루어진다.
③ 방첩의 기본원칙으로 완전협조의 원칙, 치밀의 원칙, 계속접촉의 원칙을 들 수 있다.
④ 방첩활동이란 적의 정보활동에 대비하여 자기편을 보호하려는 노력이며, 방첩활동의 대상에는 간첩, 태업, 전복, 인원·시설 보안 등이 있다.

해설

공제회기본서(각론Ⅱ) ①150 ②178 ③150 ④177
① 방첩의 수단 중 **기만적 수단**으로는 허위정보 유포, 양동간계시위, 유언비어 유포 등을 들 수 있다.
② 계속접촉의 유지는 **탐지, 판명, 주시, 이용, 검거**(타진)의 단계로 이루어진다.(**탐판주이검**)
③ ○
④ 방첩활동이란 적의 정보활동에 대비하여 자기편을 보호하려는 노력이며, 방첩활동의 대상에는 간첩, 태업, 전복 등이 있다. "**인원·시설 보안**"은 방첩활동의 대상이 아니라 **방첩활동의 수단**이다.

정답 ③

004 방첩활동의 수단을 적극적·소극적·기만적 수단으로 분류할 때 수단별로 가장 적절하게 연결된 것은?

(2012경위)

㉠ 첩보수집	㉡ 정보·자재보안의 확립
㉢ 대상인물 감시	㉣ 허위정보 유포
㉤ 역용공작	㉥ 보안업무 규정화
㉦ 양동간계시위	㉧ 침투공작
㉨ 첩보공작 분석	㉩ 입법사항 건의
㉪ 간첩신문	㉫ 인원·시설보안의 확립
㉬ 유언비어 유포	

① 적극적 수단 – ㉠,㉢,㉤,㉧,㉨,㉪
② 기만적 수단 – ㉣,㉦,㉧,㉪
③ 소극적 수단 – ㉡,㉢,㉥,㉨,㉩,㉫
④ 적극적 수단 – ㉠,㉢,㉤,㉧,㉨,㉪

해설

공제회기본서(각론Ⅱ) 150
– 적극적 수단 : ㉠,㉢,㉤,㉧,㉨,㉪
– 소극적 수단 : ㉡,㉥,㉩,㉫
– 기만적 수단 : ㉣,㉦,㉬

〈방첩(활동)의 수단〉

적극적 수단	① 적에 대한 첩보수집 ② 적의 첩보공작분석 ③ 대상인물 감시 ④ 대상단체 및 지역의 정황탐지 및 증거수집을 위한 침투공작 ⑤ 간첩 신문 ⑥ 간첩을 활용한 역용공작
소극적 수단	① 정보·자재**보안**의 확립 : 비밀사항에 대한 표시방법·보호방법을 강구 ② 인원**보안**의 확립 : 비밀취급인가제도 ③ 시설**보안**의 확립 : 시설에 대한 경비, 출입자에 대한 통제 ④ **보안**업무 규정화, **입법**건의 등
기만적 수단	① 허위정보유포 ② 유언비어유포 ③ 양동간계시위 : 거짓행동으로 상대측이 우리측 의도를 오인하도록 만드는 방법

정답 ④

005 다음 방첩수단 중 적극적 방첩수단에 해당하는 것을 모두 고른 것은? (2018경사)

┌───┐
│ ㉠ 대상인물 감시   ㉡ 보안업무 규정화   │
│ ㉢ 입법사항 건의   ㉣ 양동간계 시위   │
│ ㉤ 첩보공작 분석   │
└───┘

① ㉠,㉤   ② ㉡,㉢   ③ ㉠,㉣   ④ ㉡,㉤

해설

공제회기본서(각론Ⅱ) 150

정답 ①

006 선전의 종류에 대한 설명 중 틀린 것은? (2010경감변형)

① 선전이란 심리전의 일종으로, 주최측의 일정한 사상·판단·감정·관심 등을 대중에게 일방적으로 표시하여 의식·무의식 간에 그들의 태도에 일정한 경향과 방향을 부여하는 것을 말한다.
② 백색선전은 출처를 공개하고 행하는 선전으로, 주제의 선정과 용어 사용에 제한을 받지만 신뢰도가 높다.
③ 회색선전은 출처를 밝히지 않고 행하는 선전으로, 선전이라는 선입관을 주지 않고 효과를 얻을 수 있지만 출처를 은폐하면서 선전의 효과를 거두기가 곤란하다는 단점이 있다.
④ 흑색선전은 출처를 위장하고 행하는 선전으로, 적국 내에서도 행할 수 있고 특정한 목표에 대해 즉각적이고 집중적인 선전을 할 수 있지만 적이 역선전을 할 경우 대항이 어렵다.

해설

공제회기본서(각론Ⅱ) ①188 ②189 ③189 ④189
④ 적이 역선전을 할 경우 대항이 어려운 것은 **회색선전의 단점**이다.
  ※ **역선전에 취약한 것은 회색선전**(출처를 밝히지 않으니, 반대쪽에서 역선전)
  ※ **노출의 위험이 있는 것은 흑색선전**(출처를 위장했다는 사실이 노출)

정답 ④

007 선전의 종류 중 흑색선전에 대한 설명으로 적절한 것을 모두 고른 것은? (2018경사)

> ㉠ 국가 또는 공인된 기관이 공식보도기관을 통해서 행하며 주제의 선정과 용어의 사용에 있어서 제한을 받는다.
> ㉡ 적 내부에 모순이 있음을 드러내어 조직을 분열·혼란시켜 사기를 저하시킨다.
> ㉢ 출처를 밝히지 않고 행하는 선전으로, 선전이라는 선입견을 주지 않고도 효과를 거둘 수 있다.
> ㉣ 적국 내에서도 수행할 수 있고 즉각적이고 집중적인 효과를 얻을 수 있다는 장점이 있다.
> ㉤ 선전의 신뢰도가 가장 높다.

① ㉠,㉢　　② ㉡,㉣　　③ ㉢,㉣　　④ ㉣,㉤

해설

공제회기본서(각론Ⅱ) 189
㉠ 백색선전, ㉡ **흑색선전**, ㉢ 회색선전, ㉣ **흑색선전**, ㉤ 백색선전

정답 ②

---

008 선전의 종류 중 출처를 밝히지 않고 행하는 선전활동으로 가장 적절한 것은? (2016경위)

① 백색선전　　② 흑색선전　　③ 회색선전　　④ 적색선전

해설

공제회기본서(각론Ⅱ) 189
③ 설문은 회색선전에 대한 내용이다.

정답 ③

---

009 간첩에 대한 설명 중 틀린 것은? (2010경감)

① 간첩은 대상국의 기밀을 수집하거나 태업, 전복활동을 하는 모든 조직적 구성분자를 말한다.
② 간첩을 임무에 따라 구분할 때 간첩을 침투시키거나 이미 침투한 간첩에게 필요한 활동자재를 보급·지원하는 간첩을 증원간첩이라고 한다.
③ 간첩을 활동방법에 따라 구분할 때 타국에 공용의 명목하에 입국하여 합법적인 신분을 갖고 이를 기화로 상대국에 대한 각종 정보를 수집하는 것을 목적으로 하는 간첩을 공행간첩이라고 한다.
④ 간첩망의 형태중 보안유지가 잘 되고 일망타진 가능성은 적지만, 활동범위가 좁고 공작원 검거시 간첩 정체가 쉽게 노출되는 것은 삼각형이다.

해설

공제회기본서(각론Ⅱ) ①178 ②180 ③180 ④179
② 간첩을 임무에 따라 구분할 때 간첩을 침투시키거나 이미 침투한 간첩에게 필요한 활동자재를 보급·지원하는 간첩을 <u>보급간첩</u>이라고 한다.

〈임무에 따른 간첩의 분류〉

무장간첩	암살, 파괴, 일반간첩의 호송 등을 임무로 하여 무장한 간첩
일반간첩	일반적인 기밀수집, 태업·전복의 공작 등 가장 전형적인 형태의 간첩
보급간첩	간첩침투 지원 또는 이미 침투한 간첩에게 필요한 활동자재를 지원·보급하는 간첩
증원간첩	이미 구성된 간첩망 보강 및 간첩으로 이용할 양민의 납치 등 인적자원 확보가 임무인 간첩

〈활동방법에 따른 간첩의 분류〉

고정간첩	일정 지역 내에서 영구적으로 간첩 임무를 부여받고 활동하는 간첩임. 일정한 공작기간이 없고 합법적으로 보장된 신분이나 보장될 수 있는 조건을 구비함
배회간첩	고정간첩과 비교되는 간첩으로 일정한 주거 없이 전국을 배회하면서 임무를 수행함. 합법적인 신분을 취득하면 고정간첩으로 변할 수 있음
공행간첩	타국에 공용의 명목 하에 입국하여 합법적인 신분을 갖고 이를 기화로 상대국에 대한 각종 정보를 수집하는 것을 목적으로 하는 간첩임

정답 ②

---

010 간첩에 대한 설명 중 가장 적절한 것은? (2013경위)

① 간첩을 활동방법에 의해 분류하면 고정간첩, 배회간첩, 무장간첩으로 분류할 수 있다.
② 보급간첩은 이미 구성된 간첩망의 보강을 위해 파견되는 간첩, 또는 간첩으로 이용할 양민 등의 납치, 월북 등을 주된 임무로 하는 간첩이다.
③ 대량형간첩은 주로 전시에 파견되어 대상의 지목 없이 광범위한 분야에서 정보를 수집하는 간첩으로 지명형간첩과 비교되는 개념이다.
④ 땅을 파고 들어가 은신하는 비합법적 활동의 잠복거점을 드보크라 한다.

해설

공제회기본서(각론Ⅱ) ①180 ②180 ③없음 ④189
① 간첩을 <u>활동방법에 의해 분류하면 고정간첩, 배회간첩, 공행간첩</u>으로 분류할 수 있다. <u>무장간첩은 임무(사명)에 따른 분류</u>에 속한다.
② <u>증원간첩은</u> 이미 구성된 간첩망의 보강을 위해 파견되는 간첩, 또는 간첩으로 이용할 양민 등의 납치, 월북 등을 주된 임무로 하는 간첩이다.
③ O
④ 땅을 파고 들어가 은신하는 비합법적 활동의 잠복거점을 <u>비트</u>라 한다.

정답 ③

011 손자(孫子)가 분류한 간첩의 종류에 대한 설명 중 가장 적절하지 않은 것은? (2014경위)

① 생간(生間) : 적중에 들어가서 정보활동을 전개한 후 살아서 돌아오는 자로 현대국가에서 운용하는 첩보원들이 대부분 이에 해당한다.
② 사간(死間) : 적을 교란하기 위해 적지에 파견하여 적에 붙잡혀 죽게 만든 간자로 어떤 편에서 기만정보를 작성하여 공작원을 통해 다른 편에 전파하는데, 공작원은 자신이 지득한 정보가 고의로 만들어진 기만정보라는 사실을 모른 채 진실이라고 믿고 적진에 전파시킴으로써 적에 붙잡혀 살해당하게 된다.
③ 향간(鄕間) : 수집목표가 위치한 지역에 장기간 거주하여 그 지역 실정에 밝은 사람이 첩보원으로 기용되어 첩보수집, 비밀공작 등 정보활동을 전개하는 것을 말한다.
④ 반간(反間) : 적의 관리를 매수하여 자기편의 간자로 기용한 자를 말한다.

> **해설**
> 공제회기본서(각론Ⅱ) 92
> ④ **내간(內間)** : 적의 관리를 매수하여 자기편의 간자로 기용한 자를 말한다.
> ※ 반간이란 적의 간첩을 매수하여 역으로 첩보원으로 기용한 자로 이중공작원이 이에 해당한다.
>
> **정답** ④

012 간첩망의 형태에 관한 설명으로 가장 적절하지 않은 것은? (2016경감)

① 삼각형은 간첩이 3명 이내의 공작원을 포섭하여 지휘, 포섭된 공작원 간 횡적연락을 차단시키는 형태이다.
② 단일형은 보안유지 및 신속한 활동이 가능한 반면, 활동범위가 좁고 공작성과가 비교적 낮다.
③ 써클형은 간첩활동이 자유롭고 대중적 조직과 동원이 가능한 반면, 간첩의 정체가 폭로되었을 경우 외교적 문제가 야기될 수 있다.
④ 레포형은 삼각형 조직에 있어서 간첩과 주공작원 간, 행동공작원 상호 간에 연락원을 두고 종횡으로 연결하는 방식이다.

> **해설**
> 공제회기본서(각론Ⅱ) 179
> ④ 레포형은 **피라미드 조직에 있어서** 간첩과 주공작원 간, 행동공작원 상호 간에 연락원을 두고 종횡으로 연결하는 방식이다.
>
> **정답** ④

013 간첩망의 형태 중 다음이 설명하는 것으로 가장 적절한 것은?

(2014경위)

> 간첩 밑에 주공작원 2~3명을 두고, 주공작원은 그 밑에 각 2~3명의 행동공작원을 두는 조직형태로, 일시에 많은 공작을 입체적으로 수행할 수 있고 활동범위가 넓은 반면, 행동의 노출이 쉽고 일망타진 가능성이 높으며 조직구성에 많은 시간이 소요된다.

① 삼각형
② 피라미드형
③ 써클형
④ 단일형

해설

공제회기본서(각론Ⅱ) 179
② 설문은 **피라미드형**에 대한 내용이다.

〈간첩망〉

삼각형	의의	노출가능성과 일망타진 위험을 방지하기 위해 간첩이 3명 이내 행동공작원을 지휘하고 공작원간 횡적 연락을 차단하는 형태(지하당 구축에 흔히 사용)
	장점	보안유지에 유리하고 일망타진 가능성이 적음
	단점	활동범위가 좁고, 공작원 검거시 간첩(주공작원)이 쉽게 노출
서클형	의의	간첩이 합법적 신분으로 침투하여 적국의 이념·사상에 동조하도록 유도하는 형태로 전선조직에서나 첩보전에서 많이 이용
	장점	활동이 자유롭고 대중적 조직과 동원이 가능
	단점	간첩의 정체가 폭로될 경우 외교적 문제가 야기될 수 있음
피라미드형	의의	**간첩 밑에 주공작원 2~3명을 두고, 주공작원은 다시 2~3명의 행동공작원을 두는 형태**
	장점	입체적 공작의 수행이 가능하며, 활동범위가 넓음
	단점	행동노출·일망타진 가능성이 높고, 조직구성에 많은 시간 소요
단일형	의의	간첩상호간에 종적·횡적인 연락을 일체 회피하고, 동조자 없이 단독으로 활동하는 점조직 형태(대남간첩이 가장 많이 이용)
	장점	보안유지가 잘 되고, 신속한 활동이 가능
	단점	활동범위가 좁고, 공작성과가 비교적 낮음
레포형		피라미드형 조직에 있어서 간첩과 주공작원 또는 주공작원 상호간에 연락원을 두고 종횡으로 연결하는 형태 ⇨ 현재는 사용되지 않고 있음

정답 ②

014 대상국의 기밀탐지, 전복, 태업 등을 효과적으로 수행하기 위한 지하조직 형태를 간첩망이라고 한다. 간첩망에 대한 설명 중 옳지 않은 것은 모두 몇 개인가?　　(2014경감)

> ㉠ 삼각형 – 간첩이 주공작원 2~3명을 두고 그 밑에 각각 2~3명의 행동공작원이 있으며 일시에 많은 공작을 입체적으로 수행 할 수 있고 활동범위가 넓은 반면, 행동의 노출이 쉽고 일망타진 가능성이 높으며 조직구성에 많은 시간이 소요된다.
> ㉡ 써클형 – 피라미드 형 조직에 있어 간첩과 주 공작원 간, 행동공작원 상호 간에 연락원을 두고 종횡으로 연결하는 방식이다.
> ㉢ 레포형 – 합법적 신분을 이용 침투하고, 대상국의 정치·사회문제를 이용하여 적국의 이념이나 사상에 동조토록 유도하며 간첩활동이 자유롭고 대중적 조직과 동원이 가능한 반면, 간첩의 정체가 폭로되었을 때 외교적 문제가 야기될 수 있다.
> ㉣ 피라미드형 – 간첩이 3명 이내의 공작원을 포섭하여 지휘하고, 포섭된 공작원 간 횡적연락을 차단하며 보안유지가 잘되고 일망타진 가능성은 적지만 활동범위가 좁고 공작원 검거 시 간첩정체가 쉽게 노출된다.

① 1개　　② 2개　　③ 3개　　④ 4개

해설

공제회기본서(각론 Ⅱ) 179
모두 틀린 설명이다.
- ㉠ **피라미드형** – 간첩이 주공작원 2~3명을 두고 그 밑에 각각 2~3명의 행동공작원이 있으며 일시에 많은 공작을 입체적으로 수행 할 수 있고 활동범위가 넓은 반면, 행동의 노출이 쉽고 일망타진 가능성이 높으며 조직구성에 많은 시간이 소요된다.
- ㉡ **레포형** – 피라미드 형 조직에 있어 간첩과 주 공작원 간, 행동공작원 상호 간에 연락원을 두고 종횡으로 연결하는 방식이다.
- ㉢ **써클형** – 합법적 신분을 이용 침투하고, 대상국의 정치·사회문제를 이용하여 적국의 이념이나 사상에 동조토록 유도하며 간첩활동이 자유롭고 대중적 조직과 동원이 가능한 반면, 간첩의 정체가 폭로되었을 때 외교적 문제가 야기될 수 있다.
- ㉣ **삼각형** – 간첩이 3명 이내의 공작원을 포섭하여 지휘하고, 포섭된 공작원 간 횡적연락을 차단하며 보안유지가 잘되고 일망타진 가능성은 적지만 활동범위가 좁고 공작원 검거 시 간첩정체가 쉽게 노출된다.

정답 ④

015 간첩망의 형태에 대한 설명으로 가장 적절하지 않은 것은? (2017경위)

① 피라미드형 – 간첩이 주공작원 2~3명을 두고 그 밑에 각 2~3명의 행동공작원을 두는 조직형태로 일시에 많은 공작을 입체적으로 수행할 수 있고 활동범위가 넓은 반면, 행동의 노출이 쉽고 일망타진 가능성이 높으며 조직구성에 많은 시간이 소요된다.

② 단일형 – 보안유지 및 신속한 활동이 가능한 반면 활동범위가 좁고 공작성과가 비교적 낮다.

③ 삼각형 – 간첩이 3명 이내의 공작원을 포섭하여 지휘하고 포섭된 공작원 간 횡적연락을 차단한 형태로 일망타진 가능성은 적지만 활동범위가 좁고 공작원 검거 시 간첩 정체가 쉽게 노출된다.

④ 레포형 – 합법적 신분을 이용하여 침투하고 대상국의 정치·사회문제를 활용하여 적국의 이념이나 사상에 동조하도록 유도하며 간첩활동이 자유롭고 대중적 조직과 동원이 가능한 반면, 간첩의 정체가 폭로되었을 때 외교적 문제가 야기될 수 있다.

> **해설**
> 공제회기본서(각론Ⅱ) 179
> ④는 써클형의 내용이다.
>
> 정답 ④

016 공작에 관한 설명으로 가장 적절하지 않은 것은? (2016경감)

① 공작원은 주공작원, 행동공작원, 지원공작원이 있다.
② 공작임무를 마치고 귀환한 공작원이 공작관에게 공작상황을 보고하는 과정을 디브리핑이라고 한다.
③ 공작관은 상부의 지령 없이 임의로 비밀공작을 수행해야 한다.
④ 주공작원은 공작관 바로 밑에 위치하는 공작망의 책임자이다.

> **해설**
> 공제회기본서(각론Ⅱ) ①183 ②183 ③183 ④182
> ③ 상부의 지령에 따라 수행한다.
>
> 정답

제6장 보안경찰활동

017 공작활동의 내용 중 감시에 대한 설명이다. 가장 적절하지 않은 것은? (2012경감)

① 감시는 시각·청각을 통하여 공작대상이 되는 인물, 시설, 물자에 관한 정보를 획득하는 기술이다.
② 감시는 사실상의 행위로서 현행법상 감시에 대한 직·간접적인 근거규정이 없다.
③ 대상자가 이미 알려져 있는 자로서 계속적인 감시를 필요로 하지 않고, 감시할 인적·물적·시간적 사정이 여의치 않아 적은 인원으로 많은 감시효과를 올리고자 할 때 적합한 감시의 형태는 완만감시이다.
④ 감시는 신문의 자료수집, 입수된 첩보의 확인, 제보자의 신뢰성 검토, 중요인물의 신변보호 등을 위해서 이용된다.

해설

공제회기본서(각론Ⅱ) 186
② 감시에 대한 직·간접적인 근거규정으로 「대통령 등의 경호에 관한 법률」, 「국가정보원법」, 「정보및보안 업무기획·조정규정」 등이 있다.

정답 ②

018 다음은 공작활동에 대한 내용이다. 아래 ㉠부터 ㉣까지의 설명 중 옳고 그름의 표시(O, ×)가 바르게 된 것은? (2020경위)

㉠ '연락'이란 비밀공작을 수행함에 있어서 상·하급 인원이나 기관 간에 비밀을 은폐하려고 기도하는 방법이다.
㉡ '신호'란 비밀공작활동에 있어서 조직원 상호 간에 어떠한 의사를 전달하기 위하여 사전에 약정해 놓은 표시를 말한다.
㉢ '사전정찰'이란 일정한 목적 하에 사물의 현상 및 사건의 전말을 감지하는 과정을 말한다.
㉣ '감시'란 장차 공작활동을 위하여 공작 목표나 공작 지역에 대하여 예비지식을 수집하기 위한 사전조사활동이다.

① ㉠(×) ㉡(O) ㉢(O) ㉣(×)
② ㉠(×) ㉡(O) ㉢(O) ㉣(O)
③ ㉠(O) ㉡(×) ㉢(×) ㉣(×)
④ ㉠(O) ㉡(O) ㉢(×) ㉣(×)

해설

공제회기본서(각론Ⅱ) 187
㉢ '관찰'이란 일정한 목적 하에 사물의 현상 및 사건의 전말을 감지하는 과정을 말한다.
㉣ '사전정찰'이란 장차 공작활동을 위하여 공작 목표나 공작 지역에 대하여 예비지식을 수집하기 위한 사전조사활동이다.

정답 ④

019 대공상황 발생시 조치요령으로 가장 적절하지 않은 것은? (2015경위)

① 대공상황의 보고와 전파시에는 적시성, 정확성, 간결성, 보안성 등이 고려되어야 한다.
② 상황이 발생하면 우선 개요를 보고하고, 의문점에 대하여는 2보, 3보로 연속하여 보고한다.
③ 분석요원과 보안책임간부는 통신장비, 분석장비를 휴대하고 현장에 신속히 출동하여 분석판단 및 사건처리에 임한다.
④ 대공상황은 일반형사사건과는 달리 현장조사를 할 필요가 없다.

해설

공제회기본서(각론 II) ①190 ②190 ③192 ④190
④ 대공상황도 일반형사사건과 같이 현장조사를 하여야 한다.

정답 ④

제5절 보안수사

020 「국가보안법」에 관한 설명 중 가장 적절하지 않은 것은? (2014경감)

① 「국가보안법」 제10조 불고지죄의 경우 미수·예비·음모를 처벌한다.
② 「국가보안법」의 죄를 범한 후 자수한 때에는 그 형을 감경 또는 면제한다.
③ 검사 또는 사법경찰관으로부터 「국가보안법」에 정한 죄의 참고인으로 출석을 요구받은 자가 정당한 이유 없이 2회 이상 출석요구에 불응한 때에는 관할법원판사의 구속영장을 발부받아 구인할 수 있다.
④ 「국가보안법」에서 "반국가단체"라 함은 정부를 참칭하거나 국가를 변란할 것을 목적으로 하는 국내외의 결사 또는 집단으로서 지휘통솔체제를 갖춘 단체를 말한다.

해설

공제회기본서(각론 II) ①195 ②199 ③198 ④199
① 불고지죄·특수직무유기죄·무고날조죄의 경우 미수·예비·음모를 처벌하지 않는다.

정답 ①

021 「국가보안법」에 관한 설명으로 가장 적절하지 않은 것은? (2015경감)

① 검사 또는 사법경찰관으로부터 이 법에 정한 죄의 참고인으로 출석을 요구받은 자가 정당한 이유 없이 2회 이상 출석요구에 불응한 때에는 관할법원 판사의 구속영장을 발부받아 구인할 수 있다.
② 「국가보안법」 위반 후 자수하면 그 형을 감경 또는 면제한다.
③ 불고지죄·특수직무유기죄·무고날조죄는 예비·음모 처벌 규정이 없다.
④ 「국가보안법」에 규정된 모든 범죄에 대하여 미수범 처벌 규정이 있다.

> **해설**
> 공제회기본서(각론Ⅱ) ①198 ②199 ③195 ④195
> ④ 「국가보안법」에 규정된 일정범죄(불고지죄·특수직무유기죄)를 제외하고 미수범 처벌 규정이 있다.
>
> **정답** ④

022 「국가보안법」의 특성에 대한 설명으로 가장 적절하지 않은 것은? (2019경감)

① 고의범만 처벌하며, 일부 범죄를 제외하고 기본적으로 미수 예비 음모를 처벌한다.
② 국가보안법의 죄를 범한 후 자수하거나 동법의 죄를 범한 자가 타인이 동법의 죄를 범하는 것을 방해하였을 때에는 그 형을 감경 또는 면제한다.
③ 검사는 국가보안법의 죄를 범한 자에 대하여 공소제기를 보류할 수 있으며 공소보류가 취소된 경우에는 동일한 범죄사실로 재구속 할 수 없다.
④ 편의제공죄나 찬양고무죄 등 형법 상 종범의 성격을 가진 행위에 대하여 독립된 범죄로 처벌한다.

> **해설**
> 공제회기본서(각론Ⅱ) ①157,195 ②199 ③196 ④195
> ③ 공소보류가 취소된 경우에는 형사소송법 제208조의 규정에 불구하고 동일한 범죄사실로 재구속할 수 있다.
>
> **정답** ③

023 「국가보안법」상 공소보류에 대한 설명 중 가장 적절하지 않은 것은? (2014경위)

① 검사는 국가보안법 위반사범에 대하여 공소제기를 보류할 수 있다.
② 공소보류를 받은 자가 법무부 장관이 정한 감시·보도에 관한 규칙에 위반한 때에는 공소보류를 취소할 수 있다.
③ 공소보류 결정을 받은 자가 공소제기 없이 1년이 경과한 때에는 소추할 수 없다.
④ 공소보류가 취소된 때에는 「형사소송법」 제208조(재구속의 제한)의 규정에도 불구하고 동일범죄사실로 재구속·소추할 수 있다.

> **해설**
> 공제회기본서(각론 Ⅱ) 196
> ③ 공소보류 결정을 받은 자가 공소제기 없이 <u>2년이</u> 경과한 때에는 소추할 수 없다.
>
> **정답** ③

024 「국가보안법」상 반국가단체에 관한 설명이다. 빈칸에 들어갈 말로 가장 적절하게 연결된 것은? (2016경감)

'반국가단체'라 함은 정부를 (㉠)하거나 국가를 (㉡)할 것을 목적으로 하는 국내외의 결사 또는 집단으로서 지휘통솔체제를 갖춘 단체를 말한다.

① ㉠사칭 ㉡변란
② ㉠참칭 ㉡변란
③ ㉠참칭 ㉡문란
④ ㉠사칭 ㉡문란

> **해설**
> 공제회기본서(각론 Ⅱ) 199
> '반국가단체'라 함은 정부를 (<u>참칭</u>)하거나 국가를 (<u>변란</u>)할 것을 목적으로 하는 국내외의 <u>결사</u> 또는 <u>집단</u>으로서 <u>지휘통솔체제</u>를 갖춘 단체를 말한다. (<u>참변결집지</u>)
>
> **정답** ②

025 「국가보안법」과 관련된 사례 중 그 설명이 가장 옳지 않은 것은? (2011경감)

① A는 자신의 사업을 방해하는 B에게 앙심을 품고 형사처분을 받게 할 목적으로 B가 「국가보안법」상 이적행위를 하였다고 무고하려던 중 잘못된 행위임을 깨닫고 그 행위를 중단하였다. 이 경우 A는 「국가보안법」상의 죄책을 지지 않는다.
② 검사 A는 「국가보안법」상 이적행위를 한 B와 관련된 사건의 중요참고인인 C가 정당한 이유없이 2회 이상 출석요구에 불응하자 관할법원 판사로부터 C에 대한 구속영장을 발부받아 C를 구인하였다. 이 경우 A의 구인행위는 적법하다.
③ A는 자신과 친족관계에 있는 B로부터 「국가보안법」상 반국가단체로 확정판결이 난 단체에 가입할 것을 권유받고 이에 불응하였으나, B가 자신의 친족이기 때문에 수사기관 또는 정보기관에 이를 고지하지 않았다. 이 경우 A에게는 형이 감경 또는 면제된다.
④ A는 「국가보안법」 제11조(특수직무유기)를 위반한 B에게 B가 동 범죄를 저질렀음을 알면서도 금품을 제공하였다. 이 경우 A는 「국가보안법」상의 죄책을 진다.

> **해설**
>
> 공제회기본서(각론Ⅱ) ①195 ②198 ③207 ④157, 207
> ① (O) 불고지·특수직무유기·무고날조죄의 경우 미수·예비·음모 처벌하지 아니한다.
> ② (O) 검사 또는 사법경찰관으로부터 이 법에 정한 죄의 참고인으로 출석을 요구받은 자가 정당한 이유 없이 2회 이상 출석요구에 불응한 때에는 관할법원 판사의 구속영장을 발부받아 구인할 수 있다.
> ③ (O) 불고지죄는 본범과 친족관계가 있는 때에는 그 형을 감경 또는 면제한다.
> ④ (X) '금품수수죄'는 반국가단체의 구성원 또는 그 지령을 받은자로부터 수수를 의미하므로 해당이 없고, '편의제공죄'의 대상은 3조~8조까지의 범죄에 한정되므로 불고지·특수직무유기·무고날조죄에는 해당이 없다.
>
> **정답** ④

026 「국가보안법」에 관한 설명 중 가장 적절하지 않은 것은? (2012경감)

① 「국가보안법」 제6조의 잠입탈출죄는 국가의 존립·안전이나 자유민주적 기본질서를 위태롭게 한다는 정을 알면서 반국가단체의 지배하에 있는 지역으로부터 잠입하거나 그 지역으로 탈출함으로써 성립한다.
② 「국가보안법」 제5조 제2항(금품수수죄)은 주관적 구성요건으로서 국가의 존립·안전이나 자유민주적 기본질서를 위태롭게 한다는 정을 알아야 하나 금품수수의 목적이나 의도가 대한민국을 해할 의도가 있어야 하는 것은 아니라는 것이 판례의 태도이다.
③ 「국가보안법」 제2조에 의한 반국가단체로서의 지휘통솔체제를 갖춘 단체라 함은 2인 이상의 특정 다수인 사이에 단체의 내부질서를 유지하고, 그 단체를 주도하기 위하여 일정한 위계 및 분담의 체계를 갖춘 결합체를 의미한다는 것이 판례의 태도이다.
④ 「국가보안법」상 불고지죄는 법정형이 5년 이하의 징역 또는 200만 원 이하 벌금으로 「국가보안법」상 유일하게 벌금형을 두고 있으며, 본범과 친족관계에 있는 때에는 그 형을 임의적으로 감면한다.

> **해설**
>
> 공제회기본서(각론Ⅱ) ①156 ②156(후단 없음) ③없음 ④207
> ④ 「국가보안법」상 불고지죄는 법정형이 5년 이하의 징역 또는 200만원 이하 벌금으로 「국가보안법」상 유일하게 벌금형을 두고 있으며, 본범과 친족관계에 있는 때에는 그 형을 **필요적으로** 감면한다.
>
> **정답** ④

027 甲은 평소 사이가 좋지 않은 이웃 주민인 乙을 처벌하기 위해 경찰서에 "乙은 북한에서 온 간첩이다"라고 신고하였다. 이 경우 甲의 무고행위를 처벌할 수 있는 보안 관련법으로 가장 적절한 것은? (2015경위)

① 북한이탈주민 보호법
② 보안관찰법
③ 국가보안법
④ 남북교류협력에 관한 법률

> **해설**
>
> 공제회기본서(각론Ⅱ) 157
> ③ 乙을 처벌하기 위해 경찰서에 "乙은 북한에서 온 간첩이다"라고 허위 신고한 경우 **국가보안법 제12조 무고죄에 해당**한다.
>
> **정답** ③

제6절 보안관찰

028 보안관찰에 대한 설명 중 틀린 것은? (2010경위)

① 보안관찰처분에 관한 결정은 보안관찰심의위원회의 의결을 거쳐 법무부장관이 행한다.
② 보안관찰처분의 요건은 보안관찰해당범죄 또는 이와 경합된 범죄로 벌금 이상의 형의 선고를 받고, 그 형기의 합계가 3년 이상인 자로서 형의 전부 또는 일부의 집행을 받은 사실이 있는 자이다.
③ 국가보안법상의 보안관찰 해당범죄로는 자진지원죄, 편의제공죄, 잠입탈출죄 등이 있다.
④ 보안관찰처분의 기간은 2년이며, 그 기간을 갱신할 수 있다.

> **해설**
>
> 공제회기본서(각론Ⅱ) ①212 ②211 ③212 ④212
> ② 보안관찰처분의 요건은 보안관찰해당범죄 또는 이와 경합된 범죄로 **금고 이상의** 형의 선고를 받고, 그 형기의 합계가 3년 이상인 자로서 형의 전부 또는 일부의 집행을 받은 사실이 있는 자이다.
>
> **정답** ②

029 「보안관찰법」에 대한 설명으로 가장 적절하지 않은 것은? (2017경사)

① 보안관찰처분에 관한 결정은 보안관찰처분심의위원회의 의결을 거쳐 법무부장관이 행한다.
② 법무부장관은 검사의 청구가 있는 때에는 보안관찰처분심의위원회의 의결을 거쳐 그 기간을 갱신할 수 있다.
③ 검사는 피보안관찰자가 도주하거나 1월 이상 그 소재가 불명한 때에는 보안관찰처분의 집행중지결정을 할 수 있다.
④ "보안관찰처분대상자"라 함은 보안관찰해당범죄 또는 이와 경합된 범죄로 징역 이상의 형의 선고를 받고 그 형기 합계가 3년 이상인 자로서 형의 전부 또는 일부의 집행을 받은 사실이 있는 자를 말한다.

> **해설**
> 공제회기본서(각론Ⅱ) ①212 ②211 ③215 ④211
> ④ '보안관찰처분대상자'라 함은 보안관찰해당범죄 또는 이와 경합된 범죄로 <u>금고 이상의</u> 형의 선고를 받고 그 형기 합계가 3년 이상인 자로서 형의 전부 또는 일부의 집행을 받은 사실이 있는 자를 말한다.
>
> **정답** ④

030 보안관찰처분 대상자 甲이 출소 2개월 전 재소 중인 교도소의 장을 통하여 자신의 거주예정지를 관할하는 A경찰서장에게 신고하였다. 이후 이루어져야 할 경찰관의 조치 중 가장 옳지 않은 것은?(A경찰서장 乙, 보안계장 丙으로 지칭) (2011경감)

① A경찰서장 乙은 甲이 거주예정지에 거주하지 아니할 것이 명백하다면 지체없이 甲이 재소 중인 교도소장에게 통보한다.
② A경찰서장 乙은 보안관찰 처분대상자인 甲이 재범할 위험성이 충분하다면 보안관찰 처분을 결정한 뒤 이를 관할 검사에게 통보한다.
③ A경찰서 보안계장 丙 경감은 甲이 피보안관찰자로 선정된 후 재범방지를 위하여 특히 필요한 경우에 甲으로 하여금 보안관찰해당범죄를 범한 자와의 회합·통신을 금지하는 조치를 취하였다.
④ A경찰서 보안계장 丙 경감은 보안관찰처분 사안을 송치한 뒤 조사를 계속하고자 하므로 미리 주임검사의 지휘를 받았다.

> **해설**
> 공제회기본서(각론Ⅱ) ①160 ②212 ③215 ④214
> ② 보안관찰 처분 결정은 <u>검사의 청구로 보안관찰처분심의위원회의 의결을 거쳐 법무부장관이 결정</u>한다.
>
> **정답** ②

031 보안관찰처분에 대한 설명 중 가장 적절하지 않은 것은? (2012경위)

① 보안관찰처분에 관한 결정은 보안관찰심의위원회의 의결을 거쳐 법무부장관이 행한다.
② 검사 또는 사법경찰관은 용의자 또는 관계인과 친족 기타 특별한 관계로 인하여 조사의 공정성을 잃거나 의심을 받을 염려가 있다고 인정되는 사안에 대하여는 소속관서장의 허가를 받아 그 조사를 회피하여야 한다.
③ 보안관찰처분집행중지는 관할경찰서장의 신청에 의해 법무부장관이 심의를 거쳐 보안관찰처분의 집행중지를 결정하며 이 결정은 검사가 집행지휘한다.
④ 사법경찰관리가 사안송치 후 조사를 계속하고자 할 때에는 미리 주임검사의 지휘를 받아야 한다.

[해설]

공제회기본서(각론Ⅱ) ①212 ②214 ③215 ④214
③ 보안관찰처분집행중지는 관할경찰서장의 신청에 의한다. 검사는 집행중지결정과 집행지휘를 하며 이를 지체없이 법무부장관에게 보고한다.

정답 ③

---

032 보안관찰에 대한 설명 중 가장 적절하지 않은 것은? (2013경위)

① 보안관찰처분에 관한 결정은 보안관찰심의위원회의 의결을 거쳐 법무부장관이 행한다.
② 피보안관찰자가 국외여행을 하거나 국내 10일 이상 여행을 하는 경우에는 사전에 거주지 관할 경찰서장에게 신고하여야 한다.
③ 보안관찰처분의 기간은 2년이며, 그 기간은 갱신할 수 있다.
④ 국가보안법상 목적수행죄, 잠입탈출죄, 찬양고무죄는 보안관찰 해당 범죄이다.

[해설]

공제회기본서(각론Ⅱ) ①212 ②213 ③212 ④212
④ 찬양고무죄는 보안관찰 해당 범죄가 아니다.

정답 ④

033 보안관찰법에 대한 설명 중 가장 적절하지 않은 것은? (2013경감)

① 보안관찰처분대상자라 함은 보안관찰해당범죄 또는 이와 경합된 범죄로 금고이상의 형의 선고를 받고 그 형기 합계가 3년 이상인 자로서 형의 전부 또는 일부의 집행을 받은 사실이 있는 자를 말한다.
② 법무부장관은 검사의 청구가 있는 때에는 보안관찰처분심의위원회의 의결을 거쳐 그 기간을 갱신할 수 있다.
③ 보안관찰처분 청구를 위하여 보안관찰처분대상자, 청구의 원인이 되는 사실과 보안관찰처분을 필요로 하는 자료를 조사할 수 있다.
④ 보안관찰처분에 관한 결정은 보안관찰심의위원회를 거친 후, 보안관찰심의위원회 위원장인 법무부장관이 행한다.

> **해설**
> 공제회기본서(각론Ⅱ) ①211 ②211 ③161 ④212,213
> ④ 보안관찰처분에 관한 결정은 <u>법무부차관이 위원장인 보안관찰심의위원회를 거친 후, 법무부장관이 행한다</u>.
>
> 정답 ④

034 보안관찰에 대한 설명으로 가장 적절하지 않은 것은? (2015경위)

① 보안관찰대상자 중 재범할 만한 충분한 이유가 있는 자에 대하여 실시한다.
② 보안관찰처분의 기간은 5년이며, 그 기간은 갱신할 수 없다.
③ 보안관찰처분을 받은 자는 소정의 신고의무와 지시이행 의무를 지게 된다.
④ 관할 경찰서장은 피보안관찰자의 동태를 관찰하고 사회에 복귀하도록 선도하고 재범을 예방하여야 한다.

> **해설**
> 공제회기본서(각론Ⅱ) ①212 ②212 ③212 ④212
> ② 보안관찰처분의 기간은 <u>2년이며</u>, 그 기간은 <u>갱신할 수 있다</u>.
>
> 정답 ②

035 「보안관찰법」상 보안관찰처분 결정절차를 나열한 것으로 가장 적절한 것은?

(2018경사)

㉠ 대상자의 신고
㉡ 보안관찰처분의 청구
㉢ 보안관찰처분 사안의 조사
㉣ 보안관찰처분 사안의 송치
㉤ 보안관찰처분의 결정

① ㉠ → ㉡ → ㉢ → ㉣ → ㉤
② ㉠ → ㉡ → ㉢ → ㉤ → ㉣
③ ㉠ → ㉢ → ㉣ → ㉤ → ㉡
④ ㉠ → ㉢ → ㉣ → ㉡ → ㉤

해설

공제회기본서(각론Ⅱ) 160~162
㉠ 대상자의 신고 ⇨ ㉢ 보안관찰처분 사안의 조사 ⇨ ㉣ 보안관찰처분 사안의 송치
⇨ ㉡ 보안관찰처분의 청구 ⇨ ㉤ 보안관찰처분의 결정

정답 ④

036 보안관찰에 대한 설명으로 가장 적절하지 않은 것은?

(2020경감)

① 「국가보안법」상 목적수행죄, 자진지원죄, 금품수수죄와 「형법상」 내란목적살인죄, 외환유치죄, 간첩죄, 물건제공이적죄, 모병이적죄, 시설제공이적죄는 보안관찰 해당범죄이다.
② 피보안관찰자는 보안관찰처분결정고지를 받은 날이 속한 달부터 매 3월이 되는 달의 말일까지 정기신고를 해야 한다.
③ 피보안관찰자는 국외여행 또는 10일 이상 국내여행을 하는 경우 신고를 해야 한다.
④ 「보안관찰법」상 보안관찰처분심의위원회는 위원장 1인(법무부장관)과 6인의 위원으로 구성되고, 위원은 법무부장관의 제청으로 대통령이 임명 또는 위촉한다.

해설

공제회기본서(각론Ⅱ) ①212 ②213 ③213 ④213
④ 「보안관찰법」상 보안관찰처분심의위원회는 <u>위원장 1인(법무부차관)</u>과 6인의 위원으로 구성되고, 위원은 법무부장관의 제청으로 대통령이 임명 또는 위촉한다.

정답 ④

037 「보안관찰법」에 대한 설명으로 가장 적절한 것은? (2019경감)

① 보안관찰처분에 관한 결정은 보안관찰처분심의위원회의 의결을 거쳐 법무부장관이 행한다.
② 피보안관찰자는 국외여행 또는 7일 이상 여행을 하는 경우 수시신고를 해야 한다.
③ 보안관찰처분의 기간은 2년이며, 그 기간은 갱신할 수 없다.
④ '보안관찰처분대상자'는 보안관찰해당범죄 또는 이와 경합된 범죄로 징역 이상의 형의 선고를 받고 그 형기합계가 3년 이상인 자로서 형의 전부 또는 일부의 집행을 받은 사실이 있는 자를 말한다.

해설

공제회기본서(각론Ⅱ) ①212 ②213 ③212 ④211
① ○
② 피보안관찰자가 주거지를 이전하거나 국외여행 또는 **10일 이상** 주거를 이탈하여 여행하고자 할 때에는 미리 거주예정지, 여행예정지 기타 대통령령이 정하는 사항을 지구대·파출소장을 거쳐 관할경찰서장에게 신고하여야 한다.
③ 보안관찰처분의 기간은 2년으로 한다. 법무부장관은 검사의 청구가 있는 때에는 보안관찰처분심의위원회의 의결을 거쳐 **그 기간을 갱신할 수 있다**.
④ 이 법에서 "보안관찰처분대상자"라 함은 보안관찰해당범죄 또는 이와 경합된 범죄로 **금고 이상의** 형의 선고를 받고 그 형기합계가 3년 이상인 자로서 형의 전부 또는 일부의 집행을 받은 사실이 있는 자를 말한다.

정답 ①

---

038 「보안관찰법」상 '보안관찰 해당범죄'로 가장 적절하지 않은 것은? (2018경위)

① 「국가보안법」상 목적수행죄
② 「국가보안법」상 잠입탈출죄
③ 「형법」상 내란죄
④ 「군형법」상 일반이적죄

해설

공제회기본서(각론Ⅱ) 212
③ 「형법」상 내란죄는 보안관찰 해당범죄에 해당하지 않는다.

정답 ③

039 「보안관찰법」상 보안관찰 해당 범죄로 가장 적절하지 않은 것은? (2017경사)

① 형법상의 전시군수계약불이행죄(제103조)
② 형법상의 모병이적죄(제94조)
③ 국가보안법상 잠입·탈출죄(제6조)
④ 국가보안법상 목적수행죄(제4조)

해설

공제회기본서(각론Ⅱ) 212
①은 보안관찰 해당범죄가 아니다.

〈보안관찰 해당범죄〉

형법	① 내란목적살인죄 ③ 여적죄 ⑤ 시설제공이적죄 ⑦ 물건제공이적죄 제외 ⇨ 내란죄, 일반이적죄, 전시군수계약불이행죄	② 외환유치죄 ④ 모병이적죄 ⑥ 시설파괴이적죄 ⑧ 간첩죄
군형법	① 반란죄 ③ 반란불보고죄 ⑤ 군용시설등 파괴죄 ⑥ 간첩죄 ⑦ 일반이적죄 제외 ⇨ 단순반란불보고죄	② 반란목적 군용물탈취죄 ④ 군대 및 군용시설제공죄
국가보안법	① 목적수행죄 ③ 잠입·탈출죄 제외 ⇨ 반국가단체 구성·가입·가입권유죄(3조), 찬양·고무죄(7조), 회합·통신죄(8조), 기타편의제공죄(9②), 불고지죄(10조), 특수직무유기죄(11조), 무고·날조죄(12조)	② 자진지원죄, 금품수수죄 ④ 총포·탄약·무기등 편의제공죄

정답 ①

제 7 절 남북교류협력

040 「남북교류협력에 관한 법률」 및 동법 시행령과 「국가보안법」에 대한 설명으로 가장 적절하지 않은 것은?(다툼이 있는 경우 판례에 의함) (2019경위)

① 남한 주민이 북한을 방문하고자 하는 경우 방문 3일 전까지 남북교류협력시스템을 통해 '북한 방문승인 신청서'를 제출해야 한다.
② 남북교류협력에 관한 법률에 따르면, 방북 시 통일부장관이 발급한 방문증명서를 소지해야 하며, 통일부장관의 방문승인을 받지 아니하고 방북하는 것에 대한 벌칙규정이 있다.
③ 7·4 남북공동성명이 있었고 남북 사이의 화해와 불가침 및 교류협력에 관한 합의서가 체결 및 발효되었다고 하여도 그로 인해 국가보안법이 규범력을 상실한 것으로 볼 수는 없다.
④ 남북교류협력에 관한 법률 상 '재외국민'이 외국에서 북한을 왕래할 때에는 통일부장관이나 재외공관의 장에게 신고하여야 한다.

해설

공제회 기본서(각론Ⅱ) ①217 ②217 ③218 ④217
① 북한을 방문하기 위하여 통일부장관의 방문승인을 받으려는 남한의 주민과 재외국민(법 제9조 제8항 각 호의 어느 하나에 해당하는 사람을 말한다. 이하 같다)은 **방문 7일 전까지** 방문승인 신청서에 다음 각 호의 서류를 첨부하여 통일부장관에게 제출하여야 한다.

정답 ①

041 우리나라는 군사분계선 이남지역과 그 이북지역 간의 상호 교류와 협력을 촉진하여 한반도의 평화와 통일에 이바지하는 것을 목적으로 「남북교류협력에 관한 법률」을 제정하였다. 하지만, 반국가활동을 규제하여 국가의 안전과 국민의 생존 및 자유 확보를 목적으로 하는 「국가보안법」과는 상충된다는 논란이 있을 수 있다. 「남북교류협력에 관한 법률」과 「국가보안법」의 관계에 대한 설명 중 가장 적절하지 않은 것은? (2012경감)

① 「남북교류협력에 관한 법률」에 의해 남북을 왕래하면서 승인 없이 금품을 수수한 경우 정당성이 인정되면 「국가보안법」이 적용되지 않는다.
② 재외국민이 재외공관장에게 단순히 신고하지 않고 북한을 왕래하더라도 「남북교류협력에 관한 법률」의 적용을 받지 않는다.
③ 「남북교류협력에 관한 법률」이 시행됨으로써 북한에의 잠입, 탈출, 회합 등의 행위에 대하여 형의 폐지나 변경이 있었다고 볼 수는 없다는 것이 판례의 태도이다.
④ 「남북교류협력에 관한 법률」은 남북간의 왕래, 교역, 협력사업 및 통신역무의 제공 등 남북교류와 협력을 목적으로 하는 행위에 관하여 정당하다고 인정되는 범위 안에서 다른 법률에 우선하여 적용된다.

> **해설**
>
> 공제회기본서(각론 II) ①218 ②218 ③218 ④218
> ② 재외국민이 재외공관장에게 단순히 신고하지 않고 북한을 왕래한 경우 <u>남북교류협력에 관한 법률을 적용</u>하여 처벌한다.
>
> **정답 ②**

042 「남북교류협력에 관한 법률」과 관련된 내용이다. 가장 적절하지 않은 것은?　　(2017경사변형)

① 남한의 주민이 북한을 방문하거나 북한의 주민이 남한을 방문하려면 대통령령으로 정하는 바에 따라 통일부장관의 방문승인을 받아야 하며, 통일부장관이 발급한 증명서를 소지하여야 한다.

② 북한주민을 접촉하기 7일 전까지 남북교류협력시스템을 통해 '북한주민 접촉 신고서'를 제출해야 한다. 유효기간은 3년 이내로 정해지며, 3년의 범위에서 연장이 가능하다. 신고한 목적범위 내에서는 유효기간 중에 횟수에 제한없이 접촉 가능하다.

③ 외국정부로부터 영주권을 취득하였거나 이에 준하는 장기체류허가를 받은 사람이 외국에서 북한을 왕래할 때에는 외교부장관이나 재외공관의 장에게 신고하여야 한다.

④ 남한의 주민이 북한의 주민과 회합·통신, 그 밖의 방법으로 접촉하려면 통일부장관에게 미리 신고하여야 한다. ~~다만, 대통령령으로 정하는 부득이한 사유에 해당하는 경우에는 접촉한 후에 신고할 수 있다.~~

> **해설**
>
> 공제회기본서(각론 II) ①217 ②163 ③217 ④163(후문 없음)
> ③ 외국정부로부터 영주권을 취득하였거나 이에 준하는 장기체류허가를 받은 사람이 외국에서 북한을 왕래할 때에는 **통일부장관**이나 재외공관의 장에게 신고하여야 한다.
>
> **정답 ③**

043 남북교류협력에 대한 설명으로 가장 적절하지 않은 것은?　　(2020경감)

① 재외국민이 외국에서 북한을 왕래할 때에는 통일부장관이나 재외공관의 장에게 신고하여야 한다.

② 거짓이나 부정한 방법으로 방문승인을 받은 경우 승인을 취소해야 한다.

③ 남한 주민이 북한을 방문하고자 하는 경우 방문 10일 전까지 통일부장관에게 '방문승인신청서'를 제출해야 한다.

④ 「남북교류협력에 관한 법률」은 남북 교류·협력을 목적으로 하는 행위에 관하여는 이 법률의 목적 범위에서 다른 법률에 우선하여 이 법을 적용한다.

> **해설**
>
> 공제회기본서(각론Ⅱ) ①217 ②217 ③217 ④218
> ③ 남한 주민이 북한을 방문하고자 하는 경우 **방문 7일 전까지** '방문승인 신청서'를 통일부장관에게 제출해야 한다.
>
> 정답 ③

제8절 북한이탈주민의 보호

044 북한이탈주민의 개념과 보호에 대한 설명으로 가장 적절하지 않은 것은? (2018경감)

① 「북한이탈주민의 보호 및 정착지원에 관한 법률」상 '북한이탈주민'이란 군사분계선 이북지역(북한)에 주소, 직계가족, 배우자, 직장 등을 두고 있는 사람으로서 북한을 벗어난 후 외국 국적을 취득하지 아니한 사람을 말한다.

② 북한 정부의 해외공민증과 중국정부의 외국인 거류증을 소지한 채 중국에서 거주하는 북한 국적자를 '북한국적 중국동포(조교)'라고 부른다.

③ 「북한이탈주민의 보호 및 정착지원에 관한 법률」상 북한이탈주민으로서 위장탈출 혐의자, 국내 입국 후 6개월이 지나서 보호신청한 사람, 체류국에 10년 이상 생활 근거지를 두고 있는 사람은 보호 대상자로 결정하여서는 아니 된다.

④ 북한이탈주민의 신변보호 등급으로서 '나급'은 거주지 보호대상자 가운데 북한에서 중요 직책에 종사하여 신변위해를 당할 잠재적 우려가 있는 자와 사회정착이 심히 불안정하여 특별한 관찰과 지원이 필요한 자를 말한다.

> **해설**
>
> 공제회기본서(각론Ⅱ) ①219 ②164 ③220 ④220
> ③ 「북한이탈주민의 보호 및 정착지원에 관한 법률」상 북한이탈주민으로서 위장탈출 혐의자, **국내 입국 후 3년**이 지나서 보호신청한 사람, **체류국에 10년 이상** 생활 근거지를 두고 있는 사람은 보호 대상자로 결정하여서는 아니 된다.
>
> 정답 ③

045 「북한이탈주민의 보호 및 정착 지원에 관한 법률」에 대한 설명으로 가장 적절하지 않은 것은?

(2019경위)

① '북한이탈주민'이란 군사분계선 이북지역에 주소, 직계가족, 배우자, 직장 등을 두고 있는 사람으로서 북한을 벗어난 후 외국 국적을 취득하지 아니한 사람을 말한다.
② '보호금품'이란 북한이탈주민의 보호 및 정착 지원에 관한 법률에 따라 보호대상자에게 지급하거나 빌려주는 금전 또는 물품을 말한다.
③ 통일부장관은 북한이탈주민 대책협의회의 심의를 거쳐 보호 여부를 결정할 때, 북한이탈주민으로서 보호신청을 한 사람 중 테러 등 국제형사범죄자는 보호대상자로 결정할 수 없다.
④ 통일부장관은 북한이탈주민 대책협의회의 심의를 거쳐 보호 여부를 결정할 때, 북한이탈주민으로서 보호신청을 한 사람 중 국내 입국 후 3년이 지나서 보호신청한 사람은 보호대상자로 결정하지 아니할 수 있다.

해설

공제회기본서(각론 Ⅱ) ①219 ②219 ③220 ④220
③ ~ 결정하지 아니할 수 있다.

> **북한이탈주민의 보호 및 정착지원에 관한 법률 제9조(보호결정의 기준)**
> ① 제8조 제1항 본문에 따라 보호여부를 결정할 때 다음 각호의 어느 하나에 해당하는 사람은 보호대상자로 <u>결정하지 아니할 수 있다.</u>
> 1. 항공기 납치, 마약거래, 테러, 집단살해등 국제형사범죄자
> 2. 살인등 중대한 비정치적범죄자
> 3. 위장탈출혐의자
> 4. 체류국에 <u>10년</u> 이상 생활근거지를 두고 있는 사람
> 5. 국내 입국후 <u>3년</u>이 지나서 보호신청한 사람
> 6. 그 밖에 보호대상자로 정하는 것이 부적당하다고 대통령령으로 정하는 사람

정답 ③

046 「북한이탈주민 보호 및 정착지원에 관한 법률」 제9조에 규정된 보호대상자로 결정하지 아니할 수 있는 기준으로 가장 적절하지 않은 것은?

(2020경위)

① 체류국에 5년 이상 생활 근거지를 두고 있는 사람
② 국내 입국 후 3년이 지나서 보호신청한 사람
③ 살인 등 중대한 비정치적 범죄자
④ 위장탈출 혐의자

해설

공제회기본서(각론 Ⅱ) 220
① 체류국에 <u>10년 이상</u> 생활 근거지를 두고 있는 사람

정답 ①

CHAPTER 07 외사경찰활동

제1절 외사일반

001 최근 세계화와 정보통신기술 발전에 따른 국가간 교류의 확대로 외사경찰의 중요성이 더욱 증대되고 있다. 국제적 치안환경에 관한 설명으로 가장 적절하지 않은 것은? (2015경감)

① 체류외국인과 해외여행객의 증가로 국제테러리즘과 인종혐오범죄로 인한 피해가 증가하고 있다.
② 테러리즘은 정치적·종교적·사회적 목적달성을 위한 수단으로, 사람이나 건물·물건 등 그 대상에는 제한이 없다.
③ 체류외국인에 의한 강력범죄 증가와 함께 외국인 이주노동자 증가에 따른 한국인 근로자와의 일자리 경쟁으로 인해 외국인 혐오감정이 나타날 조짐이 있다.
④ 국제조직범죄는 구성원의 자격요건이 제한적이거나 배타적인 경우가 많으며, 은밀한 활동을 위해 대개 일시적인 조직의 형태로 활동한다.

> **해설**
> 공제회기본서(각론Ⅱ) ①232 ②232 ③없음 ④232
> ④ 국제조직범죄는 은밀한 활동을 위해 대개 **영속적인 조직의 형태**로 활동한다.
>
> **정답** ④

002 보기의 설명에 해당하는 다문화사회의 접근 유형으로 가장 적절한 것은? (2012경위)

> 다문화주의는 '차이에 대한 권리'로 해석되며, 다문화주의는 소수자의 문화적 권리(cultural rights)와 결부되어 이해된다. 그리고 소수집단이 자결(self-determination)의 원칙을 내세워 문화적 공존을 넘어서는 소수민족 집단만의 공동체 건설을 지향한다. 다민족 다문화사회에서는 주류 사회의 문화, 언어, 규범, 가치, 생활양식을 부정하고 독자적인 생활방식을 추구하는 것이 그들의 입장으로, 미국에서의 흑인과 원주민에 의한 격리주의 운동이 대표적인 사례이다. 또한 아프리카의 소부족 독립운동 등도 일례를 들 수 있다.

① 다원주의
② 급진적 다문화주의
③ 자유주의적 다문화주의
④ 조합주의적 다문화주의

> **해설**

공제회기본서(각론 II) 236

② 자결(self-determination)의 원칙을 내세워 문화적 공존을 넘어서는 소수민족 집단만의 공동체 건설을 지향까지 인정하는 것은 **급진적 다문화주의**이다.

〈다문화사회의 접근유형〉 (자동기/쪼다결)

자유주의적 다문화주의 (동화주의)	① 소수 인종집단 고유의 문화와 가치를 인정하지만, 시민생활이나 공적 생활에서는 주류사회의 문화·언어·사회습관에 따를 것을 요구하는 입장 ② 차별을 금지하고 사회참여와 기회평등을 보장하려 노력
급진적 다문화주의	① 주류사회의 문화·언어·규범·생활양식을 부정하고 독자적 생활방식을 추구하는 입장(미국의 흑인·원주민 격리주의 운동, 아프리카 소부족 독립운동 등) ② 소수집단 자결의 원칙을 내세워 **소수민족 집단만의 공동체 건설을 지향**
조합주의적 다문화주의 (다원주의)	① 양자의 절충형으로, 다문화주의를 결과에 있어서 평등보장이라는 관점에서 접근 ② 경쟁에서 불리한 문화적 소수자에 대하여 사회참여를 촉진시키기 위한 적극적인 재정적·법적 원조를 주장하는 입장

정답 ②

003 다음 설명에 해당하는 다문화사회의 접근 유형으로 가장 적절한 것은? (2013경위)

> 다문화주의를 결과에 있어서의 평등보장이라는 측면에서 접근, 문화적 소수자가 현실적으로 문화적 다수자와의 경쟁에서 불리한 위치에 있다는 것을 전제로 하여, 소수집단의 사회참가를 촉진하기 위해 적극적인 재정적·법적 원조를 한다. 다언어방송, 다언어의사소통 등을 추진하기도 한다.

① 자유주의적 다문화주의 ② 급진적 다문화주의
③ 다원주의 ④ 동화주의

> **해설**

공제회기본서(각론 II) 236
③ 설문은 **다원주의(조합주의)**에 대한 내용이다.

정답 ③

004 다문화사회의 접근유형에 대한 설명 중 가장 적절하지 않은 것은?   (2013경감)

① 다원주의 – 문화적 소수자가 현실적으로 문화적 다수자와의 경쟁에서 불리한 위치에 있다는 것을 전제로 하여, 소수집단의 사회참가를 촉진하기 위해 적극적인 재정적·법적 원조를 한다.
② 자유주의적 다문화주의 – 사회통합을 이룩하기 위해 국가내부의 문화적 다양성을 허용하고, 소수 인종집단 고유의 문화와 가치를 인정하지만, 시민생활이나 공적생활에서는 주류 사회의 문화·언어·사회습관에 따를 것을 요구한다.
③ 급진적 다문화주의 – 다문화주의는 '차이에 대한 권리'로 해석되며, 소수자의 문화적 권리와 결부되어 이해된다.
④ 조합주의적 다문화주의 – 자유주의적 다문화주의와 급진적 다문화주의의 절충적 형태로서 다문화주의를 기회에 있어서의 평등이라는 측면에서 접근한다.

> **해설**
> 공제회기본서(각론 II) 236
> ④ 조합주의적 다문화주의 – 자유주의적 다문화주의와 급진적 다문화주의의 절충적 형태로서 다문화주의를 <u>결과에 있어서의 평등</u>이라는 측면에서 접근한다.
>
> **정답** ④

005 출입국관리에 대한 설명 중 틀린 것은?   (2010경감)

① 긴급상륙은 선박 등에 타고 있는 외국인이 질병 기타의 사고로 인하여 긴급히 상륙이 필요할 때 15일의 범위내에서 상륙을 허가하는 것을 말한다.
② 주한미군의 여권 및 사증에 관한 권리는 출입국관리법의 적용대상이 아니다.
③ 한국에 입국하여 무자격으로 외국어 전문학원의 강사로 일하고 있는 필리핀인은 E-2비자를 발급받아야 한다.
④ CIQ과정이란 출입국항에서 받게 되는 절차로 출입국에 필요한 통관절차, 출입국심사, 검역조사가 이에 해당한다.

> **해설**
> 공제회기본서(각론 II) ①249 ②없음 ③246 ④250
> ① 긴급상륙은 선박 등에 타고 있는 외국인이 질병 기타의 사고로 인하여 긴급히 상륙이 필요할 때 **30일**의 범위 내에서 상륙을 허가하는 것을 말한다.
>
> **정답** ①

006 외국인의 입·출국에 관한 설명으로 가장 적절하지 않은 것은? (2016경감)

① 외국인의 출국은 자유이며 원칙적으로 이를 금지할 수 없다.
② 외국인의 강제출국은 형벌이 아닌 행정행위의 일종이다.
③ 외국인은 그 체류자격과 체류기간의 범위에서 대한민국에 체류할 수 있다.
④ 외국인이 그 체류자격에 해당하는 활동과 함께 다른 체류자격에 해당하는 활동을 하려면 미리 외교부장관의 체류자격 외 활동허가를 받아야 한다.

> **해설**
> 공제회기본서(각론Ⅱ) ①240 ②240 ③242 ④242
> ④ 외국인이 그 체류자격에 해당하는 활동과 함께 다른 체류자격에 해당하는 활동을 하려면 미리 **법무부장관의** 체류자격 외 활동허가를 받아야 한다.
>
> **정답** ④

007 외국인의 입·출국에 대한 설명 중 틀린 것은? (2010경감)

① 영미의 학설은 외국인 입국문제는 국가의 교통권이라는 기본적 권리를 인정하여 원칙적으로 금지할 수 없다고 한다.
② 사증(VISA)은 입국과 체류가 적당하다고 인정하는 행위로서, 미수교국 국민은 외국인 입국허가서를 받아 입국할 수 있다.
③ 공중위생상 위해를 미칠 염려가 있는 자, 경제질서 또는 사회질서를 해하는 자, 강제퇴거명령을 받고 출국한 후 5년이 경과되지 아니한 자 등은 출입국관리법 제11조 제1항에 의하여 입국을 금지할 수 있다.
④ 외국인이 입국한 날부터 90일을 초과하여 대한민국에 체류하려면, 입국한 날부터 90일 이내에 지방출입국·외국인관서의 장에게 외국인등록을 하여야 한다.

> **해설**
> 공제회기본서(각론Ⅱ) ①239 ②241 ③없음 ④222
> ① **대륙법계의 학설**은 외국인 입국문제는 국가의 교통권이라는 기본적 권리를 인정하여 원칙적으로 금지할 수 없다고 한다.
>
> **정답** ①

008 외국인의 권리와 의무에 대한 설명이다. 다음 중 외국인에게 인정되는 권리·인정되지 않는 권리, 외국인이 부담하는 의무·부담하지 않는 의무를 적절하게 연결한 것은?　　(2013경감)

Ⅰ. 외국인의 권리	Ⅱ. 외국인의 의무
㉠ 생명권	ⓐ 사법상의 권리에 대응하는 사법상 의무
㉡ 성명권	ⓑ 체류국의 통치권에 복종할 의무
㉢ 정조권	ⓒ 병역의 의무
㉣ 상속권	ⓓ 교육의 의무
㉤ 근로의 권리	ⓔ 사회보장가입의무
㉥ 교육을 받을 권리	ⓕ 지방적 구제의 원칙에 대한 의무
㉦ 재산권인 물권·채권·무체재산권	ⓖ 추방의 원인이 되는 행위를 하지 않을 의무
㉧ 피선거권	ⓗ 외국인 등록을 할 의무
㉨ 공무담임권	

① 인정되는 권리(㉠, ㉡, ㉢, ㉣, ㉤, ㉦)　　인정되지 않는 권리(㉥, ㉧, ㉨)
② 인정되는 권리(㉠, ㉡, ㉢, ㉣, ㉦)　　인정되지 않는 권리(㉤, ㉥, ㉧, ㉨)
③ 부담하는 의무(ⓐ, ⓑ, ⓔ, ⓕ, ⓖ, ⓗ)　　부담하지 않는 의무(ⓒ, ⓓ)
④ 부담하는 의무(ⓐ, ⓑ, ⓓ, ⓕ, ⓖ, ⓗ)　　부담하지 않는 의무(ⓒ, ⓔ)

> **해설**
>
> 공제회기본서(각론Ⅱ) 251
> 1. **외국인에게 인정되는 권리** ⇨ ㉠ 생명권 ㉡ 성명권 ㉢ 정조권 ㉣ 상속권 ㉦ 재산권인 물권·채권·무체재산권
> 2. **인정되지 않는 권리** ⇨ ㉤ 근로의 권리 ㉥ 교육을 받을 권리 ㉧ 피선거권 ㉨ 공무담임권
> 3. **외국인이 부담하는 의무** ⇨ ⓐ 사법상의 권리에 대응하는 사법상 의무 ⓑ 체류국의 통치권에 복종할 의무 ⓕ 지방적 구제의 원칙에 대한 의무 ⓖ 추방의 원인이 되는 행위를 하지 않을 의무 ⓗ 외국인 등록을 할 의무
>   ※ 특히, ⓕ, ⓖ, ⓗ는 외국인만 부담하는 의무
> 4. **부담하지 않는 의무** ⇨ ⓒ 병역의 의무 ⓓ 교육의 의무 ⓔ 사회보장가입의무
>
> 정답 ②

009 여권에 관한 설명 중 옳지 않은 것은 모두 몇 개인가? (2012경감)

> ㉠ 여권은 외교부장관이 발급하는 것으로 국외여행을 인정하는 본국의 일방적 증명서에 그친다.
> ㉡ 외교부장관은 여권 등의 발급, 재발급과 기재사항 변경에 관한 사무의 일부를 대통령령이 정하는 바에 따라 영사나 지방자치단체의 장에게 대행하게 할 수 있다.
> ㉢ 만 25세 이상의 병역을 마치지 아니한 자로서 지방병무청장이나 병무지청장이 발행하는 국외여행 허가서의 허가기간이 6개월 미만인 자에게는 단수여권을 발급한다.
> ㉣ 정부에서 아프리카에 파견하는 의료요원 A와 그 배우자 B, 그리고 미혼인 자녀 C(만 25세)에게는 관용여권을 발급할 수 있다.
> ㉤ 출국하는 무국적자나 해외입양자에게는 여행증명서를 발급할 수 있다.

① 0개   ② 1개   ③ 2개   ④ 3개

해설

공제회기본서(각론Ⅱ) ㉠240 ㉡240 ㉢없음 ㉣244 ㉤244
모두 옳은 지문이다.

정답 ①

010 「출입국관리법」상 여권과 사증(Visa)에 대한 설명으로 가장 적절한 것은? (2017경감)

① 대한민국에 체류하는 외국인은 항상 여권·선원신분증명서·외국인입국허가서·외국인등록증 또는 상륙허가서(이하 "여권등"이라 한다)를 지니고 있어야 한다. 다만, 18세인 외국인의 경우에는 그러하지 아니하다.
② 여권 등의 휴대 또는 제시 의무를 위반한 사람은 100만원 이하의 과태료를 부과한다.
③ 외교부장관은 사증발급에 관한 권한을 대통령령으로 정하는 바에 따라 재외공관의 장에게 위임할 수 있다.
④ 대한민국에 체류하는 외국인은 출입국관리공무원이나 권한 있는 공무원이 그 직무수행과 관련하여 여권등의 제시를 요구하면 여권등을 제시하여야 한다.

해설

공제회기본서(각론Ⅱ) ①241 ②241 ③241 ④241
① 대한민국에 체류하는 외국인은 항상 여권·선원신분증명서·외국인입국허가서·외국인등록증 또는 상륙허가서(여권등)를 지니고 있어야 한다. 다만, **17세 미만**인 외국인의 경우에는 그러하지 아니하다.
② 여권 등의 휴대 또는 제시 의무를 위반한 사람은 100만원 이하의 **벌금**에 처한다.
③ **법무부장관은** 사증발급에 관한 권한을 대통령령으로 정하는 바에 따라 재외공관의 장에게 위임할 수 있다.
④ O

정답 ④

011 「여권법」상 여권발급 등의 거부·제한 사유에 해당하는 것을 모두 고른 것은?

(2018경사)

㉠ 장기 2년 이상의 형에 해당하는 죄로 인하여 기소되어 있는 사람
㉡ 「여권법」 제24조부터 제26조까지에 규정된 죄를 범하여 금고 이상의 형을 선고받고 그 집행이 종료되지 아니하거나 그 집행을 받지 아니하기로 확정되지 아니한 사람
㉢ 장기 5년 이상의 형에 해당하는 죄로 인하여 기소중지되어 국외에 있는 사람
㉣ 국외에서 대한민국의 안전보장·질서유지나 통일·외교정책에 중대한 침해를 야기할 우려가 있는 경우로서 출국할 경우 테러 등으로 생명이나 신체의 안전이 침해될 위험이 큰 사람

① ㉠,㉡   ② ㉠,㉣   ③ ㉡,㉢   ④ ㉡,㉣

해설

공제회기본서(각론Ⅱ) 243
㉡ 「여권법」 제24조부터 제26조까지에 규정된 죄를 범하여 <u>형을 선고받고</u> 그 집행이 종료되지 아니하거나 그 집행을 받지 아니하기로 확정되지 아니한 사람
㉢ <u>장기 3년</u> 이상의 형에 해당하는 죄로 인하여 기소중지되어 국외에 있는 사람

> **여권법 제12조(여권의 발급 등의 거부·제한)** ① 외교부장관은 다음 각 호의 어느 하나에 해당하는 사람에 대하여는 여권의 발급 또는 재발급을 거부할 수 있다.
> 1. <u>장기 2년 이상의 형에 해당하는 죄로 인하여 기소되어 있는 사람</u> 또는 <u>장기 3년 이상의 형에 해당하는 죄로 인하여 기소중지되거나 체포영장·구속영장이 발부된 사람 중 국외에 있는 사람</u>
> 2. <u>제24조부터 제26조까지에 규정된 죄를 범하여 형을 선고받고</u> 그 집행이 종료되지 아니하거나 집행을 받지 아니하기로 확정되지 아니한 사람
> 3. <u>제2호 외의 죄를 범하여 금고 이상의 형을 선고받고</u> 그 집행이 종료되지 아니하거나 그 집행을 받지 아니하기로 확정되지 아니한 사람
> 4. 국외에서 대한민국의 안전보장·질서유지나 통일·외교정책에 중대한 침해를 야기할 우려가 있는 경우로서 다음 각 목의 어느 하나에 해당하는 사람
>   가. 출국할 경우 테러 등으로 생명이나 신체의 안전이 침해될 위험이 큰 사람
>   나. 「보안관찰법」 제4조에 따라 보안관찰처분을 받고 그 기간 중에 있으면서 같은 법 제22조에 따라 경고를 받은 사람

정답 ②

012 출입국관리법상 외국인의 체류와 관련된 설명이다. (　) 안에 들어갈 숫자로 가장 적절하게 짝지어진 것은?
(2013경감변형)

> 대한민국에서 출생하여 체류자격을 가지지 못하고 체류하게 되는 외국인은 출생한 날부터 (㉠)일 이내에, 대한민국에서 체류 중 대한민국의 국적을 상실하거나 이탈하는 등 그 밖의 사유로 체류자격을 가지지 못하고 체류하게 되는 외국인은 그 사유가 발생한 날부터 (㉡)일 이내에 체류자격을 받아야 한다.

① ㉠ 60, ㉡ 30　　　　　② ㉠ 60, ㉡ 60
③ ㉠ 90, ㉡ 30　　　　　④ ㉠ 90, ㉡ 60

[해설]

공제회기본서(각론Ⅱ) 222
대한민국에서 출생하여 체류자격을 가지지 못하고 체류하게 되는 외국인은 출생한 날부터 **(90)일** 이내에, 대한민국에서 체류 중 대한민국의 국적을 상실하거나 이탈하는 등 그 밖의 사유로 체류자격을 가지지 못하고 체류하게 되는 외국인은 그 사유가 발생한 날부터 **(60)일** 이내에 체류자격을 받아야 한다.

정답 ④

---

013 「출입국관리법 시행령」상 외국인의 체류자격과 그에 대한 예시이다. ㉠부터 ㉢까지 (　)안에 들어갈 숫자를 모두 합한 값으로 가장 적절한 것은?
(2018경사)

> A-(㉠), 공무 – 대한민국정부가 승인한 외국정부의 공무를 수행하는 미국인
> D-(㉡), 유학 – 서울대학교에서 정규과정의 교육을 받으려고 하는 중국인
> E-(㉢), 예술흥행 – 수익을 목적으로 광고·패션모델로 활동하려는 우크라이나인
> F-(㉣), 결혼이민 – 한국인과 결혼하여, 국내에 거주하고자 하는 베트남인

① 12　　　② 14　　　③ 16　　　④ 19

[해설]

공제회기본서(각론Ⅱ) 246
2 + 2 + 6 + 6 = 16
- A-(2), 공무 – 대한민국정부가 승인한 외국정부의 공무를 수행하는 미국인
- D-(2), 유학 – 서울대학교에서 정규과정의 교육을 받으려고 하는 중국인
- E-(6), 예술흥행 – 수익을 목적으로 광고·패션모델로 활동하려는 우크라이나인
- F-(6), 결혼이민 – 한국인과 결혼하여, 국내에 거주하고자 하는 베트남인

정답 ③

014 「출입국관리법 시행령」상 외국인의 체류자격에 대한 설명으로 가장 적절하지 않은 것은? (2017경위)

① D-2 : 전문대학 이상의 교육기관 또는 학술연구기관에서 정규과정의 교육을 받거나 특정 연구를 하려는 사람
② A-2 : 대한민국정부가 승인한 외국정부 또는 국제기구의 공무를 수행하는 사람과 그 가족
③ E-9 : 수익이 따르는 음악, 미술, 문학 등의 예술활동과 수익을 목적으로 하는 연예, 연주, 연극, 운동경기, 광고·패션 모델, 그 밖에 이에 준하는 활동을 하려는 사람
④ E-2 : 법무부장관이 정하는 자격요건을 갖춘 외국인으로서 외국어전문학원, 초등학교 이상의 교육기관 및 부설어학연구소, 방송사 및 기업체 부설 어학연수원, 그 밖에 이에 준하는 기관 또는 단체에서 외국어 회화지도에 종사하려는 사람

해설

공제회기본서(각론 II) 246
③ E-6 : 수익이 따르는 음악·미술·문학 등의 예술활동과 수익을 목적으로 하는 연예·연주·연극·운동경기, 광고·패션 모델, 그 밖에 이에 준하는 활동을 하려는 사람

〈외국인 장기체류자격(사증의 종류)〉

체류자격	체류자격에 해당하는 사람 또는 활동범위
외교 (A-1)	대한민국정부가 접수한 외국정부의 외교사절단이나 영사기관의 구성원, 조약 또는 국제관행에 따라 외교사절과 동등한 특권과 면제를 받는 사람과 그 가족
공무 (A-2)	대한민국정부가 승인한 외국정부 또는 국제기구의 공무를 수행하는 사람과 그 가족
유학 (D-2)	전문대학 이상의 교육기관 또는 학술연구기관에서 정규과정의 교육을 받거나 특정 연구를 하려는 사람
회화지도 (E-2)	법무부장관이 정하는 자격요건을 갖춘 외국인으로서 외국어 전문학원, 초등학교 이상의 교육기관 및 부설어학연구소, 방송사 및 기업체 부설어학연수원, 그밖에 이에 준하는 기관 또는 단체에서 외국어 회화지도에 종사하려는 사람
예술흥행 (E-6)	수익이 따르는 음악, 미술, 문학 등의 예술활동과 수익을 목적으로 하는 연예, 연주, 연극, 운동경기, 광고·패션 모델, 그밖에 이에 준하는 활동을 하려는 사람
E-8 (계절근로)	법무부장관이 관계 중앙행정기관의 장과 협의하여 정하는 농작물 재배·수확(재배·수확과 연계된 원시가공 분야를 포함한다) 및 수산물 원시가공 분야에서 취업 활동을 하려는 사람으로서 법무부장관이 인정하는 사람
비전문취업 (E-9)	「외국인근로자의 고용 등에 관한 법률」에 따른 국내 취업요건을 갖춘 사람(일정 자격이나 경력 등이 필요한 전문직종에 종사하려는 사람은 제외)
결혼이민 (F-6)	가. 국민의 배우자 나. 국민과 혼인관계(사실상의 혼인관계를 포함)에서 출생한 자녀를 양육하고 있는 부 또는 모로서 법무부장관이 인정하는 사람 다. 국민인 배우자와 혼인한 상태로 국내에 체류하던 중 그 배우자의 사망이나 실종, 그밖에 자신에게 책임이 없는 사유로 정상적인 혼인관계를 유지할 수 없는 사람으로서 법무부장관이 인정하는 사람

정답 ③

015 「출입국관리법」 및 동법 시행령에 대한 설명 중 가장 적절하지 않은 것은?
(2020경위)

① 법무부장관이 대한민국의 이익 등을 위하여 입국이 필요하다고 인정하는 외국인은 사증 없이 입국할 수 있다.
② 주한외국공관(대사관과 영사관 포함)과 국제기구의 직원 및 그의 가족은 외국인등록 대상이다.
③ 외국인의 강제퇴거 사유가 동시에 형사처분 사유가 되는 경우 강제퇴거와 형사처분을 병행할 수 있다.
④ 법무부장관은 입국심사에 필요한 경우에는 국민의 생체정보를 수집하거나 관계 행정기관이 보유하고 있는 국민의 생체정보의 제출을 요청할 수 있다.

해설

공제회기본서(각론Ⅱ) ①245 ②222 ③248 ④248
② 주한외국공관(대사관과 영사관 포함)과 국제기구의 직원 및 그의 가족은 <u>외국인등록 제외대상</u>이다.

〈외국인 등록 의무〉 (출입국관리법)

등록	외국인이 입국한 날부터 90일을 초과하여 대한민국에 체류하려면 입국한 날부터 90일 이내에 그의 체류지를 관할하는 지방출입국·외국인관서의 장에게 외국인등록을 하여야 한다.
제외	㉠ 주한외국공관(대사관과 영사관을 포함)과 국제기구의 직원 및 그의 가족 ㉡ 대한민국정부와의 협정에 따라 외교관 또는 영사와 유사한 특권 및 면제를 누리는 사람과 그의 가족 ㉢ 대한민국정부가 초청한 사람 등으로서 법무부령으로 정하는 사람

정답 ②

016 「출입국관리법」상 외국인 강제퇴거에 관한 설명 중 가장 적절하지 않은 것은?
(2014경감)

① 출입국관리공무원은 강제퇴거 대상자에 해당된다고 의심되는 외국인에 대하여는 그 사실을 조사할 수 있다.
② 강제퇴거명령서는 출입국관리공무원이 집행한다.
③ 지방출입국·외국인관서의 장은 사법경찰관리에게 강제퇴거명령서의 집행을 의뢰할 수 없다.
④ 「출입국관리법」 제51조에 따라 보호된 외국인의 강제퇴거 대상자 여부를 심사·결정하기 위한 보호기간은 10일 이내로 한다. 다만, 부득이한 사유가 있으면 지방출입국·외국인관서의 장의 허가를 받아 10일을 초과하지 아니하는 범위에서 한 차례만 연장할 수 있다.

해설

공제회기본서(각론Ⅱ) ①248 ②248 ③248 ④222
③ 지방출입국·외국인관서의 장은 사법경찰관리에게 강제퇴거명령서의 <u>집행을 의뢰할 수 있다</u>.

정답 ③

017 「출입국관리법」에 대한 설명으로 가장 적절하지 않은 것은? (2018경사)

① 취업활동을 할 수 있는 체류자격을 가지지 아니한 외국인의 고용을 업으로 알선하거나 권유한 자는 3년 이하의 징역 또는 3천만원 이하의 벌금에 처한다.
② 입국금지 해당사유가 입국 후에 발견되거나 발생한 외국인은 강제퇴거 대상자이다.
③ 외국인의 강제퇴거 대상자 여부를 심사·결정하기 위한 보호기간은 10일 이내로 한다. 다만, 부득이한 사유가 있으면 지방출입국·외국인관서의 장의 허가를 받아 10일을 초과하지 아니하는 범위에서 한 차례만 연장할 수 있다.
④ 출국심사 규정을 위반하여 출국하려고 한 외국인은 출국의 정지 대상자이다.

> **해설**
> 공제회기본서(각론Ⅱ) ①282 ②247 ③222 ④247
> ④ 출국심사 규정을 위반하여 출국하려고 한 외국인은 <u>강제퇴거 대상자</u>이다.
>
> 정답 ④

018 다음은 외국인의 강제퇴거 대상이다. 틀린 것은 모두 몇 개인가? (2010경위)

┌───┐
㉠ 대한민국 법률에 의하여 금고 이상의 형을 선고받은 사람
㉡ 외국인등록 의무를 위반한 사람
㉢ 체류자격 외에 활동을 하거나 체류기간이 경과한 사람
㉣ 출국심사규정에 위반하여 출국하려고 한 사람
㉤ 입국금지사유가 입국 후에 발견되거나 발생한 사람
㉥ 유효한 여권 및 사증 없이 입국한 사람
└───┘

① 0개　　② 1개　　③ 2개　　④ 3개

> **해설**
> 공제회기본서(각론Ⅱ) 247
> 틀린 것은 ㉠ 1개이다.
> ㉠ 대한민국 법률에 의하여 금고 이상의 형을 <u>선고받고 석방된 자</u>
>
> 정답 ②

019 「출입국관리법관리법」에 규정된 출국금지 사유에 대한 내용이다. 아래 ㉠부터 ㉣까지의 설명으로 옳고 그름의 표시(○, ×)가 바르게 된 것은?

(2017경사)

> ㉠ 1천만원 이상의 벌금이나 2천만원 이상의 추징금을 내지 아니한 사람
> ㉡ 금고 이상의 형을 선고받고 석방된 사람
> ㉢ 출국심사 규정을 위반하여 출국하려고 한 사람
> ㉣ 징역형이나 금고형의 집행이 끝나지 아니한 사람

① ㉠(○) ㉡(×) ㉢(×) ㉣(○)
② ㉠(○) ㉡(×) ㉢(×) ㉣(×)
③ ㉠(×) ㉡(○) ㉢(○) ㉣(○)
④ ㉠(×) ㉡(○) ㉢(○) ㉣(×)

해설

공제회기본서(각론Ⅱ) 280 (㉠의 구체적 금액은 공제회기본서에 없음)
㉡,㉢은 강제퇴거 대상에 해당한다.

〈내국인의 출국금지 & 외국인의 출국정지〉 (수1/기3/재벌6)

내국인의 출국금지	① 법무부장관은 다음 국민에 대하여는 6개월 이내 기간을 정하여 출국을 금지할 수 있다. ㉠ 형사재판에 계속 중인 사람 ㉡ 징역형이나 금고형의 집행이 끝나지 아니한 사람 ㉢ 대통령령으로 정하는 금액 이상의 벌금이나 추징금을 내지 아니한 사람 ㉣ 대통령령으로 정하는 금액 이상의 국세·관세 또는 지방세를 정당한 사유 없이 그 납부기한까지 내지 아니한 사람 ㉤ 그 밖에 제1호부터 제4호까지의 규정에 준하는 사람으로서 대한민국의 이익이나 공공의 안전 또는 경제질서를 해칠 우려가 있어 그 출국이 적당하지 아니하다고 법무령으로 정하는 사람 ② 법무부장관은 범죄수사를 위하여 출국이 적당하지 아니하다고 인정되는 사람에 대하여 1개월 이내 기간을 정하여 출국을 금지할 수 있다. 다만, 다음은 그 호에서 정한 기간으로 한다. ㉠ 소재를 알 수 없어 기소중지결정이 된 사람 또는 도주 등 특별한 사유가 있어 수사진행이 어려운 사람 : 3개월 이내 ㉡ 기소중지 결정된 경우로 체포영장/구속영장이 발부된 사람 : 영장 유효기간 이내
외국인의 출국정지	법무부장관은 제4조제1항 또는 제2항 각 호에 해당하는 외국인에 대하여는 출국을 정지할 수 있다.

정답 ①

020 「출입국관리법」 제4조에는 국민의 출국 금지 기간에 대하여 정하고 있다. 보기의 각 사유별 ( ) 안에 들어갈 출국 금지 기간을 가장 적절하게 연결한 것은? (2013경위)

> ㉠ 범죄수사를 위하여 출국이 적당하지 아니하다고 인정되는 사람 : 원칙적으로 ( ) 개월 이내
> ㉡ 형사재판에 계속 중인 사람 : ( ) 개월 이내
> ㉢ 소재를 알 수 없어 기소중지결정이 된 사람 : ( ) 개월 이내
> ㉣ 징역형이나 금고형의 집행이 끝나지 아니한 사람 : ( ) 개월 이내

① ㉠ 1 ㉡ 3 ㉢ 3 ㉣ 6
② ㉠ 1 ㉡ 6 ㉢ 3 ㉣ 6
③ ㉠ 3 ㉡ 3 ㉢ 6 ㉣ 3
④ ㉠ 3 ㉡ 6 ㉢ 3 ㉣ 6

해설

공제회기본서(각론Ⅱ) 280
㉠ 범죄수사를 위하여 출국이 적당하지 아니하다고 인정되는 사람 : 원칙적으로 **1개월** 이내
㉡ 형사재판에 계속 중인 사람 : **6개월** 이내
㉢ 소재를 알 수 없어 기소중지결정이 된 사람 : **3개월** 이내
㉣ 징역형이나 금고형의 집행이 끝나지 아니한 사람 : **6개월** 이내

정답 ②

---

021 「출입국관리법」상 내국인의 출국금지에 대한 설명으로 가장 적절하지 않은 것은? (2019경위)

① 법무부장관은 형사재판에 계속 중인 사람에 대하여 6개월 이내의 기간을 정하여 출국을 금지할 수 있다.
② 법무부장관은 징역형이나 금고형의 집행이 끝나지 아니한 사람에 대하여 6개월 이내의 기간을 정하여 출국을 금지할 수 있다.
③ 법무부장관은 기소중지결정이 된 경우로서 체포영장 또는 구속영장이 발부된 사람에 대하여 영장 유효기간까지 출국을 금지하여야 한다.
④ 법무부장관은 소재를 알 수 없어 기소중지결정이 된 사람 또는 도주 등 특별한 사유가 있어 수사진행이 어려운 사람에 대하여 3개월 이내의 기간을 정하여 출국을 금지할 수 있다.

해설

공제회기본서(각론Ⅱ) 280
③ 법무부장관은 기소중지결정이 된 경우로서 체포영장 또는 구속영장이 발부된 사람에 대하여 영장 유효기간까지 **출국을 금지할 수 있다.**

정답 ③

022 「출입국관리법」상 내국인의 출국금지 기간 연결이 가장 적절하지 않은 것은? (2015경감)

① 기소중지결정이 된 경우로서 체포영장 또는 구속영장이 발부된 사람 – 영장 유효기간 이내
② 범죄 수사를 위하여 출국이 적당하지 아니하다고 인정되는 사람 – 4개월 이내
③ 형사재판에 계속 중인 사람 – 6개월 이내
④ 징역형의 집행이 끝나지 아니한 사람 – 6개월 이내

해설

공제회기본서(각론Ⅱ) 280
② 범죄 수사를 위하여 출국이 적당하지 아니하다고 인정되는 사람 – **1개월 이내**

정답 ②

023 「출입국관리법」에 대한 설명으로 가장 적절하지 않은 것은? (2020경감)

① 법무부장관은 형사재판에 계속 중인 사람, 징역형이나 금고형의 집행이 끝나지 아니한 사람, 대통령령으로 정하는 금액 이상의 벌금이나 추징금을 내지 아니한 사람에 대해서는 6개월 이내의 기간을 정하여 출국을 금지할 수 있다.
② 재난상륙·긴급상륙·승무원상륙 허가기간은 각각 30일 이내이며, 난민임시상륙 허가기간은 90일 이내이다.
③ 수사기관이 출입국사범을 입건한 때에는 지체 없이 관할 지방출입국·외국인관서의 장에게 사건을 인계한다.
④ 법무부장관은 입국심사에 필요한 경우에는 국민의 생체정보를 수집하거나 관계 행정기관이 보유하고 있는 국민의 생체정보의 제출을 요청할 수 있다.

해설

공제회기본서(각론Ⅱ) ①280 ②249 ③249 ④248
② 승무원상륙은 **15일 이내**이다.

〈상륙의 종류〉 (관승긴재난/315339)

유형	기간	사유
관광상륙	3일 이내	관광을 목적으로 운항하는 국제 여객운송선박의 외국인승객
승무원상륙	15일 이내	외국인 승무원이 다른 선박에 옮겨 타거나 휴양 등의 목적으로
긴급상륙	30일 이내	선박등에 타고 있는 외국인(승무원을 포함)의 질병 그밖의 사고
재난상륙	30일 이내	조난을 당한 선박등에 타고 있는 외국인(승무원을 포함) 구조필요시
난민 임시상륙	90일 이내	㉠ 생명·신체, 신체자유 침해받을 공포영역에서 도피·신청 ㉡ 법무부장관의 승인을 받아서(법무부장관은 외교부장관과 협의해야)

정답 ②

024 「출입국관리법」상 상륙의 종류와 상륙허가 기간에 대한 설명으로 ㉠부터 ㉤까지 ( ) 안에 들어갈 숫자를 모두 합한 값으로 가장 적절한 것은?(단, 필요요건과 절차는 갖추어졌으며, 연장은 없는 것으로 본다)

(2018경위)

> ㉠ 대한민국의 출입국항에 입항할 예정이거나 정박 중인 선박 등으로 옮겨 타려는 외국인승무원 – ( )일 이내
> ㉡ 선박 등에 타고 있는 외국인(승무원을 포함한다)이 질병이나 그 밖의 사고로 긴급히 상륙할 필요가 있다고 인정될 때 – ( )일 이내
> ㉢ 승선 중인 선박등이 대한민국의 출입국항에 정박하고 있는 동안 휴양 등의 목적으로 상륙하는 외국인승무원 – ( )일 이내
> ㉣ 조난을 당한 선박등에 타고 있는 외국인(승무원을 포함한다)을 긴급히 구조할 필요가 있다고 인정 될 때 – ( )일 이내
> ㉤ 선박등에 타고 있는 외국인이 「난민법」 제2조 제1호에 규정된 이유나 그 밖에 이에 준하는 이유로 그 생명·신체 또는 신체의 자유를 침해받을 공포가 있는 영역에서 도피하여 곧바로 대한민국에 비호를 신청하는 경우 – ( )일 이내

① 153   ② 168   ③ 180   ④ 205

해설

공제회기본서(각론Ⅱ) 249
㉠ 승무원상륙 – 15일 ㉡ 긴급상륙 – 30일 ㉢ 승무원상륙 – 15일
㉣ 재난상륙 – 30일 ㉤ 난민임시상륙 – 90일

정답 ③

제2절 외사실무

025 외교사절에 대한 설명 중 틀린 것은? (2010경위)
① 외국공관원이란 외교직원과 행정·기능직원을 말하며 요리사, 사환, 하인 등 노무직원은 외국공관원에 해당하지 않는다.
② 요리사는 노무직원으로 직무대상 중의 행위에 한하여 형사재판권이 면제된다.
③ 외교관은 공관장과 외교직원으로서 비엔나 협약의 모든 특권을 향유한다.
④ 속기사, 타자수 등 행정·기능직원의 경우 민사, 행정재판권 면제는 직무 중의 행위에 한한다.

> **해설**
> 공제회기본서(각론 II) 261
> ① 노무직원도 외국공관원에 해당한다.
> 〈외국공관원의 특권과 면제〉
>
> | 대상 | 세부 대상 | 신체 불가침 | 재판관할권 면제 | | |
> |---|---|---|---|---|---|
> | | | | 형사 | 행정 | 민사 |
> | 외교관 | 공관장(대사)
외교직원(공사, 참사관, 서기관, 주재관) | 공·사무 불문 | | | |
> | 행정·기능 직원 | 외교사절의 사무 및 기능직무 종사
(행정보조원, 비서, 통역원 등) | 공·사무 불문 | 공·사무 불문 | 공무 | |
> | 노무 직원 | 공관의 관내역무에 종사하는 자
(운전원, 청소부, 경비원, 요리사 등) | | 공무 | | |
>
> ※ **외교관의 서열** ⇨ 대사의 경우 신임장 제정순위에 따라, **공관장 외의 외교관**은 계급/부임(직무개시일) 순에 따라, 외교관은 무관보다 상위, 무관은 다른 주재관보다 상위
>
> | 영사관원 | 영사기관장(총영사), 영사관원(영사) | 공·사무 불문
(중대범죄 예외) | 공무 | |
> |---|---|---|---|---|
> | 사무직원 | 영사기관 행정·기술업무 종사자 | 불인정 | 공무 | |
>
> **정답** ①

026 주한미군지위협정, 「대한민국과 중화인민공화국 간의 영사 협정」, 「대한민국과 러시아연방간의 영사협약」에 대한 설명으로 가장 적절하지 않은 것은? (2019경위)

① 주한미군지위협정은 국회의 비준을 거친 조약으로 국내법과 동일한 효력을 가진다.
② 중국인 피의자 체포·구속 시, 피의자에게 영사관원 접견권 등 권리를 의무적으로 통지하여야 한다.
③ 중국인 피의자 체포·구속 시, 체포·구속된 피의자의 요청이 없는 경우에도 7일 이내에 해당 사실을 영사기관에 통보하여야 한다.
④ 러시아인이 체포·구속된 경우 지체없이 러시아의 영사기관에 통보하여야 한다.

해설

공제회기본서(각론Ⅱ) ①226 ②264 ③264 ④264
③ 체포·구속된 피의자의 요청이 없는 경우에도 **4일 이내에** 해당사실을 영사기관에 통보하여야 한다.

정답 ③

027 「주한미군지위협정(SOFA)」, 「대한민국과 중화인민공화국 간의 영사협정」에 대한 설명으로 가장 적절하지 않은 것은? (2020경감)

① 중국인 피의자 체포·구속 시, 체포·구속된 피의자의 요청이 없는 경우에도 7일 이내 해당 사실을 영사기관에 통보해야 한다.
② 미군의 공무집행중의 작위 또는 부작위에 의한 범죄에 대하여 미군 당국이 1차적 재판권을 가지며, 공무집행의 범위에는 공무집행으로 인한 범죄뿐만 아니라 공무집행에 부수하여 발생한 범죄도 포함된다.
③ 미국 군대의 구성원, 군속, 배우자 및 21세 미만의 자녀, 부모 및 21세 이상의 자녀 또는 기타 친척으로서 그 생계비의 반액 이상을 미국 군대의 구성원에 의존하는 자는 주한미군지위협정의 적용을 받는다.
④ 주한미군의 공무 중 사건으로 인한 피해가 전적으로 미군 측의 책임으로 밝혀진 경우 미군 측이 75%, 한국 측이 25%를 부담하여 배상한다.

해설

공제회기본서(각론Ⅱ) ①264 ②254 ③254 ④257
① 중국인 피의자 체포·구속 시, 체포·구속된 피의자의 요청이 없는 경우에도 **4일 이내에** 해당사실을 영사기관에 통보해야 한다.

정답 ①

제3절 국제경찰공조 : 인터폴/국제형사사법공조/범죄인인도

028 조약의 유형 중 정치적인 요소가 포함되지 않은 전문적·기술적인 주제를 다룸으로써 조정하기 어렵지 아니한 사안에 대한 합의에 사용되는 것은? (2014경위)

① 협정(Agreement)
② 헌장(Constitution)
③ 협약(Convention)
④ 의정서(Protocol)

해설

공제회기본서(각론Ⅱ) 275
① 설문은 <u>협정</u>에 대한 내용이다.

정답 ①

029 1980년대 이후 세계화, WTO 경제체제라는 새로운 국제질서 속에서 국제경찰공조활동은 더욱 중요해지고 있는 바, 이러한 국제경찰공조활동에 대한 설명 중 가장 옳지 않은 것은? (2011경감)

① 해외도주 지명수배자를 수사함에 있어 도주국이 불분명한 중요 수배자에 대하여는 인터폴 사무총국에 인터폴 적색수배요청을 한다.
② 「범죄인 인도법」에 따르면, 대한민국과 청구국의 법률에 따라 인도범죄가 사형, 무기징역, 무기금고, 장기 1년 이상의 징역 또는 금고에 해당하는 경우에 범죄인을 인도할 수 있다.
③ 「국제형사사법 공조법」에 따르면, 국제형사경찰기구와의 협력사항으로 국제범죄의 정보 및 자료 교환, 국제범죄의 동일증명 및 전과 조회, 국제범죄에 관한 사실 확인 및 그 조사를 들 수 있다.
④ 적색수배서를 긴급인도구속 청구서로 인정하지 않는 국가의 경우라도 사안이 중할 경우 즉시 체포 후 수배국이 범죄인 인도를 청구할 수 있도록 수배국에게 통보해준다.

해설

공제회기본서(각론Ⅱ) 271
④ 적색수배서를 긴급인도구속 청구서로 인정하는 국가의 경우에는 국제수배자 발견 즉시 체포하고 범죄인 인도절차에 따라 범인의 신병을 인도할 수 있으나, <u>긴급인도구속 청구서로 인정하지 않는 국가의 경우에는 즉시 체포하지 못하고</u> 소재확인 및 계속 동향을 감시하고 수배국에 입국사실을 통보해야 하며, 수배국에서 범죄인 인도를 청구할 수 있도록 적절히 조치하여야 한다

정답 ④

030 인터폴에 대한 설명 중 틀린 것은? (2010경감)

① 인터폴 사무총국은 회원국정부가 자국 내에 국제경찰협력 상설 경찰부서를 지정하도록 하고 있는데 이것을 국가중앙사무국(NCB)이라 한다.
② 국제수배서의 종류 중 오렌지수배서는 폭발물, 테러사용 도구에 관한 사실을 통보하기 위하여 발행하는 수배서이다.
③ 인터폴 회원국간 협조의 기본원칙으로 모든 회원국은 재정부담의 정도에 구애됨이 없이 동등하게 협조와 지원을 받을 수 있는 보편성을 들 수 있다.
④ 인터폴 적색수배자 입국시 관할 경찰서에서는 수배자 여부를 컴퓨터로 재확인한 후 수배자의 동향을 24시간 감시한다.

해설

공제회기본서(각론Ⅱ) ①265 ②267 ③266 ④269
③ 인터폴 회원국간 협조의 기본원칙으로 모든 회원국은 재정부담의 정도에 구애됨이 없이 동등하게 협조와 지원을 받을 수 있는 **평등성**을 들 수 있다.
※ **보편성의 원칙** : 모든 회원국은 타 회원국과 협력할 수 있으며, 그러한 협력은 지리적 또는 언어적 요소에 의해 방해받아서는 안 된다.

정답 ③

031 국제형사경찰기구(인터폴)에 대한 설명으로 가장 적절하지 않은 것은? (2020경감)

① 인터폴 협력의 원칙으로는 주권의 존중, 일반법의 집행, 보편성의 원칙, 평등성의 원칙, 업무방법의 유연성 등이 있다.
② 1923년 비엔나에서 19개국 경찰기관장이 참석한 가운데 제2차 국제형사경찰회의가 개최되어 국제형사경찰위원회(ICPC : International Criminal Police Commission)를 창립하였다.
③ 법무부장관은 국제형사경찰기구로부터 외국의 형사사건 수사에 대하여 협력을 요청받거나 국제형사경찰기구에 협력을 요청하는 경우 국제범죄의 정보 및 자료교환, 국제범죄의 동일증명 및 전과조회 등의 조치를 취할 수 있다.
④ 인터폴에서 발행하는 국제수배서에는 변사자 신원확인을 위한 흑색수배서(Black Notice), 장물수배를 위한 장물수배서(Stolen Property Notice), 범죄관련인 소재확인을 위한 청색수배서(Blue Notice) 등이 있다.

해설

공제회기본서(각론Ⅱ) ①266 ②266 ③265 ④267
③ **행정안전부장관은** 국제형사경찰기구로부터 외국의 형사사건 수사에 대하여 협력을 요청받거나 국제형사경찰기구에 협력을 요청하는 경우 국제범죄의 정보 및 자료교환, 국제범죄의 동일증명 및 전과조회 등의 조치를 취할 수 있다.

정답 ③

032 인터폴에 대한 설명으로 가장 적절하지 않은 것은? (2012경위)

① 인터폴 사무총국은 회원국정부가 자국 내에 국제경찰협력 상설 경찰부서를 지정하도록 하고 있는데 이것을 국가중앙사무국(NCB)이라 한다.
② 국제형사사법공조법 제38조는 인터폴과의 협력사항에 대해 법무부장관이 필요한 조치를 취할 수 있다고 규정하고 있다.
③ 인터폴 국제수배란 국외도피범, 실종자, 우범자 및 장물 등 국제범죄와 관련된 수배대상인 인적·물적 사항에 관한 정확한 자료를 각 회원국에 통보하여 국제적으로 범죄수사에 공동대응하기 위한 것으로 인터폴은 수사권을 가진 수사기관이 아니다.
④ 국제수배서의 종류 중 황색수배서는 가출인 수배서이다.

> **해설**
> 공제회기본서(각론Ⅱ) ①265 ②265 ③267 ④267
> ② 국제형사사법공조법 제38조는 인터폴과의 협력사항에 대해 **행정안전부장관이** 필요한 조치를 취할 수 있다고 규정하고 있다.
>
> **정답** ②

033 국제형사경찰기구(인터폴)를 통한 국제공조에 관한 설명으로 가장 적절하지 않은 것은? (2013경위)

① 행정안전부장관은 국제형사경찰기구로부터 외국의 형사사건 수사에 대하여 협력을 요청받거나 국제형사경찰기구에 협력을 요청하는 경우 사람 또는 물건의 소재에 대한 수사, 서류·기록의 제공, 증거물 등 물건의 인도 등의 조치를 취할 수 있다.
② 인터폴 회원국은 24시간 운영하는 인터폴 전용 통신망(I-24/7)을 이용하여 인터폴 사무총국 및 각국의 국가중앙사무국(NCB)과 신속하게 광범위한 분야에서 국제경찰공조가 가능하다.
③ 인터폴에서 발행하는 국제수배서 중 '새로운 특이 범죄수법을 분석하여 각 회원국에 배포'하는 것을 목적으로 발행하는 것은 자주색수배서(Purple Notice)이다.
④ 인터폴 회원국간 협력의 원칙 중 '모든 회원국은 타 회원국과 협력할 수 있으며, 그러한 협력은 지리적 또는 언어적 요소에 의해 방해받아서는 안된다'는 원칙은 보편성의 원칙이다.

> **해설**
> 공제회기본서(각론Ⅱ) ①265,274 ②265 ③267 ④266
> ① 행정안전부장관은 국제형사경찰기구로부터 외국의 형사사건 수사에 대하여 협력을 요청받거나 국제형사경찰기구에 협력을 요청하는 경우 국제범죄의 정보 및 자료교환, 국제범죄의 동일증명 및 전과조회, 국제범죄에 관한 사실확인 및 그 조사의 조치를 취할 수 있다.
> ※ "사람 또는 물건의 소재에 대한 수사, 서류·기록의 제공, 증거물 등 물건의 인도 등의 조치"는 국제형사사법공조법 상 공조범위에 해당한다.
>
> **정답** ①

034 인터폴에서 발행하는 국제수배서에 관한 설명 중 가장 적절하지 않은 것은? (2016경위)

① 적색수배서(Red Notice) - 국제체포수배서로서 범죄인 인도를 목적으로 발행
② 청색수배서(Blue Notice) - 상습 국제범죄자의 동향 파악 및 범죄예방을 위해 발행
③ 황색수배서(Yellow Notice) - 가출인의 소재확인 및 심신상실자의 신원확인
④ 흑색수배서(Black Notice) - 신원불상 사망자 또는 가명사용 사망자의 신원확인

해설

공제회기본서(각론Ⅱ) 267

② 녹색수배서(Green Notice) - 상습 국제범죄자 수배서, 우범자 정보 제공

〈국제수배서의 종류〉

적색수배서 (국제체포수배서)	① 체포영장 발부된 자에 대하여 범죄인인도를 목적으로 하는 경우에 한하여 발행 ② **인터폴 적색수배 요청 기준** ⇨ 장기 2년 이상 징역이나 금고에 해당하는 죄를 범하여 체포영장·구속영장이 발부된 자 중 　㉠ 살인, 강도, 강간 등 강력범죄 사범 　㉡ 조직폭력, 전화금융사기 등 조직범죄 관련사범 　㉢ 다액(5억원 이상) 경제사범 　㉣ 사회적 파장 및 사안의 중대성을 고려하여 수사관서에서 특별히 적색수배를 요청한 중요사범
청색수배서 (청정원/청소)	국제정보조회수배서(수배자의 신원과 소재확인을 목적으로 발행)
황색수배서 (황가)	가출인·기억상실자의 소재 및 신원파악을 위해 발행
녹색수배서 (녹상)	상습적으로 범행했거나 범행할 우려가 있는 국제범죄자 동향파악 목적
흑색수배서 (흑변/흑사)	변사자수배서(사망자 신원확인 목적)
자주색수배서 (자수) (보라색수배서) (보수)	범죄수법수배서(사무총국에서 새로운 범죄수법을 회원국에 배포할 때 사용)
오렌지수배서 (오폭)	폭발물, 위험물질, 테러범(위험인물)에 대하여 경보를 알리기 위해 발행
장물수배서	도난당하거나 불법취득한 것으로 보이는 물건에 대하여 발행

정답 ②

035 인터폴에서 발행하는 국제수배서에 대한 설명 중 적절하지 않은 것으로 묶인 것은?
(2014경위)

> ㉠ 흑색수배서(Black Notice) - 신원불상사망자(변사자) 신원확인
> ㉡ 황색수배서(Yellow Notice) - 도난 또는 불법취득 물건·문화재 등 수배
> ㉢ 녹색수배서(Green Notice) - 수배자의 신원·전과 및 소재확인
> ㉣ 청색수배서(Blue Notice) - 상습 국제범죄자의 동향 파악 및 범죄예방
> ㉤ 적색수배서(Red Notice) - 범죄인 인도를 목적으로 발행
> ㉥ 자주색수배서(Purple Notice) - 가출인의 소재확인 및 기억상실자의 신원확인

① ㉠, ㉡, ㉢, ㉣
② ㉡, ㉢, ㉣, ㉥
③ ㉠, ㉡, ㉣, ㉥
④ ㉢, ㉣, ㉤, ㉥

해설

공제회기본서(각론Ⅱ) 267
㉠ 흑색수배서(Black Notice) - 신원불상사망자(변사자) 신원확인
㉡ 황색수배서(Yellow Notice) - 가출인의 소재확인 및 기억상실자의 신원확인
㉢ 녹색수배서(Green Notice) - 상습 국제범죄자의 동향 파악 및 범죄예방
㉣ 청색수배서(Blue Notice) - 수배자의 신원·전과 및 소재확인
㉤ 적색수배서(Red Notice) - 범죄인 인도를 목적으로 발행
㉥ 자주색수배서(Purple Notice) - 새로운 범죄수법 등을 회원국에 배포

정답 ②

036 인터폴에서 발행하는 국제수배서에 관한 설명 중 가장 적절하지 않은 것은?
(2014경감)

① Red Notice(적색수배서)는 국제체포수배서로서 범죄인 인도를 목적으로 발행한다.
② Green Notice(녹색수배서)는 상습 국제범죄자의 동향 파악 및 범죄예방을 위해 발행한다.
③ Black Notice(흑색수배서)는 새로운 특이 범죄수법을 분석하여 각 회원국에 배포하기 위해 발행한다.
④ Yellow Notice(황색수배서)는 가출인의 소재확인 또는 기억상실자의 신원확인을 목적으로 발행한다.

해설

공제회기본서(각론Ⅱ) 267
③ 보라색수배서(범죄수법수배서 : Purple Notice/Modus Operandi)는 새로운 특이 범죄수법을 분석하여 각 회원국에 배포하기 위해 발행한다.

정답 ③

037 다음 중 인터폴에서 발행하는 국제수배서에 대한 설명 중 가장 적절하지 않은 것은? (2020경위)

① 흑색수배서(가출인수배서) - 실종자 소재확인 목적 발부
② 녹색수배서(상습국제범죄자 수배서) - 우범자 정보제공 목적 발부
③ 보라색수배서(범죄수법수배서) - 범죄수법 정보제공 목적 발부
④ 청색수배서(국제정보조회수배서) - 범죄관련인 소재확인 목적 발부

해설
공제회기본서(각론Ⅱ) 267
① 황색수배서(가출인수배서) - 실종자 소재확인 목적 발부

정답 ①

038 해외로 도피한 지명수배자 수사방법으로 가장 적절하지 않은 것은? (2015경위)

① 관할 경찰관서에서는 관련 서류를 구비한 뒤 각 지방청 외사과(계)를 경유하여, 경찰청 외사수사과 인터폴계로 피의자에 대한 국제공조수사를 요청한다.
② 경찰청에서는 피의자 도주 예상국 인터폴에 피의자의 소재수사 및 강제추방을 요청한다.
③ 해외 경찰주재관을 통해 주재국 관련 당국과의 협조조치를 한다.
④ 중요 수배자라도 도주국이 불명확할 경우 아무런 조치를 할 수 없다.

해설
공제회기본서(각론Ⅱ) 270
④ 도주국이 불분명한 중요 수배자에 대하여는 <u>인터폴 사무총국에 인터폴 적색수배(인터폴 전 회원국에 범죄인체포를 요청하는 수배) 요청</u>을 한다.

정답 ④

039 국제형사사법공조에 관한 설명 중 가장 적절하지 않은 것은? (2014경감)

① 외국이 사법공조를 해주는 만큼 자국도 동일하거나 유사한 범위 내에서 공조요청에 응한다는 원칙은 '상호주의 원칙'과 관련이 깊다.
② 요청국이 공조에 따라 취득한 증거를 공조요청의 대상이 된 범죄 이외의 수사나 재판에 사용하여서는 안 된다는 원칙은 '특정성의 원칙'과 관련이 깊다.
③ 「국제형사사법공조법」상 대한민국의 주권, 국가안전보장, 안녕질서 또는 미풍양속을 해칠 우려가 있는 경우에는 공조를 하지 아니할 수 있다.
④ 「국제형사사법공조법」상 대한민국에서 수사가 진행 중이거나 재판에 계속된 범죄에 대하여 외국의 공조요청이 있는 경우에 수사의 진행, 재판의 계속을 이유로 공조를 연기할 수 없다.

> 해설

공제회기본서(각론II) ①273 ②273 ③275 ④230
④ 「국제형사사법공조법」상 대한민국에서 수사가 진행 중이거나 재판에 계속된 범죄에 대하여 외국의 공조요청이 있는 경우에 수사의 진행, 재판의 계속을 이유로 <u>공조를 연기할 수 있다</u>.

〈국제형사사법공조의 기본원칙〉

상호주의	외국이 사법 공조를 해주는 만큼 자국도 동일하거나 유사한 범위 내에서 공조요청에 응한다는 원칙
쌍방가벌성의 원칙	형사사법공조의 대상범죄는 피요청국과 요청국 모두에서 처벌 가능한 범죄이어야 한다는 원칙
특정성의 원칙	요청국이 공조에 따라 취득한 증거를 공조요청의 대상이 된 범죄 이외의 수사나 재판에 사용해서는 안 된다는 원칙

정답 ④

040 국가간 범죄인 인도에 있어 범죄인의 인도를 청구하는 국가가 같은 종류 또는 유사한 범죄에 대한 인도청구에 응한다는 보증이 있는 경우 인도한다는 원칙으로 가장 적절한 것은? (2015경위)

① 상호주의의 원칙 ② 쌍방 가벌성의 원칙
③ 자국민 불인도의 원칙 ④ 정치범 불인도의 원칙

> 해설

공제회기본서(각론II) 273
① 설문은 <u>상호주의의 원칙</u>이다.

〈범죄인 인도에 관한 원칙〉 범죄인 인도법에 "군사범 불인도의 원칙"은 규정 없음

상호주의	범죄인의 인도를 청구하는 국가가 같은 종류 또는 유사한 범죄에 대한 인도청구에 응한다는 보증이 있는 경우 인도한다는 원칙
쌍방가벌성의 원칙	청구국과 피청구국 쌍방의 법률에 의하여 범죄를 구성하지 않는 경우에는 범죄인을 인도하지 않는다는 원칙
특정성의 원칙	인도된 범죄인이 인도가 허용된 범죄 외의 범죄로 처벌받지 않는다는 원칙
자국민 불인도의 원칙	자국민은 인도하지 않는다는 원칙(한국 : 임의적 거절사유) ※ 대륙법계는 채택하고 있으나, 영미법계는 채택하지 않음
정치범 불인도의 원칙	정치적 성격을 지닌 범죄는 인도하지 않는다는 원칙 ※ 국가원수암살범, 집단살해, 전쟁범죄, 항공기납치 등은 예외
군사범 불인도의 원칙	군사범죄 즉, 탈영·항명 등의 범죄자는 인도하지 않는다는 원칙 ※ <u>우리나라는 명문의 규정이 없음</u>
최소한 중요성의 원칙	어느 정도 중요성을 띤 범죄만 인도한다는 원칙 ※ 우리나라는 사형, 무기, 장기 1년 이상의 범죄로 규정
유용성의 원칙	실제로 처벌하기 위해 필요한 범죄자만 인도한다는 원칙 ※ 시효완성, 사면 등으로 처벌하지 못하는 범죄자는 인도대상에서 제외

정답 ①

041 국제경찰공조에는 범죄인인도, 국제형사사법공조, 인터폴을 통한 공조 등이 있다. 이 중에서 한 나라의 형법, 기타 형사관계법에 위반한 범죄인이 다른 나라에 있는 경우 범죄인의 현재지 국가가 범죄지 국가의 요청에 따라 그 범죄인을 인도하는 것을 범죄인 인도라 한다. 이와 관련하여 우리나라는 범죄 진압 과정에서의 국제적인 협력을 증진함을 목적으로 「범죄인인도법」을 제정·시행하고 있다. 범죄인 인도와 관련한 여러 원칙과 현행 「범죄인인도법」에 대한 설명 중 가장 적절하지 않은 것은? (2012경감)

① 실제로 처벌하기 위해 필요한 범죄자만 인도한다는 것을 쌍방가벌성의 원칙이라고 하며, 시효완성·사면 등으로 처벌하지 못하는 범죄자는 인도대상에서 제외한다.
② 「범죄인인도법」에는 범죄인의 인도를 청구하는 국가가 동종의 범죄에 대한 인도청구에 응한다는 보증이 있는 경우 인도한다는 상호주의 원칙을 채택하고 있다.
③ 군사범죄 즉, 탈영·항명 등의 범죄자는 인도하지 않는다는 원칙을 군사범 불인도의 원칙이라고 하며, 우리나라 「범죄인인도법」에서는 명문의 규정이 없다.
④ 「범죄인인도법」에는 인도된 범죄인이 인도가 허용된 범죄 외의 범죄로 처벌받지 아니하고 제3국에 인도되지 아니한다는 청구국의 보증이 없는 경우에는 범죄인을 인도하여서는 안된다는 특정성의 원칙을 채택하고 있다.

> **해설**
> 공제회기본서(각론Ⅱ) 277
> ① 실제로 처벌하기 위해 필요한 범죄자만 인도한다는 것을 <u>유용성의 원칙</u>이라고 하며, 시효완성·사면 등으로 처벌하지 못하는 범죄자는 인도대상에서 제외한다.
>
> **정답** ①

042 미국인 A는 미국에서 범죄를 저지르고 대한민국으로 도망하였다. 이후 미국 정부로부터 범죄인인도청구서가 접수되었다고 할 때 다음 설명 중 가장 옳지 않은 것은? (2011경감)

① A의 범행이 정치범에 해당하는 범죄라 할지라도 미국의 국가원수를 살해한 경우에는 인도거절 대상에 해당하지 않는다.
② 미국에서 범죄인인도청구서가 접수된 경우 A에 대한 인도심사청구와 심사결정은 각각 서울고등검찰청과 서울고등법원에서 관할한다.
③ 만약 A가 대한민국 국민이라 할지라도 미국에서 범죄를 저질렀다면 속지주의 원칙상 미국 정부의 범죄인인도청구가 있을 경우 인도를 거절할 수 없다.
④ 미국인 A가 인도구속영장에 의하여 구속 중인 경우에는 구속된 날부터 2개월 이내에 인도심사에 관한 결정을 해야 한다.

> **해설**
> 공제회기본서(각론Ⅱ) 278
> ③ 대한민국 국민(자국민)의 인도여부는 <u>임의적 인도거절 사유이므로</u> 거절할 수 있다.

	〈범죄인 인도법 상 인도거절사유〉 (절대적/재시정상)
절대적 인도거절사유	다음 각 호에 해당하는 경우에는 범죄인을 <u>인도하여서는 아니 된다</u>. ① 대한민국 또는 청구국의 법률에 따라 인도범죄에 관한 공소시효 또는 형의 시효가 완성된 경우 ② 인도범죄에 관하여 대한민국 법원에서 재판이 계속 중이거나 재판이 확정된 경우 ③ 범죄인이 인도범죄를 범하였다고 의심할 만한 상당한 이유가 없는 경우. 다만, 인도범죄에 관하여 청구국에서 유죄의 재판이 있는 경우는 제외한다. ④ 범죄인이 인종, 종교, 국적, 성별, 정치적 신념 또는 특정 사회단체에 속한 것 등을 이유로 처벌되거나 그 밖의 불리한 처분을 받을 염려가 있다고 인정되는 경우
임의적 인도거절사유	다음 각 호에 해당하는 경우에는 범죄인을 <u>인도하지 아니할 수 있다</u>. ① 범죄인이 대한민국 국민인 경우 ② 인도범죄의 전부 또는 일부가 대한민국 영역에서 범한 것인 경우 ③ 범죄인의 인도범죄 외의 범죄에 관하여 대한민국 법원에 재판이 계속 중인 경우 또는 범죄인이 형을 선고받고 그 집행이 끝나지 아니하거나 면제되지 아니한 경우 ④ 범죄인이 인도범죄에 관하여 제3국(청구국이 아닌 외국을 말함)에서 재판을 받고 처벌되었거나 처벌받지 아니하기로 확정된 경우 ⑤ 인도범죄의 성격과 범죄인이 처한 환경 등에 비추어 범죄인을 인도하는 것이 비인도적이라고 인정되는 경우

정답 ③

043 「범죄인인도법」상 아래 ㉠부터 ㉤까지 설명으로 절대적 인도거절 사유(A)와 임의적 인도거절 사유(B)로 바르게 연결된 것은? (2017경사)

> ㉠ 인도범죄에 관하여 대한민국 법원에서 재판이 계속 중이거나 재판이 확정된 경우
> ㉡ 범죄인이 대한민국 국민인 경우
> ㉢ 인도범죄의 성격과 범죄인이 처한 환경 등에 비추어 범죄인을 인도하는 것이 비인도적이라고 인정되는 경우
> ㉣ 범죄인이 인종, 종교, 국적, 성별, 정치적 신념 또는 특정 사회단체에 속한 것 등을 이유로 처벌되거나 그 밖의 불리한 처분을 받을 염려가 있다고 인정되는 경우
> ㉤ 인도범죄의 전부 또는 일부가 대한민국 영역에서 범한 것인 경우

① A-㉠,㉣ B-㉡,㉢,㉤
② A-㉠,㉤ B-㉡,㉢,㉣
③ A-㉡,㉢ B-㉠,㉣,㉤
④ A-㉡,㉣ B-㉠,㉢,㉤

해설

공제회기본서(각론Ⅱ) 228,277
① 절대적 인도거절 - ㉠,㉣   임의적 인도거절 - ㉡,㉢,㉤

정답 ①

044 범죄인 인도에 관한 설명으로 가장 적절하지 않은 것은? (2016경감)

① 쌍방가벌성의 원칙은 청구국과 피청구국 쌍방의 법률에 의하여 범죄를 구성하지 않는 경우에는 범죄인을 인도하지 않는다는 원칙이다.
② 자국민 불인도의 원칙은 자국민은 인도하지 않는다는 원칙으로 대한민국은 절대로 자국민을 청구국에 인도하지 않는다.
③ 정치범 불인도의 원칙은 정치적 성격을 지닌 범죄는 인도하지 않는다는 원칙이다.
④ 특정성의 원칙은 인도된 범죄인이 인도가 허용된 범죄외의 범죄로 처벌받지 않는다는 원칙이다.

해설

공제회기본서(각론Ⅱ) 277
② 우리나라 범죄인 인도법은 자국민 불인도의 원칙을 임의적 거절사유로 규정하고 있다. 범죄인이 대한민국 국민인 경우 <u>인도하지 아니할 수 있다</u>.

정답 ②

045 「범죄인 인도법」에 대한 설명으로 가장 적절한 것은? (2019경감)

① 대한민국의 주권, 국가안전보장, 안녕질서 또는 미풍양속을 해칠 우려가 있는 경우 범죄인을 인도하지 않을 수 있다.
② 범죄인이 인종, 종교, 국적, 성별, 정치적 신념 또는 특정 사회 단체에 속한 것 등을 이유로 처벌되거나 그 밖의 불리한 처분을 받을 염려가 있다고 인정되는 경우 범죄인을 인도하지 않을 수 있다.
③ 외교부장관은 범죄인 인도조약의 존재 여부, 상호보증 여부, 인도대상범죄 여부 등을 확인하고 관계서류를 첨부하여 법무부 장관에게 송부한다.
④ 외교부장관은 인도조약 또는 범죄인 인도법에 따라 범죄인을 인도할 수 없거나 인도하지 아니하는 것이 타당하다고 인정되는 경우에는 인도심사청구명령을 하지 아니하고, 그 사실을 법무부장관에게 통지하여야 한다.

해설

공제회기본서(각론Ⅱ) ①275 ②228 ③279 ④279
① <u>범죄인 인도거절사유가 아니라, 국제형사사법공조법의 임의적 공조거절사유</u>에 해당한다.
② 절대적 인도거절사유로 <u>인도하여서는 아니 된다</u>.
③ O
④ <u>법무부장관은</u> 인도조약 또는 범죄인 인도법에 따라 범죄인을 인도할 수 없거나 인도하지 아니하는 것이 타당하다고 인정되는 경우에는 인도심사청구명령을 하지 아니하고, 그 사실을 <u>외교부장관에게</u> 통지하여야 한다.

정답 ③

046 「범죄인 인도법」에 대한 설명 중 가장 적절하지 않은 것은? (2020경위)

① 순수한 정치범은 인도하지 않는 것이 원칙이나 정치범일지라도 국가원수암살범은 예외가 되어 일반적으로 인도의 대상이 된다.
② 대한민국과 청구국의 법률에 따라 인도범죄가 사형, 무기징역, 무기금고, 장기 1년 이상의 징역 또는 금고에 해당하는 경우에만 범죄인을 인도할 수 있다.
③ 범죄인이 인도범죄에 관하여 제3국(청구국이 아닌 외국)에서 재판을 받고 처벌되었거나 처벌받지 아니하기로 확정된 경우는 청구국에 인도하지 아니할 수 있다.
④ 법무부장관은 범죄인이 인도구속영장에 의하여 구속 중인 경우에는 구속된 날부터 2개월 이내에 인도심사에 관한 결정을 하여야 한다.

해설

공제회기본서(각론Ⅱ) ①278 ②277 ③277 ④279
④ **법원은** 범죄인이 인도구속영장에 의하여 구속 중인 경우에는 구속된 날부터 2개월 이내에 인도심사에 관한 결정을 하여야 한다.

정답 ④

MEMO

오 현 웅 전 총경

편/저/자/소/개

- 연세대학교 행정학과 졸업
- 경찰간부후보생시험 합격(2000년)
- 행정고등고시 합격(2005년)

[근무경력]

남양주경찰서 조사계(형사), 경제범죄수사팀장, 지능범죄수사팀장, 파출소장
평택경찰서 생활안전계장, 방범순찰대장, 사이버수사팀장, 지구대장
평택경찰서 경무과장
경기지방경찰청 아동안전TF팀장, 여성청소년계장
경찰인재개발원 교수(경무학과장)
경찰인재개발원 감성계발센터장
경찰인재개발원 총무계장
천안서북경찰서 112종합상황실장
충남지방경찰청 경무지도관
천안동남경찰서 경비교통과장

[수험관련 활동]

경찰공제회 발간 경찰실무종합 대표편저자(2007 ~ 2014)
경찰공제회 발간 경찰실무종합 공동편저자(현재)
경찰공제회 발간 경찰실무종합 응용문제집 편저자(현재)
경찰공제회 발간 경찰행정법 편저자(2010 ~ 현재)

[경찰시험 출제경력]

경찰간부후보생시험 출제위원(총 2회, 경찰인재개발원)
순경공채시험 출제위원(총 2회, 경찰청)
경찰승진시험 출제위원(총 3회, 경찰청)
경찰승진시험 주관식 채점위원(총 3회, 경찰청/경기지방경찰청)

오현웅 경찰실무종합
오함마 기출문제집

초판인쇄	2020년 10월 26일
초판발행	2020년 10월 29일
편 저 자	오현웅
발 행 인	최창호
등 록	제2016-000065호
발 행 처	주식회사 좋은책
주 소	서울시 관악구 관악로12길 10, 3층
교재문의	TEL) 02-871-7720 / FAX) 02-871-7721
I S B N	979-11-6348-229-1 (13350)

본서의 무단 전재·복제 행위는 저작권법에 의거하여 5년 이하의 징역 또는 5천만원 이하의 벌금에 처하거나 이를 병과할 수 있습니다.

저자와의 협의하에 인지를 생략합니다.

정가 25,000원

이 도서의 국립중앙도서관 출판시도서목록(CIP)은 서지정보유통지원시스템 홈페이지(http://seoji.nl.go.kr)와 국가자료공동목록시스템(http://www.nl.go.kr/kolisnet)에서 이용하실 수 있습니다. (CIP제어번호: CIP2020045247)